凝煉知識品味閱讀

凝煉知識品味閱讀

教育行政實務與應用

秦夢群 著

五南圖書出版公司 印行

獻給　母親

謝謝您無盡的愛

任時光流轉身畔（代序）

彷彿就在昨日，在那個雲淡風清的初秋蔚藍時節，我走入山城的大學歲月。少不更事的年紀，有著難以名狀的愛恨。曾經，我希望，而且真的努力過，能夠走出一條自己的路。

那時政大是很靜謐的。一條小河蜿蜒繞過後山，我們喜歡在微雨的石板小徑徘徊。蹺課的日子，買杯便宜紅茶，順道去看初春葉子抽芽，或在河畔摘些野薑花，好讓女生放在宿舍窗邊。運氣好時，夕陽過後就會有月光，灑在如茵的草地上，有人趁興唱起校園民歌。多雨的花季、秋涼的新霽，交織出青春的浮光掠影。其中充滿著憧憬、熱情、眷戀、與理想。

向晚的空林中，我們坐在石階上吟唱唐詩宋詞，也辯論台灣前途。無可避免，面紅耳赤之餘就喜歡鬥嘴。一位專攻企管的同學喜歡正面挑釁：「為何主修教育呢？這領域整日必須與學生為伍，夠你煩的！」

當時我就想到胡適之與蔣夢麟。兩位北京大學校長，負笈美國的最初主修皆是農業，後來卻轉向文史與教育。造訪紐約，蔥龍蔽天的哥倫比亞大學校園，依舊殘留著庚子賠款留學生的夢想與惆悵。胡適戲稱因為無法分類蘋果所以轉行，但事實卻非如此單純。

兩人都在民國肇始前放洋留學。上船後，蔣夢麟將剪下的辮子丟入大海，卻無法與當時中國的顢頇腐敗劃清界限。貪污揩油、髒亂無序、迷信弱智，是當時洋人對天朝的印象。中國蹣跚蒼老，宛如傾頹石牆上的枯萎藤蔓，密密麻麻攀爬於各個裂縫，卻被寒風擊打的無助喘息。為避免衰亡，脫胎換骨的心靈革命勢在必行。

高中生涯，台灣仍在政治戒嚴，社會一片肅殺之氣。男同學泰半選擇理工，一來就業容易，二來避免思想箝制。年少輕狂的歲月，一心想為國家做點事，無奈徘徊於教育與醫學之間，內心不免掙扎。追問於父親，他只淡淡的說：「醫生可以醫治身體，教育家能夠啟迪心靈，你必須聆聽自己內心的聲音。」

最後，我選擇教育為終生志業。這些年來，歷經台灣多次教育改革，參與之餘，不免因種種亂象而憂心不已。升學主義依舊猖獗，流浪教師充斥市場。供需失衡之下，教育似乎已成夕陽工業，再也很難吸引頂尖學生。

尤有甚者，即使夙夜匪懈鞠躬盡瘁，教育研究功效依舊令社會質疑。例如美國智庫即認為教育研究所累積的成果，並無持續與明確證據，可以對學生學習產生顯著影響差異。其指控教育實施過度仰賴個人經驗與意識型態，以致無法產生理論上的突破。

這個問題我想了很久，總是覺得困難而無解。教育領域無法如自然科學，產生如公式定理一般，放諸四海皆準的知識基礎。教育學者不是沒有努力過，教育行政領域的理論運動即是明證。

當時相關學者主張教育行政若想成為成熟學科，必須建立學科理論基礎，其目的在建立普遍性定理。實證論主張採用假設驗證形式、賦予變項操作定義、堅持價值中立、與使用統計量化方法。一時之間獨領風騷，影響教育行政研究走向甚巨。

實證論的作法，日後引起極大爭議與批判。原因即在於教育運作的獨特性，難以避免個人經驗與價值觀的影響。新的學年，當老師走入教室，面對的是不同心智的學生。教育原則大家都懂，但要應用於個體上，則不能一成不變。因材施教無人反對，然而要如何做，則牽涉到意識型態與價值觀的深刻影響。

職是之故，外界批評教育研究過度仰賴價值觀，乃是不瞭解教育場域的特性。教育並非單純機械式的世界，而是具有個別性與動態性的實體。就此而言，深受個體價值觀的主觀性無所不在。即以論斷教育產出之學生學習成果為例，抱持批判典範的教師即與功能論迴然不同。不同價值觀使「成果」之定義有所差異，自然無法導出普遍性之「定理公式」，進而指導教育行政之運作。

教育理論此起彼落。杜威以孩子為中心的教學理念，在行為學派學者心中，根本是童稺愚騃。尼爾的人本主義，在講究績效的家長眼裡，常被斥為是放縱無度。功能學派希望培養學生具有社會專業，批判理論卻控訴學校為霸權宰制。前者追求卓越、後者強調平等。在如此眾聲喧嘩的場景中，經由教育研究所形成之概念，實難一體適用於多變的教育場域。順了姑意、逆了嫂意，正負相抵之下，無怪乎整體論之，社會對教育研究成果多不甚滿意。

要知道，教育經營如同精緻的手工業，必須在大原則下，針對受教個體需求加以創新建構。其不能如標準化生產線，利用同一程序大量製造。名牌服裝所以有價，即在其一針一線手工縫製，世上並無相同之第二件產品。教育所以可貴，也在其視學生為獨特個體，依照原則因材施教。所謂戲法人人會變，但擁有隱性知識的優秀教師，就是能讓璞玉變成良駟。

社會科學領域中，教育其實並不孤單，法學領域也有類似情況。其重視「合理性思維」，而非僅限於各種法條知識的熟悉。如何將一般法律原理應用於個別特殊案件中，實為必要之舉。法律「自由心證」之精神，豈能以標準化公式一筆帶過。成功法官必須審度案件事實與社會情境，方能做出眾所稱譽的判決。死用法條往往會被譏為是食古不化。

所以，教育研究這條路注定是辛苦的。其很難產生驚豔世界的公式原理，有的只是百年樹人的等待孤寂。猶記一年赴美擔任訪問教授，寒冬大雪，立於芝加哥的密西根湖畔。朔風吹襲，眼前燈火一片迷茫，剎時感到無盡的淒冷孤獨。幾十年來，景物依舊，世路的蒼涼卻已使年輕的激情磨損殆盡，內心不禁湧起一股無名的憤懣。千古文章事，真是如此嗎？嘔心瀝血別出機杼的作品會有人欣賞嗎？這世間萬緣終將寂滅，真的值得努力再拼戰下去嗎？

學術人生就像參加馬拉松競賽，初時萬頭鑽動，彼此互相鼓勵。但跑著跑著，身邊的人竟漸漸消失。沒有告別，只是慢慢引退。急管繁弦之後，只剩下茶然疲役的晚景。風流雲散，那一張張曾經在旅程中留下雪泥鴻爪的面孔，卻如西風殘照般，永遠不再回返。

時局如此多變，世道如此艱困。然而寥落孤獨的歲月，方能讓人屏氣凝神，成就一家之言。看看賽萬提斯，身繫縲絏打入黑牢，方成名山巨著唐吉訶德，實現其 impossible dream。法國的普魯斯特，深受哮喘之苦而自我幽禁。病榻之上，奮力追憶逝水年華，完成長達九千頁的曠世小說。

或許，教育研究之路也是如此，必須忍的住寂寞與等待。始終難忘法國文豪雨果曾說：「建築一間學校，就是拆掉一間牢獄。」所以即使教育生涯崎嶇難行，我們仍可含英咀華，寫下素樸的作品，好為這多變時代，留下些許筆痕墨影。時代也許不會記得我們，但曾經努力過，也就足夠了！

去歲，偶遇當年那位專攻企管的同學。時光遞嬗，大伙都走了好長一段路。

「還在與學生廝混嗎？」始終嘴不饒人。

「學生至少比金融海嘯好多了！最近好嗎？」

他有點黯然，淡淡的回說：「萬事雲煙忽過，百年蒲柳先衰。而今何事最相宜？閑登小閣看新晴。」

我笑了笑，內心一陣悸動。水去雲回，任憑時光不斷自身畔流逝，依舊不改初衷。世路已慣，此心悠然。輕輕吹起口哨，讓深秋的陽光拂上面龐。未來的人生路，就讓我瀟灑再走一回吧！

辛卯年、台北

荷葉已殘、立冬

致讀者

教育行政領域的特點就在理論必須與實務並行，所謂不可行之理論乃是空談。實務議題五花八門且漫漶蕪雜，選材不當，就容易陷入飣餖瑣碎的泥淖。因此，本書以當今教育行政運作上的主要議題為敘述重點，其中包括教育行政制度之建立、學制之設計與分流制度、人員之任用、家長學校選擇權、教育財政與經費、教育評鑑、教育行銷、與危機處理等。盼望讀者在閱讀之後，能夠將理論與實務結合，如此才能創造最佳的教育績效。

寫作期間，深為剪裁內容所苦。此因教育行政實務瞬息萬變，難以保證時效。考慮再三，遂決定以理念的闡述為重點，細微蕪雜之行政規定則予以割愛。在此要強調的是，教育行政實務首在瞭解制度背後的設計精神，儘管機關部門之名稱時有更迭，對大局也無甚影響。此外，由於篇幅所限，一些可成專書的主題如學校選擇權、教育財政、教育評鑑、教育行銷等，皆只能敘述重點；希望再深入研究的讀者，還請參考其他相關學者的大作。

為避免翻譯之歧異，本書所引之外國人名均以原文展現。部分翻譯名詞則沿襲前輩學者的用法，以與其他相關書籍有所連結。引述之研究均附有參考文獻，可供以教育行政為主修之研究者加以參考。

校書期間，煩勞政大教育行政與政策研究所的簡正一、洪秉彰、江志軒、吳毅然、陳遵行、劉家維、吳國男諸位先生細心校閱，特此致謝。政大教育四十學分班同學提供部分個案，併此致謝。本書倉促付梓，謭陋謬誤之處，還請專家讀者予以指導，並祈正之。

本書歷時多年完成，其間增補修訂多次。數千個寫作不輟的日子，辛苦之餘，卻品嚐到一絲知識的甜味。春夢秋雲、夏雨冬雪，人生的聚散終會凝結於美好的記憶中。時光流轉，我有一種「俯仰之間已陳跡，暮窗歸了讀殘書」的心情。再訪海外故友，年少輕狂早已灰飛煙滅，剩下的只是一份對人生的豁達。寫書之目的在見證這個時代，並與教育行政領域的同好共同切磋。即使環境再惡劣，只要努力，明天都會更好。一切成敗功過，就留待歷史去決定吧！

Contents

目錄

任時光流轉身畔（代序）

致讀者

第1章　教育行政制度與組織 ……… 1

第一節　影響教育行政制度之因素　6

第二節　台灣教育行政制度與組織　10

第三節　主要國家教育行政制度與組織　21

第四節　教育行政制度與組織之類型　47

第五節　教育行政制度與組織發展趨勢　55

個案研究1.1　秀朗國小校長調動糾紛案　60

第2章　學校制度與分流設計 ……… 67

第一節　影響學制設計的因素　68

第二節　分流類型：單軌制與多軌制　72

第三節　各國學制與分流設計　75

第四節　台灣學制與分流設計　92

第五節　分流機構：普通與職業教育體系　99

第六節　分流時機：延緩分流之爭議　103

第七節　學制發展之趨勢　111

個案研究2.1　家長登報陳情學生霸凌事件　118

個案研究2.2　高中競爭力SWOT分析　122

第3章　教育選擇權 127

第一節　教育選擇權之爭議　128
第二節　教育選擇權之形式與作法　137
第三節　教育券計畫　148
個案研究3.1　森林小學違反私校法被訴案　160
個案研究3.2　在家教育之選擇　166

第4章　教育人員之培育與任用 169

第一節　教育行政人員的培育　170
第二節　教育行政人員的甄選與任用　179
第三節　教師的職前教育　189
第四節　教師證照與任用　198
第五節　促進教育人員專業之行政措施　209
個案研究4.1　成人漫畫風波　232

第5章　教師專業權利與義務 235

第一節　教師之專業權利類型　236
第二節　教師管教學生之爭議　241
第三節　教師工作之保障　251
第四節　教師組織與教師工會　263
第五節　教師之申訴　276
第六節　教師之義務　290
個案研究5.1　安順國中弒師案　293

第6章　教育財政與教育經費 297

第一節　影響教育財政制度的因素　298
第二節　教育財政制度的運作方式　302
第三節　教育經費之籌措與來源　310
第四節　教育經費分配之原則　316
第五節　教育財政制度改進發展之議題　331

個案研究6.1　高等教育學費爭議　339

第7章　教育視導 343

第一節　教育視導的定義與演進　344
第二節　教育視導的功能與任務　348
第三節　教育視導行政制度　351
第四節　教育視導的新興模式　364

個案研究7.1　國小教師自殺事件　377

第8章　教育評鑑 381

第一節　發展歷史　383
第二節　教育評鑑的定義與類型　390
第三節　教育評鑑模式　398
第四節　教育評鑑之爭議議題　417

個案研究8.1　大學系所減招訴願案　421

第9章　教育行銷與危機處理 427

第一節　教育行銷　429

第二節　學生與社區之公共關係　434

第三節　學校與傳媒之公共關係　440

第四節　學校危機之處理　445

個案研究9.1　師大七匹狼　460

參考文獻 469

第1章

教育行政制度與組織

第一節　影響教育行政制度之因素

第二節　台灣教育行政制度與組織

第三節　主要國家教育行政制度與組織

第四節　教育行政制度與組織之類型

第五節　教育行政制度與組織發展趨勢

教育行政乃是極為講究實踐的學門領域。再好的理念與政策，若未能產生預期績效，則形同空談而令人質疑。所謂「戲法人人會變，變法各有不同」，秉持相同理念的教育行政者，一旦進入實務執行階段，卻往往產生歧異之作法。因此，教育行政研究絕不可偏廢實務，其成果則必須受到社會之檢視。

本書即以教育行政實務中之重要議題加以敘述分析。其中包括教育行政制度、學校制度之分流設計、家長學校選擇權、教育人員之培育與任用、教師之權利與義務、教育經費與財政、教育視導、教育評鑑、學校行銷、與學校危機處理等。期盼能結合相關教育行政理論，探討其在教育實務上之可行性與利弊得失。

進入特殊實務議題討論之前，茲先就第二次世界大戰後，影響世界各國教育發展甚深之社會價值觀加以敘明。其對各個教育行政議題之實踐，均有極大影響。歐美先進國家與華人地區的教育改革，均受到特定社會價值觀之影響。價值觀之形塑乃基於社會傳統與現代思潮的融合，各有其發展背景（Mitchell, Crowson, & Shipps, 2011）。影響教育之價值觀甚多，二十世紀以來最受關注者計有平等、卓越、自主、與多元。近年世界先進國家之教育改革受其影響甚深，只是關注焦點與比重有所差異（Sergiovanni, Kelleher, McCarthy, & Wirt, 2004）。茲將四者分別簡述如下：

一、平等

在教育領域中，平等最簡單之定義乃是「分享教育資源的公平性」。然而在教育現場，何謂眞正的教育平等卻頻生爭議（褚宏啓，2009）。首先，平等並非是均分相等之資源。堅持每個學生所獲資源必須相等，無異是將社經地位不利或是特殊需求學生打入深淵。有時，平等乃是對於弱勢者給予更多資源，偏遠地區學校獲得額外補助，即是一種垂直平等精神的展現。

實務上，所有屆齡學童接受義務教育、對於社經地位不利學校與學生之補助、特殊需求學生相關學校與班級之設立、乃至給予弱勢族群額外入學與加分機會，均是追求教育平等之具體措施。

二、卓越

卓越之定義繁多，但多與「績效」（accountability）之概念有所連結。簡單而言，其可被定義爲「學校以高績效成果實現教育目標」。實務上，設定教育目標之主要價値觀，往往決定卓越之定義。例如傾向平等價値者，對於卓越即認爲是學校能誘導學生將其潛力發揮至極致。所以智能不足學生一星期學會刷牙，即可被認爲是卓越表現。與之相較，部分社會人士卻將焦點置於學生學業成績上。在華人地區乃是各種升學考試、會考之成績，在美國則是國家標準測驗成績，造成「分數至上」之怪現象。此外，家長與社區關心的另一焦點乃在學校是否有效運用經費，以創建良好的績效（彭新強，2005）。學校雖非私人企業，必須進行嚴格之成本利益分析，但仍須在相關指標上有所表現。此牽涉到教育政策、校長領導、教師教學、與行政運作，影響因素極爲複雜。

三、自主

自主之定義，簡而言之即是「讓最懂教育的人經營教育」。換言之，如果教師與家長最瞭解學校之需求，即應授與其經營學校之權力。長年以來，大陸與台灣均實施中央集權之教育行政制度，高度統一化的結果，很難達到因地制宜之理想。台灣於是在1990年代中期進行教育改革，主張「教育鬆綁」，將部分行政權與課程權賦予教師與家長，以使學校運作更有彈性。晩進英、美等國推動之學校本位管理（school-based management）即是自主價値觀的實質展現（Hoy & Miskel, 2007）。極端的自主倡導者甚而主張政府根本無須介入學校教育，而應由市場決定其存廢。教育券（voucher）與在家教育（home education）乃是兩種最極端要求自主之訴求，至今仍爭議不斷。

四、多元

多元可從不同角度加以定義。基本上，其可定義爲「創建不同形式之教育作爲，以因應需求互異之受教者」。多元之形式繁多，大從學制設計，小至班級教學模式，均有其不同程度之差異。教育多元之主張，乃是對一元化之反動。華人地區之教育深受升學主義影響，考試往往引導教學。長久以來，即形成中央集權與課程教學一元化之後果。整個國家之資源多半投注於學業成績優秀之學生身上。此種具有濃厚英才教育色彩的制度，迫使教學無法依照學生程度進行多樣的呈現，結果即是放棄「不會考試」但卻具有他項潛能之學生。如何創建多元導向之教育制度與活動，即成爲近年各國教育改革之重點。例如美國另類教育之特許學校（charter school）、大陸高校之多元化、台灣教科書開放與課程自由化政策，皆是力求教育多元之實踐。多元之實施乃是將受教者放在不同天平中學習與評量，其複雜度必定較高，也需要更多教育資源之投入。

平等、卓越、自主、與多元四者關係錯綜複雜且呈現互有消長之態勢（如圖1.1）。任何國家的教育行政制度均無法四者兼備，而必須視時代走向加以選擇。此與當時之社會現勢與潮流有極大關係，甚而會出現過度傾斜特定價值觀之現象。例如美國1960年代的民權運動，甚而不惜動用聯邦政府之公權力，逼使實施種族分離政策之學校接納黑人學生，即是向「平等」訴求之極度靠攏。即至1980年代，美國聯邦政府驚覺學生程度低下，藉由發表「危機國家」（A Nation at Risk）報告書，開啓要求「卓越」的年代。聯邦政府利用各種威脅利誘措施，迫使各州使用全國標準測驗，以評量學生學習之成效。對於平均成績低於平均數之學校，雖給予額外經費，但卻限期令其改善。此種強烈要求績效的趨勢，使得學校與教師之自主性大爲降低。於是在1990年代，基於對公辦教育品質低落與齊一化的疑慮，部分父母開始強烈主張子女教育的自主選擇權。各種另類學校如特許學校紛紛興起，甚而帶動在家教育的風潮。此種趨勢不但踐履教育「自主」之價值觀，更迫使國家提供與傳統迥然不同的「多元」教育類型。

基本上，平等、卓越、自主、與多元四價值皆爲教育學者所追求。然而囿於現勢與資源之有限，四者之間所產生之利弊得失互有消長。所謂「贏了那邊就輸了這邊」，教育改革者必須盱衡時局適時加以平衡。四價值之間所產生之衝突屢見不鮮。例如美國在1960年代追求平等，聯邦政府過度介入學校運作。學校若不接受繁文縟節之規定（如必須接收多少比例之黑人學生），則無法獲得所需補助經費。影響所及，學校之自主性蕩然無存，學校之績效也因運作之複雜性而大打折扣。

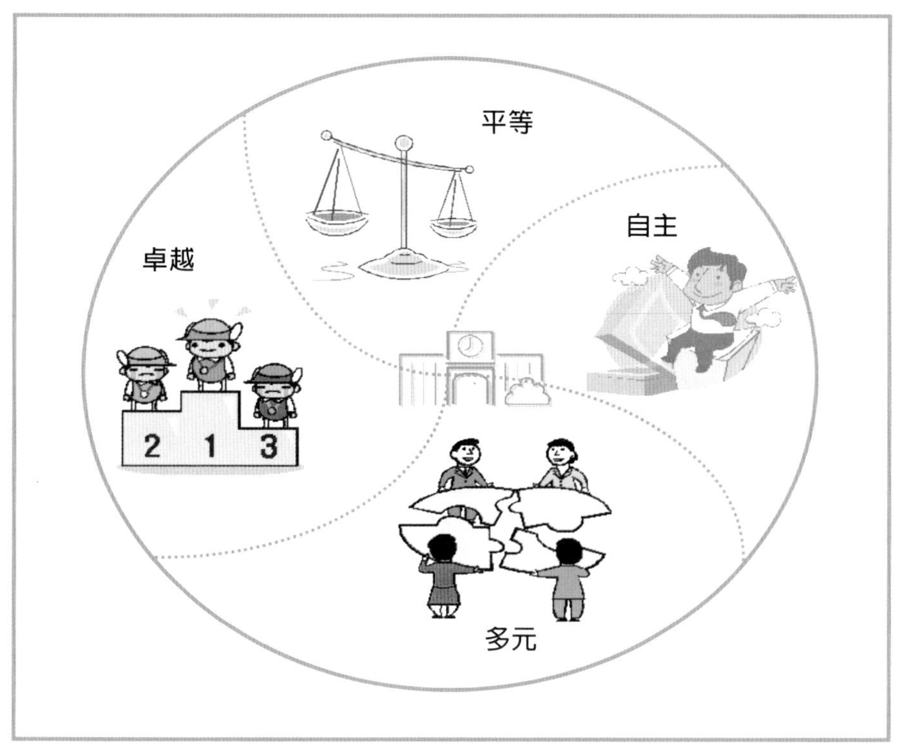

圖1.1　四種教育價值觀之消長態勢圖

再觀察台灣1990年代之「廣開大學」教育改革政策，其雖表面上因應「學生想讀就有學校讀」之平等訴求，但結果卻是資源過度稀釋而影響整體的卓越程度。此外，符應自主價值觀之另類學校的出現，更被部分教育學者評爲是「有錢人天堂」。想想看，若非小康以上之家，有何能力提供有品質之在家教育，更別說負擔另類學校的高昂學費。至於教育多元化，由於複雜度較高，其代價乃是資源的大量投入。由於要確保達成教育目標，所需花費之行政運作與成果評鑑費用往往令人側目。凡此種種，皆使國家在進行教育改革時必須愼思熟慮。

第一節 影響教育行政制度之因素

平等、卓越、自主、與多元價值觀，必須依賴教育行政制度之實踐，方能有所成果。現代教育體系極為複雜，服務對象也無所不包；從學前教育的幼兒，乃至成人教育的老年人。此外，社會對教育功能的要求，也不僅限於傳統的學校系統，而往往擴及終身教育的領域。凡此種種，皆使得教育行政組織的地位日趨重要。

簡而言之，教育行政組織係一國為實現其教育政策，所設立的管理機構。其功能包括計畫、領導、協調、執行、與考核等（林明地，2002；林新發，1999；張慶勳，2006）。缺少有績效的教育行政組織，即很容易造成無政府狀態。廣義的教育行政組織包括各級立法與行政部門（如國會與內閣）、學校、各教育專業團體、與教育行政主管機關。本章則採取較狹義之定義，分析討論對象以教育行政主管機關為主。

從歷史的觀點而論，正式教育行政組織的出現乃在十九世紀。在此之前，雖有零星教育組織的出現，但多半為一般行政體系或為教會所控制。例如，漢武帝在西元前124年於長安設立太學，普魯士（德國前身）於1774年將原為教會控制的學校收為國有；但卻無獨立教育行政組織之設立。及至國民義務教育興起，歐美先進國家才立法建立正式的教育管理機構，其目的乃在結合公眾力量，確保國民受教育之平等性與普遍性。中國近代教育專責機構的出現，則是遲至光緒31年（1905）11月下詔成立的「學部」（王鳳喈，1957）。

現代教育行政組織既多為立法設立之政府體制（或可視為是一個次系統），其設計所受外界大環境之影響自不可忽視。簡而言之，影響其運作的重要因素有以下五者：

（一）文化傳統

各國歷史文化之差異，導致其教育行政制度與組織之結構有所不同（李春生，2008）。例如，美國立國以來即有各區移民各自辦學之傳統，其教育行政制度因此趨向地方分權。運作上，許多重要教育議題（如是否增班），皆多由地方學區人民直接投票決定之（Pulliam & Van Patten, 2006）；此與具有中央集權文化傳統之國家（如法國）大異其趣。此外，英國的文化傳統趨向保守，雖然在第二次世界大戰後，教育學者倡行單軌制的綜合中學制度，但對私人所興辦的傳統「公學」系統（public school）仍無法加以合併，以致造成教育上的多頭馬車，並加深社會階級的對立（Dent, 1982）。

（二）政治體制

一國執政黨的政治理念，往往對其教育行政制度有巨大影響（蔡璧煌，2009）。即以海峽兩岸爲例，台灣實施以三民主義爲基礎的教育，大陸則堅持社會主義；理念不同，教育行政組織與運作即大大不同。另外如英國工黨與保守黨的輪流執政，其對教育之功能即看法迥異。工黨主張應藉教育達到實質之社會流動（social mobility），消除因社經地位不同所造成的不公平；主張取消以升學爲主的文法中學，而改採合併文法、現代、與技術中學的綜合中學制。1965與1974年工黨兩度執政，均強力要求此種改革。然而保守黨卻傾向保留的態度，認爲應適度保留具有優良傳統的文法中學，並在1970與1979年執政後大力推廣。此外，美國兩大政黨基於意識型態之不同，對教育主張也有雲泥之別。基本上，民主黨較重視平等之議題，對於弱勢學生權益極力維護，不主張過度追求教育績效而市場化。與之相較，共和黨卻力主市場機制之引入，主張學校必須展現一定之績效，否則即應被淘汰（陳如平，2004）。特許學校與教育券即成爲其極力倡導之教育政策。綜上所述，可顯示不同政治理念對建構教育行政制度之影響。

（三）科技發展

各種科技如電腦、衛星的發展，對於教育行政組織影響巨大。最明顯之例證爲1957年蘇俄人造衛星Sputnik號射入太空，美國國會即在隔年通過「國防教育法案」（National Defense Education Act），強力改革學校課程結構並加強科技教育。由於此乃聯邦政府撥款，因此加強了其日後在教育運作上的影響力。各地學區爲加強科學設備，莫不盡力爭取補助。此使得第二次世界大戰前扮演無足輕重角色的聯邦政府，即藉著各項撥款進而引導地方教育的發展趨勢。此外，由於傳播科技的高度發展，空中教育得以蓬勃推廣，使傳統教育的形式得以突破，進而導致教育行政運作的多樣化與複雜化。進入二十一世紀後，電腦網絡之發展幾已深入每個家庭，此對教育行政之運作與教學方法，已產生劃時代的影響。

（四）經濟成長

經濟發展是否成長，常影響教育行政制度的運作（張芳全，2006）。由於政府預算有限，教育必須與其他部門競爭，所獲比例攸關教育運作甚深。美國在第二次世界大戰後將高等教育急速擴張，即與其經濟高度成長及國民所得增加有極大關係。此外如學費政策、入學政策（採取考試制或申請制）均與一國之經濟力相關。在富有國家如美國，可提供義務教育至18歲；而開發中國家如中國大陸，則遲至1986年才通過「義務教育法」，將其延長至9年（楊景堯，1999）。

（五）社會結構

教育組織服務的對象爲社會中的個人，因此相關社會結構的變數，皆對教育行政制度的運作有所影響。其包括城鄉差距、人口結構、社會階級等。例如，當工業逐漸取代農業時，人口大量湧入城市，即造成該地區的學童暴增現象。台北市與鄰近之新北市（以往之台北縣）部分城鎮即發生此問題，造成教育行政運作上的困擾。學校過大與平均每班人數過多，使得教師在教學時疲於奔命。此外，社會階級較爲明顯的國家如英國、印度，均存有普通與菁英學校的雙軌制度。前者供一般人就讀，後者則多爲有錢有地位人的子弟服務，且多爲私立，學費相當高昂。在另一方面，人口結構的變化，也導致教育行政制度必須隨之調適。明顯之例爲美國在第二次世界大戰後之嬰兒潮，在1950與1960年代均逼使中小學乃至大學教育的急速擴張。然而浪潮過後，1970年代學校又面臨註冊人數減少、而必須面對強迫裁員的窘境。

綜上所述，可知教育行政制度之結構與運作，實受外界各環境因素影響甚大。國情不同，所產生的教育行政制度也大不相同。若從權力分配的觀點而言，大致可分爲中央集權型與地方分權型兩類。茲分述如下：

（一）中央集權型

其權力分配爲從上而下的垂直控制，中央具有絕對主導權，地方居於從屬與聽命的地位。即以教育行政最主要的三項權力（人事權、課程權、經費權）而論，均操於中央之手中。台灣、中國大陸、日本、法國之教育行政制度較傾向中央集權型。其特點如下：

1. **人事權**：中央具有控制人事任命與派免之權限。教育行政人員與公立學校教師，均被視爲是公職人員。
2. **課程權**：重大課程與教學政策多由中央主導，傾向一致而缺乏彈性，使得地方必須照本宣科而不能因地制宜。
3. **經費權**：教育經費多仰賴中央直接支付，或是間接補助，地方沒有權力徵收稅款以直接用於教育之經營。

（二）地方分權型

其權力分配爲平行協調之方式，中央與地方並無絕對的從屬關係。在部分國家（如美國），地方甚而超過中央，扮演教育的主導角色（Pulliam & Van Patten, 2006）。傾向採行地方分權制的國家包括美、英、德等國。以教育行政三權而言，地方分權型的組織有以下特點：

1. **人事權**：多操控於地方手中，各地可依其需要訂定標準聘任教育人員。由於制度不一，在某區取得資格之行政者或教師，不見得能受聘於他區。
2. **課程權**：在課程政策與建構上，中央僅能藉專案補助之方式間接影響地方，但卻無統一之標準。中央與地方在教育理念上衝突時，必須經過協商以尋求和解，中央並無命令地方遵守的絕對權力。
3. **經費權**：教育經費多由地方籌措，甚而可以經立法程序，直接向人民抽取稅收以直接用於教育事業。

在此要強調的是，目前各國教育行政制度絕少是極端中央集權或地方分權，多半是偏向兩者之一而已。實務上，無論是中央集權或地方分權均有其個別利弊，所以孫中山曾在其著作《建國大綱》中倡議所謂的「均權制」，認爲「凡事務有全國一致之性質者，劃歸中央；有因地制宜性質者，劃歸地方，不偏於中央集權或地方分權。」

然而，教育行政均權化的理念，在台灣地區實施即發生執行上的困難。原則上，教育的實施牽涉甚廣，很少能明確區分應屬中央或是地方。即以課程權而論，中央在制定政策之拿捏上就極爲困難，到底何者爲全國一致性質者，本身就引起極大辯論（如各科授課時數是否應加以規定）。因此均權制度實是一種理想，在實務上很難界定到底是否已達到均權的地步；因此本書中並不將其列爲是一獨立類型。

教育行政制度與組織運作的目標，即在藉著政策執行與資源運用，達到最高的教育產出與績效。爲瞭解不同國家地區之相關設計，以下即分別介紹台灣、中國大陸、美、英、法、德諸國的教育行政制度與組織。各國制度設計皆有程度上的差異，由其運作與實踐，才能眞正看出其背後精神與價值觀。教育行政組織絕非只是掛在牆上的部門組織圖，重要的是實務運作的方式與原則。在圖上也許顯示爲分權的設計，但在實務運作上卻因權術之使用而非如此。以下僅簡單介紹各國教育行政組織之結構，並以權力分配的觀點分析其政策執行導向與利弊得失。由於牽涉資料頗爲蕪雜，一些基本資料（如教育主管機關之各部會名稱）均僅簡略敘述；讀者可從一般政府出版品中得知詳情。此外，在此要強調的是，教育行政組織之名稱並不重要，其往往隨政權之轉移而有所更動。本書強調的是各國在運作教育行政制度與組織背後的精神，而此也往往是成敗的關鍵所在。

廣義來說，教育行政之運作牽涉頗爲複雜，包括國會（制定相關教育法令）、司法機關（解釋法令與判決相關教育案件）、行政部門（協調與監督教育與其他部門之運作）、教育行政主管組織（負責教育業務之規劃與執行）、與學校系統等。由於篇幅所限，以下即以教育行政主管組織爲敘述重點，學校系統則另章說明。其他相關部門之運作，請閱讀有關政治學與行政學之專書。

第二節 台灣教育行政制度與組織

中國歷代以科舉選才，不負責實際的教育工作，因而缺乏嚴密的教育行政組織。宋明時代雖有國子監的設立，但象徵意義大於實質功效。清末廢科舉興學校，教育體制有了180度的轉變，因此必須建立教育行政體系以因應所需。相關組織如光緒31年（1905）設立「學部」，統轄中央教育行政；設立「提學使司」掌管各省學務。至於地方教育，則於光緒32年在各州縣成立「勸學所」，從此奠定「中央、省、縣」三級制的教育行政制度。

民國肇始，教育行政制度仍多沿用前朝政策，只是機關名稱有所改變。民國元年設中央教育機關爲教育部，省爲教育廳，縣市爲勸學所，實行中央集權制。教育部爲統轄全國教育的最高機關，省縣有關部門必須服從，此與美國的地方分權制大異其趣。1927年雖曾實行「大學區制」，但不到兩年即被廢止而恢復原制。大學區制的理念源自法國，在每一學區中至少設立一所國立大學，並以其校長綜理學區內學術與行政事務。此種「行政學術化」的政策之後卻因主政者缺乏經驗，過度重視高等教育而忽略中小學，引起衆人非議而作罷。1928年仍改採行三級制（中央爲教育部，省爲教育廳，縣爲教育局），並爲1949年後之台灣教育行政制度所沿用。實施多年，直到1998年採取「精省」政策（即將省之層級虛級化）爲止。

一、台灣教育行政組織

台灣中央集權式的教育行政二級制（中央與地方縣市），實施以來雖遭人批評（如受政治影響，過於僵化不能因地制宜等），但卻有其一定功效。中國自秦漢以來多行中央集權的治國方式，因而人民也較缺乏地方分治的能力與知識。教育部集國內專家制定政策，易收統一事權之效。此外各省縣因財源不均，若實行地方分治，則貧困地區的學童必受不平的待遇。中央集權的制度可使中央權衡輕重給予補助，縮小因社經地位不同所造成的差距。以下即分別敘述台灣教育行政各級相關組織的職掌與權限。

基本上，台灣教育行政組織包括中央與地方兩個層級，在中央爲教育部、地方則爲直轄市政府教育局、與縣（省轄市）政府。其中縣（市）之法定教育主管機關爲縣（市）政府，但以下爲討論方便，仍以教育局（處）爲主。中央與地方教育行政運作，偏向中央集權型之科層組織，採用首長制，另設具有委員制精神但不具決策權力的委員會（如地方教育審議委員會）。以下分別加以敘述。

二、中央教育行政組織

台灣中央教育行政機關爲教育部，根據教育部組織法與相關法令，教育部設部長一人，爲特任官與內閣閣員之一，負有綜理部務、指揮、監督所屬職員及機關之責。此外設政務次長一人與常務次長兩人，輔助部長處理部務。教育部之職權依據1999年通過的「教育基本法」第九條，其教育權限列舉如下：

1. 教育制度之規劃設計。
2. 對地方教育事務之適法監督。
3. 執行全國性教育事務，並協調或協助各地方教育之發展。
4. 中央教育經費之分配與補助。
5. 設立並監督國立學校及其他教育機構。
6. 教育統計、評鑑與政策研究。
7. 促進教育事務之國際交流。
8. 依憲法規定對教育事業、教育工作者、少數民族及弱勢群體之教育事項，提供獎勵、扶助或促其發展。

依據以上法律條文與「教育部組織法」，教育部設有專責司處（如高教司）負責執行相關業務，其主要職掌可列舉如下：

1. 掌理有關大學及研究所教育、學位授予、學術機關之指導、及其他高等教育事項。
2. 掌理有關職業教育、職業訓練、建教合作、及其他職業與技術教育事項。
3. 掌理中學教育、師範教育、地方教育行政機關之設立與變更、及其他中等教育事項。
4. 掌理國民小學及國民中學教育、特殊教育、學前教育、與其他國民教育事項。
5. 掌理終身教育、補習教育及家庭教育、學校辦理社會教育、藝術教育及文藝活動之獎助、社教機構、及其他社會教育事項。
6. 掌理學校體育之推行督導、國民體育之策劃及推行、國際體育活動、及其他體育事項。
7. 掌理國際文化之交流合作、駐外文化機構或工作人員之考核、國際教育合作、與留學生之選派及輔導等事項。

此外，爲推行教育業務，教育部也設有各委員會（如法規委員會、訴願審議委員會等），與相關附屬機關（如中央圖書館等）。各委員會則設委員若干以處理職掌任務。各附屬單位則視其性質設館長、主任委員等職位。詳細資料請參閱政府有關出版品。

分析相關設計，從行政運作的觀點而論，台灣目前中央教育行政機關（教育部）之組織有其一定之優缺點。其中優點包括：

1. 部長爲內閣成員之一，對於政府推行之教育政策，能收劍及履及之功效，且對資源之爭取，具有相當影響力。
2. 對於地方教育經費加以補助，可因之縮短城鄉之間的差距，以達到教育機會均等的目標。
3. 對於地方行政首長執行教育部主管之業務有監督權，使得各地教育不會因派系鬥爭，而產生錯誤的教育現象。
4. 對於私校經營進行監督，可以降低其一旦發生危機或學校解組時，學生所受到的傷害。

在缺點方面，則包括：

1. 部長爲閣員之一，往往依執政黨之政策起舞，有時會造成政治干涉教育的弊病。
2. 部內缺乏舉足輕重之審議機關，且與地方教育之間也無協商溝通之組織，造成不能集思廣益、與瞭解基層教育民情的弊病。
3. 教育部擁有極大之課程權，各種課程標準與教科書多需經其訂立或審定。在教學上造成僵硬無彈性，且助長升學主義之歪風。
4. 整個督學視導體系太小，且定位相當模糊，除了刻板例行之視導活動外，對於被視導者之專業幫助不大。

由以上教育部之組織與職掌來看，其範圍不但包括一般教育行政，且涉及學術文化與體育事項。然而從權力分配的觀點而言，其影響力究有多大？「主管」的幅度到底爲何？及其與地方教育行政組織之關係爲何？均是學者感興趣的問題。以下即就相關法令（如大學法、高級中學法、國民教育法、師資培育法、私立學校法等）之規定，分析教育部在行政三權（人事權、課程權、經費權）上所擁有的權限，及其與地方教育行政組織之關係。

（一）人事權

基本上，教育部擁有相當程度的教育人事權。凡對各校設立與設備標準、各行政人員資格與任期、教師資格等事項，其均經由各相關立法與行政命令的制定，而擁有極大的權限。茲分述如下：

1. 各級學校之設立及設備標準，由教育部定之。上自大學的設立標準（大學法第三條），下至中小學的設備基準（國民教育法第八條之一）之制定，均為教育部的權責。其中對於學校人事安排（如私校之董事會）均有所規定。
2. 遴聘國立各級學校校長，其中國立大學校長先依照各校遴選辦法自行選出當選者，再報請教育部核准外；其他如國立職業學校、高級中學、專科學校校長，均需經相關特別委員會遴選後，報由教育部加以聘任。
3. 各級公立學校依法採取任期制之行政人員，其任期年限由教育部制定。例如，中小學校長之任期，在國民教育法施行細則第十四條中即規定：「國民小學及國民中學校長之任期為四年，主管教育行政機關得視其辦學成績及實際需要准予連任，連任以一次為限。……不適任校長，應予以改任其他職務。」
4. 制定各級學校行政者與教師甄選、檢定或審定（對專科以上教師）之規定。例如，幼稚教育法第十二條規定：「幼稚園園長、教師之登記、檢定及遴用辦法，由教育部定之。」此外對於專科以上教師之資格，依照「教育人員任用條例」，教育部也擁有最後審定的權力。
5. 對於專科以上之私立學校，教育部依法有監督權。根據私立學校法第四章規定，教育部除核定其招生辦法、班級名額、派員檢查其帳目外；在人事上尚具有：(1)核准董事會對校長之遴聘，(2)核備其董事的遴聘及董事會的成立或改善，(3)董事會發生重大糾紛，或有嚴重違反教育法令情事者，教育部得命其限期整頓改善；逾期不為整頓改善或整頓改善無效果時，得解除全體董事之職務。

（二）課程權

對於課程的制定，教育部也擁有相當程度的權力，其中主要包括以下三項：

1. 規定應修業年限、學分數、與必修及選修課程。例如，規定各大學必須開設一定學分之通識課程。此外，對於各學系的修業年限與各學位應修之學分數皆有規定。
2. 制定高中以下各級學校之課程標準或綱要。例如，高級中等教育法第四十三條規定：「中央主管機關應訂定高級中等學校課程綱要及其實施之有關規定，作爲學校規劃及實施課程之依據。」此外，按照專科學校法，教育部也有制定各類科科目表及教材大綱的權限。
3. 對於中小學之教科書，教育部有權編定或審定之。目前台灣設有專責機構負責各科教材編定或審定的工作。未經教育部編定或審定之教材，高中以下學校原則上不可使用。

（三）經費權

教育部爲中央教育科學文化預算的主要執行者。其除直接負擔國立各級學校之經費外，尚有補助地方教育經費之權責，茲分述如下：

1. **負擔國立各級學校之經費**。其中又以高等教育爲主。其餘如國立專科學校、國立職業學校、國立高級中學等各項設備與人事支出，也均由教育部負責。
2. **補助地方教育經費**。國民教育法第十六條規定：「政府辦理國民教育所需經費，由直轄市或縣（市）政府編列預算支應，……中央政府應視國民教育經費之實施需要補助之。」此使得教育部對地方教育經費負有補助之責。由於地方稅收較少，所需負擔之中小學教育經費龐大，近來仰賴教育部之補助甚多（詳見第六章教育財政與教育經費一章）。經費操控在教育部手中，其補助之政策與公式，往往影響地方教育事業之興革，地位相當具有關鍵性。

以上就教育行政三權的觀點分析台灣教育部的職權，可明確瞭解其與地方在教育權力分配上的關係。近年來，教育部職權雖有所縮減（如1993年通過之大學法，教育部對於校長之產生遴聘，已失去直接主導的權力），但就其在人事、課程、經費權所扮演的角色上，仍居主導地位。此在以下介紹地方教育行政組織之職權時，也可明顯看出。

三、省與直轄市教育行政組織

台灣地方教育行政組織原分爲省（直轄市）與縣（省轄市）兩級。但因省與中央的管轄範圍相差不大，故在1996年之國家發展會議上形成「精省」的共識，其後於1997年經國民大會決議，於憲法增修條文第九條中，將省的權限大爲縮減。其中規定「台灣省議會議員及台灣省省長之選舉停止辦理後，台灣省政府之功能、業務與組織之調整，得以法律爲特別之規定」。影響所及，省的規模已大幅縮小，且由於省長與省議員選舉的停止，事實上省已喪失憲法規定之自治事項（見大法官會議第467號解釋）。精省之後，省已無掌理教育的專責機關，對各級教育的影響力已近於零。

精省之後，省原先所轄高等教育部分回歸教育部，中小學則下放權力給縣（市），其中尤以人事權最爲明顯。在精省之前，省教育廳負責設立與管理省立學校，對其人事，有直接聘任安排之權。此外，對於縣（市）國民中學校長，根據修定前之「教育人員任用條例」第二十四條，也由省教育廳遴選合格人員報請省政府核准後任用。原則上，縣（市）教育局之局長、主任督學及督學之人選，教育廳也有一定之影響力，但必須與縣（市）行政主管協調。精省之後，省對縣市教育行政已無監督與輔導之權，自然對相關人事也無置喙之餘地。

直轄市（自2015年起，計有台北、新北、桃園、台中、台南、與高雄市）之教育首長爲市長，下設教育局爲執行機關。其組織設有局長，綜理局務，並指揮監督所屬機關及職員。其下有副局長，幫助局長處理局務。內部單位以台北市教育局爲例，設有綜合企劃科、中等教育科、國小教育科、學前教育科、特殊教育科、終身教育科、體育及衛生保健科、工程及財產科、資訊教育科、秘書室、督學室、附屬社教機構（如圖書館、動物園）等單位。詳細執掌請參閱相關網站資料。

綜觀以上直轄市教育行政組織與其職權，可以看出其運作上有以下之問題：

1. 省之管轄權限已近於零，未來中小學教育之權已落入縣（市）手中，缺乏省居中協調，未來各縣（市）必將抗爭矛頭指向教育部，尤其在爭取經費方面。
2. 直轄市之最高教育首長爲市長，其對教育局長有絕大之影響力。因此當其與教育部好惡有所差異時，教育局長就產生左右為難、形成夾心餅乾的現象。

3. 缺乏適當的審議機構，對於民情之聽取與教育政策之精進，往往力不從心，形成主觀與原地踏步的現象。此外，也會漸漸造成強勢利益團體獨大的現象。

四、縣（市）教育行政組織

台灣縣（市）級的最高行政首長為縣（市）長，主管教育機關為縣市教育局。其主要業務為國民教育，根據相關法規擁有權限如下：

1. 依人口、交通等因素，劃分中小學學區，並負責設立與管理縣（市）立中小學及其他教育機構，提供學童就學機會。
2. 對於境內教育人事之任免、介聘、遷調、與獎懲做成決定，其他如相關教師的甄選、遷調也均由教育局負責辦理。
3. 視導縣（市）內所轄學校與所屬教育機關。

精省之後，縣（市）教育權限大為增加，尤其是在國中國小的人事權部分。雖然其對教育的掌握仍不如教育部，但比起精省之前，對地方教育的影響力卻已顯著增加，茲以2011年通過的國民教育法修正條文為例，其中第九條規定：

1. 國民小學及國民中學各置校長一人，綜理校務，應為專任，並採任期制，任期一任為四年。但原住民、山地、偏遠、離島等地區之學校校長任期，由直轄市、縣（市）政府定之。
2. 國民小學及國民中學校長在同一學校得連任一次。任期屆滿得回任教職。但任期屆滿後一年內屆齡退休者，得提出未來校務發展計畫，經原學校校務會議通過，報經主管教育行政機關同意，續任原學校校長職務至退休之日；其相關規定由直轄市、縣（市）政府定之。
3. 縣（市）立國民中、小學校長，由縣（市）政府組織遴選委員會就公開甄選、儲訓之合格人員、任期屆滿或連任任期已達二分之一以上之現職校長或曾任校長人員中遴選後聘任之。但縣（市）學校數量國中未達十五校或國小未達四十校者，得遴選連任中之現職校長，不受連任任期已達二分之一以上之限制；其相關規定由縣（市）政府定之。

4. 直轄市立國民中、小學校長，由直轄市政府教育局組織遴選委員會就公開甄選、儲訓之合格人員、任期屆滿或連任任期已達二分之一以上之現職校長或曾任校長人員中遴選後，報請直轄市政府聘任之。
5. 師資培育之大學附設實驗國民中、小學校長，由各該校組織遴選委員會就各該校或其附設實驗學校或其他學校校長或教師中遴選合格人員，送請校長聘兼（任）之，並報請主管教育行政機關備查。
6. 前三項遴選委員會應有家長會代表參與，其比例不得少於五分之一。遴選委員會之組織及運作方式，分別由組織遴選委員會之機關、學校定之。

以上規定可看出，縣（市）國民中小學校長均由遴選委員會加以遴選，其組織與運作由縣（市）政府定之。表面上雖有委員會，但縣長與地方派系的影響力卻不可忽視。被遴選者若無良好黨政關係，即可能中箭落馬。縣（市）對國民教育掌有實權，可收事權統一之效，但採取普通與教育行政合一制度，卻可能使教育運作不能獨立，其未來發展值得注意。

縣（市）教育局設有局長一人，承縣（市）長之命，綜理局務。其下之單位與職掌分述如下（各縣市之組織略有不同，請參見各地之規定）：

1. **學務管理課**：掌理學校教務、訓導及教育人員等有關事宜。
2. **國民教育課**：掌理增班設校、修建設備、學校總務及教育經費之會辦等有關事宜。
3. **社會教育課**：掌理社會教育、補習教育及藝術教育等有關事宜。
4. **體育保健課**：掌理體育、衛生、保健及福利等有關事宜。
5. **人事課**：掌理教育人員人事等有關事宜。
6. **督學室**：設主任督學一人，督學若干人，掌理教育視導與有關教育人員考績等事項。
7. **國民教育輔導團**：此是縣（市）教育局特有的單位，分爲國民中學與國民小學兩組，團長由教育局長兼任，團員則由各分科（如數學）教學成績優良之教師擔任。掌理國民教育研究發展工作，舉辦各科教材與教法觀摩會等事宜。

綜觀台灣縣（市）教育局之組織與運作，其優點乃在事權集中，縣（市）首長若有心於教育，可發展適合地方需要的政策。然而實務運作上，其缺點也不可忽視，茲分述如下：

1. 教育局長承縣（市）長之命綜理局務，表面上雖實際負責各縣（市）地方教育的運作，但不可諱言的，縣（市）長之影響力卻相當明顯。教育局長有時面對縣（市）長與教育部兩個上級，往往有無所適從之感。其職權之大小，端賴縣（市）長之喜好，有時受制過大，整個教育局在推動業務上會產生綁手綁腳的現象。
2. 缺乏適切的課程權與經費權（多需仰賴上級補助），在因地制宜的教育政策上，束縛過多而未能竟全功。
3. 正式審議機關功能不彰。依據教育基本法所設之「地方教育審議委員會」，各縣市多半虛有其表，甚而極少集會。委員會之成員複雜且立場不一，如果縣長不予重視，其建言難以發生效用，整個委員會形同虛設。
4. 地方派系介入教育頗深，其中尤以校長之遴選最甚，嚴重影響教育運作的超然性與獨立性。

五、台灣教育行政制度運作之優缺點與特色

台灣現行的教育行政組織及其運作分中央與地方兩級，地方又分直轄市與縣（市），各設教育行政主管機關執行業務（其權力運作詳見圖1.2）。大體說來，有以下四項特色：

1. **採行普通行政與教育行政合一的政策**：換言之，台灣教育行政組織並非獨立運作，而是附屬於一般行政體系之中。例如，教育部爲內閣部會之一，各縣市與直轄市所屬教育局（處），均爲直轄市及縣政府之一部分，且必須秉承地方首長之命，綜理所轄業務。影響所及，教育人事與教育經費均未能獨立，而必須以一般行政運作馬首是瞻。此種制度容易爲政治運作所綁架，進而受制於民意代表與民選首長之意識型態，較不利於教育行政之專業自主性與中立性。

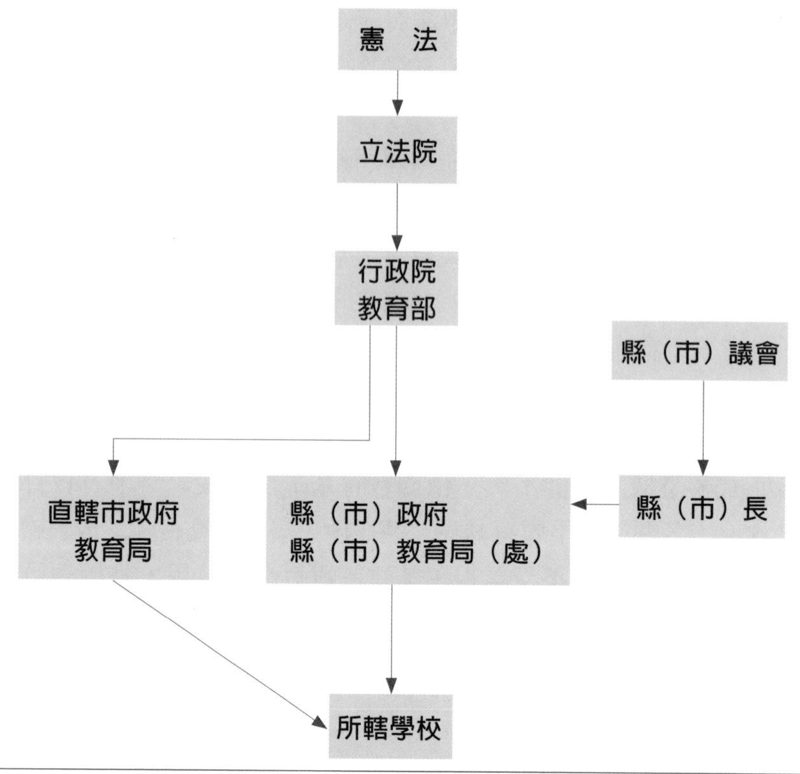

圖1.2　台灣教育行政組織簡圖

註：省政府層級已實質廢除，原教育廳職權已分別移轉。

2. **實施中央集權的教育行政制度**：中央教育部擁有最大的人事權、課程權、與經費權，形成中央集權的體制。近年來雖有和緩之趨勢，但在重大教育興革上，地方仍需視教育部之政策而起舞。按照教育部組織法，教育部對地方最高行政長官執行其主管事務，有指揮監督之責，上對下之態勢相當明顯。地方教育行政機關礙於人力與專業限制，即使希望因地制宜有所創新，但礙於官僚體制之層層節制，多無法順利進行改革，對於地方教育之創新造成阻力。近年來各地首長若屬政治之反對黨，或因理念不合，或因挑戰上級之決策，而發生無謂抗爭。今後教育行政權力之清楚劃分，乃是勢在必行。
3. **採用首長制的行政制度**：各級教育行政組織均設首長一人綜理業務。中央有教育部長，地方有教育局（處）長，其任命依法有一定程序，採用首長制的行政制度。此與其他國家（如美國地方學區教育委員會）採用委員制者大不相同。優點乃在事權統一，缺點卻易流於主觀專權。

4. **教育審議機構功用不彰**：台灣各級教育組織中雖有部分審議機構之設立，其中如依據教育基本法所設立之各縣市「地方教育審議會」。但實際運作上，多半聊備一格缺乏實權，除了鮮少開會缺乏共識，有時甚而成為替行政當局背書的白手套。由於各級教育審議機構之建議並無強制性，又缺乏民意參與，教育首長可隨其喜好加以取捨，其功用對教育決策並無顯著成效。

第三節　主要國家教育行政制度與組織

一、美國教育行政組織

美國聯邦憲法第十修正案規定：「本憲法未授與聯邦或未禁止各州擁有的權力，皆應保留給各州或其人民。」由於「教育權」並未在聯邦憲法中提及，故應屬於各州（Alexander, 1980）。影響所及，美國教育行政組織即呈現地方分權的態勢。州與地方學區所擁有之權力極大，此由美國聯邦教育部遲至1979年成立即為一例證。此後數年，抨擊其成效不佳而欲將其廢除之聲此起彼落，其地位之脆弱可想而知。此與中央集權國家之教育部獨大的現象，實不可同日而語。其權力運作見圖1.3。

簡言之，美國教育行政組織分為聯邦、州、地方學區三級。聯邦設教育部，為中央負責教育行政之機關。州設有州教育委員會與州教育廳，地方學區則設有地方學區教育委員會與教育局。其組織與職權，茲簡述如下。

聯邦教育部於1979年卡特總統任內成立（其在1867年曾短暫成立，但一年後即被降等），以將1953年設立之「衛生教育福利部」（Department of Health, Education, and Welfare）中之教育業務獨立成部（Morphet, Johns, & Reller, 1984）。以往聯邦教育部門之業務多在蒐集學校資訊與分析全國教育統計資料，1979年後成立之教育部也未有所擴權。根據教育部組織法（Department of

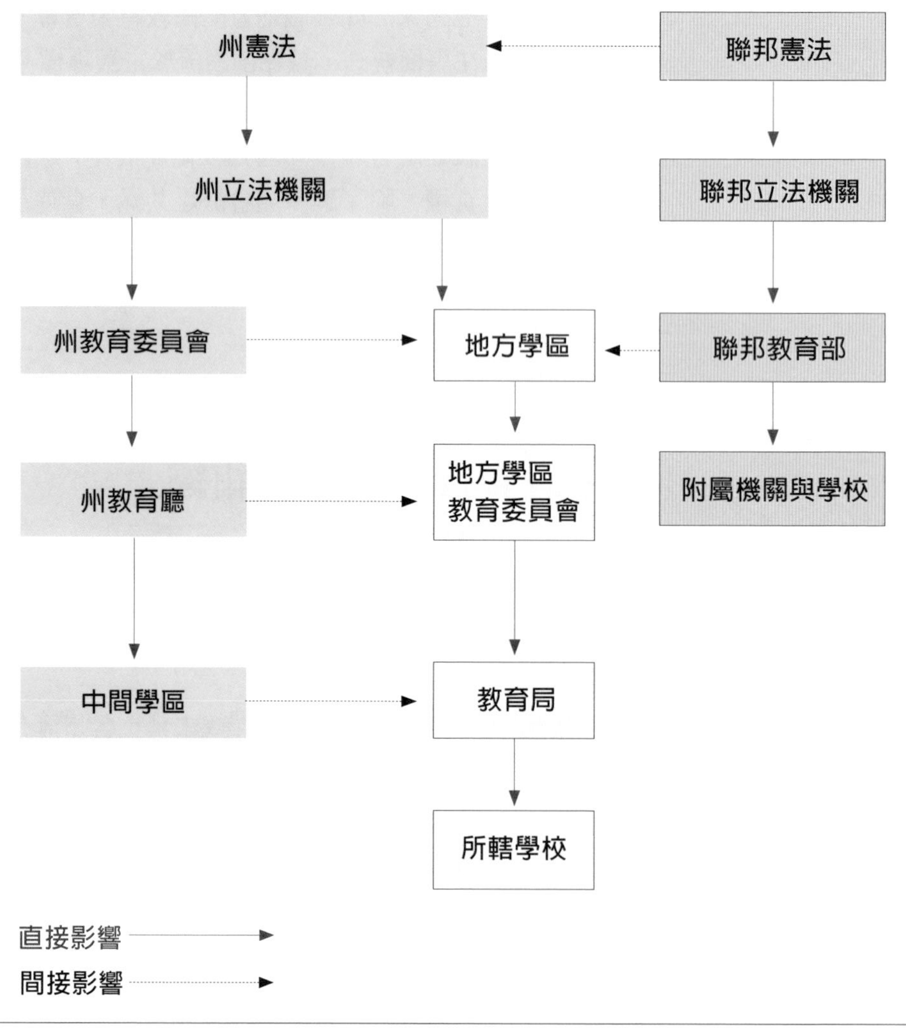

圖1.3　美國教育行政組織簡圖

Education Organization Act），規定其設立「並不擴張聯邦政府對教育的權力，也不減少州、地方、及州相關機構所擁有的職權。除非經法律授權，教育部長或其相關人員所提出的教育規劃，並不代表聯邦教育部已取得對課程、教學、行政、教育人事、認可機構、及教科書、教材的指導、監督之權力」。由此觀之，可知聯邦教育部在成立之初，無論在教育人事、課程、與經費權上之影響力均有其侷限（Lunenburg & Ornstein, 2011）。

基於此，聯邦教育部之功能即限於協調各州之教育活動，以達到教育機會均等的理想。第二次世界大戰後，美國聯邦政府藉各種教育法案之通過，介入地方教育日深。其中主要包括National Defense Education Act（1958）、Manpower Development and Training Act（1962）、Vocational Education Act（1963）、Economic Opportunity Act（1964）、Elementary and Secondary Education Act（1965）、與Higher Education Act（1965）等。以上法案多係補助特定教育與人員而制定，例如Elementary and Secondary Education Act即明文規定補助貧童與特殊教育，而監督地方執行法案內容的任務即在聯邦教育部身上（Sykes, Schneider, & Plank, 2009）。由於聯邦補助日益重要，教育部之地位也稍有提升，但仍維持在輔導與建議的角色上。

之後，聯邦教育部基於提升全國教育績效之理念，頻頻通過聯邦立法，試圖解決因過度地方分權所造成之弊病。此因地方學區各據山頭，其學校制度乃至教材多因地制宜具有彈性，但也因此產生良莠不齊、天高皇帝遠之現象。爲「控制」各州與學區之運作，聯邦政府透過立法，希望能間接提振學生教育表現。其中如2002年之「無孩童落後法」（No Child Left Behind Act），其中即規定接受補助之州政府，必須提出提升學生成就表現之策略與作法。其中包括針對低成就與特殊需求學生之教學方法，與幫助教師改進教學之方案。此舉雖被部分教育學者大肆批評，認爲聯邦政府藉著教學評鑑效標之訂定（如學生在標準測驗上之分數），大幅限縮地方教師之教學自主權（Ravitch, 2010），但也間接證明聯邦教育部影響力之增加。

除對課程之控制外，中央政府另一項武器乃是對教育經費分配之權力。透過財政劃分相關法令之訂定，地方政府即使表面上擁有權力，但因需要仰賴上級之經費補助，在政策之推行上，自然必須加以配合，否則極可能面臨限縮補助款之後果。此種現象在各州負責之高等教育相當明顯。以聲譽卓著之州立大學爲例（如加州大學系統），即使主要管理者爲各州州政府，但也因需要爭取大量聯邦政府研究經費而矮了一截。換言之，聯邦政府即使不是法令上行政權力之擁有者，但藉由經費之挹注，欲爭取之大學必須服膺聯邦之教育政策（如性別平等），實質上卻默默完成了權力之行使。

美國教育權爲各州所擁有，對於各級教育之運作影響甚深。各州體制雖有差異，但多以州議會（state legislature）、州教育委員會（state board of education或其他類似名稱，如board of regents）、州教育廳（state department of education）形成之鐵三角爲主要教育決策與執行機構。多數的州政府會另設高等教育委員會處理高等教育相關事宜（Lunenburg & Ornstein, 2011）。此外，部分州之州長藉由任命州教育首長（chief state school officer，以往多翻譯爲州教育廳長），對於教育之方針有所影響，但仍屬間接之形式，眞正制定基本教育政策者實爲各州議會。在此要強調的是，由於各州制度互異，州長與上述鐵三角之權力運作各有不同，有的州之州長幾可掌控全局，有的州卻強調教育事務之獨立性。相關資訊還請參酌各州網站。

州議會之議員由人民選舉產生。經由立法程序，規劃決定教育制度與運作之重要事項，其中包括：(1)決定州教育委員會成員的產生方式；(2)規定各級與各類學生入學條件與標準；(3)制定州內公立學校之基本課程；(4)規定各級各類教育的修業時間與義務教育年限；(5)制定各種教師資格證書的資格要求；(6)審核州內教育預算等事項。基本上，州議會具有州內教育的主導權，但因議員工作繁瑣，推行其既定政策的行政單位即必須由州教育委員會加以代勞。

與實施普通與教育行政合一的國家不同，美國各州均設有獨立之州教育委員會，以使政治影響程度減至最低。州教育委員會採取合議制，主要監管中小學之相關教育業務，州立大學多享有一定程度之自治。州教育委員會成員之產生方式包括：(1)直接由全州人民選舉；(2)由州長任命；(3)由州政府官員兼任等制度。其產生方式隨著教育思潮之更迭變化甚多，但特點乃是特重民意。此從其組成分子包括律師、商界人士、教育人士、社區代表、甚而學生代表等可見一斑。此與中央集權國家所組成之類似教育委員會，幾乎全由教育業內人士組成之方式不同。

州教育委員會秉承州議會之立法規定，以形塑州的基本教育政策。其任務大致包括：(1)任用州教育廳之相關人員；(2)制定各級學校的建校標準；(3)根據州法，訂定州內各種教育人員之資格與證書取得程序；(4)評鑑州內所屬學校；(5)制定資源分配（如聯邦補助與州之教育經費）的公式與原則；(6)初步審核教育廳所提之預算，再轉送州議會檢核通過（Lunenburg & Ornstein, 2011）。

執行州教育委員會政策者則爲州教育廳，實務上成爲落實教育政策的主要機構。此因州教育委員會之成員多半非教育專業人員，以致相關之建校標準、證書取得程序、乃至經費分配原則等教育重大問題，皆需先由教育廳之人員擬定初步計畫，再送交州教育委員會。換言之，其雖無最後決策權，但地位卻是舉足輕重。尤其近年來各州財政吃緊，地方學區又往往仰賴州之補助，州教育廳身為政策執行單位，其行政績效往往影響地方辦學之興衰。

在州之下的教育組織即為地方學區（local school district），為美國教育的基本單位，其運作與普通行政分開，有獨立的權限。地方學區的劃分，各州情況差異頗大，有的與普通行政區域一致（如以鎮為學區單位），有的卻獨立劃分。因此在部分州，一個地方學區可能橫跨數個普通行政區域。學區之名稱依其掌管之範圍有所不同，可分為聯合學區（unified school district）、初等教育學區（elementary school district）、中等教育學區（secondary school district）、與職業教育學區（vocational education district）。其中聯合學區多位於人口較少之地方，以統整學區內幼稚園至高中（K-12）之學校事務。後三者則依其名稱掌管初等、中等、與職業教育，多分布於人口稠密之城市區域。此外，多數州基於需求尚設有中間學區（intermediate school district）。其位階乃介於州與地方學區之間，目的即在協助雙方在法令執行、分配經費、與提供特殊教育服務（例如單獨學區無法負擔特殊教育之經費，中間學區即可集合幾個地方學區之力量興辦）等事項（Morphet, Johns, & Reller, 1984）。

美國地方學區的教育行政機關主要為地方教育委員會（local board of education）與地方教育局（office of superintendent）。其中地方教育委員會為決策機關，其職權大小由各州以法律定之，以制定地方教育之實施方針，惟不可違逆聯邦與州之法規。地方教育委員會產生方式有居民選舉與政府派任兩種，其中又以前者占絕大多數。委員之產生不分黨派，以求得民意之適當表達。任期為2至6年不等，人數則多在10人上下（李懿芳、江芳盛，2006）。一般而言，委員定期開會（如有些州規定每個月必須至少集會一次），但多半為無給職（出席會議則有少數津貼），純粹是基於對教育的熱忱。多數委員並非教育業內人員，而多由社會各界之專業人士組成。委員會通常設主席一人，由委員互選或輪流擔任；其下並視需要設立各種委員會（如財政委員會）以推行業務（Kowalski, 2005）。

雖然各州之規定不一，然而為推行學區內中小學教育之業務，大多數地方教育委員會擁有以下之職權：

1. **徵稅以支付教育經費**：此項權力極為特殊，地方教委會可不經普通行政機關之核准，以獨立徵收地方財產稅（property taxes）之方式募集教育經費。教委會每年必須先擬定預算，再以其數額決定財產稅之稅率，享有經費獨立的權力。除少數富有學區，一般而言徵收之款項多不足支應所需。此時除靠上級補助外，就得發行學校公債（school bond）以補逆差，此必須經過區內居民投票（referendum）同意後方能爲之。地方學區具有獨立之徵稅職權，乃是美國教育行政制度最特殊之處。

2. **設立與管理區內中小學教育**：對於教育局長、校長、教師、及其他相關人員的聘任行使同意權與制定任用標準。此外根據州法之規定，學區內之課程規劃與公立學校所使用之教科書，皆必須由其核准後才能使用。至於學區內之未來教育發展計畫，也必須經由其制定，或由教育局擬定後再呈送地方教委會進行審核。

3. **代表學區與教職員專業團體或工會談判**：1960年代之後，教師專業團體與工會興起，往往在工作環境、待遇、升遷等問題上進行抗爭。因此多數學區每年必須舉行與其進行「集體協商」（collective bargaining），由代表學區之教委會與教師團體進行溝通談判相關權益議題（最主要議題爲教師待遇）。若一時未達共識，則可要求公正之第三者進行仲裁與調停。如果還不成，則可能引起教師罷工（在州法允許之前提下）。在任何糾紛中，教委會均需代表學區出面。若其行爲有所失當，往往會遭到學區人民指責或被法院責罰。例如，在Schreffler v. Bd. of Educ. 一案中，當地法院即判定學區教育委員會未在解聘一位校長前，給予其憲法所賦予的正當程序權利，因而將所有成員共罰款7,750美元。詳見秦夢群（2004）之《美國教育法與判例》。

秉承地方教育委員會政策，實際負責學校管理之單位爲地方教育局。其設有教育局長一人，並視學區大小與需求，增設副教育局長、助理局長等職位。除少數州由人民直選外，教育局長多由地方教育委員會遴聘產生。其背景多爲擔任教師一定年限後具有校長經歷，最後轉任爲教育局長。由於地方教育委員會依法令定期改選，其教育理念之更迭，相當程度影響了教育局長的職位異動。

綜觀美國教育行政制度，可發現在世界先進國家中，其地方分權之走向最爲明顯。地方除擁有獨立之徵稅權之外，各州也可依其需求，制定不同教育政策與實施方針。晚近聯邦政府利用撥款補助之手段，試圖對於教育議題有所影響。此作法引起各界人士之疑慮與撻伐，日後之發展值得注意。

二、英國教育行政組織

英國係「大不列顛與北愛爾蘭聯合王國」（United Kingdom of Great Britain and Northern Ireland）之簡稱，共包括英格蘭、蘇格蘭、威爾斯、北愛爾蘭四個主要地區。因政經文化之不同，四地之教育體制頗有差異。例如蘇格蘭地區已有其國會，以處理外交與國防以外之事務。基於篇幅所限，以下英國教育行政制度之敘述則以英格蘭（部分適用於威爾斯）地區為主。

英國是採取君主立憲的國家，國王為虛位元首，行政大權操於國務院（ministry）與內閣（cabinet）手中，國會則掌有制定法令與通過預算的權力。實務上，英國教育行政制度傳統上較偏地方分權，但比起美國，英國中央政府之權限明顯較大。對於重大教育事務，中央與地方強調協調與夥伴合作關係。（參見圖1.4）。兩者權力之消長，隨著主要政黨工黨（Labor Party）與保守黨（Conservative Party）之更替執政，而有相當程度之擺盪。例如工黨在1997至2010年執政期間，諸多措施頗有中央集權的色彩。如今地方雖仍保有一定之教育權限，但中央與學校層級之影響力也不可小覷。此在1988年的「教育改革法案」（Education Reform Act）實施後更形明顯（李奉儒，2001）。

英國中央教育行政機關之名稱迭有改變，歷年名稱依其業務有所差異。例如在2001年，其被稱為「教育與技能部」（Department of Education and Skills）；2010年則又改回為「教育部」（Department for Education），負責制定有關教育與兒童的相關政策。為行文之方便，以下即以「英國中央教育部門」加以統稱，確切名稱請查閱相關網站。以下僅就其掌管之重要教育業務（排除相關兒童與社福項目），加以簡述如下：

1. **監督地方行政部門執行國家教育政策**：中央教育部門可經立法或由內閣通過重大教育政策，以影響全國各層級教育之實施。1992年後，英國中央成立「教育標準局」（Office for Standards in Education），以負責師資培育、學前教育、中小學教育、與相關地方教育之視導工作。其成員主要為皇家督學（Her Majesty Inspectors），依法至地方各級學校巡查視導。若發現其有違法之處，則加以糾舉，甚或提起訴訟要求法院強制其服從。
2. **對於地方行政部門所提之重大教育計畫加以審核**：其中如地方所屬公立學校之設立、廢除、型態轉變、與補助，均需中央教育部門之審核

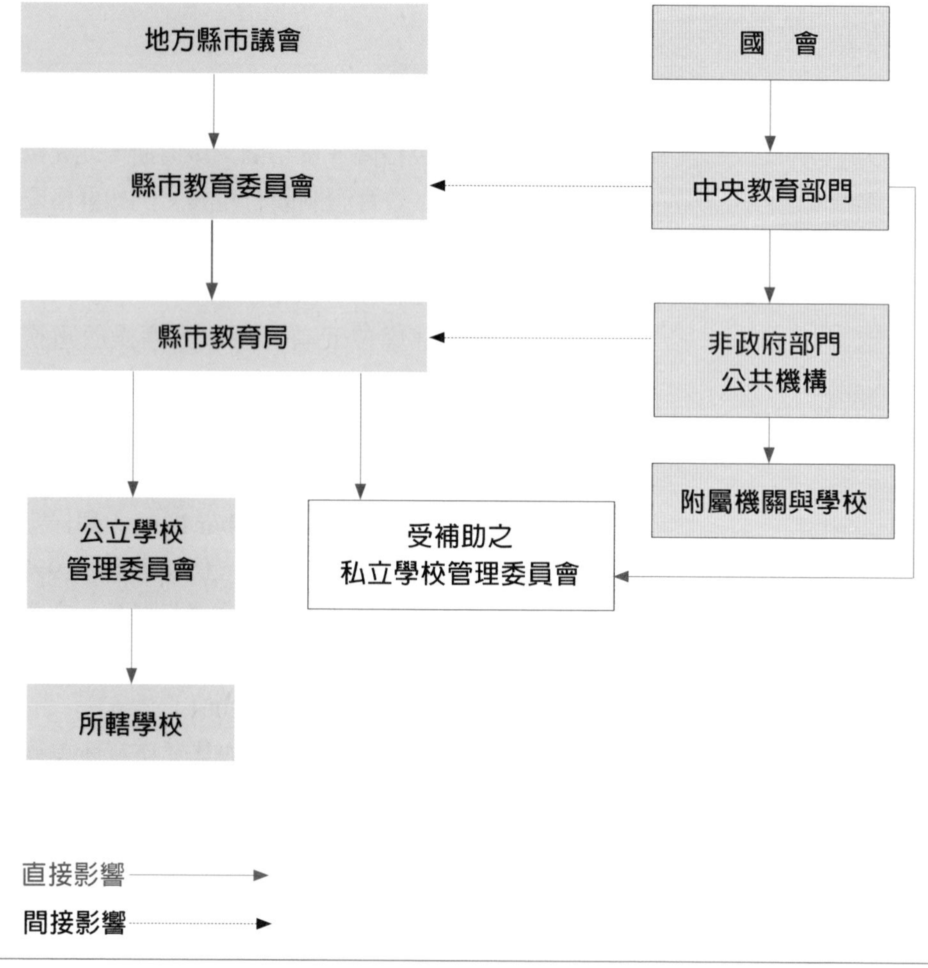

圖1.4　英國教育行政組織簡圖

註：接受補助之私立學校管理委員會組織章程由中央部門制定。

通過。其他地方重大的教育發展計畫（尤其牽涉到經費補助），也必須經由審核的程序。中央教育部門若有不同意見，則需與地方當局進行磋商取得共識。原則上其雖未如台灣教育部之擁有最後裁決權，但比起美國教育部之只居於輔導地位，英國中央教育部門仍擁有一定權限。

3. **管理私立學校**：對於私校不合國家政策、設備與師資未達標準者，可令其改善或註銷其立案。中央教育部門應定時視導私立學校，以維護其教學品質。

4. **擔任仲裁機關**：凡地方教育當局之間，或是其與學校管理委員會發生衝突時，中央教育部門可視情形出面擔任仲裁調解之工作。
5. 制定學校建築設備標準、教師薪水標準、與撥款補助大學之規定與相關事宜。

此外，英國中央層級對於教育行政運作有相當影響力的組織尚有「非政府部門公共機構」（Non-Departmental Public Bodies, NDPBs）。其在1980年代保守黨主政期間擴張甚巨，功能乃在維持一定之彈性，可隨著政府之需求增設縮減，而避免一般政府機構層層約制之弊病。一般而言，非政府部門公共機構多半接受政府之經費補助與指定首長，以執行時定之行政任務。此類機構對下放政府權力有所助益，但也因權責難以釐清、官員私相授受、人民難以監督等問題，近年來已有所縮減而回歸政府部門（陳怡如，2006）。

隸屬於英國教育行政之中央層級的非政府部門公共機構多扮演行政、諮商、法律之角色（Cabinet Office, 2010）。由於篇幅所限，以下僅就代表性組織加以說明。完整之機構說明，還請讀者參閱相關網站。

1. **英格蘭高等教育撥款委員會（Higher Education Funding Council for England, HEFCE）**：類似之組織在蘇格蘭、威爾斯、北愛爾蘭均有設立。其功能乃在分配境內高等教育機構之相關教育與研究經費。近年來由於僧多粥少，HEFCE必須訂定分配指標以提升大學品質，此在研究經費之分配上最為明顯。大學依相關學術表現（如論文發表之成果）獲得不同數量之補助。雖然因此引起爭議，但卻凸顯HEFCE重視績效之訴求。
2. **國家學校領導學院（National College for School Leadership, NCSL）**：主要功能乃在培育候用校長與提供現任校長的在職訓練。英國於1999年設置國家學校領導學院，以推動自1997年開始之「校長專業資格國家證書」（National Professional Qualification for Headteachers, NPQH）計畫。NPQH係為未來有志從事校長職位之資深教師提供培訓課程，結業後即可獲頒證書。試行數年後，英國政府於2004年，即規定獲得校長證書乃是成為新任中小學校長之先備條件。就此而論，國家學校領導學院對於學校領導者之培育，實扮演舉足輕重之角色。此外，其對新任校長與資深校長均推出相關進修計畫，以增進其專業知能。

3. **學校師資發展局**（Teacher Development Agency for Schools, TDA）：主要功能乃在提供中小學教師之職前培育與在職進修計畫。英國師資培育體制頗爲複雜，TDA除負責徵募合格師資外，也提供新進教師之輔導訓練與現職教師的進修計畫。其對提升境內師資之專業有一定之影響力。自2013年開始，NCSL與TDA已合併爲「國家教學與領導學院」（National College for Teaching and Leadership, NCTL），其功能執掌請參閱相關網站資料。

由以上英國中央教育部門的職權可看出其職權多在制定教育政策上，但其在人事（鮮少有聘任地方教育行政人員或教師之權力）、課程（雖可制定國家課程，但並無全面課程規範與指定教科書之權力）、及經費（雖負責撥款給大學，但並無任何力量影響其自治權）上的職權並非處於主導之地位。1988年之後，英國教育雖漸有向中央集權傾斜之趨勢，但發展至今，仍與地方教育當局分享教育事務之權力。實務上，中央在地方教育的規劃上，仍可依據相關法令與政策之推動，爭取溝通協商之機會與影響力。

依照1944年所通過之法案，當時英國地方教育行政機關（Local Education Authority, LEA）之代表，乃爲縣市議會（county councils，county一字或譯爲郡）。其下設教育委員會（local education authority）與教育局（education office）共同執行相關業務。此種設計頗有內閣制之精神。教育委員會之成員半數以上來自縣市議會，均具有議員身分。由於委員會之成員爲民意代表，無暇處理日常業務，故在其下再遴選任命教育局長執行既定政策。教育局之首長爲教育專業人士，原則上也屬於縣市議會之一部分。此種採取立法與行政機關一元化，並在地方議會下設立相關委員會（如教育委員會）總理教育事務之體制，實與台灣教育行政組織與立法機構分開有所不同。

以上制度在2000年之「地方政府法」（Local Government Act 2000）公布後有所改變。如今地方主管教育機關多被稱爲「地方當局」（Local Authority, LA），以取代以往之LEA（雖然LEA一詞仍被部分地區使用）。此因LA之責任已非侷限於以往狹隘之教育業務，而包括兒童福利、青年教育等。因之，其下所任命之執行教育主管，也多不再只稱爲教育局長，而出現如「兒童福利局長」（Director of Children's Service）之職稱，與過往LEA掌理之範圍有所不同。

原則上，地方縣市議會將教育行政之權交付教育委員會（除了徵收教育稅與發行公債權之外），由其做大部分議題之初步審查，並定時向議會做報告，最後由其進行議決。基本上，縣市議會、教育委員會、教育相關局處三者共同負責LA的基本運作，其職權略述如下：

1. 任免相關教育委員會之委員與其下執行教育之主管，以推行區內教育業務。
2. 對於區內之公立中小學視需要加以設立並管理。其校長與教員之聘任，多需經縣市議會認可（基本上多由教育委員會代勞）。此外，對於部分接受公家補助之私校人事，也有一定的影響力。
3. 根據1988年所通過的教育法案，LA需與各校之「學校管理委員會」合作與共享權責，以確保學校適當課程之設計，與符合相關法律之規定。
4. 制定轄內所設中小學與受補助之私校的學校管理辦法。其中最重要的即牽涉到學校管理委員會成員之來源與運作原則。
5. 視導所屬之學校與相關機構。LA中多設有督學相關機關，以執行視導之任務。若發現有不符政策法令者，可給予適法之處分。

按照1988年通過的教育改革法案，學校管理委員會英文原文最早爲Local Management of School（簡稱LMS），之後又被稱爲school governing bodies。其成員大致包括：(1)行政代表如校長；(2)教師代表；(3)家長代表；(4)社區人士代表；(5)學校基金會成員等。學校管理委員會必須依當地法令定期聚會，且其開會紀錄必須公開供民眾檢閱（牽涉到敏感與學生行爲隱私者除外）（Her Majesty's Stationery Office, 1994）。

按照法案，學校管理委員會之職權爲管理學校之行政事務，主要由校長執行。其項目包括：

1. 決定學校之辦學目標與願景，並確定學校之運作合乎相關中央與地方法令之規定。其中如確保校內實施之課程能符合全國課程的標準與基本政策。
2. 處理學校訓導與輔導學生事宜，並提供教師在管教學生時的原則與遵守之程序。
3. 管理由LA所撥下之補助經費，以支應人事費用與購買相關硬體和軟體設備等。

4. 部分實施學校本位管理之學校，可以決定校內人事甄選與遴聘事宜。
5. 必須準備年度報告以向家長與社區說明學校營運狀況，並接受其質問。其目的乃在集思廣益，瞭解家長與社區的想法（Ward, 2007）。

由於政黨輪替與時代需求，英國教育行政制度之更迭極為劇烈。此由各級教育行政機關名稱之變化即可略見一斑。檢視當今英國的教育行政組織，仍可看出其制度仍較偏向於地方分權。即使在1988年之教育改革法案之後，保守黨執政之政府力圖加強中央之權限（1997年執政之工黨也不遑多讓，只是程度上之差別），但其策略並非直接干預介入，而是以規範與鼓勵為主，並不強制地方就範，而希望形成雙方夥伴關係。中央教育部門雖有部分權力（如實施國定課程、核准補助LA的教育發展計畫），但教育行政之人事、課程、與經費權力仍較多落在各地議會、教育委員會、與相關地方教育局處三者所組成的LA手中。此與實施中央集權之中央與地方為上對下層層節制的體制迥然不同，即使歷經多次教育體制之調整，英國中央地方仍多維持為平行關係。

此外，值得注意的是，基於學校本位管理之理想，英國自1988年教育改革法案後，即漸漸將原屬於LEA之權限移轉給個別學校之學校管理委員會，使其在人事、課程、經費上均享有決策，並與LEA共同協商的權力。此趨勢甚而有名為「直接經費補助學校」（Grant-Maintained School，簡稱GM學校）之出現，學校跳過地方教育當局，直接向中央申請經費補助。此種制度雖在1998年工黨執政後公布之「學校標準與架構法」（School Standard and Framework Act）加以廢止，但卻確立學校管理委員會之更具有自主性的趨勢。當今LEA雖仍握有部分教育權力，但學校管理委員雖未具有如美國地方學區的獨立程度，但其自主性仍不容小覷。

三、法國教育行政組織

法國自拿破崙時代（第一帝國）之後，即實行中央集權的傳統至今。按照第五共和（自1958年開始）憲法規定，總統經選舉就任後可以解散國會，權力相當大。影響所及，法國教育行政即採用中央集權的制度，人事、課程、經費權均在中央手中（參見圖1.5）。晚近雖有所緩和，例如1968年的高等教育法，賦予大學在行政、財政、教學上的部分自主權，但中央仍保有一定之權限（Perie, 1987）。

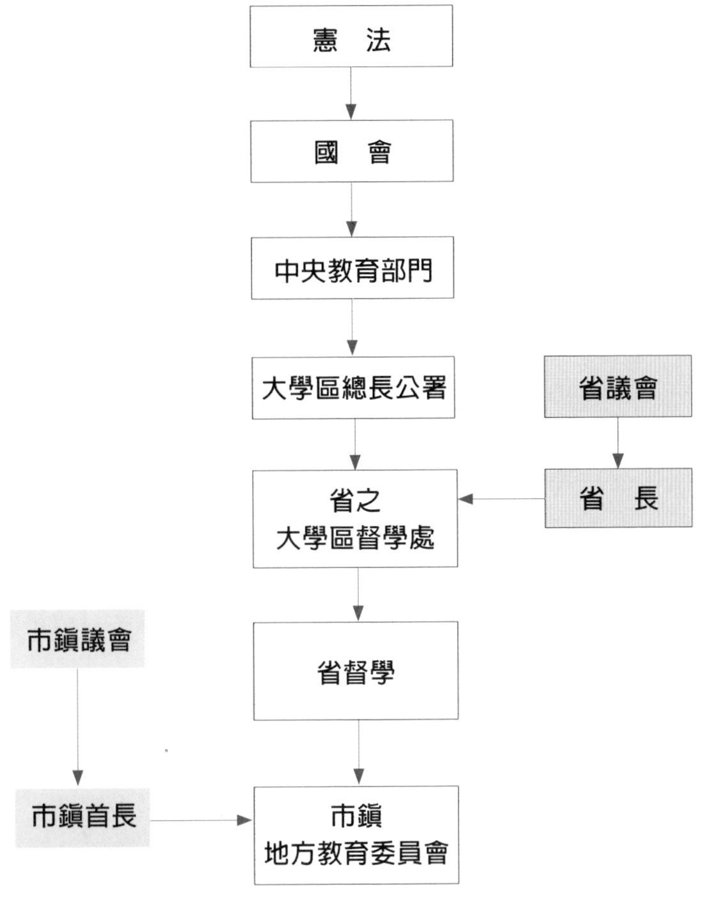

圖1.5　法國教育行政組織簡圖

法國雖採取中央集權制度，但其教育行政組織的劃分卻與台灣不同。在1964年之後，法國普通行政計分為中央、行政地區（regions administrative）、省（department）、與市鎮（communal，泛指省以下之地方行政組織，如市、縣、鄉鎮等）。其中行政地區之地區行政首長（les Prefets de region），省之省長（le Prefet），與市鎮之市鎮長（le maire）均為一般行政之首長。在教育行政組織上，法國傳統上在相當行政地區層級，平行設立「大學區」（academy）的教育行政組織。基本上，每個行政地區皆至少有一個大學區之設置（部分有多個大學區）。其設有大學區總長（le recteur），由總統任命。其秉承中央之政策，在教育相關實施上有極大權力，即使是地方首長，也必須參酌其意見。負責省之教育事物者則爲「大學區督學暨省教育服務總長」（簡稱爲Inspecteur d'Academie），秉承大學區總長之命，督導省之中小學相關教育事務。市鎮則有「省教育督學」（簡稱Inspecteur departmental）之設立，主要處理學前與初等教育之事宜。因此從組織的觀點而言，法國乃是部分普通行政與教育行政分立的國家，計有中央、大學區、省、與市鎮四個層級。茲將其相關組織與職權分述如下。

法國於2007年，將原本的「國家教育、高等教育暨研究部」（Ministere de l'Education nationale, de l'Education superieure et de la Racherche）分設爲「國家教育部」（Ministere de l'Education nationale）與「高等教育暨研究部」（Ministere de l'Enseignement superieur et de la Racherche）。爲行文之方便，以下統稱之爲「法國中央教育部門」，確切名稱請查閱最新相關網站。國家教育部設部長一人，由內閣總理提請總統任命，下設總督學部門（Inspection generale）、業務單位（如高等教育司）、與獨立及附屬機關（如全國評鑑委員會）。法國中央教育部門的特色是權力極大，掌管全國教育政策與事務（尤其是高等教育）。其主要權限略述如下：

1. **設立並管理各級國立學校**：對其設立標準、管理方法均明文規定，其中又以高中以上學校爲主。
2. **籌措與分配所屬公立學校教育經費**：法國中央教育部門必須在年度預算中編列所屬各級公立學校的相關支出（以教師薪資爲最大宗）。此外，並視各地社經情況，劃定中小學教育之「教育優先區」，給予特定標準的教育經費補助與支援。
3. **制定中小學課程標準**：其中對於各必修選修科目、授課時數、乃至教學原則均有所規定。
4. **輔導私立學校**：凡未接受政府補助之私校，仍應受教育部之視導，以確立其在教師任用與教育政策上，並未違反國家政策。至於部分或全部接受政府補助者，則在人事上必須經教育部認可後才能聘任。
5. **視導各學校與教育行政機關**：教育部設有中央督學（Inspecteur Generale），負責教育視導事宜，並監督大學區與省的教育行政機關。原則上對有自主性之大學只視導其行政運作是否合法，中小學則包括行政與教學兩方面。中央督學中即有教學督學，以負責各科各組的課程與教學事宜（Lewis, 1985）（詳見第七章教育視導一章）。

國家教育部除設置相關司處外，並設有多個審議組織以做爲教育人事、研究、輔導等事項的諮詢機構，其中最重要的爲全國教育高等審議委員會（Conseil Superieure de I'Education），其作用在對各類關乎全國教育的問題提供諮詢，以供部長參考。此外，其具有仲裁各地教育爭端的權力。無論是中小學或大學之糾紛，在上訴大學區審議會（中小學）或大學審議會（大學）後，若有不服均可要求全國教育審議會做最後之仲裁。其成員除教育部與學校代表外，尙包括家長與社會賢達人士等。

法國教育行政的第二級爲大學區，最初爲拿破崙時代所設。開始時爲各學區設一所大學，以大學區總長（recteur）爲大學校長與教育行政負責人。如今各大學區已不只一所大學，但大學區總長綜理轄區所有中小學與大學教育之身分未變。法國大學區之設置在各國教育行政組織中相當特殊，大陸曾在1927年由蔡元培倡導實行大學區制，但一年後即因調整不易而廢除，足見外國實施經年之制度，不見得適用於國內。

大學區總長由總統任命，通常爲大學教授，爲國家教育部在地方的代表，承國家教育部的政策，管轄其區內的教育業務。其職權略述如下：

1. **任免區內小學教師**：接受各省所推薦的名單，審核後公布。
2. **仲裁糾紛**：凡境內之教育機關內或是相互引起爭端時，先由大學區審議會（Conseil Academique）受理，經其裁決後，如有懲處教職員之必要，則由大學區總長決定。如果教職員對其裁決不服，可向全國教育審議會做最後申訴。
3. **監管區內各級學校**：無論公私立或是初等、中等、高等各級教育，大學區均有權力做不同程度上的監管。雖然對私立學校與大學的監管程度較低，但對其基本行政運作仍會定時視導。此外，各級學校如有任何要求，也由大學區總長向教育部適切表達，以尋求未來的改善行動。
4. **協調區內各級學校的關係**：中國1927年實施大學區制之所以失敗，其原因即在大學與中小學之間爲爭奪資源而纏鬥不休。因此區內大學彼此之間，或是其與中小學之間合作關係之建立，實爲當地教育成敗的關鍵。大學區總長即負有重責，必須定時召集各級學校的首長，以求共享教育資源與合作達成目標（Lewis, 1985）。

法國教育行政的第三級是省。其原文爲départment，與英文province一詞之涵義不同，面積比中國或加拿大所劃分的省小得多，或可譯爲「府」。本書依以往前輩傳統，仍將之譯爲省，其設有省長一人。大部分的大學區包含兩個以上的省，負責省的教育行政部門則稱「大學區督學處」（Inspéction Academique，前曾有人譯爲教育廳），各省設有省級之教育主管「大學區督學」（Inspécteur d'Academie），其係經考試任用，管理省內除高等教育以外的事務，並充當大學區與省之間的橋梁。其主要職權略述如下：

1. **負責中學分發的工作**：法國由於實施教育分化極早，在小學畢業後，學生進入中學則需決定組別。因此如何適當分發學生，即成爲家長極重視之大事。原則上，省所設之大學區督學處即必須負擔此項工作。由大學區督學召集，結合初中校長與教師、輔導人員、社工人員、家長代表等，組成入學委員會。根據學生在小學之學業、家庭、身心背景與資料，以決定學生進入初中就讀時之組別，最後通知家長進行分發工作（詳見第二章學校制度與分流設計）。
2. **向大學區總長提供小學人事任用建議**：如前所述，小學教師任用權操於大學區總長手中，但大學區督學卻有權提出初步建議。舉凡其聘用、升遷、獎懲的初步審核與建議事項，均先由大學區督學提出，然後再由大學區總長做最後定奪。不過對於小學之代課老師（remplacants），大學區督學則擁有任命權，以應付因人事之突然變動而造成的眞空狀態。
3. **視導轄區內的各類小學**：省之教育行政執行機關爲「大學區督學處」，其下設有「省督學處」（Inspection Departementale），職責主要爲視導境內的小學（少部分爲中學）。根據其觀察之結果，完成視導報告，以向大學區督學提出具體建議。報告中除包含對校方之設備與教學之意見外，也附有對個別教師的評語，影響其獎懲與升遷極大。因此，教師評鑑部分必須先交本人查閱，如教師認爲受有不公平之待遇，則可在其上加入事實與自我之意見，必要時可尋求另一省督學的意見。
4. **執行強迫入學的規定**：法國各級政府對於義務教育之實施極爲重視。如同台灣縣市政府之教育局，大學區督學處若發現有應入學而未入學之學童，則應主動調查。發現爲刻意輟學（如非重大疾病之原因），則可將監護人法辦，並強迫學童入學，以維護其權益。
5. **設有各種審議機構**：其中又以「省教育教育審議會」（Le Conseil departemental de I'Education nationale）爲最重要，負責小學之教學課程規劃，並得對其人事之變動與獎懲提出建議，以供大學區督學參考。此外，對境內私立學校的設立，也有裁決其是否合乎法令規定與標準的權力。

至於在省之下的市鎮層級，相關教育事務由省教育督學負責，尤其在學前與學校教育部分。此外，市鎮也設有「地方教育委員會」（Le Conseil municipal）。其爲最基層之教育審議機構，針對市鎮相關教育問題（如經費之分配與使用）進行研商與建言。基本上，市鎮首長在教育事務上，多半必須根據省教育督學的建議執行。重大事件如在建校經費上發生短絀，則由雙方協調解決。

綜上所述，可以看出法國教育行政組織主要計分中央國家教育部、大學區、與省之大學區督學處三個層級。其中大學區爲普通行政劃分所無之特有組織，因此，法國之教育行政與普通行政之間雖有重疊之處，但並非完全合一。就行政權力而言，中央握有大部分人事、課程、與經費權，愈往下則權力愈小，屬於相當程度的中央集權。不過值得注意的是，近年來法國在去中央化之浪潮下，地方各級首長在教育事務上之影響日增。其與傳統之教育行政首長即形成微妙之「共治」關係。兩者三級關係形成如下：(1)地區（大學區）：地區行政首長 v.s. 大學區總長。(2)省：省行政首長 v.s. 大學區督學。(3)市鎮：市鎮首長 v.s. 省督學。此種共同分享教育主導權之特徵，已成爲法國教育行政制度發展之趨勢（黃照耘，2006）。

此外，法國各級審議機構的權限，相較於英美實施地方分權的國家也不遑多讓。其中由上而下計有全國教育高等審議委員會、大學區教育審議委員會、省教育審議委員會、與地方教育審議委員會。四級審議委員會之運作，對於各級民意參與教育事務之程度尙有極大助益，也可平衡因中央集權而導致的主觀或獨斷之弊病。

四、德國教育行政組織

第二次世界大戰後，德國曾經一分爲二（西德與東德）。然而在1990年10月3日，兩德正式統一，接著於12月舉行大選，隨後正式定都於柏林，並定國名爲德意志聯邦共和國（Federal Republic of Germany），在歐洲是僅次於俄羅斯的經濟大國。統一之後，德國社經制度多以原先西德為準。在教育上，除逐步改革原本東德地區以黨專政、與中央集權管制教育外，並將「聯邦分權、邦集權」的教育行政組織傳統推行於全國（參見圖1.6）。

與美國類似，德國在政治體制上採取聯邦制。按照憲法、相關法律、與聯邦憲法法院的裁決，在相關教育事務上，各邦於教育立法、教育行政、與教育實施部分享有最高權限，基本上屬於邦集權的教育行政體制。聯邦（中央）的權責主要在於議決聯邦教育法案、提出教育計畫、進行研究補助、與統整協調

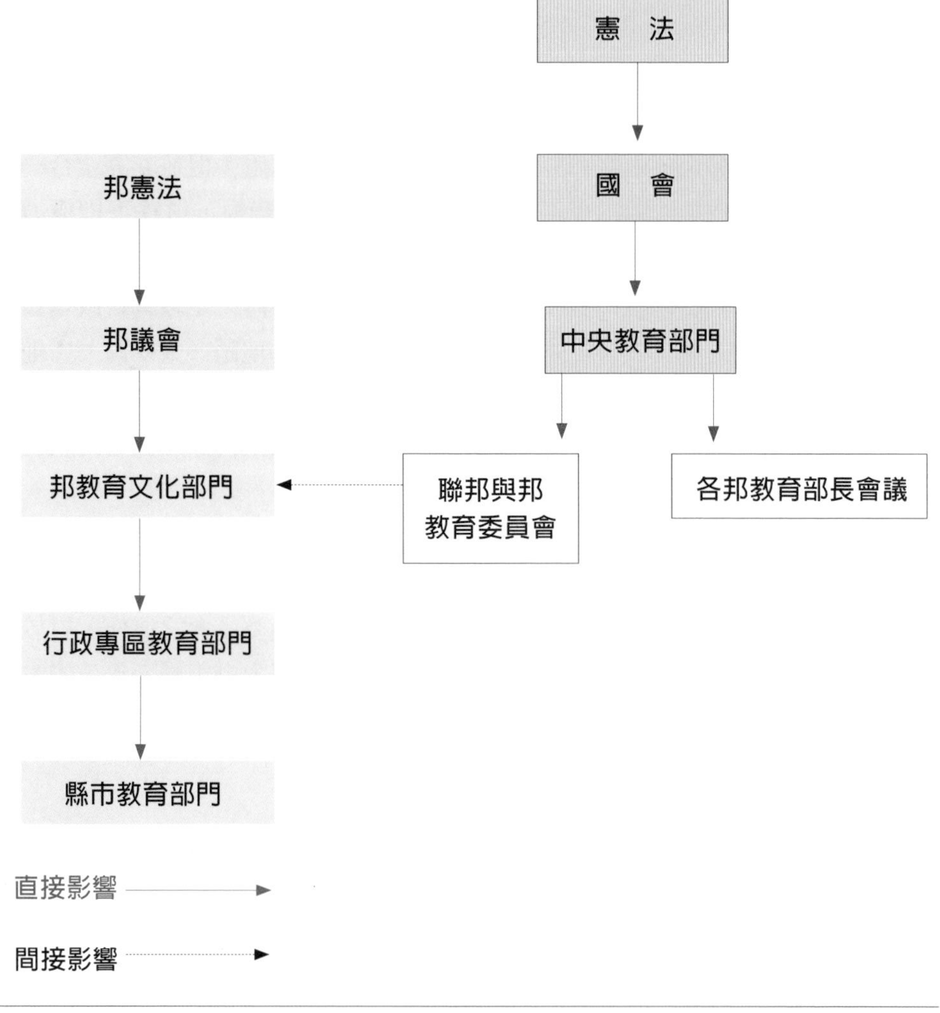

圖1.6 德國教育行政組織簡圖

各邦教育事項等。其餘如教育與職業訓練、科學研究等方面，必須與各邦政府共享之。此外，德國聯邦政府於1969年修訂「基本法」，規定聯邦政府與各邦政府應該共同負擔高等教育建築、與相關科學研究之經費與責任，並賦予聯邦政府就全國教育政策制定「綱領式法規」（Rahmenvorschrift）的權力。雖然象徵意義大於實質意義，但卻使聯邦在教育事務之執行上日益吃重，而形成聯邦與各邦之間的「合作式聯邦主義」（Cooperatives Foderalismus）（Lehmann, 1994）。

如同美國的聯邦教育部，德國聯邦政府的中央教育機構在2010年設立「聯邦教育、科學、技術、與學術研究部」（Bundesministerium Für Bildung, und Forschung, BMBF），簡稱「教育科學部」。其主要功能為計畫、協調、補助、研究、與其他依法律規定賦予之業務（特別在高等教育方面）。設有部長一人，由聯邦總理提名並由總統任命。部長之下設副部長，負責協助之工作。其下設有相關司處（如高等教育政策司），以處理相關業務。教育科學部之主要權責如下：

1. 制定高等教育發展準則：為避免各邦之大學與其他高等教育機構發生各自為政的現象，聯邦政府對此曾制定「高等教育架構法」（Higher Education Framework Act），以規範其基本組織與運作。其中主導此事的則為聯邦教育部。根據此法，各邦之高等教育必須符合所規定之基本原則。如有事實上的需要，聯邦則可與邦合辦高等教育機構。
2. 協調與各邦之間的科學研究計畫，以從事超地域性的合作研究。此外，聯邦並得立法補助各邦之教育。
3. 監督各邦之職業教育與訓練事宜。德國職業教育與訓練舉世知名，凡受完義務教育而不再繼續升學者，均需接受一定時間的職業訓練（如商業訓練）。其執行之機構在邦，但聯邦教育部有監督之責，其內部則設有聯邦職業訓練委員會負責。

由以上敘述可知，德國聯邦教育部之職權多在發展全國教育計畫，並協調各州做超地區的科學研究計畫；其在人事、課程、經費權上掌握甚少。不過正如美國之發展趨勢，德國聯邦撥款補助地方的例子漸多，而其影響力自也有所增加（余曉雯，2006）。

除教育科學部外，德國在中央層級並設有「各邦教育部長會議」（Kultusministerkonferenz，簡稱KMK），及「聯邦與邦教育委員會」（Bund- Lander Kommission，簡稱BLK）之常設組織。其中為使各邦彼此之制度差異不致過大，遂於1948年組成各邦教育部長會議，下設若干專門委員會（如高等教育委員會）。其主要任務乃在促進各邦間的教育交流溝通，與簽訂協調各邦教育政策之協定，以避免因各自為政而帶來的混亂問題。基本上，各邦教育部長會議並未具有約制的權力，而多僅限於協調合作的性質。其主要功能乃在解決各邦因教育體制不同，所造成之彼此扞格問題。會議成員根據各個專門委員會針對特定教育議題，進行分析協調後做出決議，以儘量促成各邦之間的教育合作（余曉雯，2006）。為確保各邦的教育自主權，決議須有共識後才完成，但是對各邦並無任何強制之約束力。此因根據會議規則，凡是投反對票的邦可不遵守決議，由於其僅是一審議機關，其決議僅供參考，其實施仍需獲得邦議會與各邦首長的配合。不過儘管如此，由於成員來自各邦教育首長，會議決定對於德國教育政策有一定之影響力。過往數十年來在縮短各邦之歧異上仍居功甚偉。

聯邦與邦教育計畫委員會成立於1970年，為聯邦教育科學部之主要審議機構。其成員主要包括聯邦與各邦政府代表，委員會主席則由各邦代表輪流擔任。聯邦與邦教育委員會的主要任務乃在協調聯邦與各邦之間的教育事務。相關工作包括：(1)發展全國性教育發展之政綱；(2)提出教育發展政綱之實施方針；(3)針對各邦之教育政策提供建議；(4)對突發問題提出解決方案；(5)提出相關教育研究之配套措施；(6)協調教育預算，尤其是牽涉到聯邦與邦必須共同負擔之教育項目上。

除了各邦教育部長會議及聯邦與邦教育委員會之外，聯邦相關教育行政組織尚有「大學校長會議」（Hochschulrektorenkonferenz），主要負責對大學的長期發展提出建言。其性質也定調為諮詢協調功能，各邦仍保有其一定之教育事務權力。

邦（Länder）為德國教育行政最重要之層級，與美國的州一樣，依法擁有絕大多數的教育權力。德國為聯邦國家，各邦均有邦憲法，對教育宗旨與原則均有所規定。換言之，德國教育行政制度基本上採取地方分權，但在邦的層級卻採取集權之作法。此與美國教育行政制度仍有分權程度之差別。在德國，邦以下之地方層級擁有之教育權力甚少，而美國各州以下之地方學區確有一定之教育決策權（最明顯的乃是其可徵稅以因應教育支出）。實務上，德國聯邦政府對各邦教育行政並無直接指揮干涉之權，各邦政府擁有領導管理邦內教育事務之權力。

在相關之教育行政組織上，各邦和特別市（如漢堡）的教育行政機構的名稱不一，但大致會設立類似如邦教育、科學、與文化部（通稱爲文教部）之組織，以掌理境內教育行政業務。由於隸屬於邦，以往前輩學者多將之譯爲「文教廳」，但爲顯示德文名稱之涵義與避免發生混淆，以下將之通稱爲「邦文教部」。此外，部分都會型之特別市會有類似台灣直轄市教育局組織之設立，其地位與邦文教部相當。個別名稱還請讀者參閱相關網站。

邦文教部秉承邦憲法與邦議會的規定，掌理所轄區域內之教育行政業務。又因教育權多屬於各邦，故其成爲德國最舉足輕重的教育行政機關。職權略述如下：

1. **制定邦之教育政策與管理各邦立學校**：由於聯邦並不負責設立學校，因此其責任仍落於邦與其他地方政府肩上。一般而言，邦立學校以高等教育與中學教育爲主，邦文教部對其設立有一定之規定與標準。此外，私立學校的設立也必須符合各邦所定之基本教育政策（如學費標準）。各邦文教部多設有督學，定期巡視各校，此與英法兩國類似。對於高等教育機構，原則僅視察其行政部分，教學則讓其自主。邦文教部督學之責任多落實在中等教育上，小學部分則與邦之下的地方教育行政當局共同負責。
2. **決定與審核各級學校教師與行政者之任免**：德國法律規定，從大學教授乃至幼稚園公立教師均爲公務人員（Beamte），多由邦文教部任免。原則上，高等教育之教師先由大學各學院組成委員會，再將人選報請邦文教部正式聘用。基本上如無特別原因，邦文教部多會尊重大學的專業決定。在中小學方面，邦立學校教師直接由邦文教部任免，其他地方各級學校則先由當地教育行政機關初審，再報邦文教部核准任用。爲儲備相關師資，邦文教部並負責舉辦中小學教師的資格考試。至於在校長遴聘部分，邦文教部負責各級中學與職業學校校長甄選與任用，並定時進行評鑑考核。
3. **負擔與補助所屬各級學校的教育經費**：對於邦立的學校，必須編列預算以爲教育支出。邦文教部負責經費之分配與提撥。除了跨區域之間的合作（如高等教育的興辦），聯邦依法必須負擔部分經費外，邦文教部必須支應邦內各級學校的費用。此包括邦立各級學校支出、補助地方縣市與鄉鎮所設學校的經費，以及對私立學校的補助等。其中又以對私校補助一項最爲特殊，其與美國採行自由市場學費政策有所不同。德國法律規定私校之設立，必須對不同社經背景的學生一視同仁。換言之，其學費絕不能偏高而使貧窮子弟難以就讀。此項管制措施立意雖好，但也因而導致私校因經費缺乏而有設備師資落後之現象。爲解決此問題，邦文教部必須對其補助，以維持其一定水準。補助金額與項目各邦互異，但對私校的人事與設備支出大有助益。此外，邦文教部也需訂定教師基本薪資之標準。

4. **負責規劃課程標準與審核教科書**：邦文教部負責各級學校課程標準的制定。各邦之情況雖有小差異，但原則上大致相同（此因牽涉到學生因搬遷至不同邦，而引起承認所修課目的問題）。課程標準依邦所通過的法律爲方針，由專家與教育人員共組委員會制定。其中包括必修選修科目、時數、教學之內容等。除大學外，各級學校所使用之教科書，必須先由邦文教部審核，取得資格後再由各校依需要選擇，其不得使用未經審核的教材。由此可見，各邦文教部對相關課程政策與教材，擁有舉足輕重之權力。
5. **負責教師資格考試與在職進修教育**：德國中小學教師資格之取得，由各邦訂定標準與考試。基本上，大學或師範院校畢業生必須先經考試取得試用教師資格（Lehramtsanwalter），經一定實習年限後，再參加考試成爲正式教師。邦文教部即爲教師資格考試的主辦者，其形式有筆試、口試與試教等。此外，爲提升教師的素質，邦文教部還必須提供進修的機會。除了平時的短期研討外，尙包括定期鼓勵教師進入大學修習學分等制度。有的邦甚至設立專門機構，以供教師進修之用。

邦之下的地方行政層級依其大小而有不同。在面積較大的邦，其下設有行政專區（Landbezirke）之組織，幫助邦政府處理業務。面積較小之邦則直接設縣市（Kreis）與鄉鎮（Gemeinde）兩級。基本結構係有「邦 →行政專區 →縣市 →鄉鎮」與「邦 →縣市 →鄉鎮」兩種型態。

在設有行政專區之邦中，其教育行政機關爲類似「區教育局（處）」（Schulabteilung）之組織。其秉承邦文教部之命令，爲各縣市教育局（科）之主管部門，主要負責視導區內的中小學。此外，其主要功能乃在蒐集所轄縣市的教育資訊與問題，以轉呈給邦政府，並傳達邦政府之重要教育指示。有些區教育局（處）也負責教師之派任、調動、進修、與專業發展之事務。

縣市之組織分為都市（Stadtgemeinden）與縣（Landkreis）兩類，以其所在地之性質而命名。各邦之縣多設有類似縣市教育局（科）（Schulamter）的組織，以接受區教育局（有劃分行政專區之邦）或邦文教部（無行政專區之邦）的指揮。縣市教育局為最基層的教育行政機構，主管國民小學與所轄中學（如主幹學校）之業務。其依據所管區域大小設督學長數人，主管學校教育事務與行政，並對學校教學進行指導。因此，督學長必須精通特定之科目。此與台灣之縣市教育局長有極大差異。

至於縣之下的鄉鎮除有民選議會外，並無教育行政特定組織，有關教育行政業務則由其首長負責協調。因此嚴格來說，德國之教育行政層級計分為中央、邦、行政專區、縣市四級。以下即就縣市、鄉鎮在教育行政上的職權略述如下：

1. **對於所轄職業學校、中間學校、與國民學校之行政監督**：其中如學校建築之認可、教育經費之撥付等。
2. **初步審定所轄學校之教師之遴選與任用**：對於由縣或鄉鎮所設立之學校（如小學）之教師，進行初步之審核後，再上呈邦文教部或區教育局報准。此外，並負責相關教育爭議（如教師訴願）之處理。
3. **設立並視導所設之學校**：一般而言，德國的初等教育與部分中等教育學校係由縣市或鄉鎮所設立。縣教育局內大都設有視導單位，對於其所轄學校之行政與教學做定期督導。此外，縣或鄉鎮對所轄學校之硬體建築建設有初步認可權。凡一校需要擴建時，先由其瞭解計畫內容，然後再上報區教育局或邦文教部做最後定奪。此因牽涉到學校硬體建設，經費必定龐大，不經上級核准補助，縣與鄉鎮均很難支應所需之費用。

由以上對德國教育行政組織之敘述中，可以看出其屬於「聯邦分權、邦集權」的形式。除少數項目（如高等教育發展通則之建立、跨區域科學研究合作等）之外，聯邦教育科學部擁有之權限不大，其地位多在協調統合各邦教育業務。依據法令，教育行政大權操於各邦手中。邦文教部具有決定與審核各級學校教師與行政者的任用，制定課程標準與審核教科書，並監督各級公私立學校之權力，可說是舉足輕重的教育行政機關。其下所設之區、縣、乃至鄉鎮的教育權限均不大。一般人事之任命案均須經邦文教部核准（有的經縣市教育局即可）。此外，地方在經費上也多仰賴邦的補助，儼然成為邦文教部的下級行政業務單位。此種邦集權的現象，與英美兩國相當不同。

五、中國大陸教育行政組織

中共建政後，大陸教育發展的歷程，以時間為軸，大致可分為四個階段。分別為1949至1966年（試驗階段）、1966至1976年（文革時期）、1977至1997年（重建時期）、與1997年起迄今（改革時期）。由於篇幅所限，以下僅以1977年後之發展加以簡述。

中共於1949年在大陸地區建國後，即進行各種學制改革，並以馬克思社會主義做為教育的最高指導方針。其間歷經大躍進、文化大革命等時期，教育政策隨政治風向搖擺不定。直到1985年發布「中共中央關於教育體制改革的決定」，才確定近年來其教育改革的綱領，其中包括：(1)教育改革根本目的在提高民族素質；(2)增加教育投資，希望中央與地方教育預算之成長，高於財政經常性收入之成長；(3)將基礎教育之責任交給地方，並實施九年義務教育；(4)調整中等教育制度一元化的偏向，大力發展技術職業教育；(5)擴大高等學校辦學之自主權（吳文侃、楊漢清，1992）。

此外，1978年之後，大陸先後制定學位條例、義務教育法、教師法、教育法、教師資格條例、與高等教育法等主要多項教育行政法規，對於促進各級各類教育的發展有定向之正面作用。

由於中共仍維持以黨治國的政策，其教育行政制度偏向中央集權。任何重大教育決策均需由「全國人民代表大會」通過，故其最高教育決策機關乃在中共中央與國務院。國家教委會於1998年更名為教育部，以執行國務院之教育改革計畫。同年12月教育部即制定「面向二十一世紀教育振興行動計畫」，做為大陸在新世紀教育政策之方針。

依據「中華人民共和國憲法」與「教育法」，大陸現今（2011年）之教育行政主管機關，在中央有國務院下設之教育部。其是主管教育事業與語言文字工作的部門，負責制定國家相關教育法律、方針、政策，並統籌整個教育事業的發展，協調全國各部門有關教育的工作，與發動教育實施的改革。其主要職權摘述如下：

1. 研究擬定教育工作的方針、政策；起草有關教育的法律、法規草案。
2. 研究提出教育改革與發展戰略和全國教育事業發展規劃；擬定教育體制改革的政策，以及教育發展的重點、結構、速度，指導並協調實施工作。
3. 統籌管理本部門教育經費；參與擬定籌措教育經費、教育撥款、教育基礎建設投資的方針、政策；監測全國教育經費的籌措和使用情況。
4. 研究提出中等和初等教育各類學校的設置標準、教學基本要求、教學基本文件；組織審定中等和初等學校的統編教材。
5. 統籌管理普通高等教育、研究生教育，以及高等職業教育、成人高等教育。
6. 統籌和指導少數民族教育工作，協調對少數民族地區的教育援助。
7. 規劃並指導高等學校的黨建工作和各級各類學校的思想政治工作、品德教育工作、體育衛生與藝術教育工作及國防教育工作。
8. 主管全國的教師工作，制定各級各類教師資格標準並指導實施；研究提出各級各類學校的編制標準。
9. 統籌管理各類高等學歷教育的招生考試工作；負責各類高等學歷教育的學籍管理工作。

中國大陸地方教育行政組織包括：(1)省（自治區、直轄市）之教育委員會或教育廳，負責管理區域內省屬各級學校，並執行中央的教育政策；(2)縣（區）之教育局或教育委員會，負責管理縣（區）屬各級學校與視導所轄鄉鎮之教育工作；(3)鄉鎮之教育委員會，負責所轄區內之教育工作。相關教育權力分配，請參見圖1.7。

結構上，大陸實施政府與民間組織共同辦學的體制。現階段義務基礎教育以地方政府爲主，高等教育則以中央、省（自治區、直轄市）兩級政府爲主。與台灣較不同的是，大陸民間企業廣泛參與辦學。其中如職業教育與成人教育，主要依靠企業、政府事業單位、與其他民間組織聯合辦學。

在教育經費方面，隸屬中央直接管理的學校，所需經費主要由中央進行籌措撥款。屬地方管理的學校，其所需經費則必須由地方財政中加以支應。農村鄉（村）與企事業單位興辦之學校，所需經費主要由興辦單位處理，國家視情

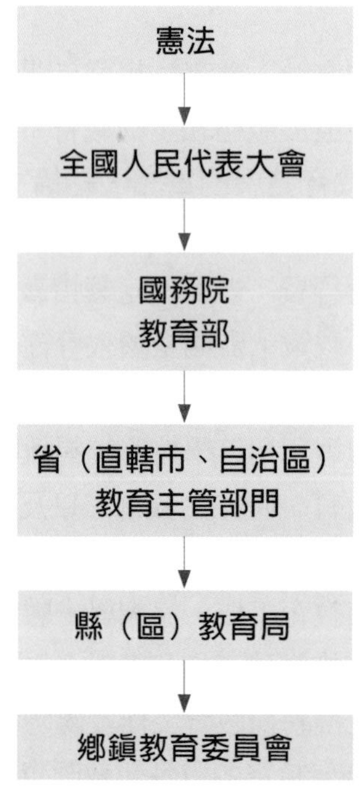

圖1.7　中國大陸教育行政組織簡圖

形給予適當補助。社會團體與賢達人士興辦的學校，所需經費由興辦者藉由向學生收費或進行募捐等自行籌措。除上述經費來源外，政府也允許各級各類學校向社會提供各種服務，以創收增加教育經費，進而改善辦學條件。

以小學爲例，其主要由地方政府負責辦理。基本上，小學的辦學單位係屬鄉鎮層級。各地鄉鎮因社經情況與地理環境不同，並非各村皆興辦小學。教育經費上，鄉鎮主要提供小學教師薪資，其他辦學所需經費則多來自學生所繳交的學雜費（楊景堯，1999）。因爲財力之差異，導致各地所擁有之教育經費常有雲泥之別。

由以上大陸地區的教育行政組織來看，雖然1985年後倡導將基礎教育權交給地方，但中央仍握有主控大權。因此造成教育行政實際運作的問題如下：(1)地方權力不足，缺乏自主性，不利於地方因地制宜的發展。在計畫經濟體制的影響下，中央教育行政機構過於集權，束縛了地方辦教育的主動性。(2)在同級教育行政組織機構之間，由於可能分別隸屬於政府或隸屬於企業（如民辦學校），彼此間缺乏橫向聯繫而造成各自爲政的問題。(3)中央與地方相關之教育行政規章互有牴觸，使得各級教育行政部門各依其規章辦事，形成多頭馬車，也令基層教師感到無所適從。

第四節 教育行政制度與組織之類型

以上介紹世界各主要國家教育行政組織，其目的即在凸顯基於不同的制度設計，各國教育行政權力之運作，乃呈現多樣風貌之現況。環顧歷史，並無任何教育行政制度是完美的，皆有其利弊得失。擺盪於傳統與社會潮流之間，近年各國教育改革此起彼落，令人目不暇給。身爲一位教育工作者，必須體察不同教育行政制度設計的精神與利弊，進而做適度的調整，如此方能化解既得利益者的抗拒。本書並非比較教育之專著，以下僅就各國教育行政組織的設計，從權力運作觀點加以分析。所牽涉到的層面包括以下三者：(1)中央集權 v.s. 地方分權；(2)首長制 v.s. 委員制；(3)普通與教育行政合一 v.s. 普通與教育行政分離。由表1.1中可以看出各國在三者上有其不同的取捨與設計，以下分別加以敘述分析。

表1.1　教育行政組織類型表

制度／地區	中央集權／地方分權	首長制／委員制	普通與教育行政合一／教育行政機關獨立	特　色
台灣	中央集權	首長制	普通與教育行政合一	精省之後，實施中央與縣市兩級教育行政體制
中國大陸	中央集權	首長制	普通與教育行政合一	中央教育部權限大，地方教育自主性有其限制
美國	地方分權	委員制	教育行政機關獨立	獨立教育行政組織如地方教育學區，可自行徵稅
英國	地方分權	委員制	普通與教育行政合一	近年中央權力漸增，已可與地方分庭抗禮
法國	中央集權	首長制	部分教育行政機關獨立	獨立教育行政組織如大學區，設有大學區總長
德國	地方分權	首長制	普通與教育行政合一	但在各邦中卻採取中央集權制度

一、中央集權/地方分權

中央集權或地方分權牽涉到一國是否要維持強而有力的中央教育權力系統。偏向於中央集權者，其制度設計多有以下特質：(1)中央設有主管教育部門，以制定各種教育法令與政策為手段，直接干預地方教育事業。(2)握有最大的教育經費資源，直接負擔各級學校支出，或以補助手段支援地方。(3)制定全國統一的課程標準與擁有對中小學教科書或教材的審核權。(4)對各級學校之人事有裁決權，或是對地方所甄選上報的名單有最後核准權力。

檢視權力運作方式，台灣、中國大陸、與法國均屬偏向中央集權教育行政的設計，依法均有權力監督各級各類學校。三者之中央權力包括：(1)人事權：對各級學校之學校行政者與教師之資格與遴聘程序，均依法具有審核權。(2)課程權：對於初等與中等學校的課程標準、教學科目、教科書之審核等，皆有一定之監督權力。(3)經費權：負擔大部分公立學校的教育經費，並視情況對地方加以補助。

與中央集權相對的是地方分權，基本上教育行政之大權操於地方手中。其制度設計的特色是：(1)中央雖設有主管教育的部門，但僅扮演協調與輔導者角色，其主要功能在促進地方教育業務之推展，與跨區域的文化科學合作。(2)地方握有最大的教育經費資源，必要時可以徵收相關稅收以因應所需。(3)地方擁有制定課程標準與審核中小學教科書之權。(4)地方可決定其所轄區內各級學校的人事，中央無權直接干涉且不具有審核權限。

符合以上特色的國家包括美國、英國、與德國。彼此權力運作之間雖有一些差異，但大致傾向地方分權。(1)人事權：美國、英國、與德國聯邦或中央教育部門，對於決定或審核各級學校人事皆無直接權限。英國近年中央教育部門之影響力雖有增加，但其策略並非直接干預介入，而希望中央與地方形成夥伴關係。(2)課程權：美國各州之州教育委員會與教育廳決定該州課程的基本標準與架構，細節部分則留給地方教育委員會因地制宜。英國之LA（地方教育當局）則大致規劃轄區中小學的課程標準。在部分學校，校方甚而被授權決定教學課程。德國各邦教育部則擁有規劃課程標準與審核教科書的權力。(3)經費權：美國各州與各地方學區負擔教育的主要支出，後者依法可每年徵收財產稅做為教育經費。近年來聯邦補助雖比例日增，但多為專案補助且有附帶條件（如必須執行特定之教育項目）。英國之大學由中央教育部門之相關大學委員會直接獲得經費，中小學則多靠LA的撥款維持。德國的各級學校除少數與聯邦合作的計畫外，其餘均由各邦負責籌措。負擔大部分公立學校的教育經費，並視情況對地方加以補助。

一個國家在設計其教育行政組織時，必有其特殊背景與考慮因素。即以中央集權或地方分權之取捨爲例，有傳統因素（如法國自拿破崙以來即實施中央集權）、政治因素（中國大陸以共產黨領政，形成特殊的社會主義教育體制）、經濟因素（如1988年後英國希望推廣各校自籌經費的觀念，以促進自由市場的功能）等特殊考慮因素。然而不可諱言，中央集權或地方分權皆有其利弊得失，如何配合所處環境進行修正改革，以創建利多於弊的設計，乃是各國近年來努力的目標。以下即就中央集權與地方分權兩者之間的優劣得失，加以簡述分析。

（一）中央集權

實務上，採取中央集權教育行政制度之優點如下：

1. 中央掌有制定全國教育政策與方針的權力，使各地之發展步調齊一，不致有多頭馬車的情況產生。
2. 中央掌有較大的教育資源，可直接負擔或補助貧困地區各級教育，使因經濟因素而造成的教育不平等現象減至最低。
3. 權力集中於中央，教育之執行較爲明快而有效率，無須浪費時間在無意義的地方政治派系之衝突上。
4. 中央擁有人事權，可使得各類專門人才適當的分配至各地，而不致造成各自爲政的現象。

實務上，採取中央集權教育行政制度之缺點如下：

1. 中央掌控大部分權限，往往因政權的更迭而改變教育政策，令地方無所適從。
2. 中央直接控制地方，且定有統一的標準，使因地制宜的功能大打折扣。各地不能依其需要與背景發展教育，整個教育體系缺乏彈性。
3. 地方只需聽命中央，易養成依賴的習性。對於己身的教育需求鮮少加以探討，使地方個別發展陷於停頓。

4. 中央教育行政機關掌握權力，易在教育事務上與地方首長或議會發生衝突。一紙命令行遍全國的政策，造成地方的暗中抵制，實施成效有所折扣。

（二）地方分權

實務上，採取地方分權教育行政制度之優點如下：

1. 地方擁有絕大權限，可依自己的需求制定教育政策，因而達到因地制宜的優點。
2. 由於經費多半需要地方自籌，必須自我獨立而不能仰賴中央。地方教育因而重視地區之需求而被迫繳出一定成績。
3. 地方主導教育事業，較不受中央政權更迭的影響，較能齊一步驟與時俱進，為地方做長期的教育規劃。

實務上，採取地方分權教育行政制度之缺點如下：

1. 地方自籌財源，易形成貧困地區學童所受教育不平等的弊病。如果城鄉差距太大，更易使人口湧入都市，造成教學資源分配不均的問題。
2. 地方各自為政，在國家整體資源分配上不夠經濟。甚至因地域偏見，而阻礙跨地區教育與科學計畫合作的發展。
3. 中央缺乏統轄的權限，因而在重大教育改革時，必須曠日廢時地與地方各方勢力糾纏，在步調上較難齊一。如果地方保守勢力強大，改革將招致非理性的抵制而使成效大打折扣。

由於中央集權與地方分權皆有利弊，很難兩全其美，因此近年各國莫不努力在既定基礎上，進行適當程度的改變。原則上，各國皆拋棄極端中央集權或地方分權的方式，而力求較為中庸的選擇。其方式不外為以下四項：

1. 在地方分權之國家，提升中央教育主管機關的地位與職權。例如美國、英國、德國聯邦之中央教育部門，近年來均透過立法或撥款手段，擴大其影響力，使得以往毫無權限的中央教育行政機關之地位，提升到至少能有資格與地方協調合作的地步。
2. 對於國家的教育基本政策，各國近年來傾向在中央以立法形成共識，細節部分再交由地方處理之模式。雖然由於機制的不同，地方擁有之權限大小不一，但在教育基本政策上（如教育機會均等、重視學生基本能力方面），各國傾向由中央制定政策，必要時透過法院的判決，以逼使地方政府就範。此外，各國也傾向由中央訂定各級教育的最低標準（如修業年限等規定），以確保教育的品質。

3. 地方分權之國家，往往面臨地方能力有限，而產生對特定教育業務力有未逮的問題。其中如特殊教育多需集合數地之力量，才能募集充足經費以達到一定績效。對於此些地方難以自我完成之事務，各國中央教育部門多半會進行介入。例如美國聯邦教育部撥用專款補助各地特殊教育，英國中央教育部門在成人教育上扮演重要角色，德國教育部負責跨區域的研究計畫等，皆試圖補足地方能力之不足，同時也提升中央在教育行政上的地位。
4. 傳統上中央集權國家，近年來也逐漸將部分權限下放給地方或學校。例如台灣在1990年代教育改革後，即將中小學選用教科書之權力賦予各學校。中國大陸則在1985年公布的「中共中央關於教育體制改革的決定」中，將基礎教育管理權歸給地方，除大方針由中央規劃外，其餘如學校管理與檢查權力多交由地方。

二、首長制／委員制

實行首長制的國家，其教育行政長官皆爲各級組織的首長，由各級政府依法任命，執行並負責相關教育事務。以台灣爲例，中央教育部置部長，直轄市教育局置局長，縣教育局（處）則置局（處）長，採事權統一的形式。此外如法國中央教育部置部長一人，各大學區設大學區總長，省設大學區督學，體制與台灣類似。其他採用首長制的地區則包括中國大陸、德國等。

採用委員制之國家，則將教育行政權限賦予具有特定職權的委員會，採取集體決策的形式。委員由人民選舉，或由首長指派，形式相當多元。委員會之下多半設立教育行政執行機關，以貫徹其既定教育方針。實行委員制的國家以英、美兩國爲主。英國之中央教育部門權限較不彰顯，大權落於各地議會所設立的教育委員會手中。委員皆具有議員身分，共同擬定所轄區內的教育事宜。其下設教育局長，秉承教育委員會之決策執行業務。此外，英國各地之學校管理委員會成員多來自行政者、家長、教師、與社會賢達人士，其形式與美國地方學區教育委員會相當類似。

美國教育行政大權操於各州及其所設立的州教育委員會，其成員有的爲州長任命，有的則爲人民選舉產生。其下設州教育廳，執行教育業務。各州依需求劃定地方教育學區，並以地方教育委員會爲最高決策機構。委員之來源多爲學區人民直接選舉，背景來自各行各業。其下設教育局執行業務。地方學區教育委員會並有權徵稅以支應教育經費。

無論是首長制或是委員制，均有其優缺點。各國之制度設計，則多半必須考量國家之傳統與背景。以下即就首長制與委員制兩者在實施上的利弊得失，敘述如下：

（一）首長制

實務上，採取首長制教育行政制度之優點如下：

1. **事權較能統一**：教育行政執行單位只需依照國家所定之教育方針執行即可，無須等待委員會曠日廢時之爭辯與形成共識，在時間上較爲經濟與有效率。
2. **專業性較高**：教育首長及其幕僚多爲教育專業人士，其在決策與執行業務上，有一定之能力。首長制可心無旁鶩，以教育的觀點處理教育業務，無須理會委員制中因各利益團體爭執不下，而形成具強烈妥協性但卻不夠專業的決定。
3. **降低利益團體的影響**：實施委員制之委員來源多由民選首長任命，或是人民選舉，運作上自然擁有其利益包袱。根據研究，英美兩國之各級教委會、成員中不乏工商鉅子與利益團體代表，其在謀取特定階級與團體之利益上昭然若揭。影響所及，對教育之公平性與中立性自然有所損傷。實行首長制，可降低此種機會之發生。

實務上，採取首長制教育行政制度之缺點如下：

1. **容易造成獨裁與主觀之現象**：首長制形成集大權於教育行政首長之現象，容易形成獨裁的態勢。此在審議機關功能不彰之國家尤易發生。首長以一己之好惡，往往令下屬懼其權威而不敢進言，終而造成過度主觀的錯誤決策。
2. **人民參與機會較低**：由於不採取委員制，人民直接選舉代表的機會大減。加上首長爲決策重心，民情表達管道較窄，或是言者諄諄，聽者藐藐。長久下來，人民即會對教育事業的關注日漸低落，甚而產生疏離感。

（二）委員制

實務上，採取委員制教育行政制度之優點如下：

1. **較能代表與反映民意**：各教育委員會之成員或由人民直接選舉，或由民選首長任命（間接代表人民），較能反映民意與及時進行改革。此外，人民能定期透過委員之選舉而發揮影響力，其參與和關心教育的意願自然較高。
2. **不易發生獨裁現象**：委員制之決策方式多經由民主程序，個人不易操縱。雖然其共同決定不乏妥協色彩，但也避免形成少數人獨裁的弊病。委員會下設受其監督之教育行政執行機關，可以防止其官僚化，並能督促行政人員的執行績效。

實務上，採取委員制教育行政制度之缺點如下：

1. **事權不統一，執行較費時**：委員制之教育執行機關，必須上承各委員會的決策，事權較不統一。尤其在處理爭議性較強的教育議題上，往往因委員會集會不易，或是爭辯費時，而無法及時行動。
2. **利益團體影響較大**：各委員會委員多經選舉而來，多少帶有利益色彩，形成特殊利益團體之勢力足以掌控全局的現象，致使其他個人或團體利益受損。
3. **專業性較低**：委員背景來自四面八方，不見得皆具有教育專業知識。但其位高權重，踞於各執行機關之上，對於專業人士之意見，有時刻意忽視而不予尊重。影響所及，造成外行人領導內行人的情況出現。

綜上所述，可知首長制與委員制之優缺點，實爲一體之兩面。首長制的專業化較高，但易忽視民情；委員制民主化較高，但易失去專業性。針對於此，各國莫不希望在既定基礎上加以改進。首長制國家加強審議機關的權限，使主觀獨裁之現象減至最低；委員制國家則一方面透過選舉方式的改變（如候選人需具有一定的教育專業背景），一方面則賦予下屬執行機關更多權限，以增進決策的專業性。

三、普教合一／普教分離

一般而言，普通行政與教育行政之間的關係有合一與分離兩種。前者之設計爲教育行政體系隸屬於普通行政體系中，其首長也由普通行政的領導人聘派。以台灣爲例，中央教育部爲行政院隸屬單位，其下之直轄市、與縣市教育局也是地方政府的一部分。影響所及，相關教育人事與教育經費也在普通行政之運作體制中一併考慮，並未獨立分開執行。

教育行政體系獨立的國家則不同，其運作通常與普通行政分開，並具有以下特點：(1)教育行政單位如美國之地方學區與法國大學區之劃分，往往與普通行政區域不同。有時一個區內可有幾個學區，有時卻需結合數區才能形成一個學區，彼此並不相同。(2)教育行政人事獨立，各單位或由人民選舉，或由上級指派組成獨立教育組織，其與普通行政體系並無權力從屬關係。換言之，區內普通行政之首長對於教育行政人事，並無直接聘派的權力。(3)教育經費獨立編列。例如美國地方學區教育經費，除接受聯邦與州之補助外，各地方教育委員會依法可以徵收財產稅以支應所需，基本上呈現教育經費獨立的態勢。

普教合一與普教分離的不同設計，有其利弊得失，很難論斷何者較優。茲將兩者分析如下：

（一）普教合一

實務上，採取普教合一教育行政制度之優點如下：

1. 教育行政爲普通行政之一部分，在國家教育政策之執行與事權統一方面較佳。
2. 教育與其他部門同屬普通行政，彼此較能互相配合與相輔相成。國家在規劃與維持各級教育經費上，較能通盤規劃，而使教育公平性不致因籌款不足而受損。

實務上，採取普教合一教育行政制度之缺點如下：

1. 教育行政體系不獨立，易使普通行政干涉其業務之執行。如果地方派系林立，則教育常爲政治所污染，而成爲鬥爭之下的犧牲品。
2. 教育人事與普通行政人事合一，常受一般行政制度所限。例如台灣目前如無公務員資格，即不能擔任編制內之教育行政人員。由於未能即時延聘具有教育專業之人員參與，故在教育改革之腳步上囿於體制而趨於保守。

（二）普教分離

實務上，採取普教分離教育行政制度之優點如下：

1. 教育行政體系獨立運作，可依各地教育之需求迅速行動，無須透過普通行政體系之繁複認可，改革腳步較快。
2. 教育行政體系獨立運作，使政治干預力量減少。在人事上，也較能根據需求延攬專業人士，有效解決教育問題。

實務上，採取普教分離教育行政制度之缺點如下：

1. 普教分離易造成各自為政、彼此排斥的現象。教育事業牽涉其他部門甚多，若缺乏溝通，彼此各行其是，則易引起糾紛。
2. 普教分離在資源利用上較不經濟。不但要多設相關委員會或機關，且彼此任務時有重疊，致使資源有所浪費。

教育行政組織之設計極為多樣，以上僅就中央集權／地方分權、首長制／委員制、普教合一／普教分離三組結構層面加以分析，其他如人事制度、經費籌措等差異，將在以下各章中討論。在此要強調的是，任何一種教育制度設計都難稱完美，而必須依據傳統文化、政治走向、經濟發展、乃至社會結構等各種因素加以調整。外國制度未必能暢行於本土。即以法國大學區制度為例，其實施兩百年來平安無事，然而1927年推行於中國，卻造成只重大學而輕忽中小學的弊病，一年後即加以廢止。為避免橘逾淮成枳之現象，各國教育行政制度設計可供參考，但重要的卻是發展本土的特有模式。如何保持既有制度之優點，同時又能進行調整減少其弊病，乃是教育行政人員必須深切思考的課題。

第五節　教育行政制度與組織發展趨勢

在結束本章之前，再以前述之各國教育行政制度與組織，分析說明其未來發展之趨勢。教育發展乃是一動態過程，隨時必須做適當的調整。他山之石，可以攻錯，各國改革的趨勢，可做為未來規劃制度的參考。以下僅就組織結構與權力分配部分加以探討，其他議題如學制、人員、經費、視導、評鑑等，將在以下諸章詳細討論。茲分述如下。

 一、審議制度與機關的加強

民主化與專業化是教育行政發展的必然趨勢。前者意味著擴大參與教育決策的機會，讓關心教育之民眾有其管道提供意見；後者則牽涉教育決策者事前能有效廣徵專家意見，以使決策品質更加成熟。此兩項趨勢，均牽涉教育行政組織中審議制度與機關的績效。

審議機關的主要功能在提供諮詢意見與相關資訊，以使決策者更加客觀與精確。審議機關依性質，可分為一般性與特別性兩種。前者負責整體教育問題，多牽涉政策與未來發展之規劃；後者則專就教育的特定層面與議題而成立。一般性審議機關如美國的「聯邦跨部會教育委員會」（Federal Intra-agency Committee on Education）、英國之「中央教育審議會」（The Central Advisory Council for Education）、法國之「全國教育高等審議委員會」（Conseil Superieur de I'Education National）。至於特別性質之審議機關更不勝枚舉，舉凡高等教育、職業教育、成人教育、特殊教育，乃至教育法規、少數民族教育等皆可組成特別審議會，以對專一議題加以探討，並提出諮詢意見。

綜觀近年來各國在審議制度與機關的加強上，有如下之趨勢：

1. **審議機關成員的代表性逐漸擴大**：即以美國之各種教育審議委員會為例，其成員除政府代表、學者代表外，尚包括教師、工商業人士、家長、乃至學生代表等。其目的即在擴大參與面，使教育各層面的代表均有機會建言，以達到集思廣益的民主化訴求。由於成員來自各方，所產生之諮詢建議較為周延，可提供決策者多面且客觀的分析依據。此外，審議機關代表之產生，除由行政首長任命外，部分尚需經民意機關核准，使其地位更加崇高，發言更具影響力。
2. **審議機關的設立頗具彈性**：各國除法律規定之常設審議機關外，也會依特定需求而彈性設立。其中最出名的如美國的「國家教育促進委員會」（National Commission on Excellence in Education），其係為當時

雷根總統有感於教育水準之低落，因而邀請各方代表所組成。美國在1983年4月所發表的「危機國家」（A Nation at Risk）報告，震驚全國並促成日後的多項改革，國家教育促進委員會也因之組成，其功能相當顯著。此類彈性設立的審議組織，不但成效良好，且爲任務編組，目標達成後即解散，在資源人力的應用上相當具有效率。

3. **審議機關多為教育改革計畫的先行制定者**：第二次世界大戰後，各國之教育改革此起彼落，而審議機關即成爲其內容的主要制定者。即以德國爲例，其在1970年後之教育改革，多爲兩個審議機構所策動。德國教育審議會（Deutscher Bildungsrat，1965年成立，1975年解散）先於1970年提出所謂的「教育結構計畫」（Strukurplan für das Bildungswesen），主張徹底改進學制。主要內容包括讓學童5歲入學，把中學教育分爲兩階段（5至10年級，11至13年級），分別授與畢業證書，成立完全中學與改革課程結構等，對於當時學制改革影響甚大。以此份教育結構計畫爲基礎，聯邦與邦教育計畫委員會在1973年又制定了「教育總計畫」（Bildungsgesamtplan），做爲長期教育改革的藍本。其中對至1990年代的教育與人力需求均有所預估，其影響力至今仍有所延續。

盱衡英、美、法、德諸國之教育審議機關功能，台灣在此方面仍有努力空間。雖然1999年通過之「教育基本法」第十條規定，直轄市及縣（市）政府應設立「地方教育審議委員會」，定期召開會議，負責主管教育事務之審議、諮詢、協調、與評鑑等事宜。委員會之組成，由直轄市及縣（市）政府首長或教育局長爲召集人，成員應包含教育學者專家、家長會、教師會、教師、社區弱勢族群、教育及學校行政人員等。其設置辦法由直轄市、縣（市）政府定之。但實施至今，部分縣市多半意態闌珊，對於相關運作並不積極，甚而成爲行政首長的馬前卒，喪失公正的地位（高一菁，2002）。實務上，教育主導權仍操之於教育行政首長手中，與社會期待產生落差。凡此功能之不彰，實需日後加以改善。

綜上所述，台灣教育行政審議制度與機關的不足之處包括：(1)中央教育部並無法定設置之審議組織，造成其地位與功能皆難定位。(2)地方審議機關之成員來自各利益團體，容易造成眾聲喧嘩、各說各話的局面。(3)審議機關之權限僅在建議之層次，若行政首長一意孤行，審議機關之決議往往人微言輕，甚而變成爲教育首長背書的工具。即使建言，也不過徒具形式，成效並不顯著。(4)並無如英國之中央教育審議會，或法國之國家最高教育審議會的常設組織，對於全國未來之教育發展缺乏長期之願景規劃。未來可依法評估成立中央層級之相關教育審議委員會，統籌全國政策諮詢之事宜。其他具有特定功能性質之委員會，亦可視實際需要酌予設置。

二、中央與地方之教育行政權力趨向均衡

由於教育事業之運作牽涉甚廣，因此中央與地方教育行政組織必須協調合作，否則就會有各自爲政的問題。近年來，傳統中央集權的國家開始將部分權力下放地方（例如，法國在1968年通過高等教育改革法後，大學區總長即擁有更多的協調與仲裁各大學間糾紛的權力）。地方分權的國家則以各種方式增加中央的影響力。例如，美國聯邦教育部門在二次大戰前，幾乎不插手教育事務，然而近年來卻以撥款補助的方式影響地方，試圖在特定之教育改革訴求上（如推行特殊教育），與地方成爲「夥伴」關係。

台灣教育行政制度以往多自稱實施「均權制」，然而從教育部擁有大部分人事、經費、與課程權的事實來看，台灣仍偏向中央集權。雖然在1999年通過的教育基本法中，將中央權限以列舉方式處理，並規定列舉以外教育事項，除法律另有規定外，其權限歸屬地方，但仍未扭轉偏向中央集權的態勢。縣市雖在1999年修訂之國民教育法中爭得國中與國小之人事權，卻在經費受限之下，運作難度更爲增加。中央握有經費補助權，往往左右縣市教育實施之成效。國家教育權擺盪在中央與地方之間，絕不能只看表面之法條規定，而必須檢驗教育之實際運作，以免造成中央與地方不同調之窘境。拿捏之間，端看行政首長與執政者之智慧。

三、重視與設立教育研究專責機構

隨著社會的逐漸多元化，民眾對於教育的要求也逐漸增高。各種利益團體的興起，使得教育之改革更加複雜（楊振昇，2006）。因此只憑行政首長的主

觀判斷，常未能使問題獲得適當解決。促使教育行政之執行更加科學化，設立常設教育研究機關乃是趨勢。其職責通常包括：(1)研究教育主要領域（如課程、教學、學校制度等）的相關課題，並定期出版論文刊物。(2)蒐集相關教育資訊，成立資料中心與圖書館，供研究者使用。(3)提供各級學校諮詢服務，必要時可派專人給予其輔導與協助。

各國教育研究的機構，如美國聯邦教育部所設立的「教育研究與發展司」（Office of Educational Research and Improvement），其任務主要在分析與探討美國的教育問題，並提出解決策略。德國教育研究機構如「德國國際教育研究所」（Deutsches Institut für Internationale Padagogische Forschung），對於教育心理、教育行政、教育經濟等領域，均有相當數量的實證研究。法國在中央即設有「國立教育研究所」（Institut National de Recherche Pedagogique），主要對教材教法、課程、師範教育、教育制度等方面的問題加以研究。此外尚有「國立教育與職業資料館」（Office National D'Information sur les Enseignements et les Professions），提供各種資料與編譯服務。

較之先進諸國，台灣雖自2011年在教育部中設立「教育研究院」，但因其被定位為「內部機關」，是否能暢所欲言與有所成效，則待日後密切觀察。此外，就整體發展專業規劃而言，各級地方行政機關內之研考單位層級偏低，缺乏位階較高且專責之單位，實不利於整體教育之發展。其多數仍以行政導向為優先，對於教育專業與教學資源服務之重視程度有所不足，而較難發揮其研究發展功能。凡此種種，皆使國家教育之長期規劃有所延誤。雖說各大學之相關教育系所每年皆有論文刊物出版，但流傳不廣且對政策之影響不大。為了教育的永續發展，如何整合各級教育研究機關，乃是刻不容緩之事。

1.1 個案研究　秀朗國小校長調動糾紛案

一、時間：1990年9月爆發。

二、地點：位於台北縣永和市之秀朗國小。

三、資料來源：中國時報、聯合報、中央日報、自立晚報、民眾日報、台灣新生報。

四、案情：當時台灣省教育廳與台北縣政府對於國小校長調動之人選發生歧異，引發秀朗國小張培方拒不交接、台北縣政府尤清堅持要將其調走的糾紛，且被部分人士認爲是政治鬥爭，雙方各不相讓，使夾在其中的秀朗國小教師與家長左右爲難。

五、相關法律條文（以案發當時爲準）

1. 教育人員任用條例第二十三條第一款：「縣（市）立國民小學校長由縣（市）政府遴選合格人員，報請省政府核准後任用之。」
2. 國民教育法第九條第二項：「國民小學校長，由直轄市或縣（市）主管教育行政機關遴用；國民中學校長，由直轄市或省主管教育行政機關遴用。」

1989年11月

台灣在解除戒嚴後，首次進行各縣市首長選舉。台北縣經過激烈競爭後，當時反對黨（即民主進步黨）的候選人尤清脱穎而出，勇奪百里侯的職位，並結束執政黨（即國民黨）在台北縣長期執政的局面。

1990年2月

尤清就任縣長後，對於某些學校大肆批評，其中又以秀朗國小校長張培方最受矚目。坊間傳言乃因張培方未守政治中立原則，在選戰時一味倒向國民黨，因而造成尤清當選後秋後算帳，並威脅要將其調至全縣廁所最臭的學校。消息一出，引發各界議論紛紛。

根據聯合報報導，張培方於1953年開始擔任教師，於1960、1966、1976年分別是台北縣龜山國小、永和網溪國小、秀朗國小的創校校長。

張校長擔任校長期間，曾獲嘉獎379次、記功75次、記大功1次。2次獲選拔爲優良教師、1次特殊優良教師接受表揚，並2次獲選爲全國最優公務員，成績輝煌。

張校長在秀朗國小第一任當了5年，又連續二任8年，至1989年8月屆滿，縣府（當時仍爲國民黨執政）依「台灣省國小教育人員甄選儲訓遴用及遷調實施要點」規定，任期屆滿校長如2年內已屆退休年齡者，得准予留任至核定退休之日止，報請省府核准張校長在原校退休。省府在1989年7月31日核准張校長留任到1991年2月1日退休之日止。

張培方對教師要求嚴格，一位老師說，沒有兩把刷子的教師，不敢塡志願調秀朗服務。張校長要求教師教學認眞，同時鼓勵教師再進修，使該校培養出4位校長、30位主任。

張培方有北方男兒的豪情，但遇事十分堅持立場，學校老師、家長對他的評語不錯，但在秀朗14年期間也得罪了不少人，招致批評。在此次調動案中，支持他的老師、家長們認爲他對秀朗沒有功勞也有苦勞，應讓他留任到1991年2月他自請退休之日。反對的人士則表示，在一個學校14年，時間太長，應該調動，並譏評他爲「政治校長」。

1990年8月

尤清擬具國小校長調動名單，並送往省教育廳，其中包括將張培方由秀朗國小調至永和國小。教育廳僅同意名單中45人，其餘8位則不同意，其中即包括秀朗國小。尤清大怒，認爲縣長有權下派任命令，要求所有53位遷調校長均需進行交接。

1990年9月

交接當日，張培方以未接獲省府調派命令不能擅離職守爲由，拒絕辦理交接及交出印信，結果秀朗國小有2位校長，永和國小則無校長，最後縣長尤清指示接任秀朗國小校長的王業平，暫時兼代永和國小校長。

支持縣長尤清的該黨部分人士，下午到秀朗國小欲「趕走」張培方，與支持張校長的地方人士發生口角，他們離去時表示，如果張培方仍不遵守縣政府命令，民進黨台北縣的9個縣鄉鎮市黨部和5個聯誼會，將發動民眾攜帶鑼鼓鍋盆，到秀朗國小敲打，抗議「張培方不守法，使全校一萬多名師生不得安寧」，直到張校長調離秀朗國小爲止。

支持張校長的永和市民眾表示校長調動應依法而行，若有人到學校胡鬧，一萬多名學生家長都會爲了子女前途挺身而出，他們要求政府拿出執行法令的魄力，儘速平息秀朗國小校長調動糾紛，避免引發地方衝突。

張培方自稱拒絕辦理交接有下列理由：

1. 依據台灣省政府主席1990年8月28日「府人二字第100797號令」，核定他留任秀朗國小校長。
2. 依據公務員服務法第三條規定，他依台灣省政府主席令，執行公務，堅守崗位。
3. 他的調派令如由省主席核定，將立即辦理移交。

在另一方面，永和國小學區的里長，也發起拒絕張培方調到該校擔任校長的聯署簽名，指出張培方明年2月1日就要退休，無論多麼優秀的校長，短期內也難有作爲，將使學生受害，因此要求上級另行調派不是「等退休」的校長人選，前來主持該校。

之後，尤清為貫徹國小校長人事調動命令，下條子給教育局，指張培方在秀朗國小所行使的職務行為，自8月31日移交日起，縣府一概不予承認；但張培方表示，他在法律上站得住腳，相信學校老師不會不聽他的。此因他依據省府的駁回令繼續留在秀朗，大印還未交出，而許多行政工作如學生轉學、教師領薪水等，都需要校長大印，為了順利推行校務，他會繼續執行，也相信學校老師仍會聽他的。

張培方說，他還未辦理移交，並未離職，縣府指派接替他的王業平校長這幾天也未到秀朗來。他希望一校之長的交接應光明正大，而非偷偷摸摸的，如果省府核准他調離秀朗，他會帶著老師在校門口迎接新校長，心甘情願、乾脆爽快的辦理移交。

至於秀朗國小的教師們表示，除非縣長派局長或督學到校親自向教師們宣布「概不承認」的命令，否則不會產生聽縣長或聽校長的問題，因為他們不知道有這回事，媒體上的報導並不能算數。

調校事件也波及省教育廳，兩黨議員針鋒相對，並要求解釋。根據教育廳的說法，「國民教育法」規定中小學校長由縣市政府「遴選」，而「教育人員任用條例」則規定任用程序，即縣市政府遴選後「應報省府核准後任用」，兩者並無牴觸；由於前者是「普通法」，後者是「特別法」，而「特別法優於普通法」，所以省府駁回8位校長的調動，絕對站得住腳。

一位官員並指出，不談法，談情理。秀朗國小校長再半年就要退休，而尤清派接秀朗國小的王業平一年後也將退休。站在教育行政的觀點，為了學校的安定，這兩位校長都不宜調動。省府的立場是除非張培方自願調動並依慣例出具親筆簽名同意書，否則省府絕不准其調動。縣府的立場卻是非調動他不可，已流於意氣之爭。未來如果僵持不下，很可能只有「拖」到張培方半年後退休才能解決。

1991年2月

省府與縣府僵持不下，張培方仍留任秀朗國小校長數個月，其間擁張與倒張之勢力互不相讓，學校行政近乎停擺。1991年2月1日乃張培方自請退休之日，為顧全大局，他同意以永和國小校長名義退休，縣府即使未能迫使張培方擔任永和國小校長，最後卻獲得了形式上的勝利。

秀朗國小從無到有，張培方功不可沒，家長委員會及教師們為他舉辦了一場風光的惜別會，除了十多項節目表演外，還致贈轎車一輛、黃金戒指6枚、金牌4面、鴻運金幣1套、黃金鑄造的校徽1枚，是台北縣有史以來最風光的校長退休場面，夾在省縣紛爭中的張培方抑鬱了10個月，稍微一吐心中悶氣。

其後，他轉到一家旅遊休閒中心任職，就此結束了40年公職生涯與調職糾紛。尤清則於1993年再度當選台北縣縣長，任內作為褒貶互見。

討論問題

1. 台灣教育的變遷在1990年代極為快速，1999年1月14日立法院所通過的國民教育法修正條文中即規定：「縣（市）立國民中小學校長，由縣（市）政府組織遴選委員會就公開甄選、儲訓之合格人員、任期屆滿之現職校長或曾任校長人員中遴選後聘任之。」等於將國中小校長之聘任權移給地方。試以教育行政的觀點，分析當時對國小校長之遷調規定（縣市主管遴用後報請上級省政府核准）的利弊何在？若依現制將大權賦予縣市政府，在執行上的優劣之處又何在？
2. 若將教育局改為如警察局一樣的「外局」，而直屬中央教育主管教育行政機關，在行政運作上是否可行，其原因何在？
3. 如果你是當時省教育廳之主管，將會採取何種行動處理此案？
4. 為避免校長遷調所引發的副作用（例如可能為政治所污染），你認為今後台灣在相關制度上應如何設計（如是否應採取普教分離的政策），才不會再出現類似秀朗國小的糾紛案？

建議活動

1. 試就台灣近年教育行政制度的發展與轉變，分析何種外界環境變數與層面的影響最大，並敘述理由。
2. 各國教育行政制度的設計瞬息萬變，試以所瞭解國家的轉變，分析其未來走向，並敘述對台灣發展所產生的啓示為何？
3. 試述台灣近年來在既有之中央集權、首長制、普教合一的基礎上，所做的修正與轉變。你認為未來是否有轉向另一方向（如採取地方分權／委員制／普教分離）之可能性，請分析之。
4. 台灣目前教育行政制度的優劣之處何在？試以實務觀點加以分析。並請參考民間教育團體改革之訴求（在教育行政制度上的），討論其可行性與可能遭遇之困難。

第2章

學校制度與分流設計

第一節　影響學制設計的因素

第二節　分流類型：單軌制與多軌制

第三節　各國學制與分流設計

第四節　台灣學制與分流設計

第五節　分流機構：普通與職業教育體系

第六節　分流時機：延緩分流之爭議

第七節　學制發展之趨勢

國家為執行教育政策與方針，除了設立教育行政組織統一監管教育事業之執行外，尚需規劃各種學校制度，以實踐不同層次的教育。第二次世界大戰後，先進國家莫不致力於義務教育的延長與終身教育理想的實現。影響所及，傳統教育以外的教育系統即如雨後春筍般興起，而呈現多元的形式。一般而言，一國學校系統包括初等教育、中等教育、高等教育、特殊教育、師範教育、職業教育、社會教育、成人教育等。彼此之間互有重疊，但大半有其特定體制。本章所探討的學校制度限於篇幅，多集中在高等教育以下之初等、中等、與職業教育系統的設計。此是國民一生接受教育的密集時期，關乎其未來前途甚巨，因此各國在此階段學校制度的設計上莫不煞費苦心，希望能使其功能達到極致。

影響學制設計的因素

學校制度的設計，必須以一國的教育政策與方針為基準，此多半由立法的程序予以規範。然而現代社會日趨複雜，各種學校類型與服務更是五花八門，如何使學習者獲得最有績效的服務，乃是行政實務上最重要的課題。教育政策與方針只是原則性規準，實踐過程中則會受到相關社會因素的影響。原則上，在決定學校制度的類型與內容上，規劃者必須考慮以下五個因素：

一、政治思潮

教育事業之經營（尤其是公辦教育），歷來皆受到政治運作之影響，學校制度的設計尤為明顯。十九世紀下半民族主義興起，各國競相創建國民教育機構，以使學生在社會化過程中，形成民族意識與國家觀念。換言之，政府可藉學校教育，達成人民愛國的目標。其後民主思想大興，受教育被認為是一種權利，而不應僅限於少數人。影響所及，英國即在1870年通過初等教育法案，奠定其義務教育的基礎。其為當時教育首長W. E. Forster所提出，故又稱為Forster法案。而促成此法案的重要原因乃在1867年議會通過法律，讓工人階級獲得投票權，導致普及教育成為政治上的迫切需求（MacLure, 1979）。此外，美國自第二次世界大戰後，不但擴充義務教育至高中階段，並大開高等教育之門（如廣設社區學院），以讓有志繼續就讀的學生皆有機會進入不同類型的高教體系就讀。其所持理念即爲教育必須實現民主思想，因此必須儘量做到教育機會均等，以保障國民的權益（Mitchell, Crowson, & Shipps, 2011）。

台灣近年來學校制度之興革，也與民主思想之推動有密切關係。爲使受教者皆有平等且適切的就讀機會，立法院於1984年通過「特殊教育法」，爲資賦優異與身心障礙者創建受教體系（特殊學校或特殊班）；1985年通過「國立空中大學設置條例」，爲終身與成人教育立下基礎。此外，教育部於1990年代開始積極反對「能力分班」的教學模式，認爲其對學業能力不佳之學生打擊甚大，不符合有教無類之民主原則。此與1970年代認爲能力分班可以因材施教，乃是較佳教學模式的看法，實不可同日而語。其實能力分班之利弊得失殊難論斷，但在政治民主思潮的衝擊下，台灣教育當局選擇「常態編班」的立場。因此雖遭部分教師批評其是「上智者太簡單、下智者聽不懂」的打混仗教法，但在政治考量之下仍加以維持。

二、經濟效益

國家預算有限，而需求者衆。因此教育事業在執行之際，其經濟效益即廣受關注。當然，教育非如工廠，很難精確計算其效益，但學校制度之設立卻也不能漫無章法，毫無成果表現。一般而言，教育之經濟效益分爲非金錢效益（non-monetary benefits）與金錢效益（monetary benefits）兩種。前者如公民素養之提高、文化生活的促進等；後者則牽涉個人未來所得之增加、國家生產力之提升等。非金錢效益較難測量，金錢效益則可由各指標中計算。晚近教育最引人注目的課題，乃是學校所培養的人才是否切合社會所需。此問題多半牽涉普通教育與職業教育的分合與設立。配合國家之經濟發展，傳統學校制度與教學內容均需即時調整，否則即會使教育績效大打折扣。雖說教育是百年事業，但在競爭激烈的現代社會，學校制度之設計，實不能不考慮經濟效益。

三、經費分擔

公立學校的支出多由政府負擔。羊毛出在羊身上，納稅人自然關心教育經費的用途。基本上，不同國家在設計學校制度時，都有其一定的經費考慮。其中牽涉問題之一即在是否應採取「英才制」教育。美國義務教育長達十至十二年，高中以上也採取開放政策，任何有心繼續就讀的學生均可進入高等教育機構深造。由於人數衆多，各大學被迫採取高學費政策（社區學院除外），以減輕政府負擔。台灣與英、法、德諸國則另闢蹊徑，每每透過各種考試或評量，篩選具有學業性向與能力的學生進入大學就讀。由於偏向英才制，政府尚有餘力負擔公立大學大部分支出，學費因而較低或不必繳納，甚而還對學生有所補貼（如德國之大學生）。此種英才制使就學者負擔降低，但在同時卻被批評爲缺乏民主精神（爲何只有少數菁英就讀），與違背自由市場原則（政府干涉學費政策，各學校呈現獨占態勢而不思改進）；其中利弊得失之焦點即在誰負擔經費的問題。國家預算有限，很難讓所有人民接受高等教育而同時採取低學費政策。此外，私立學校是否可以接受政府補助，與其是否加深社會之不公平等，也是教育學者所關注的學校經費問題。

四、適性學習

在1950年代之後，學校體制與數量急速增加。先進各國不但紛紛將中等教育納入義務教育，對於有特別需求的學生也積極加以呼應。其中如特殊教育、空中教育、社區教育之建立，加上順應上班族職業進修之夜間班、週末班、暑期班之出現皆是例證。現代學校制度同時要應付各類學生的需求，實在是高難度的挑戰。其中讓學生適性發展，乃是學校教育的第一要務。爲達此目的，課程與教學的安排即必須煞費苦心。尤其在義務教育時期，學生智愚程度差別極大，如何讓其達成最大學習成果，就必須透過各種手段。其中如能力分組、職業課程的提供、就業與課業輔導的加強等，均扮演重要角色。

即以台灣目前所實施的常態編班制度分析，其雖確保對個別學生尊嚴的維持，但在適應其性向之教學上卻成果不彰。就像一個夾肉漢堡，上下兩層學生不是覺得太簡單，就是聽不懂；教師只能以中層學生的程度教學，效果必定大打折扣。各國對此問題也頭痛不已。美國採用能力分組教學，英國則創設不同性質之中學（如實科中學、文法中學）應付需求，但其成果皆不能臻於完美。此外，如普通與職業教育管道的安排與分合、甄選學生進入不同學校體系的方式，都牽涉到是否能使學生適性受教的課題。

五、社會價值觀

學校體系是社會結構中的一環，因此必須順應社會價值觀來設計。價值觀的形式或為內隱或是外顯，但其主張卻足以影響社會大眾的行為。各國社會價值觀因其傳統與文化有所不同，並直接與間接形塑出多元的學校制度。即以台灣、大陸、日、韓等深受儒家思想之地區，與英、法、德歐洲先進國家相比，其不同社會價值觀的影響力即明顯可見。台灣、大陸、日、韓人口眾多，加以傳統文憑至上的觀念，使得升學競爭空前激烈。成績較好的學生往往藐視職業教育系統，使得普通教育管道人滿為患。台灣、大陸、日、韓皆定有嚴密的入學考試（或評量）制度，父母拼命鼓勵子女擠入普通大學窄門，即使嘗試多次也無妨。

與之相比，英、法、德雖也採取英才教育，但由於沒有文憑至上的社會價值觀，父母並不堅持子女一定要進入普通教育系統。反之，職業教育體系之畢業生，其社會聲望與收入，並不比大學生要差（尤其是注重專業證照之德國）。因此，三國職業教育之聲望，即比東亞國家為高且為社會所重視。原則上，社會價值觀非一朝一夕所能改變，所以在設計學校制度時，就應加以考量。即以台灣為例，目前職業學校學生升入高等教育雖已有一定比例，但其聲望卻未如一般大學。影響所及，自然就無法吸引優秀學生進入職業教育體系。如何打通職業教育管道，使之與普通大學平起平坐，皆是未來設計學制時首要考慮的問題。否則只是一味表面提倡，學生面臨社會價值觀的壓力，職業教育永遠只是次要選擇。

綜而言之，學校制度設計雖極為複雜，但其中心議題可歸納為兩個，其中包括：(1)學校如何選擇學生，與(2)學生如何選擇學校。前者牽涉到分流問題，後者則牽涉家長教育選擇權之辯論。以下即先就學校分流制度之設計加以敘述與分析，藉由介紹各國之基本學制設計，以瞭解其背後的設計精神。家長教育選擇權部分則在下章加以說明。

第二節 分流類型：單軌制與多軌制

學校制度依其服務對象與內容可分爲多種，例如，高等教育、中等教育、初等教育、學前教育、特殊教育、社會教育、成人教育等。但如從學校分流的角度分析，各國學制設計之主要類型不外單軌制（one-track system）與多軌制（multiple-track system）兩種。其結構不同，對教育產出也有決定性的影響，不可等閒視之。以下即對兩者的設計精神加以說明。

一、單軌制與多軌制的特色

顧名思義，所謂單軌制係指國家的教育系統爲連續不斷的直線系統，中間並未經過分流（tracking，或譯分化）至不同學校體系的歷程。學生只要願意就讀，即能由小學、中學、而大學。實施單軌制的國家以美國爲代表。其義務教育爲十至十二年，包括小學、初中與高中階段。其間的中學教育爲綜合形式，不但提供一般學術課程，且有多種職業相關科目以供選修。高中畢業之後，學生可申請進入不同類型的高等教育就讀。雖然學校聲望高低相差甚多（如一般四年制綜合大學即被認爲在兩年制的社區學院之上），但只要願意受教，基本上皆有機會就讀且擁有極多之轉校機會。換言之，學生在求學中途無須經過各種形式的分流洗禮（如必須通過升學考試）。只要一意向學，即可扶搖直上，進入特定之教育機構就讀。

多軌制的結構則不同，其形式是數種學校制度共存，彼此平行與分別提供特定教育服務。一國若實施多軌制，廣義的情況可包括：(1)公立與私立學校制度並行；(2)貴族與平民學校制度並行（如英國之公學與一般學校）；(3)普通與職業學校制度並行。前兩類情況在第二次世界大戰前頗爲明顯，後來卻因義務教育與公辦學校的勃興，私立與貴族學校之影響力漸減。因此目前實施多軌制的國家，莫不將注意焦點集於普通與職業學校制度分立的設計上。此也是本節以下所討論的重點所在。

普通與職業學校系統的是否分立，與一國實施英才制教育有密切關係。由於資源有限，政府只能容納一定數量的學生進入以研究學術爲主的高教機構，因此實務上必須實施分流政策。在一定年齡，藉由性向測驗、在學成績、會考、與聯考等評鑑手段，學生被分入不同學校系統中（多半爲普通或職業學校），以接受適合其性向與能力的教育。多軌制國家各學校系統之間，多半呈現平行狀態而鮮少有交流機會。換言之，一個進入職業學校體系的學生，要跳入普通學校就讀之機會則相對渺茫。近年來，各國爲減少分流過早的弊病，紛紛修改體制以增加交流機會。其措施包括建立定向階段、中間學校與綜合中學等。台灣向來普通與職業教育壁壘分明，但在1980年代開始修法，允許五專學生插班考入普通大學，爲的即是提供更多選擇機會。其開放程度雖仍嫌不足，但至少已踏出第一步。

二、單軌制與多軌制的利弊得失

單軌制或多軌制的形成因素頗多，有政治傳統（如美國所倡行的平等主義，egalitarianism，反對過早分流），也有社會因素（如英國目前仍有貴族階級存在，因而使傳統私立的公學系統獨樹一幟）。但從行政觀點而言，財政經濟因素乃是焦點所在。實施單軌制國家如美國與中東產油國家，其財力必須雄厚，否則很難維持眾多學校的開支。多軌制國家採行事先分流方法，使部分學生進入職業學校體系，養成一技之長後，及早參與就業市場而使政府財力負擔較輕。此也是英、法、德諸先進國家採用多軌制的重要原因之一。

綜合以上觀點，可知單軌與多軌學制設計背後，皆有其特定背景與利弊得失，教育學者在決策時必須量度而行。單軌制原則上符合民主與平等精神，允許有心就讀者皆有機會。其不採用事先分流政策，因之確保了學生的權益（此因青少年期的性向與能力可能未達成熟，太早分流會使其無所適從），並給予其更多的時間與機會選擇。然而此必須付出代價。單軌制未分流學生人數龐大，其中不乏存有茫然無知、學習動機不足者。給予其與其他學生相同機會，即代表經費的空前支出，其適切性令人質疑。

與之相較，多軌制的事先分流政策，可減輕財政負擔，且使經費使用更有績效；但卻對學生權益有所傷害。萬一分流時選擇錯誤，欲再回返另一體系時就難度甚高。此在由職業教育跳回普通教育時最爲明顯。由於兩者課程教材大不相同，銜接上頗費周章，學生即使有機會插班，也需一段時期調適。此外，過早分流也被部分學者批評爲不夠民主，容易使社會不平等性加劇。凡此種種，都是實施多軌制國家力圖改進的問題。

一言以蔽之，單軌制與多軌制的最大不同即在分流政策的實施。基本上，「分流」乃指一種利用各種評選方式，將學生分入適合其性向與能力之教育組織的過程。此處的教育組織可指學校系統、班級、或學習組別；本章則以學校系統（如普通與職業教育）爲討論重點。在此要強調的是：即使是實施單軌制的美國，其義務教育也有能力分組教學的實施。嚴格而論，也是一種較不顯著的分流形式。但以其仍在同一學校系統中實施，故仍視之爲單軌制。

三、分流制度設計的課題

分流的政策與標準牽涉一國學校制度的設計甚巨。基本上，它包括以下三個課題：

1. **何時分流**：什麼年齡是分流的適當時機，往往令學者辯論不已。太早害怕學生未成熟，太晚又會造成財政上的浪費。各國在目前多將分流年齡定在初中階段或義務教育結束之時。
2. **分到何處**：國家應如何規劃對應的普通與職業學校，以安置分流後的各種學生，也是值得深思的課題。分的地方不對，學生學習興趣缺缺，效果自然大打折扣。此外，即使在普通或職業教育體系中，也有相當程度的種類選擇（如台灣之職業學校即有高職、五專、技術學院、科技大學之別），授業年限與授課內容之設計均影響學生就學意願甚巨。
3. **如何分流**：此即牽涉到分流所使用的標準與方式。尤其在文憑主義至上的台灣、大陸、日、韓之東亞地區，大學之路多人競逐，分流的依據（即入學考試）向爲大衆注目之焦點。家長錙銖必較，只要考試出現瑕疵，必定加以抗議。其他國家如英、法、德也各有其分流依據，其中包括會考、在學成績、教師與校方意見、學生性向等。分流方式既關乎學生權益甚巨，各國無不戰戰兢兢，希望設計一套公平且符合教育理念的機制，以使學生能適性發展。

第三節 各國學制與分流設計

基於以上三個問題，以下即簡述實施單軌制國家（以美國爲代表）與多軌制國家（英、法、德、日、大陸、台灣）的學校制度設計。讀者從中可以瞭解各國針對各級各類學校的規劃與安排。本書純就行政角度探討其背後精神，一些細節課題如詳細之課程表、學校作息、各級各類教育機構的詳細內容敘述、學制改革歷史等則不在討論範圍內，詳情請參閱各相關論文與書籍。

一、美國

美國是實施單軌制學制的代表國家。其各級教育形成互相銜接，呈上下一直線的結構。與多軌制國家不同，美國在中等教育階段並不實施分流，而採用綜合中學的形式，其中兼有普通與職業課程；力圖達成其憲法中所規定的民主與平等受教原則（Lunenburg & Ornstein, 2011）。

美國各州由於制度不同，其規定之強迫就學年齡也稍有差異，但大半介於6至18歲之間（參見表2.1）。原則上，各州多提供十二年的義務教育，但屆滿州所規定之就學年齡，即不再勉強其就讀。例如加州之規定爲6至18歲，但學生讀完高中一年級，即可自願請求離校，州政府並不會加以強迫。然而，不同族群之間仍有一定比例之高中輟學率（參見表2.2）。

一般而言，美國的義務教育可分爲八四制、六三三制、與六六制三種。其中八年制小學多設在鄉村，六年制小學則爲大部分州所採用。在中等教育方面，多半爲綜合中學，並存有少數的普通中學與職業學校。除了四年制與六年一貫制之中學外，有的州則將其分爲初中三年（junior high）與高中三年（senior high）兩階段。根據歷年之統計，中小學公立學校約占總數之九成左右（Valverde, 1994）。

除了傳統的三種體制外，1960年代以來有的州開始設立所謂的「中間學校」（middle school），相當於五至八年級，其上再接九至十二年級的高中。中間學校之與傳統初中最大不同處，乃在針對11至14歲學童的身心發展設計課程，以使其適應需要較多獨立學習的中學教育。傳統之初中多仿效高中，在課程與教法上與小學完全不同，使學生一時難以適應。加上11至14歲，正是身心

表2.1 美國各州義務教育立法年代與教育年限

州名	立法年代	年齡	州名	立法年代	年齡
Alabama	1915	6 to 17	Montana	1883	5 to 19
Alaska	1929	7 to 16	Nebraska	1887	6 to 18
Arizona	1899	6 to 16	Nevada	1873	7 to 18
Arkansas	1909	5 to 18	New Hampshire	1871	6 to 18
California	1874	6 to 18	New Jersey	1875	6 to 16
Colorado	1889	6 to 17	New Mexico	1891	5 to 18
Connecticut	1872	5 to 18	New York	1874	6 to 16
Delaware	1907	5 to 16	North Carolina	1907	7 to 16
District of Columbia	1864	5 to 18	North Dakota	1883	7 to 16
Florida	1915	6 to 16	Ohio	1877	6 to 18
Georgia	1916	6 to 16	Oklahoma	1907	5 to 18
Hawaii	1896	5 to 18	Oregon	1889	6 to 18
Idaho	1887	7 to 16	Pennsylvania	1895	8 to 17
Illinois	1883	6 to 17	Rhode Island	1883	5 to 18
Indiana	1897	7 to 18	South Carolina	1915	5 to 17
Iowa	1902	6 to 16	South Dakota	1883	6 to 18
Kansas	1874	7 to 18	Tennessee	1905	6 to 18
Kentucky	1896	6 to 18	Texas	1915	6 to 19
Louisiana	1910	7 to 18	Utah	1890	6 to 18
Maine	1875	7 to 17	Vermont	1867	6 to 16
Maryland	1902	5 to 18	Virginia	1908	5 to 18
Massachusetts	1852	6 to 16	Washington	1871	8 to 18
Michigan	1871	6 to 18	West Virginia	1897	6 to 17
Minnesota	1885	7 to 17	Wisconsin	1879	6 to 18
Mississippi	1918	6 to 17	Wyoming	1876	7 to 16
Missouri	1905	7 to 17			

資料來源：Education Commission of the States (2017), 50-State Comparison: Instructional Time Policies. 取自：https://www.ecs.org/wp-content/uploads/Age_ Requirements_ for_Free_and_Compulsory_Education-1.pdf

表2.2　美國16-24歲不同組群之高中輟學率（至2015年6月）

男性				女性				總計			
所有種族	白人	黑人	拉丁裔	所有種族	白人	黑人	拉丁裔	所有種族	白人	黑人	拉丁裔
6.3	5.0	6.4	9.9	5.4	4.1	6.5	8.4	5.9	4.6	6.5	9.2

資料來源：National Center for Education Statistics, Digest of Education Statistics.
取自：https://nces.ed.gov/programs/digest/d16/tables/dt16/219.70.asp

轉變劇烈的時期，如果不加以輔導，學生學習效果必差。中間學校的設立即在創建較合理的教育架構，充當小學與中學教育之間的過渡期（Pulliam & Van Patten, 2006）。

美國小學的教學內容偏重在公民基礎教育的養成，包括語言、算術、社會學科、自然學科等。中學教育則採取綜合中學的形式，除了提供準備升入大學的一般學科外，尚有多種職業教育。其中如基礎工商業、工程、家政等課程。美國高中多採取學分制，畢業時必須修完必修課與其他一定數量的學分數。各州除了州定課程之外，多半允許所轄之地方學區根據社區所需設計特色課程，以落實教育地方分權之精神。

如前所述，美國九至十二年之義務教育階段，其中並無明顯分流的措施。學生在其所處學區中由小學至高中直線而上。由於沒有會考或聯考的舉辦，其學制之年限與類型可依學生之需求而自我創造。高中畢業之後，幾乎任何願意繼續就讀的學生，皆有機會升上高等教育機構。各學校皆定有其申請標準，依照學生之性向測驗分數（多為SAT或ACT）、在校成績、教師推薦函、課外活動之成就等效標予以評鑑。美國高等教育形式有多種，計有傳統四年制綜合大學、文理學院（liberal arts college）、社區學院（兩年制或四年制）等。彼此之間性質不一，有的專注學術研究，有的加強職業訓練，可供學生挑選。在此要強調的是，美國高中以後之教育雖有形式上的分流（普通與職業導向的教育），但其色彩卻較多軌制國家淡的多。其原因主要有以下兩點：

1. **分流效標多元且無絕對標準**：例如有些明星學校可能刻意招收運動健將，不見得要求其學業成績達到頂尖。此與舉行會考與聯考的國家不可同日而語。
2. **各校之間轉學容易，彼此之間交流頻多**：實務上，每年學術聲望高的大學都會淘汰一批適應不良學生，其出路即可能轉入第二線的學院或大學。所空出之缺額，往往為在其他機構（如社區學院）成績優秀學生所遞補。此種富有彈性的就學制度，使分流的程度減至最低，堪稱是最民主、賦予學生最大選擇機會的學制。

然而，此種制度也需付出代價。財政負擔沉重與學費高昂即是其犖犖大者。分流之措施減至最低，遂使部分學生在大學中遊蕩而缺乏學習焦點。一再更換主修的結果，不但使就學年限加長，也造成財政上的浪費。尤其是公立大學，其經費來源主要來自州政府，學生就學時間愈久，政府補貼金額愈多。近年來美國大學學費水漲船高，已使家境清寒者的選擇機會大為減少。

二、英國

英國學制在歐洲各國中相當特殊。其多軌制不但顯現在普通與職業教育的並立（1980年後已漸不明顯），而以公學（public school，私立菁英學校）為代表的獨立學校系統（independent schools，但皆為私立），也與普通公立學校系統呈現平行發展態勢。此因英國人依戀傳統，對舊有體制不願放棄，進而形成此種特殊的多軌學制。

英國的義務教育由5至16歲。公立初等教育則包括兩階段：5至7歲的幼兒教育（infant stage），與8至11歲半的初級教育（junior stage）。幼兒教育時期的教學類似幼稚園，其目的在使學童逐漸適應環境，並無固定課程，教師可視情況自我設計。初級教育時期則以公民基礎教育為主，英語與算術是主要課程。與美國學校一樣，英國部分小學也實施分組教學。

為了改進16歲以後學生的繼續就學率，英國中央教育主管部門已通過於2015年，將義務教育延長至18歲的計畫。英國義務教育將由5至18歲而成十四年。對於無意於傳統教育者，政府將在學生16至18歲階段提供職業訓練，以培養具有專業技能的人民。換言之，仿效德國之作法，英國政府希望確保每位學生在16歲之後即使不升學，也必須繼續接受職業教育訓練至18歲。此舉在學制之改變上，無異是一大變革。

公立的中等教育類型繁多，但1980年代以後，綜合中學的形式即成為多數。以下即簡述英國中學的類型如下（Ward, 2007）：

1. **文法中學**（grammar school）：此為公立中學體系中聲望最高者，招收小學畢業生。其教學導向即以升入大學為主要目標，故注重學術課程。教育階段有二：(1)前五年基礎階段（11至16歲，即義務教育之後五年），(2)後兩年之分科階段（17至18歲，又稱為第六學級，the sixth form）。基礎階段之科目為一般英數理化與史地課程。學生在結束時（16歲）參加「普通教育證書」（General Certificate of Secondary Education, GCSE）會考。此會考於1988年開始舉行，通行於英格蘭、威爾斯、與北愛爾蘭，以七等級（A到G）評分。通過者繼續就讀第六學級，失敗者就離校就業。分科階段之課程宛如大學的預備學校，有語言文學、數學、理化生物、歷史地理，甚而包括經濟、心理學、社會學等基礎學科。完成後（多為18歲，欲獲大學獎學金者多讀一年為19歲）參加「進階級普通教育證書」（General Certificate of Education Advanced Level, GCE A-Level）會考。通過者可以此申請繼續進入大學就讀。一般而言，文法中學學生多以此為就學目標。
2. **技術中學**：此類學校為1944年教育改革法案後所設，修業年限為五至七年，類似台灣的高職學制，但招收的卻為小學畢業生。課程以職業課程為主，學生畢業後多成為基層技術人員。目前此類學校數量已極少。
3. **現代中學**：其也是在第二次世界大戰後新興的學校，種類極多。有只提供普通課程者，有提供職業專業課程者（如商業科目），也有提供混合課程者。其招生對象為小學畢業生，多半修業五年（11至16歲），但某些學校會延長兩年。學生畢業後可參加16歲的普通教育證書會考，但錄取率遠較文法中學為低，大半即進入社會就業。
4. **綜合中學**：此為目前最普遍的中學形式，係把文法、技術、與現代三種中學合併的學校。英國之comprehensive high school則大致相當於台灣小學六年級至高中一年級等五個年級，因此一般相關文獻多稱為「綜合中學」（李然堯，1998）。其年限以11至16歲的一貫制為最普遍。基本上，學生不分類科而修習同一套課程。但在課程設計上，學校可提供多元化的選修課程，以讓學生依其性向選擇喜好科目，並藉此分化出升學導向學術學程（academic program）、就業導向職業學程（vocational program）、或是暫不分化之普通學程（general program）。不過要注意的是，部分英國的綜合中學只是一種「多科中學」，學生仍分普通與職業類科分別上課，此與台灣某些以職業類科為主的學校附設「普通班」以準備大學聯考的情況類似。雖在同校，但各有其課程體系，與美國普通與職業學科融合的綜合高中有所不同。其成效近年來也頗遭質疑。

除了公立中小學外，英國尚存有歷史悠久的獨立學校系統（均為私立）。學生數量比例雖不大，但地位一向崇高。獨立學校系統從私立的幼兒學校開始（3至8歲），接著為預備學校（9至12歲），再上即為公學（13至18歲），一脈相承而自成體系。此類學校之特點為特重學術，對基礎人文學科如古典語文、數學等要求甚高。預備學校的畢業生必須參加考試（科目以英語、數學為主），及格後才能升入公學，競爭相當激烈。公學的每班學生人數多為十數人，部分為寄宿學校，收費相當昂貴（對於清寒學生有獎學金補助）。英國公學聲望極高，畢業生多半進入最好之大學就讀（如牛津、劍橋），成為社會之上層人物。歷年保守黨主政之內閣，閣員十之八九來自公學。其課程多重學術，以古典語文（希臘或拉丁文）、數學、與現代語文（英語、法語）、數理課程為主，儼然成為以學術研究為主大學的預備階段。其影響力至今不衰。

綜上所述，英國的學制可說是相當複雜，在1994年之前，學生在11、14、16歲均需接受某種程度的評量。11歲為初級教育階段的結束，學校備有紙筆測驗，以評量其學習成果，做為未來分組教學或進入不同類型中學的參考。14歲級的考試則自1992年開始，科目包括數學與自然科學、英語與科技、歷史與地理等。有難易不等的測驗可供教師依其學生程度選取，並可自行對學生的成果給予等級（但有外界教育專家諮詢，以防止其評分上的失誤），其結果供教師輔導學生升學或就業決定的參考。16歲的普通教育證書考試（GCSE），即決定學生是否升學或就業。此外，如果要進入傳統的大學就讀，尚必須在18歲時參加進階級普通教育證書（A Level）考試。

英國於2003年提出「14至19歲：機會與卓越」白皮書，將14至19歲階段之教育進行大幅改革。其中將職業教育列為長期的課程改革對象，並加強學生未來工作相關之訓練課程。此外，並以領域專長文憑（如科學、語文、人文）取代傳統中等教育普通證書（GCSE）與進階級普通教育證書（A Level）。使學生畢業後不僅能繼續升學，也能憑其專長文憑而順利就業。

綜觀英國的學制，公立與獨立學校系統並行，普通與職業教育分立（某些綜合中學已有混合課程），為標準的多軌制國家。多方評量與分流的結果，在

2007年，其高等教育粗在學率爲59%，較之美國（82%）與台灣（85%），尙有一定之距離。此也顯示其所採取英才制學制所產生的分流結果。相關高等教育粗在學率，詳見表2.3。

表2.3　各國高等教育粗在學率　單位：%

	2008	2009	2010	2011	2012	2013	2014	2015	2016
台灣*	83.2	82.2	83.8	83.4	84.4	83.9	83.8	83.7	84.0
中國大陸	22.4	24.3	23.3	24.3	27.2	30.2	41.3	45.4	48.4
日本	58.6	59.0	58.1	59.9	61.5	62.4	62.9	63.2	-
南韓	103.6	103.9	101.0	100.8	-	97.1	93.4	93.3	93.8
美國	85.4	89.1	93.3	95.3	94.8	88.8	-	88.9	88.8
加拿大	-	-	-	-	-	-	-	65.3	67.0
英國	57.0	58.5	60.5	61.2	59.2	56.9	57.3	57.3	59.4
法國	54.2	54.5	56.1	57.1	60.0	62.1	64.1	65.3	64.4
德國	-	-	-	56.5	-	61.1	64.2	66.3	68.3
芬蘭	95.1	91.6	94.1	95.1	93.3	91.1	88.9	87.7	87.0
澳洲	72.3	75.9	79.8	83.2	85.4	86.6	-	119.7	121.9

資料來源：教育部（2018）。教育統計指標之國際比較。

* 台灣高等教育粗在學率＝大專學生人數 /18 至 21 歲人口數 ×100%，但大專學生人數不含大專進修學校、五專前三年、與研究所學生。

三、法國

法國在1989年通過教育法案，重申學校教育的目的乃在提供適合學生性向與人格的平等學習環境，因此國家有義務創建各式學校系統，以使不同程度的學生各適其所。與英國情況相似，法國亦採取在中學教育即開始分流的作法，但其公私立學校系統卻無結構上的差別。私立中小學多爲宗教團體所興辦，大多數簽訂契約而按照政府統一的教學大綱教學，同時也得到公家部分經費補助。義務教育爲十年（6至16歲），從小學一年級到高中第一年（Monchablon, 1994）。

法國學前教育制度十分完善，雖非強迫入學但卻完全免費。2至6歲的兒童可依其居住區就近入學。學前教育之目標乃在發展兒童語言、感覺、運動、與智能，並特別注意兒童的發展障礙以及早診治。自1986年後，各社區紛紛設立幼兒中心，其目的在協助雙薪家庭所面對的教養責任與問題。

法國初等教育爲五年，招收6至11歲的學生。在2007年，私校學生約占13%。其教學內容包括簡單之語文訓練、數學、勞作、與體能活動等。教學大綱則統一由中央國家教育部制定。由於是義務教育，並無退學措施；但法國淘汰標準甚嚴而造成留級率偏高，即使是小學教育也不例外。但因被留級之學生多爲社經背景較差者，所以近年來教育學者主張減少留級比率，以課外補救教學來代替。法國教育部的策略爲減少各校的留級人數，將其經費轉由課業輔導或補救教學。自1990年起至2005年間，在教育部各地督學的要求下，法國中小學的留級人數已有減少趨勢，小學生的留級人數由原本的8.5%減少到7.2%左右（小學一年級）；中學生由10%減至7.2%（初一）與3.6%（初二）。

法國中等教育（11至18歲）近年來變化甚大，基本上分爲兩個階段：(1)初級中學（colleges，11至15歲）四年，與(2)高級中學（lycées，15至18歲）三年。其名稱分別爲初中之六、五、四、三年級，與高中之二、一、與結業級（法國年級愈高，數字愈小）。初級中學四年，又分爲前兩年的觀察期及後兩年的輔導期。茲分述如下：

1. **前兩年觀察期**：其間並無任何分流行動，主要任務乃在觀察兒童性向與能力，以做日後定向發展之準備。基本上，學生修讀相同的課程。其中包括法語、數學、外國語、歷史、地理、公民、物理、生物、藝術、與體育等。
2. **後兩年輔導期**：又稱爲定向階段。教師根據前兩年觀察期之學生成績，指導其在後兩年之選課取向（偏重學術或技術科目）與畢業後之出路。課程大致與觀察期類似，僅在部分科目有所增減。學生在此時期開始有選修科目（如古典語文、職業技術課程），以探究其潛能發展。

大體上，法國初中分爲一般教育課程與職業教育課程兩大系統，分別導向高中與職業高中。教師以學生表現提出未來進路的建議（留級、進普通高中、職業高中、就業等），並經家長同意後執行實施。初中四年成績合格者，則授與初中畢業證書。

高級中學接續初中，修業年限爲兩年或三年。其中根據升學或就業導向而分爲一般高中（lycées）與職業高中（lycées professionnels）兩大類，其最大區別乃在學生之後參與會考與取得證書之不同。茲分述如下：

1. **一般高中**：又可分爲普通高中及技術高中兩個系統，均以升學高等教育爲目的。少數普通與技術高中分別設立，但大多設在同一校內。普通高中招收初中畢業生，提供三年偏向一般學術之教育。學生修業期滿並通過「畢業會考」（Bac），即可取得「普通科高中會考文憑」。其兼有畢業證書與進入高教體系入學許可的雙重功能。在另一方面，技術高中主要任務乃在培養技術專業人才。課程上，技術高中與普通高中第一年並不分科，所有學生修習語文、數理、史地等基本科目。自第二年起依其興趣分組，偏向普通教育者分文史哲、經濟與社會科學、數學與物理、數學與自然科學、數學與科技等組。偏向技術教育者則分工業、商業、與電腦科學等組。中央教育部對每科皆訂有教學之大綱，原則上課程大致相同，只是時數上有所增減。例如，A組學生修習法語、史地、外國語之時數即較其他組爲多。偏向技術教育者每週有10至20小時選修專業科目。技術高中畢業且通過畢業會考者，即取得「技術科高中會考文憑」（BTn）與「技術員證書」（BT），以爲將來從事第二職類（工業）與第三職類（服務業）奠定基礎。
2. **職業高中**：職業高中爲特定實施職業教育與訓練的學校，辦學任務主要在培養專業技術人員，修業年限則爲兩年或三年。兩年制招收初級中學畢業生，畢業時授予「職業教育證書」（Brevet d'Etudes professionnelles, BEP）。三年制招收初級中學二年級結業生，畢業時授予「職業適性證書」（Certificat d'Aptitude professionnelle, CAP）。其中CAP較爲專精於某一專業（如機工），劃分較細；BEP則較寬廣，以培養較大領域（如普通商業人才）的知識爲主。取得BEP或CAP之學生再繼續進修兩年，即可參加職業高中會考，及格後取得「職業類高中會考證書」（BP）。此外，法國在職業教育尚有學徒制度。初中畢業生可至學徒訓練中心（CFA）當兩年學徒。學成後如通過技術檢定，也可獲得「職業適性證書」。

普通類會考分爲文學組、經濟社會學組、科學組等組，技術類會考則分爲工業技術組、食品技術組等組。近年來，技師證書多已逐漸由技術類會考或職業類會考文憑取代。各科所考之科目不同；命題由大學區負責。

原則上，中學教育證書會考之成績為申請進入大學的主要依據。凡持有證書或具同等學力證明者均有資格提出申請。各大學依其發展重點，選取在某領域上具有專長之學生。除了一般以研究為主的大學外，法國尚有稱為「大學院」（grandes ecoles）之高等教育機構，其設立目的以培養專門人才為主，且多為私立學校。由於培養之學生多為頂尖人才，且其招生採精兵政策，競爭非常激烈。各校之入學考試政策，包括初試、複試兩階段，考試科目繁多，著名學校（如巴黎技術學院）錄取率相當低。大學院一般為三年，大多不頒授學位，但其畢業生卻在法國社會中居於各行各業的領導地位。此種大學院的機構也是法國高等教育的一大特色。

四、德國

德國由於採行聯邦制與地方分權的教育行政制度，各邦之學制多有不同。義務教育為九或十年，入學年齡在6歲。初等教育除少數邦為六年外，多數邦為四年，科目則多為讀寫算基本教育。近年來，除非家長要求，留級之情況已減至最低。不及格的學生多半可被允許隨低一級班就讀其需加強的科目。在1976年以前，學生四年級畢業（10歲）即必須開始分流，引起相當大的反彈（Lewis, 1985）。之後，多數邦政府即將第五與第六年級設為是一種「定向階段」（其實是一種中間學校性質），以讓學生延緩分流的時間。這類機構有的附在原小學中，有的獨立成校。授課一般相同，並未分班上課。學生在五年級開始學習外語，其學業成績即決定其未來就讀之中學類型。

一般而言，其分流標準有兩種：(1)由教師將學生成績與其推薦分流之中學類型通知家長。若雙方意見不一致，有的邦即依家長意見（但實務上往往因學生程度不夠，多半在七年級讀完後即轉回較差中學），有的邦則是再給予學生一次考試後決定。(2)參加家長希望就讀中學的升學考試，並以此來決定學生的去留。由於事關分流的重要關口，定向階段的教育為家長特別重視，並多希望子女能進較好之中學。為順應此趨勢，西柏林邦（初等教育為六年）即允許學生畢業後，至所希望進入之中學試讀半年，以其學業成績決定未來的去向。

傳統上，按照學術聲望，德國之中學類型可略分如下：主幹學校

（Hauptschule）、實科中學（Realschule）、文法中學（Gymnasium）、綜合中學（Gesamtschule）、與多元進路學校（Schularten mit mehreren Bildungsgangen）。基於各邦之教育體制與需求，各類學校所占之比例多有不同。

主幹學校的學術聲望最低，包括第五（或第七）至第九學年，基本上止於義務教育的規定年限。其主要特色乃在重視技術課程，提供學生基本職業訓練。畢業生可進入上層職業教育體系（如職業專科學校），或轉入文法中學（成績優良者），以能升入大學。由於家長期望提高，主幹學校所提供之教育被認為太過簡陋；因此除吸引低成就與低社經背景家庭之學生外，其學生所占比率已大幅下降，有的邦甚而已廢除主幹學校之設置。

實科中學以往或稱「中間學校」（Mittelschule），年限比主幹學校多一年（五至十年級），其特色即在注重實用科學（如數學、物理等），目前多為培養基層的白領階級（一些具有吸引力的行業如電腦業，畢業於實科中學已成為申請的最低條件）。為此，實科中學所開設的科目（如新增的第二外國語）已漸與文法中學相同，只是教學內容較簡單。學生可以依自己的興趣，選擇重點課程（如農、工、商各科）。學生畢業後取得專科中學成熟證書，憑此可繼續往其上之職業學校，或轉入文法中學後三年階段就讀。由於制度深具彈性，所以頗受家長歡迎。

文法中學注重學術訓練，年限由五至十三年級，學術聲望最高。學生入學目的即在希望未來升入大學。課程安排則視學生之學習焦點而定。以往文法中學分為多種（如現代語文法中學、數理文法中學等），如今已儘量兼併成在一校中的不同學程，由學生在後三年選修（如古典語學程則特重拉丁與希臘文）。基本上，每位學生必須修習兩種外語，而語言藝術、社會學科（史地、哲學、宗教等）、與數理領域課程開設比率各占三分之一，學生依其特長，各有其在三領域中的必修與選修規定。

文法中學的畢業成績以第十二、十三年級成績，與畢業考分數各占三分之一計算。完成文法中學高級部課程，即可獲得成熟證書（Abitur/Hochschulreife）與進入大學就讀之資格。文法中學為最優秀學生集中之中等教育機構，師資陣容也最堅強。但晚近卻為人譏評是為社經地位優越家庭所設的學校，於是綜合中學的構想即應運而生。

綜合中學最早設立於1970年代初，但至1982年才成為各邦相互承認的正式學制。其理想即在結合主幹學校、實科中學、文法中學於一體，提供各階段學生在一校內共同學習的機會。其形式有的採取完全混合課程，藉由能力分組學習的過程，由學生自由選取適合其程度的必修與選修科目（可稱爲整合型）。有的則採取主幹、實科、文法三學程分立的方式，學生各自上課，但卻使用共同設備與師資（可稱爲合作型）。綜合中學設立的目標在打破不同中學所造成的階級弊病，但其成效卻在德國引起巨大爭議，甚而泛政治化（陳惠邦，2001）。自1990年代起，部分邦決定逐漸停止綜合中學的興辦，認爲學校規模過大且花費太多，學生事實上還是獨立分組上課而與分校無異。但較傾向社會主義執政之邦，卻認爲其是消除教育不平等的良方，大力支持推廣。因此，綜合中學在各邦所占之比例差異頗大。

多元進路學校爲將主幹學校與實科中學加以整合，以提供學生不同層次之課程。德國統一之後，原東德之學校本無主幹學校與實科中學之設置，便以多元進路學校代替。基本上，此類學校必須至少有兩種以上不同層級之課程，以提供傳統主幹學校與實科中學之教育。並非所有邦皆有多元進路學校之設置。

除了以上四種中學外，德國尚有組織嚴謹的中學第二階段職業教育系統，以提供主幹中學、實科中學的畢業生更高層次的訓練。其系統極爲複雜，多爲一至三年教育；有全時制，也有半時制的。其詳細系統在下節再予以敘述。

五、日本

日本在1945年戰敗後，由美國暫時接管，並經立法確定其學制爲六三三四制（與台灣相同）。1956年之前仿效美國採教育行政地方分權制，後因不合國情而改變。後再依據「地方教育行政組織及運營法」，中央文部科學省擁有支配教育預算、審定中小學教科書、與具有對縣級教育行政機關（即教育委員會）所設置的教育長同意權（秉子仁，1984）。可說是位高權重，偏向於中央集權的體制。

日本學制就分流觀點而論極爲特殊，其高中雖有不同性質學校的設立（如職業高中），但所占比例較低。所以其雖有多軌制的設計，但比起法、德、與台灣，分流色彩較淡。日本義務教育爲九年（6至15歲），初等教育爲六年，其中絕大多數爲公立學校。其課程標準與使用之教科書，均由文部科學省訂定與供應，包括語文、數理、社會等基本學科。此外，道德教育與特別活動（如班會）也是課程中的一部分。

中等教育則分爲「中學校」（初中）與「高等學校」（高中）兩階段，各爲三年。初中爲義務教育之一部分，私立學校比例甚低。除了延續小學科目外，外語（英文）、健康教育、與粗淺之職業教育（如家政）也被引進。初中的設置爲市、町、村（相當於台灣的鄉鎮）的責任，按學區規劃以供學生就學。

高中非義務教育，所以必須經過入學考試。由於社會的期待，超過95%的初中畢業生繼續升學。2007年約有25%的高中爲私立。按照課程的安排，日本高中可分爲三類：(1)只提供普通選修課程者，(2)提供普通與職業選修課程者，與(3)只提供職業選修課程者。第二類高中即類似綜合高中，除了必修之科目如國語(I)、數學(I)之外，文部科學省並將各個職業課程分爲不同組群，供各校採用，其中包括商業科、工業科、家庭科、農業科、看護科、水產科、總合學科、與其他等項。但由於家長觀念偏向文憑主義，近年來修習專門學科與總合學科的學生比率，遠較普通科爲低。相關資料參見表2.4。

表2.4　日本高等學校學科別生徒構成比例表

年度	普通科（%）	專門學科（%）	總合學科（%）
2003年（平成15年）	72.8	24.4	2.8
2006年（平成18年）	72.3	23.5	4.2
2009年（平成21年）	72.3	22.7	5.0
2014年（平成26年）	72.6	22.1	5.3
2015年（平成27年）	72.8	21.9	5.3
2016年（平成28年）	72.9	21.7	5.4
2017年（平成29年）	73.0	21.6	5.4
2018年（平成30年）	73.1	21.5	5.4

資料來源：学校基本調査 —— 平成15-30年度結果の概要（2019）。東京：文部科學省。

日本地狹人稠，每平方公里密度遠較美國要高，且個人之社會地位多取決於文憑之獲得。此種文憑主義造成父母對職業教育的輕視，堅持要求子女擠入大學。影響所及，大學之兩階段招生空前激烈，參考書、補習班充斥於市。此種情況與台灣頗爲類似。但日本高中仍以準備升學的普通高中較多。

六、中國大陸

鴉片戰爭之後，中國在列強鯨吞蠶食之下，每每欲思振作。從魏源「師夷之技以治夷」、張之洞「中學爲體，西學爲用」、五四時代的「全盤西化」、與之後的「現代化」運動，知識分子莫不殫精竭慮的爲中國前途謀一出路。在歷次的變法圖強中，教育改革均占有一定之地位。例如，自強運動中同文館、廣方言館的設立，百日維新中的廢科舉、興學校，皆對當時之中國社會產生極大的影響。

光緒27年（1901年），慈禧太后下詔曰：「晚近之學西法者，語言文字製造器械而已，此西藝之皮毛，非西學之本源。」因而命令從制度上根本改革（如增設新機構、編練新軍等）。此次改革乃受到八國聯軍之痛，清廷爲時勢所迫，不得不做大幅的變法。其關乎教育者爲廢科舉、推廣學堂、恢復設立京師大學堂（即以後北京大學前身）的決定。此舉不但結束千年來的科舉制度，也爲中國學校制度立下基礎。

從清季至民初的各種學制改革，也使得中國教育精神做了一百八十度的轉變。科舉時代的讀書人所盼望的是「十年苦讀無人問，一朝中試天下知」的結果。他們埋首於可能與自己興趣不合的經書中，學習刻板且機械的八股文；前仆後繼於極度制式的科舉考試。如果考中則光耀門楣，不中則可能落魄終身。此種「讀書→科舉→做官」的路幾乎是廣大士子唯一可選擇的道路，其不但控制社會秀異分子的思想，也造成許多迂腐的儒生。

「學而優則仕」的觀念爲傳統社會所堅持，也在表面上挑選了所謂社會的菁英進入政府。但從行政的觀點而論，這些熟讀經書與精心排列文字的士子，卻鮮少擁有治國的社會知識與理念。當英美諸國發展出各種學門（如經濟學、社會學、法律學）時，中國士子仍以「半部論語治天下」，以致對於西方列強之節節進逼束手無策。

中國自隋唐推行科舉以來，歷代除少數私人書院外，政府始終維持「管考不管教」的原則。影響所及，一般人民必須進入私塾或延師入府教育子弟。換句話說，人民必須自費接受教育，此對廣大的農民人口而言是很大的奢侈。雖說科舉人人可考，但此種「十年寒窗，不事生產」的生活卻非中等以下家庭的人所能負擔，在公平性上自是大打折扣。廢除科舉建立學校，雖然爲政府帶來沉重負擔，但卻藉公辦之力而使義務教育成爲可能。教育普及化的過程雖未馬上達成，但其成效卻不可忽視。1911年中華民國肇始時，小學生人數爲2,795,475人，中學生人數爲59,971人。至1946年抗戰結束後一年，小學生已增爲23,813,705人，中學生增爲1,495,874人；成長倍數各達8.5與24.9倍，其間之數量增加頗爲顯著（教育部，1948）。

中國共產黨於1949年在大陸取得政權後，依據社會主義之準則進行教育重整。其於1951年10月由中央人民政府政務院公布「關於改革學制的決定」，內容主要如下：

1. **幼稚教育**：對3至7周歲幼兒在入小學前實施使其身心獲得健全發展的教育。
2. **初等教育**：給兒童以全面發展的小學基礎教育；對青年和成人實施以相當於小學程度的工農速成初等學校、業餘初等學校和識字學校的教育。
3. **中等教育**：實施中等教育的學校爲中學、工農速成中學、業餘中學、與中等專業學校；前三者給學生以全面的普通文化知識教育，後者按照國家建設需要實施各類中等專業教育。
4. **高等教育**：實施高等教育的學校爲大學、專門學院、與專科學校。在全面的普通文化知識教育基礎上給學生以高級的專門教育。
5. **各級政治學校與政治訓練班**：實施革命的政治教育。各級人民政府並設立各級各類補習學校、函授學校、與聾啞盲等特殊學校，對有特殊需求之兒童、青年、與成人施以教育。

以上實施方針，卻因1966年文化大革命之發生而未能徹底執行，十年動亂使高等教育傷害尤深。1976年文革結束後，大陸中央政府進行「撥亂反正」改革，並在1980年代努力改善教育，以配合經濟的發展。1985年通過「中共中央關於教育體制改革的決定」，1986年通過「義務教育法」，確定義務教育爲九年（吳文侃、楊漢清，1992）。依據中國教育部2008年的統計顯示，大陸99%人口地區已執行義務教育，但素質方面仍須有所提升。

基本上，大陸實行以政府辦學爲主體、社會各界共同辦學的學校體制。其中基礎教育以地方政府辦學爲主，高等教育以中央、省（自治區、直轄市）兩級政府辦學爲主。職業教育、成人教育則在政府統籌管理下，由企業、事業單位、與社會界聯合辦學。

在行政體制上，中央教育部係管理教育事業的最高行政機構，負責貫徹國家制定的有關法律政策。此外，教育部並負責統籌整體教育事業的計畫，協調各部門相關教育業務，與進行教育體制的改革。

在教育經費方面，中央直接管理學校所需經費多由中央財政撥款，地方管理學校所需經費則由地方財政中支出。農村之鄉、村、與事業單位興辦學校所需經費，則主要由興辦單位籌措勻支，國家會視情況給予補助。社會團體與私人興辦的學校，則由其自行籌措經費。

大陸歷年各級學校體制，多半反映當時社會的潮流與意識型態。結構上，大陸學校體系由四部分組成：包括義務教育（小學與初中共九年）、後期中等教育（包括普通高中與職業學校）、高等教育、與成人教育。其中義務教育加上學前教育，在大陸又被稱為基礎教育。以下即將大陸目前學制簡述如下：

根據《中華人民共和國義務教育法》第二條，中國大陸的義務教育定為九年，目前除極少數鄉村偏遠地區之外，全國已普遍實施。其形式大致分為「五四制」（小學五年、初中四年）與「六三制」（小學六年、初中三年）兩種。其中小學招收6歲的學生。其目標乃在培養學生讀寫算之初步能力，並使其養成好習慣與強健之身體，課程包括語文、數學、自然、史地、音樂、美術、勞動、與體育等。小學以全日制為主流，但在偏遠地區仍有如半日制、隔日制、巡迴制等方式存在。

中小學課程大綱由中央教育委員會聘請專家擬定，並賦予省市等地方教育單位一定限度的自主權。小學課程原則上分為兩套：城市地區與鄉村地區（如視情況加入農業課程），由各地自行選用。部分偏遠農村地區的小學一般僅設立語文、數學、與體育課程。中等教育分為初中與高中兩個階段。課程包括思想品德（政治）、語文、數學、英語、物理、化學、歷史、地理、生物、體育與健康、信息技術、音樂、美術等。此外，部分學校並開有勞動技術課，推展基礎職業教育，高初中也設有外語的課程。

初中畢業後，學生即參加入學考試（簡稱「中考」）。其成績往往決定學生就讀職業學校、普通高中、重點高中、或進入社會就業。各地區中考科目並不統一，多半包括語文、數學、英語、科學、社會／思品（含歷史與社會、思想品德）等五門。基本上，學生進入高中與大學，多需經過入學考試。重點高中與大學競爭相當激烈，導致升學主義高漲。

中國大陸的教育體制相當複雜，不但教育部門辦學校，其他如業務部門、企業單位、勞動部門均可依情況聯合興學，此在中等職業教育體系中甚爲明顯，有多種型態之學校。基本上，大陸中等教育學校除了各種形式的短期職業技術培訓機構外，約可分爲以下五種：

1. **普通中學**：分爲初級和高級兩個階段，修業年限爲六年。高級中學又分爲普通高中與重點高中兩類。後者入學名額有限而競爭非常激烈。重點高中往往擁有省（市）最佳的硬體（教學設備）與軟體（師資和學生），非一般普通中學所能比擬。基本上進入重點高中，學生順利入讀大學的機會即有所保障，因此成爲家長必爭之地。
2. **中等專業學校**：簡稱「中專」。這類學校以招初中畢業生爲主，學制三年或四年。目標主要培養中級技術人員、管理人員、與小學教師，爲大陸最重要的中等職業教育機構。此類學校分屬中央或各地方政府（省、市、自治區）。課程分爲政治課、普通文化課、技術基礎課、專業課四大類。除普通課堂講授外，尙有一定比例的時間供做實習之用。各校依需求而有工業、農業、商業、林業、醫藥、體育、師範、藝術等。中等專業學校形式上有的是多科合設，有的是單科學校。
3. **成人中等學校**：簡稱「成人中專」。最初定位乃在希望將具有初中教育程度的成年人（在職人員爲主）培養成中等技術人員。近年由於形勢變化，招生對象已以應屆初中畢業生爲主，修業年限二至三年。
4. **中等職業學校**：簡稱「職業高中」。大部分由普通中學改建而成，招收初中畢業生，學制三年，也有二年與四年。其由各業務、生產、廠礦、與教育部門單獨或合作辦理。辦學目標以配合工農業生產與人民生活需求爲主，培養基層生產服務的操作人員爲主。學生畢業後多半就近入各興辦的企業內工作。
5. **技工學校**：多歸勞動部門（2017年爲「國家人力資源和社會保障部」）管轄，招收初中畢業（三年）或高中畢業（二年）學生。教學以生產實習爲主，培養中等技術工人。

在高中階段，2015年學生分別進入普通高中、中等專業學校、成人中專、職業高中、與技工學校的比例分別爲58.8%、18.1%、4.0%、10.9%與8.0%。可以看出進入普通高中教育的學生比例居於優勢（中華人民共和國教育部，2016）。

大陸普通高等教育係指高等職業學校、大學專科、大學本科（即台灣之大學部）、碩博士研究生等相關具有高等學歷的教育。其中專科學制爲二至三年，本科學制通常爲四年。此外有醫科與少數工科院校實行五年制。碩士研究生學制爲二至三年，博士研究生學制多爲三年以上。

大陸成人教育包括各種以成人爲教學對象的學校教育、掃盲教育、與終身教育。學校類型如成人初級學校、成人高中（多以函授或夜間上課形式）、成人高等學校等，類型相當多元。成人高等教育如廣播電視大學招收具有相當於高中畢業者入學，修業年限爲四至五年。職工與農民大學修業年限一般爲三至四年。此外，一般大學的函授與夜大學之修業年限爲五至六年。至於依據當地而設置之農民技術培訓學校等機構，修業年限不定，已爲農村發展培育眾多技術人才。

大陸人口眾多，各地區性在經濟、教育、文化發展上相當不平衡。近年來大陸力求推動基礎教育，以縮小教育發展之差距。中央政府透過合理配置公共教育資源，並對農村、偏遠、貧困、少數民族地區加強補助，以保障不同地區、不同族群、不同社經地位之學生權益。目前大陸已從控制型計畫經濟轉變爲社會主義市場經濟，導致在教育實施上之顯著蛻變。其未來之發展值得密切關注。

第四節 台灣學制與分流設計

台灣現行學制可追溯自1922年之中國。當時由「全國教育聯合會」發起，採用六三三四制，基本上仿效美國，稱爲「壬戌學制」。1949年國民黨遷台之後，沿用此項學制。並於1979年制定「國民教育法」，規定「凡6歲至15歲之國民，應受國民教育；已逾齡未受國民教育之國民，應受國民補習教育」。正式確立義務教育爲九年（但眞正實施卻早在1968年即已開始）。此外，自2014年開始實施的「十二年國民基本教育」，雖將受教年限延至十二年，但因不採取強迫入學之政策，嚴格而言不能視爲義務教育。以下即簡述台灣各階段之教育。

學前教育由幼稚園實施，招收4至6歲的幼兒。根據1981年所通過的「幼稚教育法」，其目標爲：(1)維護兒童身心健康，(2)養成兒童良好習慣，(3)充實兒童生活經驗，(4)增進兒童倫理觀念，與(5)培養兒童合群習性。教學活動乃透過各種遊戲的實施，以發展幼兒的基本觀察力、想像力、與粗淺的語言表達能力。學前教育非義務教育階段，私立幼稚園占大多數。實務上，其與托兒所（招收1個月至6歲之幼兒）的功能頗有重複。

國民（義務）教育分爲兩階段，前段爲國民小學六年（6至12歲），後段爲國民中學三年（13至15歲）。根據國民教育法第一條，其目的以養成德、智、體、群、美五育均衡發展之健全國民爲宗旨。國小與國中由直轄市或縣（市）主管教育行政機關依據人口、交通、行政區域及學校分布情形，劃分學區，分區設備（第四條）；其課程標準與設備標準，由教育部定之（第八條）。國小分爲低年級（一、二年級）、中年級（三、四年級）、高年級（五、六年級）三部分。課程內容則包括德育（生活與倫理）、智育（語文、算數、自然科、社會科）、體育、群育（班會活動）、美育（音樂、美術、勞作）等項。此外，英語與鄉土語言已於2000年正式列入課程之內。學校使用之教科圖書雖幾乎全已由民間出版社編輯，但其內容必須先經由教育部審定。教科書之選用，則由各校組成委員會加以執行。

國中階段，根據國民教育法，除了文化陶冶之基本科目外，並應加強職業科目及技藝訓練；因此自二年級起，即有基本職業訓練之科目供爲選修。然而實際上由於設備與師資之缺乏，其成果並不甚理想，學生修讀意願低落。國中之課程延續小學，將外國語（英語）列爲必修課目；其他主要學科包括國文、數學、理化、歷史、地理、生物、健康教育等。2000年實施九年一貫課程後，則以「學習領域」代之。例如，「社會科領域」即包括歷史、地理、公民三科。國中畢業後，即代表義務教育的結束，幾乎97%以上學生繼續升學，極少數則選擇就業。

台灣高級中等學校（簡稱高中）可分爲下列類型：(1)普通型高級中等學校：提供基本學科爲主課程，強化學生通識能力之學校。(2)技術型高級中等學校：提供專業及實習學科爲主課程，包括實用技能及建教合作，強化學生專門技術及職業能力之學校。(3)綜合型高級中等學校：提供包括基本學科、專業及實習學科課程，以輔導學生選修適性課程之學校。(4)單科型高級中等學校：採取特定學科領域爲核心課程，提供學習性向明顯之學生，繼續發展潛能之學校（例如藝術高中）。

以上四種高級中等學校之學生，乃經過多元入學管道（如免試入學、特色招生考試入學），取得就讀資格。普通型高級中等學校之設立目的即在升學，爲大學及獨立學院之預備教育，招生對象爲國中畢業生，修業三年。就讀後依據之後大學科系入學所採計之科目，粗分爲社會組（特重歷史、地理、公民）與自然組（特重物理、化學、生物），共同必考科則爲國文、英文、數學。1994年進行教育改革後，部分學校改制爲綜合型高級中等學校，兼設普通課程與職業課程。其原意在延緩分流時間，使學生能依性向修習普通與職業課程。但實務上兩者卻鮮少交流，成效並不顯著。

技術型高級中等學校則以職業學校（簡稱高職）爲主，招收國中畢業生，修業年限爲三年。課程包括一般學科（語文、數學等）與專業學科，並應加強通識教育、實驗及實習。技術型高級中等學校以分類設立爲原則，必要時得合類設立。目前依其性質約可分工、商、農、水產、餐飲、家政、海事等學校類型。

除了高職外，台灣技術職業教育體系，尚包括專科學校、技術學院、與科技大學。前者依據「專科學校法」第一條，其設立目的乃在教授應用科學與技術，以養成實用專業人才。其多爲五年制專科學校（簡稱五專），招收國中畢業生，採用學年學分制，學生修滿規定修業及實習年限與學分，經考核成績及格，由學校授予畢業證書。近年來多數專校已轉型爲技術學院與科技大學，數目急速減少。

技術學院與科技大學則爲更高層的職業教育機構，以培養高級實用技術人才爲目的。兩年制的技術學院招收五專畢業生，四年制的技術學院與科技大學則招收高職畢業生，修滿結業後均授予學士學位。部分科系並有研究所設置，以提供進一步進修機會。

台灣高等教育以大學與獨立學院爲主。根據「大學法」，以培養高深學術與專門人才爲宗旨（第一條），招收對象爲高中畢業生或同等學力者。一般年限爲四年，但牙醫系爲六年，醫學系則爲七年，畢業後授予學士學位。大學採學年學分制，課程分共同科目（如語文、歷史、體育等）、專業科目、與通識科目（隸屬某學院之學生，必須修習其他學院或領域之一定學分科目，以具有現代公民的基本知識）。其基本學分要求，由各大學之校務會議訂定。

大學之上則有研究所之設置，分爲碩士班（招收大學畢業生，通常修業爲二至四年）與博士班（招生碩士畢業生，通常修業爲三至九年）兩種。均需撰寫論文，經一定程序考試與口試及格後，授予碩士或博士學位。

除了傳統的學校制度外，台灣成人教育自1980年代後也有顯著之進展。除在各校設立國民補習教育（供未受完九年義務教育之失學民眾就讀）、進修補習教育（供受完義務教育之學生進修高中與專科課程）外，1985年通過的「國立空中大學設置條例」，正式創建了空中大學的組織。其目的係以視聽傳播媒介爲主的方式（如電視、廣播），實施成人進修教育，以普遍提高國民教育文化水準，改進人力素質。除採用電視與廣播教學外，並輔以面授與書面輔導及其他適當教學方式施教。各地並成立學習指導中心負責業務。

空中大學學生分爲選修生、全修生及自修生。其中選修生須年滿18歲始得登記入學，所修習科目成績及格者，發給學分證明書。全修生則具有學籍，須年滿20歲，具有高中畢業及同等學力者，並經入學考試及格者才能入學。當修滿規定學分總數，經考核成績及格，可獲得學士學位。自修生係指有志進修而自行接受電視或廣播教學者，可提出申請獲得書面資料與輔導。空大開辦之後，對於台灣成人教育推廣助益甚多，對在激烈升學競爭下不能進普通大學的學生提供「第二管道」。目前雖仍有缺失（如某些地區接收視訊不良、教法失於平板、與教材過多學生不易消化等），但其在成人教育中的地位卻不容忽視。台灣現行學制簡圖與各級教育人口等資料，詳見圖2.1與表2.5。

1. 台灣義務教育自6歲開始，在此之前4至6歲爲幼兒教育，父母依其意願送子女就讀。自1970年代經濟起飛之後，婦女就業人數不斷增加，往往必須將幼兒送入幼稚園或安親班代爲照顧。由於其並非義務教育，公立幼稚園之設立數量未能滿足家長需求，收費較高之私立幼兒機構則因運而生。此外，部分私立幼稚園甚至迎合升學主義，強迫幼兒提早熟練讀寫與算術之技能，違背幼教學習的基本原則。在城市地區，此等問題更爲嚴重，有「送小孩入私立幼稚園比進公立大學還要貴」的情況出現。婦女外出就業已是大勢所趨，自2010年，台灣雖開始推動「5歲孩童免學費」政策，但針對幼教師資、設備、教材上之監督與輔導，未來仍有努力之空間。
2. 台灣社會傳統向來注重文憑，且在僧多粥少之情況下，每每以考試決定入學之資格。學生自國中畢業後，即須參加高中、五專、高職、或私校聯考；高中畢業後即面臨大學、技專院校（如技術學院、科技大學）等入學考試。如果希望在國內深造，尚有碩士班、博士班入學考。影響所及，升學主義即成爲燎原之勢，幾乎控制了學校的教學與政策。其產生之弊病包括只重視入學考試科目，輕忽其他如美術、音樂的課程；補習與參考書使用之猖獗；缺乏生活與品德教育等，皆成爲未來教育改革亟待解決的問題。

階段	年級	學校					年齡	
高等教育	研究所教育	碩士班、博士班				成人與繼續教育	24	
							23	
	大學教育	四年制大學與獨立學院		四年制科技大學與技術學院	二年制技術學院	空中大學	22	
							21	
			二年制專科學校		五年制專科學校		20	
							19	
中等教育	三年級	普通型高級中學	技術型高級中學	綜合型高級中學、單科型高級中學		高級進修補習學校	18	
	二年級						17	
	一年級						16	
	三年級	國民中學				國民中學進修補習學校	15	義務教育階段
	二年級						14	
	一年級						13	
初等教育	六年級	國民小學				國民小學補習學校	12	
	五年級						11	
	四年級						10	
	三年級						9	
	二年級						8	
	一年級						7	
幼兒教育	大班	幼兒園					6	
	中班						5	
	小班						4	

圖2.1　台灣現行學制簡圖

表2.5　台灣各級教育學齡人口粗在學率

學年度	各級教育粗在學率（單位：%）													
	總在學率 6-21歲		國民教育 6-14歲		國小6-11歲		國中12-14歲		高級中等教育 15-17歲		中等教育 12-17歲		高等教育 18-21歲	
	男	女	男	女	男	女	男	女	男	女	男	女	男	女
1984	74.84	79.39	79.10	99.78	99.32	100.26	99.53	99.01	100.07	100.30	99.96	100.65	74.84	79.39
1985	75.97	80.44	80.34	99.82	99.32	100.36	99.43	98.86	100.04	100.66	100.31	101.03	75.97	80.44
1986	77.36	81.92	82.38	100.01	99.49	100.55	99.57	98.88	100.30	100.97	100.85	101.10	77.36	81.92
1987	78.29	77.82	78.79	99.66	99.00	100.35	99.37	98.66	100.12	100.30	99.78	100.85	78.29	77.82
1988	79.48	78.81	80.20	99.68	99.02	100.39	100.47	99.75	101.24	98.01	97.48	98.57	79.48	78.81
1989	79.82	78.95	80.73	99.60	98.81	100.44	100.03	99.37	100.74	98.72	97.67	99.84	79.82	78.95
1990	81.27	80.43	82.15	99.80	99.18	100.45	100.46	99.89	101.07	98.49	97.77	99.25	81.27	80.43
1991	82.41	81.64	83.22	100.73	100.07	101.42	100.99	100.27	101.74	100.23	99.67	100.82	82.41	81.64
1992	83.36	82.50	84.26	100.50	99.63	101.42	101.27	100.37	102.24	99.09	98.29	99.95	83.36	82.50
1993	83.86	83.05	84.70	100.95	100.04	101.92	101.77	100.74	102.86	99.54	98.82	100.30	83.86	83.05
1994	83.26	82.17	84.42	100.37	99.25	101.57	100.90	99.71	102.19	99.47	98.47	100.53	83.26	82.17
1995	83.17	81.90	84.52	100.94	99.86	102.10	101.39	100.24	102.63	100.19	99.22	101.21	83.17	81.90
1996	83.00	81.58	84.52	101.01	99.87	102.23	101.12	99.95	102.39	100.81	99.74	101.95	83.00	81.58
1997	83.39	81.84	85.04	101.12	100.00	102.33	100.63	99.52	101.83	102.01	100.88	103.21	83.39	81.84
1998	84.62	83.06	86.28	100.89	99.71	102.16	99.80	98.66	101.06	102.97	101.77	104.26	84.62	83.06
1999	85.61	84.19	87.14	100.85	99.80	101.98	99.67	98.74	100.69	103.27	102.01	104.61	85.61	84.19
2000	87.23	85.95	88.60	100.28	99.32	101.33	100.49	99.59	101.47	99.86	98.76	101.05	87.23	85.95
2001	89.07	87.76	90.47	99.53	98.67	100.47	99.66	98.88	100.52	99.27	98.25	100.37	89.07	87.76
2002	90.56	89.13	92.09	99.57	98.73	100.49	99.99	99.20	100.85	98.74	97.80	99.77	90.56	89.13
2003	91.87	90.36	93.50	100.02	99.20	100.91	99.54	98.76	100.38	100.99	100.08	101.98	91.87	90.36
2004	93.87	92.48	95.38	100.43	99.66	101.26	100.77	100.03	101.56	99.77	98.95	100.68	93.87	92.48
2005	94.73	93.51	96.05	100.17	99.44	100.97	100.34	99.54	101.21	99.85	99.25	100.51	94.73	93.51
2006	95.33	94.27	96.47	99.52	98.75	100.36	99.54	98.62	100.55	99.48	99.00	100.01	95.33	94.27
2007	96.05	95.07	97.12	100.21	99.47	101.02	100.82	99.90	101.82	99.13	98.69	99.60	96.05	95.07
2008	95.15	94.15	96.24	99.09	98.41	99.83	99.00	98.21	99.87	99.25	98.78	99.76	95.15	94.15
2009	94.72	93.67	95.85	99.03	98.38	99.74	99.09	98.32	99.93	98.92	98.47	99.41	94.72	93.67
2010	94.64	93.52	95.87	98.91	98.32	99.56	98.95	98.25	99.70	98.86	98.43	99.32	94.64	93.52
2011	94.60	93.43	95.88	98.82	98.26	99.43	98.79	98.17	99.48	98.86	98.41	99.35	94.60	93.43
2012	94.58	93.32	95.94	98.84	98.31	99.42	98.68	98.10	99.31	99.10	98.64	99.60	94.58	93.32
2013	94.33	92.95	95.82	98.77	98.22	99.36	98.62	98.01	99.28	99.01	98.55	99.50	94.33	92.95
2014	94.11	92.66	95.69	98.63	98.14	99.17	98.46	97.89	99.07	98.91	98.53	99.33	94.11	92.66
2015	94.03	92.47	95.72	98.58	98.07	99.15	98.36	97.76	99.01	98.95	98.57	99.37	94.03	92.47
2016	93.92	92.21	95.78	98.51	97.97	99.11	98.25	97.66	98.90	98.95	98.49	99.47	93.92	92.21
2017	93.94	92.20	95.84	98.40	97.82	99.04	98.13	97.49	98.84	98.87	98.40	99.39	93.94	92.20
2018	94.02	92.24	95.95	98.23	97.62	98.90	98.00	97.37	98.68	98.67	98.08	99.32	94.02	92.24

資料來源：教育部（2019）。教育統計。台北市，作者。

3. 由於社會經濟之發展，97%以上的國中學生均繼續升學，然而對其他選擇就業之學生，學制上則無任何照顧。按照國民教育法之設計，國中三年級即應有就業班之成立，使不再升學學生選修簡單的職業課程。但因限於經費，師資設備難以理想，學生所學極爲淺薄，以致畢業時往往面臨無一技之長的問題。影響所及，造成青少年無法找到理想職業，又不願做基層低薪的工作，遂整日遊蕩，造成許多社會問題。面對於此，教育部曾在1983年訂頒延長職業教育爲主的國民教育實施計畫之要點，其中分近程、中程、遠程三個階段，希望凡在18歲以內並就讀高中階段之國中畢業生，無論就業與否，均接受部分時間之職業進修補習教育。此計畫與德國之「第十年職業基礎教育年」近似，均希望能對義務教育後之18歲以內之初中畢業生施以職業訓練。要點公布之1969年距今已有數十年，但因種種問題（如進修中心之闕無、雇主興趣不高等），仍停留在近程階段（即採學生自願入學方式辦理），接受訓練之人數極爲有限，失業青少年問題仍相當嚴重。如何照顧這群國中畢業後不再升學的學生，也是今後修改學制所必須注意之問題。

4. 在整個學制的安排上，可看出政府對「小學→國中→高中→大學」此條直達車之普通教育系統特別重視。相較之下，職業教育系統就較受冷落。此由做爲骨幹的高職、五專、技術學院之私校比率甚高可以看出。換言之，就學費的負擔而言，由於私校收費遠較公立昂貴，就讀職業教育學生之平均負擔顯然較爲沉重。從另一角度分析，就讀私立職業教育之低社經地位家庭學生比率較高，無異在教育平等之議題上有改進之空間。2009年政府雖實施「公私立高中學校學費齊一」政策（不包括雜費），但未來對於私校辦學品質之要求，仍須更加注意。
5. 台灣目前高中大學階段教育已供過於求，所有學校（普通高中、高職、五專、大學、技術學院、科技大學）之招生人數，已大於報考人數；然而其競爭卻仍激烈異常。理由無它，即在於明星高中的存在。根據調查，其考入頂尖大學之人數占所有錄取人數有極高比率。換言之，其餘非明星高中進入優秀大學之比率甚低。此類學校之畢業生並無一技之長，即使勉強進入三流大學就讀，未來就業仍是前途不佳。教育部對於此類學生實應及早進行生涯輔導，督促其養成一技之長，如此才不致造成人才的浪費。

以上僅就教育行政的觀點，分析目前台灣學制所需改進的問題。綜觀整個設計，可以看出台灣普通與職業兩大教育系統的缺乏聯繫交流，導致學生一旦進入特定系統，即很難回頭。台灣在15歲時就決定學生未來之學習走向，對某些「發展較晚」者而言，無疑是一種冒險與懲戒。由於所受之教學與教材不同，普通教育與職業教育多半「井水不犯河水」。與美國相較，台灣整個學校制度缺乏「多重進路」的設計，當學生發現志趣不合力圖改變時，多半必須大費周章。今後在普通與職業教育體系中，無論在縱的銜接與橫的交流上，都必須有所突破，以使不同背景、能力、需求的學生能循多重管道獲得最佳學習機會。

第五節　分流機構：普通與職業教育體系

在介紹完各國基本學制與其特點後，接著討論主要國家在普通與職業教育上的作法與設計。從以上各多軌制國家的學制看來，其義務教育多半雷同，然而至分流年齡，其所制定的職教政策卻頗有差異。由於職教直接牽涉到一國基本人力市場的素質，因此成爲教育改革的重點。此外其與普通教育的分合，也爲教育學者特別關心。以下即就普教與職教關係之三種不同類型加以敘述，分別包括平行式（以法國爲代表）、綜合式（以美國爲代表）、與雙重式（以德國爲代表）。分析則以中等教育階段爲主。

一、平行式

顧名思義，平行式的類型乃是普通教育系統與職業教育系統平行設立，台灣即採用此種制度（參見圖2.2）。此外，如法國在初中的第二年到第三年即開始所謂的「觀察階段」，由此發現學生的能力與興趣，以準備其日後的發展方向。換言之，學生自初中第四年起（初中最後一年之方向指導階段），即會依照前兩年之觀察結果，開始選修學術或是技術課程。初中畢業後，部分學生進入職業高中，以取得CAP或BEP證書，最後大半進入就業市場。

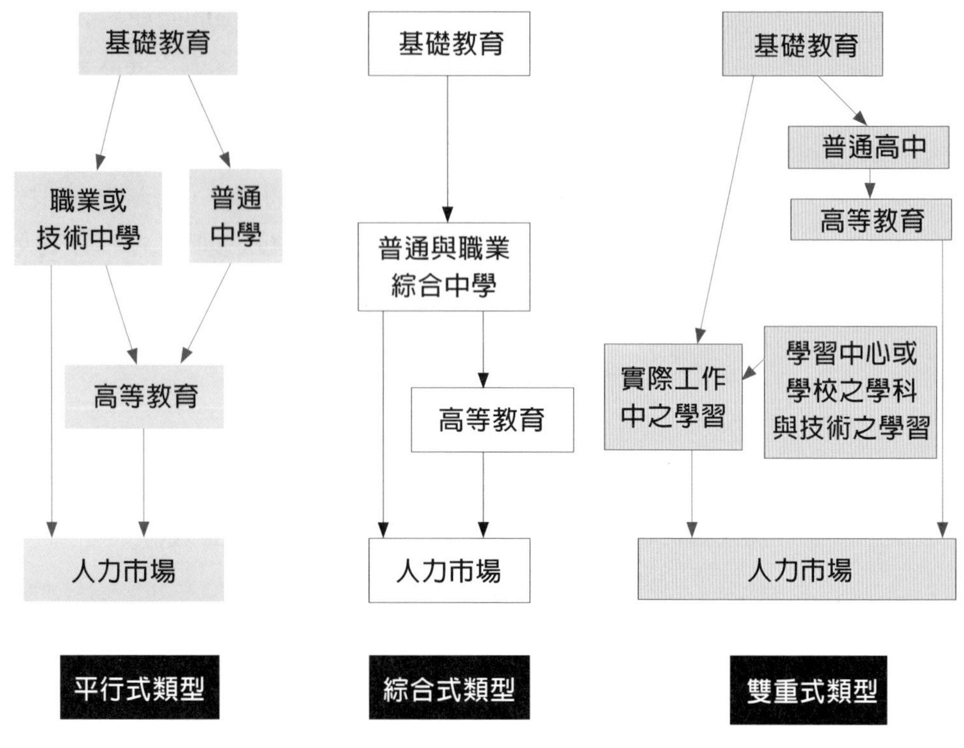

圖2.2 普通、職業教育與人力市場關係之類型設計

台灣的情況也是如此。國中畢業後經由考試或其他管道進入五年制專科學校、普通高中或職業學校，高職畢業後除就業外可再升兩年制專科學校、四年制技術學院與科技大學，五專畢業則可插班普通大學或報考兩年制技術學院與科技大學。高職與五專畢業生構成人力市場的基層骨幹。平行式的類型優點在層次分明，學生依其性向與能力選擇不同管道就學，國家也依人力之需求規劃，減低發生學非所用的現象。但其問題則在：(1)普教與職教系統分立，學生一旦發生學習不適現象，回頭之路極爲艱難。兩者之間的橫向聯繫較難建立。(2)職業學校往往在理論與實務教學上很難取得平衡點。過偏實務則被家長視爲是「工人學校」，所學缺乏理論而容易落伍，而給予較低評價。影響所及，即很難吸引優秀學生，造成普通教育一枝獨秀的局面。反之，如果過偏理論，則易使課程僵化，且與市場實務脫節，造成職校角色之拿捏相當困難。

二、綜合式

綜合式的類型以美國爲代表。其以綜合中學的形式，將普通與職業課程熔於一爐。學生不必在中學階段即進行分流，而是依照自我之興趣與能力，嘗試各種性質的課程。所以一個學生可能同時選修拉丁文與汽車修護，這在平行式的類型中是做不到的。根據調查，半數以上之美國高中生都修習過一門或一門以上的職業課程（Greinert, 1990）。

此種綜合式的設計，其優點即在延緩分流的時間，給予學生更多機會思考與測試自我的程度，以在將來做更正確的主修決定。從社會公平性的角度而論，綜合式之設計可使不同社經地位的學生擁有較平等的就學環境。此因在平行式之制度下，家境貧困子弟多半淪入職業教育體系，以便早日就業賺錢；社經地位高者則較有能力供應子女進入高等教育。綜合式的課程多少可彌補此一缺陷。雖然部分地方仍力有未逮（如有錢與貧困人民若各集中一地，其效果則大打折扣），但比之平行式之設計，社經地位較低者所受待遇顯較平等些（Benavot, 1983）。

然而此種綜合式的設計，若實施於傳統重學理、重文憑的國家，則其弊病立現。美國乃工業高度發展國家，但未如法國般的重學輕術，也未如台灣與日本般的文憑主義；加上高等教育種類衆多，且交流甚易，綜合高中之制度並未引起重大副作用。然如實施於法國或台灣，情況就相當不同。集中所有學生於一校，往往自然驅使學科較差的學生選修職業科目，在某些情況下，它近乎是一種懲罰。此因這類學生必須隨時面對成績較佳的同學，其造成之打擊可想而知。此在重視文憑的國家就如同實施能力分班的後果，造成被視爲是「放牛班」學生的自卑與不知所措。

此外，綜合式之實施也與英才制教育理念互相衝突。後者認爲人各有其專才，且國家資源有限，無法讓所有人都進入高等教育機構就讀，因而必須在適當年齡將學生分流。綜合式所必須付出的代價即在資源的必須大量投入。一校若需同時維持學科與職業課程，其設備與師資之要求必比分別設校的要高，非一般財力不夠雄厚的國家所能負擔。此外，學生擁有自由選修升學與職業導向的課程，優點爲使其視野擴大，但也可能造成遊蕩其間，缺乏焦點學習，因而浪費資源的弊病。

三、雙重式

第三種類型乃是雙重式，以德國爲代表，且也盛行於德語系的國家（如奧地利、瑞士）。此類型的最大特徵乃承繼古老學徒制度（apprenticeship），採行企業與學校結合的教育方法（Greinert, 1990）。即以德國爲例，其職業教育結構完善，形式多樣且靈活，向來享有聲譽。其職業學校系統極爲複雜，大略而言可分爲以下四種：

1. **職業學校（Berufsschule）**：即德國職業教育爲人所熟知的「二元制職業訓練」，此爲受完義務教育後（主幹學校畢業生）不再升學之學生所準備。學生雖然已經在某企業中工作，但必須回到學校接受每週8至12小時的訓練。學習年限大致爲三年（相當於全時制的一整年）。其設立目的乃在結合企業與學校，再給予學生第十年「職業基礎教育年」（Berufsgrundbildungsjahr）的訓練，以使其學用能夠合一。而德國選擇職業教育的學生中，大多數投入此種職業教育的形式。
2. **職業專科學校（Berufsfachschule）**：爲全時制之學校，招收受完義務教育之畢業生，年限爲一至三年，爲學生提供預備的職業基礎教育，畢業後視同實科中學資格，可繼續向上進修。
3. **職業補習學校（Berufsaufbauschule）**：爲已受過一定之基礎職業教育（如職業學校）之學生所設的進修學校，有全時與半時兩種，修業年限爲一至三年，畢業後可取得實科中學畢業之相同資格。
4. **專門學校（Fachschulen）**：給予具有實科中學畢業或一定實務經驗之學生入學，提供更深層次的職業專門教育，也分全時或半時兩種。畢業後通過國家考試，即可取得某行業（如電子）的技術資格。

德國職業教育的最大特點乃在學校與企業的結合。其往往將數種類型的職校建在一起，形成一訓練中心。此外，德國企業界秉承傳統學徒制的精神，在錄用畢業生後，特重其專業的基本知識與技能，嚴格訓練與督促學習成果。即以受完義務教育即就業的學生爲例，除了各企業在其工作時施行訓練課程，其尚必須花費一至兩天時間入學校接受一般學科（如語文、數學）與技術學科的教育。此種在工作（場所）與學校同時接受教育的制度，即爲雙重式的制度。接受完二至三年的訓練，學生可決定留在原工作，或繼續向上接受更高層的職業教育，但其進入一般大學的機會則甚微。

此種企業與學校合作的雙重制度與所謂的「建教合作」仍有所差異。後者的主體仍在學校，學生並未正式得到工作，企業也僅是提供實習機會而已。德國的企業視訓練青少年員工爲必要之過程，且按照規定准許其每週定時回校上課，這在其他並無此傳統的國家施行有其困難。即以台灣爲例，重學輕術加上文憑主義，基本上對於職業教育就較忽略。企業在僱用非正統大學之畢業生時，多不願給予太高薪水，更別說還讓其回校上課學習了。此種心態導致企業與學校教育的脫節，要實行雙重式有其一定的困難。至於東鄰日本，以其公司訓練員工之嚴謹而出名（但員工離職率也低），但離雙重式尚有一段距離。台灣員工離職率高，企業不願花大錢投資員工學習也是主因之一。唯有在學校、企業、與工會三方面合作下，雙重式才可能有效的實施。

以上所談之平行、綜合、雙重三種型態，爲政府在處理普通教育與職業教育時所採用的不同設計。各國國情傳統不同，三種方式利弊互見。如何在既有基礎上截長補短，確實並非易事。唯有重新思考普教與職教的定位，以及學校與企業在訓練員工的責任角色後，才可能會有較明確的解決之道。

第六節　分流時機：延緩分流之爭議

在學制的設計上，分流時機也是極爲爭議的問題。實施單軌制之國家如美國，多半允許學生在進入大學時才進行分流。在部分高教機構如文理學院（liberal arts college），甚而在大學前兩年不分系，以使學生能有更長時間檢測自我性向。與之相較，採取多軌制的國家除積極延長義務教育年限外（參見表2.6），必須在學生進入高中或高等教育就讀前，即採用各種方式進行分流。其主要依據大致有以下六種（參見表2.7）：

表2.6　UNESCO主要會員國國民義務教育基本年限

國家	基本年限	國家	基本年限	國家	基本年限
中國大陸	9	日本	9	韓國	9
加拿大	10	巴西	14	美國	13
英國	11	法國	10	德國	12
西班牙	10	比利時	12	荷蘭	12
瑞士	12	澳大利亞	10	紐西蘭	10

資料來源：整理自教育部（2018）。

表2.7　美、英、日、台灣大學入學制度比較表

國家 項目	美國	英國	日本	台灣
大學自主招生精神之實踐	各校根據創校宗旨、辦學精神及發展特色自行設定招生標準	各校自行訂定招生標準及參考資料	各校在共通測驗後，可依據需求自辦測驗	各校系根據需要，選擇「甄選入學」、「指定科目考試分發」等方案
全國性考試	SAT ACT	普通會考（GCSE） 高級會考（GCE）	共通測驗	學科能力測驗 指定科目考試
筆試外的參酌依據	個人資料、高中表現、推薦信、自傳等	面談、特定之考試	面試、實驗、小論文	學生學習歷程檔案、個人特殊表現
參酌高中成績	在校成績列為參考資料	在校成績列為參考資料	不採計在校成績	不採計在校成績
非官方的考試機構	教育測驗服務社（ETS） 美國大學測驗社（ACT）	北愛爾蘭學校考試委員會等五個地區性考試委員會	並無非官方考試機構，多由學校自行處理	財團法人大學入學考試中心
入學制度	申請入學制	申請入學制	考試入學制 推薦入學制 甄選直升制	甄選入學制 考試分發制

資料來源：作者整理製表。

1. **入學考試**：如台灣、大陸、日本的各種入學考試。其目的即在篩選學生，使具備不同程度者進入適當的機構就讀。由於明星學校僧多粥少，競爭極爲激烈。
2. **會考成績**：如英國之各級會考。通過後獲得證書，再以此申請希望就讀的學校，往往一年中有數次考試機會。
3. **學業性向測驗**：如美國之SAT、ACT、GRE，由專業之測驗中心編製測驗。學生可視需求參加測驗，並以其表現申請學校。
4. **在學成績與特殊表現**：如美國各大學在檢視學生申請時，多半參考其高中學業成就。有的甚而將學生的課外活動與特殊表現也列入考慮因素。
5. **教師與家長意見**：如法國在分流學生時，必須參酌家長之意見，再綜合教師之看法與學生成績，以做學生分流之最後決定。
6. **推薦信函**：如美國大學多半要求申請者提出推薦信函，其來源多半來自熟悉學生背景與程度的人士。

除以上形式外，各校依其所需可制定特定標準（如必須有相關工作經驗）。然而不管如何分流，部分教育學者仍主張打破普通與職業教育之間的藩籬，希望儘量將分流的時間延至大學。爲達此目的，實施多軌制之國家近年來紛紛進行改革。相關政策可歸納爲兩類：一爲創建綜合高中，二爲廣設高等教育機構。前者希望打破普通教育與職業教育之藩籬，讓學生在高中階段延緩分流。後者則以擴大供給面爲手段，適時減緩升學壓力，以讓有志向學者皆能有機會入學。英國與德國在1990年代開始創建綜合高中，台灣也於同時間積極廣設大學。實施至今，大學招生已超過報考學生之數量，產生不少後遺症（參見表2.8）。

對於以上延緩分流之政策，教育界出現兩極化的意見，大有壁壘分明之勢。綜觀正反雙方的看法，可歸結其爭辯的焦點有以下三點：

1. 反對延緩分流的人認爲如此破壞了「因材施教」的原則。他們指出並非所有人都適合以普通教育爲主體的高中，因此忽略職業學校的存在，對國家未來人力的培育會產生損害。對以上論點，正方則主張人的能力在本質上是無法分類的，眞正的因材施教是配合學生的需求，提供其適當

表2.8 台灣大專校院學校數及學生數

學年度	校數（所）			學生人數					
	總計	大學	專科	總計	博士班	碩士班	大學	二專	五專
1994	130	58	72	720,180	8,395	30,832	302,093	178,582	192,734
1998	137	84	53	915,921	10,845	43,025	409,705	254,427	197,855
2000	150	127	23	1,092,102	13,822	70,039	564,059	267,171	187,007
2003	142	126	16	1,270,194	21,658	121,909	837,602	150,413	138,612
2007	149	134	15	1,326,029	31,707	172,518	987,914	47,060	86,830
2008	147	132	15	1,337,455	32,891	180,809	1,006,102	32,866	84,748
2009	149	134	15	1,336,592	33,751	183,401	1,010,885	22,941	85,614
2010	127	112	15	1,459,992	34,178	185,000	1,240,814	15818	86,971
2011	131	116	15	1,671,127	33,630	184,113	1,352,084	13,230	88,070
2012	134	120	14	1,571,115	32,731	183,094	1,253,866	12,364	89,060
2013	136	122	14	1,554,753	31,475	177,305	1,244,314	11,261	90,398
2014	138	124	14	1,339,849	30,549	172,968	1,037,062	9,786	89,484
2015	139	126	13	1,332,445	29,333	170,428	1,035,218	8,323	89,143
2016	139	126	13	1,321,162	28,821	169,538	1,015,398	18,980	88,425
2017	142	129	13	1,284,484	28,346	168,783	985,927	16,651	84,777
2018	139	127	12	1,254,127	28,167	168,092	961,905	14,467	81,496

資料來源：教育部（2019）。教育統計。台北市，作者。

的環境加以發展；因此主張高中階段不應只分高中與高職兩類，而應增設不同取向、不同課程規劃的學校。

2. 反對者認爲延緩分流會提高社會成本，且國家資源有限，不能任憑學生在學校以嘗試錯誤的方法尋找其興趣與方向。正方則主張設普通高中的投資遠比職業學校省得多，且即使畢業後選擇就業，也可接受短期職業訓練，認爲其生產力絕不比高職學生差。
3. 反對者認爲延緩分流會使得更多人盲目追求文憑，而使得升學競爭更加激烈。正方則辯稱必須打破文憑的限量發行，才能使其價值回歸市場的自由評價。廣設高中、大學可以改正過度重視文憑的弊病。

由以上正反雙方的爭辯中，可看出其焦點乃在延緩分流是否可提升教育素質的課題上。在東亞地區，文憑主義與升學主義如夢魘般困擾教育工作者多年，如何以修訂學制的方法加以解決，向爲教育學者所關注。基於延緩分流與給予學生更多選擇機會的理念，各國近年多已針對學制加以調整。以下即針對設立綜合高中與擴張高等教育兩大策略加以分析說明。

一、綜合高中之設立

由於希望在後期中等教育延遲分流時間，並給予學生更多緩衝的選擇機會，先進國家除美國外，多半在1980年代開始推動綜合高中的學制。其設置目的主要在希望提供適性與均等的教育理想，焦點乃在課程之改革。與傳統學制相異，綜合高中同時設置學術學程和職業學程。藉由學生依其性向之自由選擇，提供其兼跨兩種課程機會，以達到適性發展的目標。實務上，綜合高中之設立希望兼顧學生升學或就業需求，發揮性向試探與延遲分流的功能。此因多軌制國家之傳統後期中等教育壁壘分明，不同類型高中提供之課程鮮具多樣性。其中如台灣、大陸之普通與職業高中之別；英國、德國之文法中學與其他高中類型（如實科中學、現代中學）的差異，皆使高中普通科與職業類科之間缺乏互通管道。在現今民主多元化的社會中，單一課程實無法滿足不同學生學習的需求，綜合高中遂應運而生。

綜上所述，綜合高中之特色乃在延緩分流時機、提供學生多元教育管道、與達成適性學習之教育目標。各國之綜合高中在設計上雖略有不同，但大致具有以下特色：

1. 橫跨普通與職業教育，兼具基本學科能力與職業技能之雙重教育功能。
2. 課程設計彈性化，由學生依其興趣選課，提供學習本位之環境。
3. 擴展學生升學或就業機會，使其未來發展更具彈性。

各國在擴張綜合高中後，所遭遇之問題各有不同。以台灣爲例，自2002年開始，高職轉型試辦的綜合高中合計有143所，其中全校辦理的有36所。學生在高一多修習基本能力科目，高二才開始學習專業科目。開辦至今，成效並未實質彰顯，其主要原因如下（秦夢群，2002）：

1. 文憑主義盛行，家長多希望子女日後能進入傳統大學。因此學生修習職業課程意願較低，造成一般普通高中多不願開設職業課程。
2. 職業學校因師資與設備所限，除極少數外，其普通與職業類科涇渭分明。雖同在一校，但卻極少交流。學生隸屬不同類科，很少有機會跨科修課。
3. 綜合高中成本較高，因此學校在學生選課與互轉的彈性多所限制，使綜合高中的功能大打折扣。

二、高等教育之擴張

第二次世界大戰後，基於對人民素質之提升與追求經濟發展，各國之高等教育即有顯著之擴充（王如哲，2009）。例如在高等教育粗在學率之表現上，大陸自1999年之7%，擴充至2007年之22%，增加達三倍之多。此外，入學機會平等之訴求，也逼使各國紛紛以多元之高等教育辦學形式進行擴充。其中如技術學院、科技大學、空中大學、網路大學之設立，均使高等教育不再限於傳統大學之形式。

台灣自1994年之後，回應當時民間410教改之「廣設高中大學」訴求，十數年之間的學校數與學生數均大幅成長。1994年大學部學生（不包括專科與研究所）人數爲302,093人，至2009年已增加至1,010,885人，成長了3.35倍。同一時間內，大學院校數量從58所增加到149所，成長將近2.57倍，且數量仍在成長中。在高等教育粗在學率部分，台灣自1999年之51%，暴漲至2007年之85%。此已與實施單軌制之美國不相上下。較之英、法、日之先進開發國家，則有遙遙領先之趨勢（詳見表2.3）。

高等教育之擴張乃在維護立志向學學生之受教權。然而，天下沒有白吃之午餐，基於資源之有效利用，擴張高等教育的策略與技術必須有所調整。此因高等教育乃是選擇性的教育，並非人人適合就讀。盲目擴張之結果（尤其是傳統之綜合型大學），必會產生許多後遺症。以東亞各國爲例，近年雖在高等教育之擴張上有所表現，但仍產生以下之相關問題：

（一）競逐明星學校，升學主義依舊盛行

東亞國家近年頻頻擴張高等教育，高學歷人口逐年增加。在人浮於事的就業市場，文憑往往成為申請的基本條件。如果傳統大學擴張至所有申請者皆可獲准就讀，則會造成文憑價值大幅貶值，學生轉而追逐競考明星大學。近年來台灣第二線私立大學之學生報到率節節下滑，即是一大明證。其原因即在希望重考入明星學校，以求得就業價值更高的文憑。此種情況在日本也頗為類似。基本上，日本整體公私立大學之招生數，早已大於所有申請入學者的需求，但其升學競爭依舊激烈。投考多次希望能進入東京、京都等明星大學者不乏其人。台灣擴張高等教育，僅是將考上大學的競爭提升至考入名校的層次，對於消除升學主義並未有所助益。長久以來，由於學校水準不一與資源分配不均的原因，家長每每渴望子女進入明星學校。此種心態並不會隨著傳統大學的擴張而有所改變，反而因競考名校而更助長文憑主義。本來不適合傳統大學之學生，放棄可以學習一技之長的職業教育，最後因缺乏專業而被市場淘汰，實為國家人力培育之損失。

此外，由於社會對於職業教育之傳統輕視，造成未具有學術傾向之學生放棄進入技職院校就讀之選擇。此因高等教育急速擴張，一般大學招生名額暴增，制度中使得不具強烈學習動機之學生進入大學，但四年後卻要面對就業的挫折感。

高等教育急速擴張，固然增加學生就學機會，但卻因配套措施之闕無，使得整體大學品質提升有限。每年近大量大專以上高學歷畢業生湧進職場，除產生供過於求之問題外，其所具有之專業水準更是令人質疑。東亞各國在人口出生率逐年下滑下，有些學校與科系辦學品質不佳，導致招生不足，更是資源配置之浪費。

（二）高學費趨勢，影響教育機會均等

高等教育的辦學成本極為高昂，如要成為名校更需投入大量成本。如果大量擴充，雖可藉著優勝劣敗的評鑑制度，逼使各校更加努力，但也會使國家高等教育之總體經費遽增。內外相逼之情況下，高學費的趨勢漸趨形成。此因國家資源有限，不能以公家之力興辦所有大學，私人興學乃是必要之舉。加上為容納更多人進入大學就讀，設備與師資之花費更是扶搖直上。在「使用者付

費」的前提下，學生必須負擔比現今更多的成本。如此一來，學費之增加必定造成社經地位較低者之傷害，而使教育機會均等的理想大打折扣。此情況在美國、英國皆已受到教育學者的批評，即使是州立之公家資助之學校，其學費與其他生活費之高，已令許多學生必須靠就學貸款度日。此種高等教育學費市場化之結果，已對低社經地位學生產生相當程度的傷害。

（三）資源稀釋，平均施教品質低落

以台灣爲例，以往實施英才教育，因此可以集中資源於少數學生。擴張高等教育之後，有限資源因瓜分者衆，而形成學生單位成本顯著降低，資源未隨學生數增加的比例而成長之弊病。各校爲求支出收益之平衡，只能循兩個途徑解決：一爲提高學費，一爲增加招生人數。前者已如前述，必定打擊社經地位較低之家庭，後者則使得資源瓜分而降低施教之品質，其中包括班級人數過多、設備難以隨時汰換，以及師資水準降低等。凡此種種，皆使得大學的行政者每每爲爭取資源而擠破頭，個別學生所享受的資源必定相對減少。

資源稀釋，使得高等教育人才培養出現瓶頸與後遺症。教育資源之缺乏，頂尖大學難爲無米之炊，在追求卓越上往往力不從心，很難在國際上有所表現競爭。另一方面，部分技職體系學校卻在升格爲技術學院或科技大學後，由於師資與設備之未能同時提升，既無法從事高深研究，也不願重回傳統的技術訓練，使學生陷入高不成低不就之窘境。影響所及，整體高等教育日趨平庸，漸漸喪失國際之競爭力。

過度擴張高等教育既有以上之後遺症，就必須另行尋找解決方案。近年來，歐美各先進國家之作法如將高等教育機構類型化。其作法乃在使高等教育不再侷限於以往之傳統大學，而積極拓展相關技職教育與終身教育。其學制較具彈性，也較符合學生之不同需求。相關各國作法限於篇幅，還請參閱相關學者之大作。

以台灣爲例，學生之升學管道有三：(1)升學第一通道（普通高中→傳統大學），(2)升學第二通道（職業高中→技術學院或科技大學），(3)升學第三通道（補習學校→空中大學）（參見圖2.3）。台灣以往過度注重第一通道的開發，對於第二與第三通道卻加以忽視。今後爲使高等教育良性擴張而減輕升學主義，或許應改絃更張，對於技職與成人教育體系更加重視。

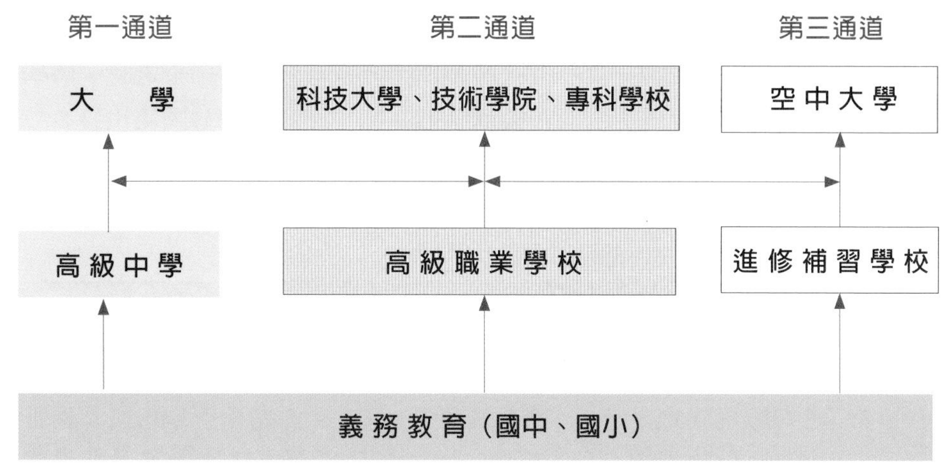

圖2.3　台灣學制升學通道之設計簡圖

第七節　學制發展之趨勢

在以上各節中，簡單敘述了各國在學校制度方面的設計。由其中可看出除了學校型態多樣化外（如綜合中學、特殊教育學校、空中教育機構之成立），分流政策也成爲整個制度的重點之一。除了美國，各國基於財政與學生性向之考量，多在初中階段或義務教育結束時進行分流。依學生的能力志趣將其送入以普通升學教育或職業就業教育的不同機構，希望一方面因材施教，一方面有效率的運用教育資源。

嚴格而論，普通與職業教育體系並非完全獨立，彼此之間仍有交流的機會。但由於兩大系統之教學理念、教材內容、課程走向均有一定程度之差異，欲由一系統轉入另一系統，其困難度相對頗高，由此可看出分流制度設計的重要性。在多軌制國家，政策缺失可能導致學童心智並未成熟，使其在分流機構中不適應而產生挫折，必須花費九牛二虎之力轉回另一系統，進而造成教育資源的浪費。但設計如美國之單軌制，任憑學生在兩大系統間遊走（尤其在高等教育），其財政負擔必定沉重而必須實施高學費政策。兩難之間，其輕重緩急的拿捏實需費一番周章。

表2.9爲實施多軌制國家在學制分流政策上之摘要。其中顯示台灣、大陸、日本、英國、法國、德國分流年齡多在初中階段或義務教育結束之時，將學生分入以普通或職業教育爲主的學校機構；但在初中階段，部分國家也設有少量之職業選修課程。

表2.9 多軌制國家在分流上所採行的設計摘要表

國家	何時分流	分到何處	如何分流	分流現況
英國	多半在義務教育結束之時（公學則為例外）	文法中學 技術中學 現代中學 綜合中學 獨立中學	紙筆測驗 教師評鑑 會考成績	1.任何學生均受義務教育至16歲。 2.目前綜合中學已成為最主流之模式，但其他型態中學仍分別獨立存在。
法國	14歲（初中畢業）	普通與技術高中 職業高中	學生在校表現 教師意見 家長意見 會考成績	1.義務教育至16歲為止。 2.高中依興趣在第二年開始分組。
德國	定向階段（約10至12歲）	主幹學校（職業預科） 實科中學 文理中學 綜合中學 多元進路學校	學生成績 教師評鑑 家長意見 會考成績	1.義務教育各邦至15或16歲止。 2.中學第二階段職業教育系統種類繁多，以提供主幹與實科中學畢業生就讀。
日本	15歲（初中畢業）	普通高中 職業高中 綜合高中	入學考試 申請入學 在校成績	1.職業高中所占比例較低（2011年僅有19%）。 2.綜合高中同時提供普通與職業選修課程。
中國大陸	15歲（初中畢業）	普通（重點）高中 職業高中（中等職業學校 中等專業學校等）	入學考試	1.義務教育規定為15歲，目前除少數地區外已徹底實施。 2.各學校依性質可由教育以外之業務或勞動部門興辦。
台灣	15歲（國中畢業）	五專 普通型高中 技術型高中 綜合型高中 單科型高中	入學考試 推薦甄選 申請入學 保送入學	1.部分普通高中與職校（多為私立）兼設普通與職業課程，但並非完整之綜合中學。 2.部分縣市已設立完全中學（包括國高中）、或是實驗學校，學制漸趨彈性。

在分流之機構上，各國多分爲普通、職業、與綜合取向三類學校。例如，英國目前雖號稱以綜合中學爲主，但仍有部分以升學爲主的文法中學、公學，與以職業導向爲主的現代中學存在。德國之主幹、實科、文法中學在修業年限上差別甚大，課程也各有偏向。其第二階段職業教育系統（相當於高中階段）更是種類繁多且體制完備。各國綜合中學之設立情況不一，有的爲混合式（即普通與職業課程混合一起），有的是多科平行式（即普通與職業課程分立，不同組別之學生有其特定偏向）。何者成效較佳，尚需進一步的研究。

在如何分流上，英、法、德三國不但採計考試與學生成績，也重視教師與家長的意見，會考成績則多半爲申請高等教育入學資格時所用。教師在定向階段參考學生性向與能力，做出分流至何種學校的建議。家長若不服則有一定之補救措施（如以他種能力測驗評量學生），以讓雙方達成協議。比較之下，台灣、日本、大陸則多以入學考試成績爲分流之主要標準，缺乏彈性且不重視學生平時成績與教師意見。推其原因，可能三地區特重名校文憑且社會具有人情取向，難免有護短作弊之慮。唯有公開進行入學考試，才能使家長覺得受到公平待遇。但其所形成之升學主義弊病卻爲當地教育學者所批評。

從整個趨勢來看，綜合中學之設立已成主流（至少表面上如此）。但其在各國之重要性卻差異甚大。英國之綜合中學已成主流，但德國卻因種種因素比重較低。部分教育學者認爲綜合中學之設立，乃爲解決分流過早或失當的權宜措施，學生在其中可視其能力性向轉換組別，或挑選不同課程之偏向。然而反對者卻批評其大而無當、普通與職業課程並未統整、與學生學習欠缺焦點等。誰是誰非，目前尚無定論，但關心學制與分流設計的各方人馬，絕不能錯過觀察未來綜合中學的走向與其對教育之影響。

學校制度的設計關乎一國教育經營的良窳，更影響學生未來就業與發展的走向。前文已以教育分流爲焦點，分析敘述各國在學制上的不同設計。其實就整體觀點而言，分流制度與家長教育選擇權實爲學校制度之一體兩面（家長教育選擇權詳見下章）。前者爲學校選擇學生，後者則爲學生選擇學校。學制之設計必須兼顧兩者之間的平衡。既要因材施教，針對學生性向進行教育分流以培育專業人員；同時也要創建多元之優質學校，提供受教者完成個人的選擇。換言之，個人與社會福祉皆應受保障，然其比例輕重則需視社會趨勢而定。過度保障個人福祉，會戕害社會公義，使貧窮者難以翻身；太重社會福祉，則容易限制教育機構之多元創新，使受教者權益受損。天下沒有完美的學制，但如何去蕪存菁，卻是教育行政學者必須努力的目標。

環顧二次世界大戰後各國在學制上的改革，不外希望儘量平衡與兼顧個人與國家的教育需求。其趨勢包括：(1)單軌與多軌學制的調合，(2)教育機會均等的促進，(3)各種非傳統學校教育的興辦，(4)義務教育與基本職業訓練的加強，與(5)改革公辦教育以符應家長教育選擇權之要求等五項。以下分別敘述之。

一、單軌與多軌學制的調合

以普通與職業教育系統分合的觀點分析，世界上主要國家除美國外，皆實施不同程度的多軌學制。其優點爲早日分流，人盡其才，並使教育經費有效應用；缺點則可能因過早分流或分流不當，使學生受教權益受損，其中又以社經地位較低者最甚。針對於此，多軌制各國基本上多半採行三種策略以爲因應：(1)創建綜合中學延緩分流之年齡；(2)改造職業教育體系，使其品質與聲望能與普通教育系統並肩，以吸引學生就讀；(3)增加普通與職業教育的交流機會，使學生在系統互轉的過程中不致受限，或是遭遇重大困難。

綜合中學在英、法、德等國均有所創設，但其成效則見仁見智。偏向社會主義之政黨（如德國之社會民主黨、英國之工黨）皆樂觀其成，認爲此乃消除社會階級、幫助貧窮學生的良策。但較持自由競爭立場的政黨（如英國之保守黨）則堅信此乃換湯不換藥的作法，只是置不同教育走向的學生於一校，實際上仍是各行其政。此外，綜合中學之職業課程必須具備專業師資與設備，要達到一定水準絕非易事。台灣之中學階段也有綜合高中的設立，但多屬私立與升學率較差之學校。其形式也是普通班級與職業班級分別教學而少有互動，類似多科中學的型態。此與美國之綜合中學熔普通與職業課程於一爐的情況不同。

在改造職業教育體系上，又以德國表現最爲出色。其不但有第十年義務職業教育年之制度，且設立各級各類的職業教育機構，以供不同層次與需求的學生選擇。畢業後依其程度舉行證照考試，其專業性爲社會所肯定，地位收入不遜於普通教育畢業者。與之相較，台灣則在1980年代前後設置技術學院與科技大學，以供職業教育學生接受大專教育。其最吸引人之地方乃在授與學士學位，與一般大學相同。此在講究文憑的台灣社會，有一定之賣點。然而，基於社會之「重學輕術」傳統，其聲望仍難與一般大學並肩。此與德國之情況大異其趣。

至於增加普通與職業教育體系兩者交流機會上，其措施如放寬轉學插班之限制（如台灣五專畢業生可插班大學、甚或有資格報考研究所）、設立定向階段或中間學校等。但以兩體系在課程教材上差異頗大，學生遊走其間必須花費一定時間適應。

單軌與多軌制利弊互見，必須視社會需求加以調整。即以美國之富強，如今也需以學費政策，誘使部分學生就讀以技職教育爲主的社區學院，以減緩學生三心兩意而造成的缺乏主修與專業弊病。社區學院學費低廉且多由州政府資助，與一般傳統大學之高昂學費不可同日而語。此也是美國實施單軌學制的必要調整。此因資源有限，唯有分配給適當的教育機構，與最適合接受某類教育的學生，才能得到最大的績效。

二、教育機會均等的促進

二次世界大戰之後，各國學制設計的另一趨勢乃是力求促進教育機會的均等。對於社經地位較低、文化不利、少數民族、學習障礙、乃至身心殘障之學生，皆透過立法在學制上予以保護。其中如美國之廢除種族隔離受教政策、保留一定就學名額給少數民族、設立獎學金幫助清寒子弟等措施。此外，實行多軌制國家也在分流政策上加以改革，並儘量延長義務教育之年限，以讓全民接受一定年限與品質的教育。各國在教育財政上，皆採行各種經費補助政策，以縮短城鄉之間的差距，使經費不足地區之學校能夠達到一定水準。此外，各國多設立「教育優先區」，依其需求進行專案補助其人力設備。爲吸引優良師資，並對前往執教的教師有特別津貼補助，以避免學生因其就讀文化不利學校而受到歧視。

三、各種非傳統學校教育的興辦

促進教育機會均等，也與興辦各種非傳統式教育有極大關係。由於民主理念與終身教育的推行，教育不能只爲一般學齡學生服務，而應擴及全體民衆。

欲達此目的，各種非傳統學校教育即應運而生。其中包括有特殊教育（資優與各種身心殘障學生）、補習教育（失學民眾教育、特殊才藝訓練等）、與成人教育（如隔空教育、推廣教育、社會教育）等。負責推行業務的學校或在設備師資上不同，或在教育方法與場所上有所差異，但均以提高全民教育水準做為目標。其中如英美諸國均已將特殊教育列入正式學制，以及成人教育機構之成立等，均顯示非傳統式之學校教育正方興未艾，已成為一國學制設計上不可或缺之一部分。其不但能促進教育平等與受教機會，更隨著科技的發展，將教學形式加以突破，而達到多媒體與無遠弗屆的境界。

四、義務教育與基本職業訓練的加強

另一個學制改革的趨勢乃在對義務教育與基本職業訓練的加強。隨著社會不斷進步，其分工愈細，也更需要專業人才，以往之基礎教育與學徒制度已不符所需。面對這個問題，各國一方面延長義務教育至少到初中階段，一方面則積極改進職業教育體系，以試圖確保不再升學者能接受專業基本訓練，擁有一技之長而自食其力。在義務教育階段，有的國家已先行分流，有的國家則提供基礎職業課程。義務教育結束後，對於不升學者則有短期職業訓練或是職業教育年的設立，目的即在使學生能有一技之長，不致終日遊蕩。德國在此表現最佳，對於義務教育後即選擇就業的學生，給予各種強制性的職業訓練，對於專業人才的培育用力甚深。

五、改革公辦教育以符應家長教育選擇權之要求

由於公立學校的績效與成果未如人意，各國對於家長要求擴大教育選擇權的呼聲，多加以重視與採取必要行動。在不傷害社會公義的原則下，除了加強評鑑公立學校外，並利用不同措施，試圖讓學校經營更走向自由市場機制。這些措施包括建立另類學校（如英國夏山學校）、特許學校、補助私立學校、私校學費抵免部分賦稅、以入學學生人數分配教育經費、與實施教育券等。這些方案有的溫和、有的較為激進，其中美國教育券之政策最具爆炸性，但因其實務上執行問題叢生，無法取得立法機關的全面支持，而僅限於小規模實驗階

段，成效尚在未知之數。然而其力主引進自由市場機制進入教育經營的理念，卻始終得到部分學者與家長的青睞。

在台灣方面，義務教育雖早在1968年延長至九年，且於2014年實施近似義務教育之「十二年國民教育」，但在中央集權的體制下，公立中小學辦學較無特色，水準也是良莠不齊。加上私立學校學費較高之因素，使家長競逐公立明星學校而越區就學問題極爲嚴重。此種現象顯示家長重視教育選擇權，但此種僅以升學率高低爲唯一選校指標的現象，實是一種教育歪風。部分家長選擇體制外的另類學校（如華德福學校），其原因也在於公辦教育系統的僵化。1999年通過的「教育基本法」第七條第三項規定：「國民教育階段內，家長負有輔導子女的責任，並得爲其子女之最佳福祉，依法律選擇受教育之方式……。」正式確立了家長學校選擇權的法律根據。依其規定，今後台灣也無法倖免於家長要求擴大學校選擇權的壓力。如不及早規劃因應，必將因雙方的爭端而頻起波濤。

世上沒有完美的學制，必須隨著時代的腳步不斷加以修正。然而値得注意的是：教育的主體在人而不在制度。因此設計之重心除了行政運作考慮外，如何激發學生創造力與創建學校成爲學習型組織，乃是未來教育學者必須特別正視的課題。

2.1 個案研究 家長登報陳情學生霸凌事件

2013年12月8日

在台灣出版的自由時報，當日於頭版刊出半版篇幅廣告，署名者是「一位內心沉痛無比的母親」，內容主要爲給當時市長郝龍斌的陳情書。其中指控敦化國中放任學校教師的小孩，長期霸凌其女兒。母親（自稱蔣太太）控訴多次向校方反映，校方卻刻意護短。她忍無可忍，才決定透過媒體廣告爲女兒討公道。她不想忍氣吞聲，刊登廣告價格超過80萬元，此乃是畢生積蓄。她希望霸凌者道歉，如果再犯則必須轉班。若堅不道歉，一切將訴諸法律告到底。

陳情書中，蔣太太說明女兒患有糖尿病，就讀敦化國中八年級，但疑自2012年七年級就長期遭同班一名同學（許生）霸凌。事件包括2013年9月，許生誣陷其女兒破壞班上同學筆記本。10月拒絕發給女兒補充教材，11月還把女兒考卷丟在地上踩，且長期以三字經不堪入耳的言語加以羞辱。由於許生乃是學校教師之子，她多次向學校反映孩子被霸凌，不過校方都刻意息事寧人。

蔣太太當日即接受其他電子媒體訪問，控訴自2012年開始就曾向該班當時導師反映，但當時老師僅以口頭勸導。2013年9月她再陸續向現在的導師反映，但一直未獲改善。她後來親自將陳情書交給校長，訓導主任也來電表示會多加留意，但12月4日女兒在爲校慶練習時，又被同學言語霸凌而身心俱創。學校在5日得知狀況後，就已經召開協調會讓雙方家長溝通，但讓她氣憤難平的是，霸凌學生之家長（學校教師）竟宣稱其子不承認有公然辱罵她女兒，還要求其交出錄音等證據，完全不負責任。對於花錢刊登廣告，且直接刊出霸凌學生之班級與姓名，蔣太太說就是希望揭露惡行，陳述的都有證據，一切交由律師處理。

對於家長刊登廣告指控校方刻意護短，敦化國中緊急召開記者會說明。校長表示12月4日協調會上，該名老師雖允諾若其子有不當言行會致歉，但在求證兒子與其他同學後，均表示沒有此事，因此才會在12月6日希望有錄音等補強證據。部分教師透露被霸凌女同學有時也會有不得宜的言行，與同學互動不良而偶有摩擦，情況短時間似乎無法獲得改善。由於雙方認知差距頗大，會繼續進行協調。此外，校方說明在學生或家長反映遭受欺負時，校方及導師雖有進行相關處理，但在方式上與家長認知產生落差，校方深感遺憾並致歉意。

在另一方面，由於蔣太太在平面媒體頭版刊登廣告，竟將疑似罷凌的學生全名登出，可能觸犯個人資料保護的相關法令，並對學生造成傷害。此種做法，台北市教育局認爲可以體諒母親的心情。然而，對於霸凌事件之處理，教育局訂定有防治準則，應該回歸校園透過親師生溝通處理。對於家長以登廣告方式揭露未成年學生姓名，恐有違法之虞，也會對當事人造成傷害。教育局表示遺憾，除會請督學到校瞭解外，也希望學校應做好學生後續個別與團體輔導。

被陳情之市長郝龍斌則表示，其已要求教育局查證眞相。如有霸凌絕對會愼重處理。他呼籲家長應考慮以不傷害子女及班上同學的方式陳情，以避免造成二次傷害。教育部主管則表示刊登廣告是家長個人行爲，但若不滿意學校處理方式，可以依循體制向上級教育局處申訴。因爲敦化國中尚未確認此案是霸凌個案，因此之前並未通報教育部。

由於蔣太太出面現身說法，台灣各主要電視台均大幅度加以報導。被控霸凌之許生當天也馬上在臉書回嗆：「XXX！什麼叫我不給他考卷，什麼是我叫同學用踢的給她，自己不練舞翻白眼被嗆，說我和同學譏諷你，自己不檢討來檢討別人。」還說：「XX！全班都是證人，她還想怎樣。」

2013年12月17日

經過一星期的調查，台北市教育局訪談當事人、學生、老師等8人次，初步認定該案涉及複雜的人際關係互動，是否爲霸凌事件則後續仍須深入瞭解。預計將再召開「防制校園霸凌因應小組」會議，以確認本案是否爲霸凌案。學校後續將聯絡雙方家長，安排見面與進行溝通。台北市教育局表示，初步瞭解本案爲學生人際衝突與處理技巧之問題。申訴與被申訴學生，皆應學習情緒管理與溝通技巧，班上學生相處模式並不成熟，目前已要求學校進行相關學生輔導工作。

登報陳情的蔣太太表示難以接受教育局的看法，認爲只要許生願意道歉就會原諒，此外，一名陳姓女同學從10月下旬多次傳簡訊幫腔並騷擾其女兒，登報前就已到警察局報案，要控告陳生誹謗。

2014年1月3日

台北市教育局公布調查結果，「防制校園霸凌因應小組」委員以11票比0票，認定本案「非校園霸凌事件」，而是與學生之間人際衝突處理技巧不佳有關，主張雙方學生皆應學習情緒管理與培養良好溝通能力。教育局表示，若家長對調查結果有意見，可在收到書面通知20日內提出申復。

部分調查小組成員指出，本案每一個衝突事件都是單一事件，而不是長期蓄意或無端發生的霸凌行爲，因此認定本案非校園霸凌事件，而是學生個人人際關係與相處問題。

針對於此，蔣太太對結果感到很失望。她說這些日子受到各方脅迫，現在投鼠忌器，因爲還有小孩未來要入學。她表示會再跟律師研究，不排除對許姓男學生向法院提告。

討論問題

1. 各國義務教育年限不斷延長，管教孩童之責任多移轉至學校教師。遇到不明事理之家長，學校可有哪些因應之道？教師之心態又應如何調整？
2. 以往東亞國家之家長基於「嚴師出高徒」之觀念，多賦予教師嚴格管教其子女之權限。然而少子化現象出現後，年輕世代父母之心態已有所轉變。除自我溺愛子女外，對於教師之管教作為多所干預。針對於此，政府是否應訂定相關法律，以規範學校與家長之間的關係？其內容又應為何？
3. 學校通報之霸凌案件數目近年激增，但部分個案卻被判定是學生人際關係處理問題。針對於此，教師與校方應採取何種因應措施？家長會在此議題上，又可扮演何種角色？

2.2 個案研究 高中競爭力SWOT分析

在經過激烈的競爭後，傅大任終於遴選上家鄉高中之校長。上任之前，想起艱困的未來之路，心中不免忐忑。

幾經考慮，他決定利用在企業管理領域中常用之SWOT分析，以做爲日後進行領導之藍圖。以下即爲分析該學校之S（優勢）、W（劣勢）、O（機會）、與T（威脅）之結果。

因素	S（優勢）	W（劣勢）	O（機會）	T（威脅）
地理位置	本校位於交通要道，為該地區高中教育的樞紐。公車四通八達，學生通勤極為便利，也可吸引鄰區學生就讀。	部分家長嚮往他區明星高中之光環，加上私校高額獎學金之挖角策略，影響學區內優秀學生就讀本校意願。	學校地處社區中心，交通便利，通勤時間縮短，增進親子關係時間，也可吸引優秀師資。	部分家長與學生不認同學校為明星高中而質疑其辦學績效，認同度待加強。
學校規模	建校歷史才十多年。各年級包括數理資優、美術資優班等，學生約有2,500人。	學校過於年輕，以致校友會尚未形成，尚待其成長。	社區家長多半支持就近入學之理念，對未來學校招生有幫助。	社會及媒體升學導向觀念，致使優秀學生擠往他區明星高中。
硬體設備	校地面積約4公頃，規劃為教學區、行政區、活動區、休憩景觀區、運動區，動靜分明，機能完備。	建校十餘年，各項設備已有年限，需要規劃逐年整建，更新教學軟硬體與環境設施。	1.教育部「高中優質化計畫」補助，對教學設備更新應有助益。 2.爭取社區資源以增加各項教學活動之進行。	面臨附近新興之公立高中與傳統私校之不斷招生競爭，未來少子化趨勢會使問題更形嚴重。

行政團隊	1.前任校長領導充分授權，並能分層負責管理，重視溝通協調，校園氣氛尚稱和諧。 2.行政人員大多對業務熟悉與盡職。	兼職行政人員之教師年紀較輕且資歷較淺。由於更換頻仍，行政經驗傳承不易而易形成斷層。	1.兼任行政之教師年輕有活力且具熱忱。 2.各組業務若能適當重新劃分以求均衡，應能吸引有意願兼任行政之教師。	1.女教師比例較高，受限對家庭之照顧，對接任行政職務意願不高。 2.面對教育現況與激烈挑戰，教師兼職行政意願相對極低。
教師資源	平均師資年齡未達40歲，相對年輕且多具有碩士學位。素質相對高，成長動力強，對教學工作具有理想與抱負。	1.年輕教師教學經驗較不足，有待琢磨。 2.少部分教師侷限於傳統教學方式，較無法兼顧個別差異學生之學習。 3.部分資深教師冷漠，吝於經驗傳承，導致教學之斷層。	1.教師進修碩士學位風氣盛，對提升教學品質有所助益。 2.適時積極辦理教師進修研習，並鼓勵資深與優良教師帶領教學成長團體。	1.全校性共同進修時間安排不易，導致部分教師進修進度落後。 2.尚未規劃辦理相關教師專業發展評鑑。
學生入學	1.社區家長多半願意把孩子送到學校就讀。 2.近幾年基測錄取分數與升學率逐年提升。 3.位居交通動線上，附近國中辦學素質佳，有利發展社區優質高中。	家長心中明星高中觀念已根深柢固，難以改變，因此前三志願的學生極少。	1.運用優質化及學校基金會經費獎勵優秀學生到學校就讀。 2.善用社區資源媒體，加強行銷學校辦學成效，增強當地家長信心。 3.積極參與地區相關活動，以增加對本校之瞭解。	家長與學生對明星高中的迷失及私校高額獎學金，對招生仍頗具有威脅性。

學生家長	家長對學校信任度及支持度高，並積極參加學校事務與義工行列。	部分家長忙於事業打拚，參與學校事務意願不高。尤其是社經地位較低者。	1.結合家長力量協助校務，提供教學資源與志工服務。 2.強化家長與學校及教師之互動。	部分學生家長工作忙碌，無法充分發揮親職教育的功能。學生行為有偏差傾向。
社區參與	1.善用地方資源與熱心人士，做為學校辦學後盾與支援。 2.與社區社團互動良好，已爭取部分協助。	附近私校行政決策與管理自成一套，較為靈活且與媒體互動較本校更為積極。	開放學校場地提供社區學習空間，以增進社區對本校的認識。	社區民眾參與本校活動之次數，仍有待加強。

討論問題

1. 在分析上述之SWOT之後，如果你是新任校長傅大任，到職後最急迫必須完成之改革為何？理由何在？
2. 根據此校之現有情況，分析應有何種中長期改革措施，學校未來才會產生理想之績效表現？

建議活動

1. 檢視台灣過往之學制歷史，分析各階段中影響其最大的變數為何？並說明其影響結果。
2. 檢視台灣目前之社會，分析若採用單軌制的綜合中學，其利弊得失何在？
3. 檢視世界各國與台灣分流制度的設計，分析台灣職業教育體系所產生的問題與解決之道。

4. 台灣目前分流之依據多為入學考試，試分析今後可採取的其他措施為何？
5. 為去除升學主義之弊病，台灣政府近年來呼應民間部分教育團體之「廣設高中大學」要求，在相關學校數量上顯著增加。試以實務觀點，分析此項政策實施後之成效與所產生之後遺症。

第3章

教育選擇權

第一節　教育選擇權之爭議
第二節　教育選擇權之形式與作法
第三節　教育券計畫

自有正式學制以來，教育選擇權即成爲爭議與辯論的焦點，其牽涉到家長或監護人在爲學童選擇就讀學校時的權限問題。第二次世界大戰以來，各國爲確保教育機會的均等，在義務教育階段多採取公辦與學區分發原則。影響所及，無形中即成爲近乎國家獨占的態勢。家長若想自我選擇，多半受限法令或金錢因素（如選讀私校必繳納高昂學費），而不能如在自由商品市場中的爲所欲爲。此外，在部分實施英才制之國家，傳統一般大學所能提供的名額不符所需而僧多粥少，即使毫無進步的學校也能高枕無憂招滿學生。此種毫無競爭不知進取的現象，常爲社會各界與教育利益團體所詬病，急思加以改革。而其主要利器之一即在擴張家長之教育選擇權，以促動市場存優汰劣的機能。

教育選擇權之概念，英文多以「school choice」一詞加以表述。如果按照字面直譯，則應爲「學校選擇」，但觀諸相關中英文文獻，實難完全闡述內中之涵義。基本上，school choice一詞所牽涉之範圍極爲廣泛，已超越字詞表面之意涵。嚴格來說，學校選擇權可被視爲是行使教育選擇權之主要部分，但未能代表全貌。教育選擇權可被定義爲：「基於受教者之需求與福祉，進而選擇對其最適當教育的權利。」其中最適當教育即牽涉到符合受教者需求之教育方式、內容、與場所。選擇主體多爲家長，但也可能是受教者本身。教育實施則包括教育方式、教育內容、與教育場所等，而不僅僅限於學校層級。教育方式可爲傳統學校、另類學校、在家教育、甚或非學校型態之教育計畫等。教育內容則牽涉到課程、教法、教師之選擇。教育場所則不限傳統學校場域，而包括班級、家庭、與教育計畫等。基於上述理由，本書將school choice翻譯爲「教育選擇權」，或是依據上下文字，有時採用「家長教育選擇權」一詞。

第一節 教育選擇權之爭議

然而，教育畢竟並非一般商品，牽連因素頗多，絕非只是一買一賣的個人關係，而必須考慮公共福祉之增進。教育選擇權之爭議會如此激烈，即在其觸動社會各利益團體的價值衝突。以下四個相關課題的糾纏不休，即可顯示其複雜性：

課題一：一國學制應採早期分流政策，以培育少數英才；還是應廣設機構，容納願意繼續就讀之學生。

課題二：政府應補貼私立學校，以降低其學費；還是維持政府興辦公立學校，由家長自我負擔其選擇私校之高昂學費政策。如此是否是一種不公平制度？

課題三：是否應將教育體系轉換如商品自由市場，藉由品質的高下，達到競爭淘汰的目的？換言之，對於獨占或寡占的學校系統應否將其開放？再者，對於辦學不力之教育機構，應如何加以處置？

課題四：家長教育選擇權受限之程度標準為何？可否在促進教育機會均等的前提下，犧牲部分家長的權益？

以上四個課題至今仍是爭辯不已。實務上，例如台灣在國中小階段實施學區分發制度，但因城鄉水準差距頗大，「越區就讀」之情況屢見不鮮，造成明星學校人滿為患。基於此，地方政府開始設限防堵（如必須將戶籍多久以前遷入才可入學），其措施往往被指控侵犯家長為子女選擇其認為最好學校的權力。此外，如美國在1970年代採取「種族混合就讀」（desegregation）政策，強迫用校車分送各區種族學生集合一校就讀（此因白人與黑人多半居住不同城區），此種行為在當時雖號稱是基於教育平等理念，但也被部分家長指控其侵權。再如根據美國所通過的相關反歧視法律（以Affirmative Action法案為主），學校在招生時必須給予一定名額與獎助學金給少數民族。此舉也引起爭議。就成績而論，某些白人學生較佳，但卻在名額限制下落榜；如果又牽涉到獎學金之分配，所引起之爭議更大。

一、爭議之焦點

追根究柢，教育選擇權眾說紛紜之原因，乃在其牽涉到基本哲學理念的差異。在此以Rawls（1971, 1999）之著作《正義論》（*Theory of Justice*）與Nozick（1974）的作品《無政府、國家、烏托邦》（*Anarchy, State, and Utopia*）加以說明。首先，Rawls認為社會之不公平必須藉資源之重分配來解決。其學說有兩大主張：(1)自由原則：個人均擁有與他人相容之最大平等的基本自由權利。(2)差異原則：社會與經濟的不平等，應以對處於最不利地位者施以最有利之方式來處理。

換言之，Rawls主張自由僅能在因爲創建更多自由之前提下被限制，而非在增加社會所獲之前提下。正義唯有在改善每個人的福祉的行動後（尤其對於居於不利地位者）才能實現。實務上，Rawls因而認爲不均等的分配社會資源（如教育機會），若能比均等的分配產生更大效果時，其行動仍是公平與正義的。由此可看出Rawls同意爲少數民族保留一定就學與就業名額的作法，其雖是不均等的分配（因有保留名額），但卻可促成社會多元化與融合安定，所以應被視爲是正義的舉動。

基本上，Rawls（1999）認爲教育之價值不能僅只植基於表面的經濟效益，而應同時注重社會文化的建構。對於環境最不利者，教育必須爲其導引出自信與存在價值。因此，教育資源的分配，不能單看預期之生產與收益，而應兼顧作爲社會公民的個人發展與傳承。

與Rawls相對的，即是Nozick的看法。其爲1950年代之後「放任自由主義」的代表，強烈反對社會福利主義。他認爲人類之不公平乃導因於個人能力與成就的差異，造成之因素則有先天或後天的。社會資源的分配（如就讀、就業之機會）應由個人依其能力來掌控，政府不應加以介入。強迫性的重新分配乃與正義的原則相牴觸，只要有一定公開公正的程序，每個人所受之待遇應該相同，不該因其特殊背景而受到優待。由此而論，Nozick反對爲特殊人士或族群保有名額的制度，一切應以同樣標準競爭，能力高的人即獲得其應得之資源（賴光祺，1997）。

實務上，Rawls與Nozick的理論對於教育有顯著直接影響。如果將兩者的看法推廣於極端，Rawls的論點可以導出一結論：小孩自出生時即應被抱離家長，以減低因家庭社經背景所導致的不公平。政府應出面成爲其監護人，所有學生應在設備師資等環境條件皆達於同一水準的學校就讀。Nozick的主張則幾乎否定公立學校制度的存在價值。既然社會資源的分配，應由個人依其能力爭取，則公辦教育之重分配功能，自然無須建立。個人應利用其家庭資源，自行選擇並支付成本進入適合自我能力的私立學校，有爲者自應獲得更多資源與機會。

基本上，Rawls與Nozick在教育上的爭執焦點，即在公共福祉與家長教育選擇權如何取得平衡的問題。以上所提的四個課題，辯論主軸也在於此。美國

表3.1　新管理主義對教育選擇權之影響

傳統的管理主義認為大政府的設計對於全民最為有利，因其不必如私人企業般的將本求利，因此可以統整資源有效運用，也有餘力照顧弱勢者。然而此種理想在實際執行上卻鎩羽而歸。1970年代開始，歐美國家面臨公職人員受到過度保護而績效不彰之問題。人民付出高額稅金希望換取政府照顧，但公務機關卻缺乏效率濫用資源。為解決困局，新管理主義（new managerialism）於焉興起。其訴求基本上可歸納為三個E，包括經濟（economy）、效能（effectiveness）、與效率（efficiency）（陳榮政，2019；Milliken & Colohan, 2004）。新管理主義希望引進企業管理方法與市場競爭機制，以轉變僵化與科層的政府行政失靈現象。新管理主義之理念內容可歸納如下： 1. 主張小政府治理模式：大政府運作缺乏效率，壟斷式的全包服務績效不彰，小政府才是理想的政府體制。彈性運用企業運作模式，政府應提供多元選擇，並交由人民決定。 2. 代理人理論：國家應將公共服務委託代理人執行，打破政府直接為人民提供服務的傳統迷思。實務上採用競爭觀念，由民間私部門提供各服務，代理公部門部分功能，以績效導向完成政府難以完成的任務。 3. 消費者與績效導向：建立具有彈性與創造力的組織，以滿足消費者之需求。為應付激烈競爭，因此需要設立各種評鑑標準，嚴格進行績效評估與品質控管，以避免在自由市場中落敗。 新管理主義強調績效的達成，使得歐美國家特別重視教育標準的訂定與達成。新管理主義對於教育選擇權之影響頗深，美國特許學校之出現即是顯著例子。家長由於不滿公立學校長期獨占市場與辦學品質不佳，因此要求以公辦民營方式將學校委由私人經營（代理人理論）。特許學校乃是標準的新管理主義產物，興辦目的乃在透過民間團體企業化經營，導正公立學校缺乏績效的弊病。以下之運作訴求可以看出其深受新管理主義之影響： 1. 運作民營化：特許學校由政府出資，委由私人與民間團體經營，以提升其績效。其出現促進自由市場競爭概念，增加家長為孩子選校的種類與範圍。 2. 放鬆管制：與公立學校相較，特許學校辦學自由度較大，作法細節不受州政府之管制，但須滿足成果產出標準。 3. 鼓勵特色：鼓勵並要求特許學校發展特色，以吸引學生就讀，因此特重家長與學生（消費者）之需求。 4. 成果導向：須滿足上級主管機關所訂定的學生成就標準，如果未能達到，必須接受特種形式的輔導，嚴重者可提前解約與關閉學校。

實施種族混合就讀政策，用汽車運送強迫學生至其家長所厭棄的學校，基本上侵略了教育選擇權，但站在Rawls的消除不平等立場，其是可以接受的。此外如中小學私立學校的選讀問題，由於政府已用納稅人的錢興辦公立學校，因而對其多採取不補助之原則，其學費自然較高。按Nozick的看法，家長選擇私校是其天賦權力。如今其不但一方面已納稅支持公立學校，一方面卻因認爲私校素質較高，而必須另行負擔高昂學費，無疑是一種懲罰與侵權行爲。換言之，當政府公辦學校成果不佳，人民因而面臨兩難局面時（讀公立怕水準差，讀私立學費高），整個教育體系按照Nozick的理論，即應重組成自由市場，經由競爭產生進步。一味保護，只是使教育品質更降低而已。

在另一方面，Rawls堅持家長教育選擇權之行使，只有在促進公共福祉之前提下才可擴張；如果只造成單獨個人利益的獲得，則應有所節制。Nozick則認爲家長教育選擇權之眞諦，乃在能找到其認爲最適子女能力且被允許就讀的精神。主張一旦個人權益得到高舉，從長遠的角度來看，公共福祉即能增進，此因每個人都得其所好，自然社會問題會逐漸消失無形。

當然，在實際教育之運作中，沒有任何國家獨採Rawls與Nozick的主張，而多半遊走於其間。即以台灣爲例，在義務教育階段，一方面承認家長的教育選擇權（可以送子女入私校），一方面卻給予部分限制（如防堵越區就讀、不補助私立中小學使其學費高昂）。其理由即在義務教育之對象爲全體學齡學生，應儘量給予平等的學習環境，故由政府公辦設立學校，較可以維持其公平性。相較之下，在高中以上之高等教育則傾向Nozick的看法，有能力通過考試且家庭願負擔者，可任意選擇公私立學校，即使是耗費巨資出國留學也可以，政府基本上並不干涉。

二、家長教育選擇權之訴求

從歷史的觀點而言，家長教育選擇權早已爲各國所肯定。例如，在1948年所通過的「國際人權宣言」（Universal Declaration of Human Rights）中即提到家長有事先爲子女選擇適當教育的權利（Glenn, 1988）。然而問題是此種權力的範圍何在？尤其是當與公共福祉衝突時，何者應該優先？在實務上，各國在處理此問題上，多半面臨如下四種家長要求選擇權的原因與情況：

1. **家長希望子女進入信仰相同的學校**：此多牽涉到教會與政府之間的關係。基本上各種宗教興辦的學校，其意識型態與一般學校不同，加上教派領袖的要求，政府是否應讓信徒毫無限制的將子女送入就讀即是一大問題。即以天主教為例，羅馬教廷至今依舊堅持不得教授達爾文之進化論，且在性教育上裹足不前。凡此種種，皆與一般公辦學校不同。此外如其課程是否可以加入教義，可否允許其進行宗教儀式（如禱告）等，均是爭議頗大之課題。
2. **家長希望子女進入母語相同的學校**：此牽涉到多種族國家與少數民族的問題。例如，在加拿大的魁北克省（Quebec），其與以英語為主的其他各省即顯著不同，而多以法語教學。對於居住其地但母語為英語者，即構成教育選擇權是否受損的問題。此外，美國西班牙裔居民衆多，學校可否用西班牙語教學也是一大爭議。在另一方面，家長認為送子女進入以其母語教學的學校才能保持獨特文化，但政府卻在種族融合的考慮下，害怕語言不統一所造成之分離意識。兩相權衡之下即有不同做法。例如，加拿大允許部分地區用法語教學，美國則原則上禁止在義務教育期間使用英語以外的語言。馬來西亞境內之華人雖有一定之比例，但馬國政府卻堅持在公立中小學以馬來文進行教學。部分華人只好進入政府並不補助之私立華文學校就讀。
3. **家長希望子女進入文化主流的學校**：對於一國之少數民族而言，其家長心態呈現矛盾現象。一方面希望保留母國文化，一方面卻希望子女能進入文化主流學校，以免未來被孤立。美國即是最好例證。各少數民族（如華人）多設有假日母語補習學校，以讓子女學習。但在一般學校教育上，卻多主張種族融合體制，其中又以黑人要求最力。1970年代之後，美國政府即採用不同策略進行改革。其中包括強制用校車接送各種族學生至學校，或是以利誘方式（如自願進入種族融合的學校，則可以免學費）。此種政策雖為當時部分白人家長抗議侵犯其教育選擇權，但在另方面卻滿足少數民族家長的意願（Aromor, 1989）。
4. **家長希望子女進入辦學績效最佳的學校**：現行各國義務教育制度，多半採取公辦與學區分發的原則。當家長發現子女被分發之學校品質不佳時，除極少數堅持在家教育（home schooling）外，其選擇多半只有轉入私立學校或越區就讀，此舉無異使就學成本大為增加（私校學費相對較高）。公立中小學由於缺少強力競爭對手，其品質改善意願相對低落，終於激使不滿之家長群起抗議。其強烈主張應藉由選擇權之行使拒絕入學，以此懲戒品質低劣學校而迫使其自然淘汰，而非傳統的強迫分發。此種理念近年在英、美等先進國家大爲盛行，遂使政府進行不同程度的相關改革，以滿足家長提升教育選擇權之要求，並進而促動學校之間的競爭（Gill, Timpane, Ross, & Brewer, 2007）。

以上四種家長訴求，爲歷年引起教育選擇權爭議的起因。台灣在前三種（宗教、語言、種族）之問題並不嚴重，因此以下即以第四種（辦學績效）做爲論述重點，以探討其相關改革措施的內容與爭辯，其中又以中小學教育是否應該商品化最受矚目。

三、教育市場化與商品化之爭辯

家長希望子女進入辦學績效良好之學校，乃是人之常情。然而此項訴求在義務教育階段，卻往往因教育體制僵化而鎩羽而歸。此因傳統上，基於「教育乃立國根本」的看法，學者多半認爲政府主導與支持公立教育（尤其是義務教育階段）乃是理所當然。學齡孩童應被保障其基本受教權，政府也有義務以稅收來支付公立學校的花費。在此前提下，無論天涯海角，政府應設置適當教育機構，學童則依其居住地分發入學，此舉至少達到表面上「有教無類」之訴求。

然而近年來公立學校獨大，卻引起部分家長之抗議，希望另闢蹊徑有所改革。主要原因即在公立學校的辦學績效不彰。基本上，公立學校在義務教育階段，不怕沒有學生來源（除非人口遷徙，造成就學年齡之學生闕無），又有固定政府經費支援，辦學可說是有恃無恐。由於缺乏競爭與評鑑機制，教育品質難以保證維持。家長陷於特定學區，除另外花大錢將子女送至私校就讀外，則別無選擇而必須逆來順受。因此，適度引入自由市場精神，將學校選擇之自主權還給家長，一時蔚爲風潮。例如以下提及之教育劵主張，即在希望藉著教育劵之擁有，家長在教育市場中可爲子女選擇其認爲辦學績優的學校（包括私立學校）。如此不但可淘汰辦學不佳的公立學校，也大大提升家長在子女教育選擇上的權力。

然而，教育之平等與卓越極難兩全。1970年代相關教育選擇權之改革如教育券、特許學校、在家教育、另類學校、自由學區之出現，無不希望在教育行政中導入自由市場精神，藉由競爭之方式，達到汰弱留強之目的。此舉無異是將教育商品化與市場化，其中商品化乃是市場化的先決條件。在偏向訴求平等的義務教育中（如與高等教育相比，義務教育無疑更關心所有學生之就學機會），即令部分學者感到刺眼而加以反對。

在教育是否應商品化的爭議上，McMurtry（1991）曾就此分析教育與市場在目標、功能、與運作上的內容，發現兩者根本是背道而馳，甚而是互斥的。兩者的主要差別如下：(1)市場之目標乃在追求最大利潤，教育卻在分享與推動知識之啓發。(2)市場的推動活力乃在滿足慾望，教育乃在發展理解力，即使其並非人人所喜歡的。(3)市場經營方法乃在買與賣，教育之方法乃在主動滿足學習者的學習需求。(4)市場的標準乃在商品的良窳與顧客的滿意度，教育乃在其啓發性與公正性。基於以上的不同，McMurtry堅決反對教育之完全商品化，認爲如此會摧毀公立學校教育系統。

分析反對教育商品化學者（如Molnar, 1996; Wright, 1996）的主張，其理由可歸納爲以下三點：

（一）商品化摧毀教育的既有價值

其主張教育乃是神聖不可侵的，教師之付出除物質報酬外，尚有精神上的堅持。如今將教育變成買賣行爲，其原有本質蕩然無存。以往師生關係不講厲害，商品化後學生則被界定爲顧客，學校做爲賣方，必須傾全力討好買方，雙方之人際交流純粹只有交易。教師領多少薪水，就做多少事，世俗如一般商賈，失去了「得英才而教之」的樂趣。

本質上，教育帶有一份理想色彩，置於買賣形式，某些堅持就不存在。Titmuss（1971）曾指出捐血行爲之市場化，勢足以傷害人們捐血的熱誠。此因一旦血液可成爲買賣商品，大衆捐血救人的神聖情操即大打折扣，不急用錢的人又何必去捐血。因此血液市場之形成，必定削弱捐血行爲的價值，因而只能在無計可施時，允許小規模的買賣以救急。此外，代理孕母也是如此。如果大量開放，則嬰兒就如商品般的可以買賣，進而顚覆原來家長子女之間的關係，後果不堪設想。本來懷胎十月，母親必須親身經歷胎兒的成長，其經驗乃獨一無二，更對未來母子關係有重要影響。如今開放代理孕母，有錢家庭僱用身體強健之女人代為生產，破壞了親情的神聖性，更在道德上站不住腳，此皆為商品化後所造成的負面效應。

（二）商品化造成惡性競爭

其主張如果教育商品化，則必須彼此競爭，以迎合顧客的需求。本來學校乃傳道授業之處，如今則得花費大量精力與金錢自我推銷，否則即被淘汰。商業市場中，廣告乃是必要之舉，各商品鼓起如簧之舌，極盡全力吹噓自我，其眞實性久後即會被大眾所懷疑。如今學校也加入戰團，必將影響其理想與運作。一來學校較困難以實際成品呈現（學生之成就難在短時間中看出），必將表面包裝，學生不見得能窺其眞貌。二來學校應有其辦學理念，而其不見得見容於社會大眾。例如主張德智體群並重，可能不討好以升學掛帥的家長，但卻有其存在的必要性。如今一切商品化，學校必將走向世俗，完全以消費者喜好馬首是瞻。影響所及，必將造成惡性競爭，學校教育也失去其引導社會的理想性。

（三）商品化造成不平等

其主張如果教育商品化，則其階級必將形成。社經地位高之家長追逐能提供「最佳品質」的學校，就像在市場中挑選水果一樣。資源豐富的學校（如位於高級住宅區，人文薈萃之大都市）成為特殊階級子女的禁臠，明顯造成不公平現象。在商品市場中講究一分錢一分貨，高檔服飾動輒萬元，地攤貨則可能低至不符銷售成本，但品質低劣，購買者依其能力加以選擇。基本上，身穿名牌華服除引人側目外，對於人生之成長並無一定助益。教育則不同，孩子青春只有一回，所受教育之良窳，實對其未來成就影響甚巨，不可等閒視之。教育商品化，全依辦學之「品質」（由顧客自由心證）來選擇學校，必將對原來即處於不利地位之學校更形摧殘，更別說因種種因素（如路途遙遠）而必須困在「品質較差」學校的學生了。其本來就居劣勢，透過商品化，此種不公平現象將更形惡化。

面對反對者的指控，贊成教育必須適度商品化的學者不以為然。Brighouse

（2000）即認爲商品化不見得會使教育理想價值降低，反而可能會有所助益。其舉藝術品市場爲例，指出大多數藝術家創作動力乃在美的追求，其間雖必須售出作品換取報酬以支應生活所需，但基本上不失理想的本質。投資者則不同，其買藝術品的主要目標即在求其升值，以賺取中間差價。比較之下，藝術家與投資者的動機乃南轅北轍，根本無法相容，但在實務上，彼此之運作並未發生明顯衝突。此因藝術品與一般商品不同，有其美學之意義。投資者在買賣交易時，必須充分瞭解作品的美學價值，如此才能在長時期的等待中增值。譁衆取寵的作品也許銷售一時，但卻經不起時代考驗。要獲取專業的美學評價，必須借助藝術家之意見。因此藝術品之商品化並未減低其既有美學價值，反而是市場促動了藝術品的流通，使世人更有機會得以接觸。藝術家與投資者應是魚幫水水幫魚，兩者之間即使性質不同，但卻可相互合作。

綜上所見正反雙方意見，實務上皆有其部分道理。商品化可能使教育部分精神價值喪失，但在實際運作上，教育實也具有部分「商品」的色彩與特性。在多元社會中，家長由於經濟改善，已無法滿足於單一與最基本水準的教育。除了以往制式課程外，其要求更多的變化。影響所及，部分學校（尤其是私校）願意更上層樓，除在教學內容力圖突破外，也願意高薪聘請優秀教師，以吸引更多學生。此種過程具有正面意義，也反映市場之「價值帶動品質」特性。部分家長願意花費更多金錢，將子女送入其認爲品質較佳的學校，無意間已多少視教育爲一種服務商品。這種趨勢在未來學校種類多元化的情況下，將更爲普遍。

第二節　教育選擇權之形式與作法

家長行使教育選擇權之方式繁多。以最受政府管制之義務教育爲例，民主國家家長可有之選項包括在家教育、另類學校（如特許學校）、私立學校、越區就讀、與學區就學等。依據不同時代家長之需求，政府也必須提出相對政策與作法以爲因應（Berends, Springer, Ballou, & Walberg, 2009）。教育選擇權之議題歷年爭議極大，以下分就相關研究與各國作法加以敘述。

一、實證研究與作法

在實證研究中，蓋洛普民意測驗（Gallup）在1991年美國調查中，發現62%的家長支持擁有權力選擇所居住州內任何學校的主張，33%則持反對意見。對於補貼私立學校的建議，50%表支持，39%反對。在選校的標準上，Adler等人（1989）發現學校之品質與學習氣候之良窳，是家長決定放棄離家最近學校，將子女送入他校的主因。Macbeth等人（1986）在研究蘇格蘭的教育後，發現中上階級之家長較傾向將子女送入非一般學校就讀。其原因主要在避免所居學區之社會問題所帶給學校的污染，擔心子女若依此分發入學，可能會誤入歧途。

支持家長教育選擇權的主要立論，乃在藉由競爭，可促使學校進行改革而更有效率。此主張是否被支持，在實證研究上並無定論。Van Marwijk-Kooy（1984）曾發現荷蘭的教會（天主教與新教）所辦中學，其學生之認知成果與師生對學校的滿足感，皆比一般公立中學要高。由於進教會學校爲家長選擇權的行使，故其間接認爲選擇權可促進學校的績效。Coleman and Hoffer（1987）在調查來自1,015所美國高中的6萬個學生後，也發現天主教學校較公立學校有績效，尤其是在處理問題學生上。Chubb and Moe（1990）利用同樣資料深入分析，並做成結論認爲以家長選擇權所形成之市場控制機能學校，遠比用官僚體系所形成之政治控制者有效率（如學術進取心強、專業性高、領導堅實、且團隊較能合作等指標）。但其立論卻遭到其他學者之質疑（如Witte, 1992）。批評者多半認爲宗教學校較有績效，究竟導因於宗教信仰力量，還是家長選擇權之行使，很難有所定論。且兩者樣本差別甚巨（公立學校學生遠比教會學校學生要多，且背景較複雜），是否因選擇權之行使造成競爭與績效，還是其他因素所影響，依舊需要進一步之研究。

雖然教育選擇權行使之效果衆說紛紜，但各國近年仍因部分家長之要求而做了部分制度的改變。例如，台灣在部分教育利益團體的呼籲下，允許成立與傳統學校在教法與體制上大異其趣的另類學校（如華德福學校）。英國也於1988年通過教育法案，加入自由市場的精神。占中小學90%的公立學校與受公家補助之教會學校，一向由中央政府提供80%的經費，並經由地方行政當局（LEA）負擔其餘20%撥給學校。1988年之後，LEA在撥款中央經費時，其中85%必須要按照學校之註冊數來做基礎（辦得好、學生多的學校經費就更高，以刺激競爭）。此外，學校還可申請成爲「直接經費撥款學校」（Grant Maintained，簡稱GM），脫離LEA的控制，而直接由中央設立的「學校經費補助處」（Funding Agency for Schools），依其註冊人數給予經費。此舉不但使學校之運作較有彈性，更可給家長更大的教育選擇權。學校經費既然大部分依其註冊數而決定，就必須起而改革以吸引家長將子女送入就讀，而達到自由市場的機能（Her Majesty's Stationery Office, 1994）。GM學校型態雖因行政實施之困難，而於2000年左右而終止，但其對英國中小學經營與辦學績效之要求，卻產生深遠之影響（Feinberg & Lubienski, 2008）。

美國自從1983年「危機國家」（A Nation at Risk）報告出版後，教育選擇權的提升再度成爲改革教育者力主的方案之一。George W. H. Bush（老布希總統）在1991年提出「西元2000年：美國教育政策」（America 2000: An Education Strategy）時，也特別強調家長的選擇權，認爲唯有競爭才能加速學校進步。其依改革程度的大小，提出四個方案，分別爲：(1)成立磁力學校（magnet schools），(2)開放入學政策（open enrollment），(3)私校學費抵免賦稅政策（tuition tax credits），(4)教育券計畫（voucher plans）。其中又以第四項方案最引人爭議，所導致的改革也最激烈（U.S. Department of Education, 1991）。

以上四種方案分屬於兩種策略：(1)公共選擇策略（public choice strategies），(2)與市場選擇策略（market choice strategies）。前者做法集中在開放入學政策。即在單一學區中，創設與傳統公立學校不同性質的教育機構（如特許學校），以供家長做多元選擇；或是擴大學區範圍，讓家長可送子女前往所在學區之外的學校就讀（Chakrabarti & Peterson, 2009）。特許學校理論上係屬與傳統學校不同的機構，其特色乃在提供特殊課程（如特重數理）與教法以供選擇（參見表3.2）。此外如英國之夏山學校（Summerhill School），其教法採用人本主義精神，也是非傳統之學校。開放入學政策，顧名思義，即是允許家長選擇被分發學校以外的公立學校就讀。其訴求乃在不求進步之學校若註冊數銳減，即面臨生存之危機，而被迫進行改革以求生存。

市場選擇策略則是置各校於競爭的地位，其被獎賞的標準端賴辦學績效之良窳與學生學習成就。市場選擇策略最常採用的兩種作法，即是學費賦稅減免政策與教育券計畫。前者之精神乃在補貼選擇私校就讀之家庭，讓其所繳之部分或全部學費可由賦稅中扣抵或獲得部分補助，以使家長負擔較輕。如此私校之競爭力自然增強（以往家長即使鍾意其辦學品質，但也可能因無法繳納高昂

表3.2 美國與台灣在義務教育階段之學校選擇類型

	類型	運作方式	實務運作
低 ↑ 家長學校選擇權 ↓ 高	強制式的學區學校選擇	嚴守學區分發的就學方式，但家長可選擇學費較高的私校就讀，政府不予補助。	1.台灣目前即屬此制。不滿之家長則採取抵制措施，其中如選擇在家教育、遷調户籍越區就讀、與進入私校就讀等。 2.美國目前大部分學區採取此制。雖遭到家長抨擊部分公立學校辦學不力，但實施之行政問題較少。
	學區內的另種學校選擇	家長可將子女送往學區內任何之公立學校就讀，但仍需顧及種族與社經地位的平衡。此類學校可為一般學校，也可為如特許學校的另種教育機構。	1.在2011年，已超過40州立法通過設立如特許學校等另種教育機構或計畫，以提供家長另一選擇機會。 2.成立特殊學校如：(1)磁力學校（magnet school）：特重如數理、藝術、特殊才藝等特色課程。(2)特許學校（charter school）：由具特殊理念之民間組織共同組合經營，以去除傳統學校的限制。(3)另類學校（alternative school）：特為低成就、藥物濫用等不適就讀傳統學校之學生所設，多在大城市學區中存在。
	學區間的學校選擇	家長可將子女送往所居州之任何學區的公立學校就讀。	1.自1990年開始，已有Iowa等7個州首先開始實施。台灣有少數學校因各種原因（如學生遞減或進行實驗計畫），將招生學區擴大至全縣市而形成所謂的「自由學區」。 2.實施後，跨區學生甚少，此因本位主義造成學區消極抵制，且家長需負擔更大成本（如交通食宿費用），以致意願不高。
	教育券式的學校選擇	政府提供定額的教育券，家長持之可至任何公私立學校，以支付教育費用。	1.曾在1970年代進行小規模實驗，爭議性頗大，所以未能普遍實施。1990年代後改弦更張，改以針對最貧窮弱勢的學生為計畫主軸。目前多以特殊計畫形式存在。 2.台灣在1990年代後，部分教改團體力倡此制，但至今仍未有具體之實施。即便有「教育券」名詞之出現，但充其量僅為單純對家長的學費成本之經費補助，與市場機制並無關係。

學費而作罷）。另一方面，公立學校面臨私校之挑戰，其品質自然必須努力改進，不然家長在稅賦抵免或補貼之政策下，會偏向私校而使公立學校面臨市場淘汰。

公共選擇策略與市場選擇策略各有利弊得失，其實務上之作法，前者多半傾向民營化（privatization）的趨勢，後者則較多採取市場化（marketization）的走向。前者如特許學校的興起，由企業或家長直接介入學校的經營，最極端的甚而將自家當成學校，而由家長完全負責進行在家教育。後者如教育券（school vouchers）的施行，直接發放給家長，由其選擇心目中的理想學校。教育券雖未全面實施，但已對學校行政造成巨大衝擊（Carl, 2011）。

即以台灣爲例，依照教育選擇權之高低（參見圖3.1），在義務教育階段，家長可有之選項包括：

1. **在家教育**：經教育主管機關核准後，父母可以自行設計教育子女之形式。擁有最高之教育選擇權。台灣實驗教育類型詳見表3.3。
2. **進入另類學校**：其中另類學校即包括各種非傳統形式之學校，其中如特許學校、公辦民營學校、非學校型態之實驗教育。由於各個機構性質不同，所受主管教育機構之監督程度也有所差異，有的如同化外之民。

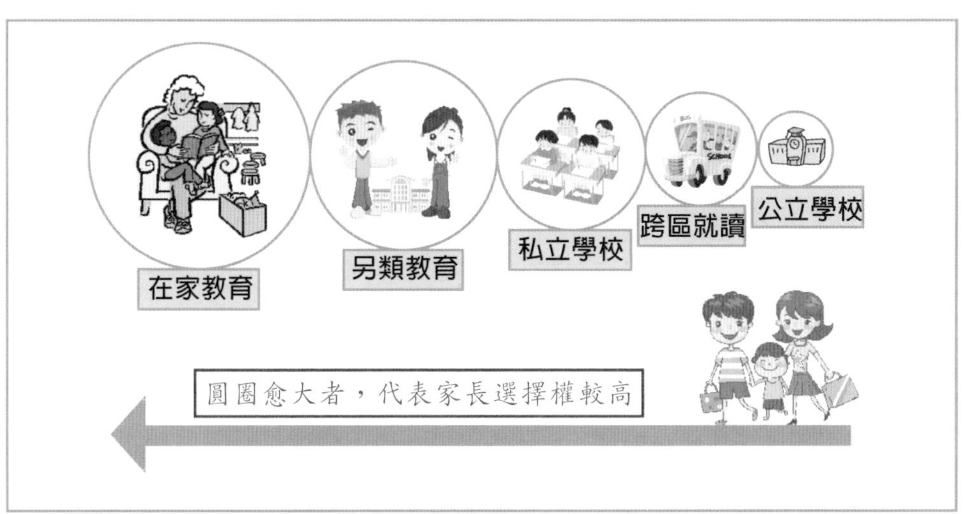

圖3.1　台灣家長之學校選擇

3. **進入私立學校**：此在公辦學校績效不佳之學區最爲明顯。父母爲確保教育之品質，即會將子女送入辦學優良之私校就讀。一般而言，私校學費較高，社經地位較低家庭往往對之仰之彌高。
4. **越區就讀**：由於學區內公立學校品質未如所願，私校學費又令人望之卻步，部分家長只好「以腳投票」，利用各種方法將子女送入其他學區就讀。此舉無異增加通勤之時間與成本，但卻是升學主義下之必然產物。
5. **學區就學**：按照政府規定，家長將子女送入指定學區之公立學校就讀。換言之，其擁有之教育選擇權幾乎闕如，但對社經地位較低之家庭，其往往是必須之無奈選擇。

在相關研究方面，秦夢群、曹俊德（2001）針對台灣義務教育公辦民營制度可行性進行分析，其相關模式包括：

1. **民間承包模式**：民間與政府訂約，支付租金給政府，取得財產使用經營權，並自負盈虧的一種形式。
2. **管理合約模式**：民間的學校經營者與政府訂約，提供管理服務，並收取特定管理費用，盈虧則由學校負責。
3. **BOT模式**：由民間設立、經營、再移轉回政府之模式（Build, Operate, & Transfer）。由政府提供土地，私人負責興建校舍與提供硬體設備，並主導學校的經營管理與自負盈虧之責，於契約期滿之後將學校無償移轉給政府。此模式可視情形而成爲OT模式。
4. **特許學校**：係指經由立法，民間組織與教育主管機關簽約後入主學校經營之模式。

經問卷調查後，結果發現近七成的受試者（學校行政者與教師）認爲特許學校經營模式最適合在台灣實施。其中同意與非常同意之比例爲68.9%，非常不同意與不同意之比例爲21.7%。再經訪談之後，發現其原因爲特許學校之建立可提供另類的辦學模式，且其經費籌措較無問題。

基本上，不論是公共選擇策略或是市場選擇策略，其相關實施多必須依照當地之政經情勢加以調整。限於篇幅，以下僅就公共選擇策略之特許學校，與市場選擇策略之教育券計畫加以分析說明。讀者若想進一步瞭解各國之作法，還請參閱其他相關著作。

表3.3　台灣實驗教育類型

	學校型態實驗教育	非學校型態實驗教育	公辦民營
法源依據	學校型態實驗教育實施條例	高級中等以下教育階段非學校型態實驗教育實施條例	公立國民小學及國民中學委託私人辦理條例（無高中及大學）
實施型態	公立實驗教育學校 私立實驗教育學校	個人實驗教育（3人以下） 團體實驗教育（3-30人） 機構實驗教育（每班學生人數不得超過25人）	公辦民營實驗教育學校（特許學校）
實施場域	學校	家庭或其他教育場所	學校
招生規範與經費	1.主管機關指定辦理之公立學校，學生人數不得超過600人。 2.私立實驗教育學校，每年級學生不得超過50人。	依照不同型態各有人數限制，辦學經費多半必須自籌。	1.主管機關應提供同等學校相當之人事費、建築設備費及業務費給受託學校。 2.公、私立學校（非營利）：補助辦理實驗教育相關之課程研發、教學研習及推廣活動所需經費。

二、特許學校模式

特許學校也被部分學者翻譯爲「委辦學校」。實務上，特許學校係指經由政府立法，授權教師、家長、或民間團體經營現有之公立學校。此類學校免受現行教育法令之規定約束，在課程、教學、人事、組織、管理、與經費等事項上，享有一定程度的獨立性。特許學校經營者必須與政府簽訂契約，並定時接受評鑑以確保其品質。

特許學校之相關概念與作法，多源自於美國之教育改革。美國自1980年代末期以來，基於家長對公立學校績效之不滿，開始嘗試教育公辦民營的概念。在作法上，係由掌管義務教育的地方學區教育委員會與民間組織簽訂契約，雙方在經費、人事、經營方式等方面取得協議。公辦民營之型式極多（如管理合約模式、民間承包模式、BOT模式等），其中在教育之實施上，又以特許學校模式最被廣爲採用。以下即就其運作方式加以敘述，並以愛迪生計畫學校（Edison Project, K-12）爲例，說明其在實務上之作法。

（一）特許學校產生背景與屬性

特許學校是一種公營事業民營化的學校，原則上必須先經由州政府立法。民間想要辦學的個人或團體，其中如教師、家長、社區組織、企業界、與非營利事業機構等，可以依照規定提出辦學理念與計畫，向教育行政主管機關申請辦理。經其核准後，由政府依學生人數補助教育經費，由民間人士來經營辦學。

特許學校產生的背景與因素固然很多，但主要仍是對一般公立學校教育品質低落、學生學業成績表現不佳，以及校園文化不良的反彈與自反省。美國設立特許學校之招生對象，各有其目的與訴求。有一般中小學，也有專爲中輟學生、行爲偏差學生、或身心障礙學生而設立者。特許學校在州政府的允許下，可以自由擬訂課程、校規、與聘請教職員。組織上，特許學校乃是一種公辦民營學校，且具有實驗性與示範性的經營型態。

一般而言，特許學校的運作需先由州政府立法，給予教師、家長、或民間團體經營公辦學校的權利。基本上經費多由州政府負擔，經營者可不受一般教育行政法規之約定，而可以採用非制式的管理方式。特許學校需與政府訂定契約（多半爲3至5年），多屬實驗性質，必須定期接受評鑑，以確保雙方在契約上所達成的經營目標共識。

明尼蘇達州與加州乃是1980年代倡設「特許學校運動」（charter schools movement）的先鋒。明尼蘇達州於1991年通過授權地方學區設立特許學校的法案，允許學生就讀公立學校以外之權利，擴大了家長對於子女之教育選擇權。

影響所及，至2006年，已有40個州以上與哥倫比亞特區（District of Columbia）通過立法，普遍設立性質不同的特許學校（Walberg, 2007）。社區人士與家長希望透過此種公辦民營的學校，由州政府提供大部分經費，以社區或家長團體參與規劃經營，希望藉以提高教育品質，增進辦學績效。

再以加州爲例，其於1992年通過特許學校的法案。允許全州可設立100所特許學校，但每一地方學區中不得超過10所。以個人名義申請設立特許學校，則必須獲得學區10%教師的支持，或校內50%教師的支持。在受理特許學校設立申請30天內，州教育董事會必須就特許契約條款舉辦公聽會，並在60天內作出是否核准的決定。如未經核准，申請人仍可申訴。州政府必須成立評估小組，其成員必須包括其他學區的教師代表。評估小組可決定是否由州教育董事會重啓審查。

除了各州政府之外，美國聯邦政府也於1994年通過二項重要法案，以提供對特許學校的行政支持。其中包括：(1)改進美國學校法案（Improving America's School Act）：提供1,500萬美元的聯邦基金，支持各州辦理特許學校。(2)目標2千年法案（Goal 2000: Educate America Act）：允許各州以聯邦基金來促進特許學校的發展。隨著相關聯邦法案的推動，進入二十一世紀後，代表公立學校改革代表的特許學校模式，在數量與影響力已逐漸有取代教育券的趨勢。

特許學校在設立初期，曾遭受各方的質疑與反對，在法案審查過程中，也出現許多反面的意見，綜合分析可包括下列數項：

1. 特許學校之實驗性質過於濃厚且種類繁多。缺乏經驗之下，辦學績效呈現不穩定之狀況，影響學生的學習。
2. 特許學校依照合約，可以自行針對特種學生進行課程與教學方式之選擇。如此偏狹之作法，極可能形成種族、社會階級、與宗教上的對立。
3. 特許學校可獨立運作但卻接受州政府的經費補助，如此將形成對一般公立學校之不公平，進而使教師工會極力抵抗。
4. 由於種類繁多之民間組織介入，特許學校極可能受制於特殊利益團體（其自身可能即可能是利益團體），造成學校教育辦學目標的無法中立化。
5. 由於種類繁多且簽訂之契約內容大不相同，造成對於特許學校評鑑上的極大困難。其中如指標之訂定、評鑑程序、與對評鑑結果之應用等，皆與傳統對一般公立學校有所不同，較難達成共識。

儘管有各種反對意見，特許學校卻蔚爲風氣，成爲美國教育改革的主流。基本上，特許學校的設立乃由各州主導，聯邦政府僅在經費補助與分配方面，撥付辦理特許學校的各州政府。特許學校種類與形式極多，但較之一般公立學校，特許學校多半具有下列特點：

1. **採取公辦民營形式**：特許學校多半由民間團體申請設立，州政府按照註冊人數核撥經費，不足部分則由民間資助、私人捐贈、或銀行貸款加以支應。
2. **學校種類繁多**：依照訴求與性質之不同，特許學校種類有一般中小學，也有專爲中輟學生、學習不良學生、身心障礙學生、特殊性向學生所設之另類學校，其辦學目標與經營方式五花八門而有雲泥之別。
3. **重視學生學習成果**：特許學校興起之主要背景，即在導正一般公立學校之辦學績效不彰。因此其對學生學習極爲重視。基於此，多半特許學校會設定較高之教育目標，希望學生在學業上皆有一定之表現。爲適時檢測學生之學習成效，特許學校定時進行不同形式之考試，以希望提升學生之學業能力。因成效不錯，申請入學的學生頗爲踴躍，約爲預定招生人數的1到2倍。
4. **課程彈性化**：較之一般公立學校，特許學校之上課時間較長。課程則依據校內學生之特性與需求，除每日之固定正式課程外，並有活動課程、補救教學課程、第二語言課程。如有需要，部分學校尙有在校做作業或溫習功課之時間安排。
5. **重視社區關係與社會資源的應用**：學校會視情況，與社區機構、大學、社教組織、與圖書館等進行合作。
6. **行政彈性化**：依據合約，特許學校免受現行教育法令之約束，因此能在課程教學與人事經費上，享有一定程度的獨立性。例如其師資待遇較一般公立學校爲高，其原因即在經費運用之彈性。此外，人事之配置也可依需求加以調整，如此對於即時改革大有助益。

當然，特許學校因爲種類繁多，在運作上無可避免也產生部分問題。其中即包括場地設備不足與缺乏戶外活動空間。此因部分特許學校的使用空間乃是租借而來，未能進行長遠規劃，也不易與多變的教育內容適度配合（范熾文，1999；張明輝，1998；Nathan, 1996; Nathan & Power, 1996）。此外，即使行政組織彈性化，部分學校仍產生管理經營問題。其中如家長與學校溝通管道不通、學校董事會與教職員之間頻生爭端等，均使學校運作有所阻礙。

特許學校之民營色彩極爲濃厚，其中又以企業界爲主。將商業之經營概念應用於學校中，不啻是教育行政之一大變革。限於篇幅，以下即以美國愛迪生計畫學校之興起與經營爲例，說明其在1990年代之後的運作。

（二）愛迪生計畫學校

愛迪生計畫（Edison Project）爲美國特許學校的成功案例之一，係屬公立學校由民間經營的學校改革計畫。由企業界人士Chris Whittle於1991年開始試辦，總共募集了120萬美元，長期目標爲希望於美國設立多所相關夥伴學校。第一屆愛迪生學校於1995年在Sherman（德州）、Wchita（堪薩斯州）、Mount Clemens（密西根州）、與Boston（麻州）等四地開辦。之後，美國重要大州如加州、佛羅里達、明尼蘇達、新澤西等，皆開始紛紛成立愛迪生計畫的夥伴學校（張明輝，1998）。

愛迪生計畫係由民間（主要爲企業界）贊助興辦，希望創建適合不同社經背景學生就讀的學校。爲了一掃傳統公立學校暮氣沈沈之弊病，愛迪生計畫學校特別強調學生學業成就的卓越，希望每一位畢業生均能達到大學的入學標準。此外，藝術欣賞能力、健康的身心、明辨是非的良好公民素養，也是其追求的教育目標。

愛迪生計畫學校之形式包括：(1)與州政府簽訂合約成爲公辦民營學校，與(2)成爲各州立法所允許之特許學校模式。基本上，愛迪生計畫學校除主導一般教學活動之執行外，也需負責學校的行政管理。愛迪生計畫學校原則上採取分權的行政運作方式，但必須對其個別學校之執行成效完全負責。地方學區對愛迪生計畫學校的經費補助，與其他一般學校相同。此外，愛迪生計畫對於每一所夥伴學校，提供電腦軟硬體設備的補助，以能夠被學習者充分使用。此外，學區必須賦予愛迪生計畫學校之特定經營權責。其中如教學行事曆的訂定、學校預算、與教職員之延聘等，多與一般公立學校有所不同。

在實際運作上，愛迪生計畫學校總部設在紐約，並在各地區設有代表。學校教師一經特定程序遴用後，必須接受數週專業成長訓練，以熟悉相關行政經營原則與專業成長活動。此外，愛迪生計畫學校特重網絡線上溝通，將全美各連鎖學校建構成互通教學資源與進行社區互動的系統。在系統中即包括特定之學校成就測量系統，以確實檢驗學校辦學績效與學生學習成就。綜而言之，愛迪生計畫在運作上，有以下特點：

1. 多採取小班小校的形式。設定較長的學年，並彈性利用學習時間，以讓學生能多元發展。
2. 強調學生個別需求，其中針對資優生、身心障礙學生、與非以英語爲母語的學生進行課程安排。
3. 具有先進與挑戰性課程，例如採用芝加哥大學發展之數學教學課程。強調學生必須充分具備資訊科技能力。
4. 多元化的教學技術，採用激勵性的教學方法。學校充分提供教師專業成長的環境。
5. 多元與確實之學習的評量，以瞭解學校辦學眞正達成之實際績效。
6. 充分配合社區的需要，並與家長發展夥伴關係。家長必須主動參與社區服務。

在成效分析方面，愛迪生計畫學校多呈現正面之結果。例如在1995至1996學年度，與其他控制組學校加以對照比較，Kansas與Michigan州愛迪生計畫學校之小學生，被證實擁有較佳的閱讀能力。在其他指標上，愛迪生計畫學校的家長參與率相對較高。學生出席率則增爲94%，學生流動率降爲10%以下，顯示其辦學成效相當不錯（張明輝，1998）。

第三節 教育券計畫

教育券計畫則是歷年來最具震撼性與爭議性的方案。其精神乃在製發教育券給學童家長，憑此即可抵充學費，學校再以所收之金額向政府換取同等金額。願意參加此計畫的學校，必須首先符合基本條件，然後在自由市場體制中競爭學生。由於家長持有教育券，選擇主權操於其手，藉此可以迫使學校符合其希望而改進。此外。對於不同社經背景之家庭，也可調整給予教育券之多寡以平衡貧富程度。換言之，支持者認爲教育券之實行不但促成進步，也可縮短社會差距。

在家長教育選擇權的爭執中，教育券乃是最富爭議的主張。市場經濟與社會正義之間的拉扯，使得歷來教育券計畫之實施產生不同走向。即以美國為例，1960年代具有強烈自由市場導向的教育券計畫，至1990年代已轉為偏向社會正義的色彩。以下即加以分別說明。

一、市場機制導向的教育券計畫

最早提出教育券理念的是古典經濟學派大師M. Friedman，其在1955年的「政府在教育上所扮演的角色」（The Role of Government in Education）一文中，強烈質疑政府控制教育，使之不能進步的做法。之後，Friedman（1962）再出版《資本主義與自由》（*Capitalism and Freedom*）一書，開始推動教育券的觀念，進一步提出政府扮演獨大角色的質疑。傳統上，基於「教育乃立國根本」的看法，學者多半認為政府支持公立教育（尤其是義務教育階段）乃是理所當然。基於社會正義，學齡孩童應被保障基本受教權，因此政府有義務以稅收來支持公立學校的運作。Friedman也承認這點，並認為教育之功效除及於個人外，整個社會也因之受惠。換言之，其同意政府應資助學校的運作，但卻反對政府扮演獨大的角色。其指出政府可不必直接撥款支持公立學校，如要保證學生受教權，可運用如發放教育券的間接模式，同樣可達成目標。

此種主張乍看之下令人迷惑。既然肯定教育的功能，為何不直接資助，反要捨近求遠另闢蹊徑呢？關鍵即在公立學校的辦學績效，此也是Friedman的主張在1970年代之後逐漸受到重視的主因。公立學校在義務教育階段，不怕沒有學生來源（除非學區人口產生變化，造成屆齡學生數目之急速下降），又有固定的政府經費，完全是有恃無恐。缺乏競爭下，教育品質難以保證。家長困在特定學區，除另外花錢送子女至私校就讀外，多半別無選擇而只好逆來順受。教育券的目標，即在運用部分自由市場的精神，將自主權交回家長手中。持有特定數額的教育券，家長可在教育市場上，為子女選擇其認為最佳品質的學校（包括私立學校）。如此不但可淘汰辦學不佳的公立學校，也大大提升家長在子女教育選擇上的地位。

綜觀以Friedman為首的市場派學者主張，其焦點乃在憑藉自由競爭機制，一方面提升學校辦學效率，一方面歸還教育選擇權於家長，以其相信家長才是最瞭解子女者。然而，檢視近數十年的實際運作，教育券與其他傾向市場機制的措施（如特許學校），不是屢戰屢敗，就是限於小規模實驗，並未蔚成風氣。究其原因，不難看出輝煌主張之下，必有其窒礙難行之處。事實上，此也是正反雙方角力之下目前仍呈現勢均力敵的主因，以下分別敘述之。

與Friedman同時代之其他學者如Jencks（1966）、Levin（1968）在檢視教育情境後，也認爲用教育券的方法，可改進當時已日漸惡化的大都會地區的教育問題。當時之「美國教育機會處」（United States Office of Educational Opportunity）即邀請Jencks提出實際方案。在考慮後，Jencks設計出一種「偏向窮人」（pro-poor）的制度，給予貧寒者較多教育券以抵充學費；並主張部分熱門學校之名額採抽籤方式，以維護公平原則。這套制度後來在加州聖荷西市（San Jose）試行；但由於州議會反對，私立學校未被允許加入計畫，只有13所公立學校參加競爭。由於規模太小，結果雖有部分正面效果產生，但離理想中的市場選擇機制相差甚遠（Weiler, 1974）。加州之後於1978年舉行公民投票，試圖在州憲法中加入條款，以允許教育券制度在中小學普遍施行，但最後並未通過。

至1990年代，由於美國學校品質改善未見起色，教育券的提倡風氣又起。Chubb and Moe（1990）在其著作中發出驚人之語，認爲過度強調民主治校乃是阻礙進步的元凶。此因要迎合民主，就必須與各個利益團體（如少數民族、殘障者、各宗教信仰者）加以妥協，並設立繁雜臃腫的官僚體系以應所需。影響所及，公立教育成爲無效率、僵化遲鈍的怪物。解決之道唯有運用市場機能，使官僚體系在競爭中重組爲更有效率的有機體，而教育券之實施即是主要手段之一。Chubb and Moe的理論激發共和黨老布希總統的教育改革主張，但在1992年民主黨B. Clinton（柯林頓）總統就任後，卻無進一步的具體行動。

教育券所以具有如此魅力，即在於倡導自由競爭，頗爲合乎現代企業經營的理念。但即使同樣主張教育券的學者，其主張與作法也有程度上的差別。由於眞正實施教育券的實例太少，以下僅就各學者紙上談兵之主張，依照財政分配、實施規準、與資訊系統建立三方面來說明其異同之處：

（一）財政分配

此牽涉到教育券的實質價值問題。例如：其可抵免什麼（整個或部分學費）？收教育券的學校可否經由其他途徑（如私人捐贈）覓取收入？是否每個家庭所得到的數額皆相同等問題。對此，各學者看法並不相同。Friedman（1962）即主張每個家庭所得之教育券價值應該統一，家長若要就讀昂貴學校，就得自行出錢負擔。其制度顯然對富有或子女人數較少之家庭有利；與前述Jencks（1966）力主給貧困家庭較多的教育券之計畫不同。此外，Coons and Sugarman（1979）設計了一套更複雜的發券標準，其中包括年級之高低、學區生活水準、特殊需要（如雙語教學）與特殊教育是否實施等因素。此外，教育券是否可抵免交通費用也是重點。如果不包括，則貧困家庭即使有權選擇學校，也可能因路途遙遠、交通花費過高而未能成行。教育券若可抵免，當然可以助其一臂之力；但卻可能造成眞正用在教學經費比重過低的弊病。

（二）實施規準

教育券之精神雖在打破傳統政府官僚體系對學校的層層控制，但卻不主張無政府狀態。在自由市場中，任何商品之上市與販賣，均需達到最基本之品質要求。在教育券計畫中，申請加入之學校，自然也要符合基本規準。其牽涉到課程之內容、師資、與入學標準之訂定等。原則上，基本規準定得愈高，符合之學校數量就愈少，進而引起市場過小的問題。各學者在此議題上看法有所差異。Friedman認爲規準愈低愈好，只要學校提供基本學科與教授一般公民之價值觀（如民主政治）即可。Jencks則傾向將規準制定權交給各州政府。至於在師資規定上，各方案從沒有限制、各校自訂標準、到有統一之標準（如教師資格之取得），程度大小不一。在入學標準上，Friedman認爲學校完全自主即可，Jencks則訂定不得歧視、保護少數民族與貧窮學生之條款（如訂定配額），基本上限制更多。

（三）資訊系統建立

自由市場運作的首要條件即在資訊的充分流通。製造者與消費者均需瞭解產品的性質與優劣，如此才能做出明確決定。然而在教育經營上，資訊系統的建立卻成爲嚴重問題。其困難之處在於：

1. 教育內容極爲複雜，很難以三言兩語即能敘述完全。一般商品用途明確易懂，但教育功能卻極爲多元而較難加以量化。
2. 面對不同背景的家庭與學生，要提供及時的訊息，在實務上即困難重重。當教育經營變成自由市場，必定時時有學校成立與關閉，所需之資訊必定龐大。此對社經背景較低之家庭尤其不利。此因其家長多半教育程度低落且搬遷頻繁（無自有房屋），如何看懂複雜的報告與獲取最新消息皆是大問題。主張教育券之學者爲此曾設計方案，預備在各宗教中心（如教堂）、政治中心（如地方政府）等地成立資訊系統，並以所提供課程之種類（如文科、理科、體育、藝術）來區分學校，以簡化資訊系統。
3. 資訊系統之成本高昂。此因不但要隨時評鑑學校，尚要將其最新消息見諸大衆，以供家長參考。此外，由於各地區對教育的需求有所不同，所要求之資訊種類也有所差異，造成整個系統必須更加龐大才能以應所求。影響所及，其成本必定偏高。到底誰應負擔此項支出，各學者也無定論。有的認爲應由家長負擔（如Friedman），有的卻傾向由政府支應（如Jencks）。但因教育券計畫並未大規模實施，有關資訊系統之建立細節仍處於理論與紙上談兵的階段（Carl, 2011）。

綜觀以上，以Friedman爲主之教育券主張，可以看出其主要訴求乃在憑藉教育商品化與自由市場之機制，提升教育辦學品質。此派學者認爲公立學校受到過度保護而不思長進。家長身陷特定學區，只得任憑宰割。教育券的發放可使家長具有選擇教育的能力，不必再受到不平限制。

由歷史觀之，美國早期教育券主張多半以市場機制爲導向。其雖主張對弱勢學生有所補助，但仍受到極大攻擊。其中主因之一即是貧窮家庭基於社經地位的劣勢，極難支應子女就讀他區學校的費用，且其是否具有能力爲子女選擇學校，也相當令人質疑。因此，1960至1990年代以市場導向的教育券主張雖然不在少數，但其實施區域卻相當有限。且屢遭民意機關予以否決，主因即在市場導向的教育券常被譏諷是爲有錢階級所設計。對社經地位高之家庭而言，子女就讀學費昂貴之私立學校，不僅在追求高品質教育，也是一種身分象徵。本來他們必須花費較高成本讀書，如今使用教育券，無異是變相補助。表面上每個學生都有等值的教育券可領，但是貧窮學生卻無法消受。最直接的即是交通問題，其金錢與時間之花費相當可觀。影響所及，富有者被鼓勵擁向辦學良好的學校（尤其是私校），貧窮者則仍留在住家附近的公立學校，不公平的現象更加嚴重，也因此導致教育券的窒礙難行（Walberg, 2007）。

二、社會正義導向的教育券計畫

基於此種情況，1990年代後美國所提出之教育券即改弦更張，將注意力轉向對社會正義的訴求。即以以下所討論之「密爾瓦基教育券計畫」（Milwaukee Voucher Plan）為例，其支持者一反常態，竟是由貧窮家庭之家長發起，主因即在對社會公平正義的渴望。密爾瓦基教育券的主要目標乃在提供極窮困學生另一個希望。藉著教育券，其可以進到辦學良好的私校，即使事後證明學業不一定精進，但至少滿足家長自我選擇的期盼。相對於早期市場導向的教育券計畫，不啻為一大轉變。

實務上，教育券之實施在1970年代雖鎩羽而歸，但仍有其一定的擁護者。時至1980年，Reagan（雷根）當選總統，美國政治進入新保守主義時代，教育券的實施呼聲再起。國會遂於1983、1985、1986年三度審核教育券相關法案，最出名的當推1985年的「公平與選擇法」（The Equal Educational Opportunity Act）。經正反雙方激烈爭辯，最後通過的版本極盡妥協之能事。其中授予地方教育學區決定是否實施教育券，與可否讓私立學校加入的權力。除此之外，法案中也規定教育券之實施不可全面，而僅止於在公立學校中表現較差，必須接受補償教育的學生。根據此項法案，聯邦政府得撥款補助依規定實施教育券的地方學區。法案通過後，基於種種限制與反對者的抵抗，於1990年代採用教育券政策的地方學區並不多，且其走向與市場經濟的教育券主張大有不同，以下即就最引人矚目之密爾瓦基教育券計畫加以分析說明。

實務上，教育券的實施必有其特殊背景與配套措施，否則很容易在反對者的炮火下胎死腹中。密爾瓦基市（City of Milwarkee）位於美國威斯康辛州的東部，臨密西根湖，距芝加哥市大約為一個半小時車程。與其他大城市一樣，密爾瓦基於二次大戰後面臨人口的重分配。老舊的市中心區成為少數民族（尤其是黑人）所聚集，社經地位較高的白人紛紛遷至郊區，使得各地方學區產生強者恆強、弱者愈弱的情況。為了使學區間的水準趨向齊一，以減少學生學習機會的不平等，密爾瓦基市曾於1976年實施非強迫的種族混讀計畫。其作法即在設立多所磁力學校（magnet school），以特殊的學術特色課程（如數理、藝術）吸引白人學生至市中心學校就讀，以達到種族平衡的目標。此項計畫並獲得聯邦政府的補助。

磁力學校的設立，在某種程度上確實改善了種族不平衡的情況，但其成效卻不顯著。尤有甚者，其對於部分市中心的黑人學生，反而更加不利。此因部分原可就近入學的學校改爲磁力學校，造成附近學生必須至他處入學，交通之花費（雖然有補助）與時間之浪費引起許多抱怨。更糟的是，雖然在1990年已有5千名少數民族學生分至郊區40所學校就讀，但其學業成就仍舊慘不忍睹。根據1992年的報告，只有23%的黑人學生在閱讀能力上高於或達到其年級水準，數學只有22%，且僅有32%的黑人學生實際上從高中畢業（Witte, 1997）。凡此種種，皆爲教育券之實施形成背景。

密爾瓦基教育券計畫之形成可說是一波三折，而推動最力者首推州衆議員Annette Williams。其是四個孩子的單親媽媽，堅持拒絕將其子女用校車送至外地就學。身爲黑人，她曾經失業領過社會救助金，但在1980年，卻從以黑人居絕大多數的北區脫穎而出當選州衆議員。其間，她試圖通過法案，將其選區的所屬學區變爲特許學校地區，享有完全的自主性。然而，州參議院並未加以支持通過。至1980年末期，Williams遂將注意力轉至教育券，主張學生可利用其進入私立學校系統。其認爲公立學校已被特殊利益團體把持，系統內極難有所改革，因此必須另闢蹊徑。私立學校平均而言有較高的學生表現水準，應被納入計畫之中，以讓學生有更佳的選擇。

於是，Williams開始與州長T. Thompson合作，試圖通過相關法案。由於反對團體的激烈抗爭（如教師工會），自1987年所提的四次法案皆被否決。最後雖然因爲黑人家長的壓力，州議會在1990年通過法案，但與原來構想內容卻大異其趣。教育券雖可實施，然而必須有許多限制，與Friedman所主張的自由市場相差甚遠。

首先，實施的對象限於在聯邦法定貧窮收入値1.75倍以下的家庭，最初實施的比例定於所有學區學生的1%。換言之，只有貧窮家庭的學生能加入此計畫，而且，不見得有資格者都能一償宿願。1990年春天開始實施時，約有6萬5千至7萬名學生符合規定，但卻只有1萬5千個空缺。教育券經費來源主要爲州所主管的彩券收入，每生所得在1990年爲2千5百美金，1994年增至3千美金，此與州政府平均補助學生的金額大致相近。此外，當時已在私校就讀的學生，並不被允許參加教育券的計畫（Witte, 1997）。

當教育券計畫於1990年開始實施時，立即受到強大反對，尤其是來自教師工會。此因教育券設計初衷即在對自由市場機制的追求，欲達成目標，則非包括私立學校不可。然而美國向來採行政教分離政策（separation of church and state），規定公眾納稅不得補助具有宗教活動或課程的私立學校。此項原則歷來爲法院所堅持，但卻成爲徹底實施教育券的絆腳石。因爲實務上，以部分天主教與基督教爲主的私立學校，其學生成就遠較公立學校爲高。貧窮的少數族群家庭無法負擔高額學費，且又必須將子女送入幾近崩盤的市中心公立學校，心中苦悶可想而知。於是，他們希望藉著教育券的實施，進而享受私校高水準的教學，基本上已放棄在公立學校尋求改革的希望。

在另一方面，以教師工會爲主的反對力量，卻不贊成私校加入教育券計畫。其認爲部分私校當然有其優秀之本錢。首先，學生來自社經地位較高家庭，而且學校不必無條件接受特殊教育學生，不必面對教師工會的壓力，不必完全遵守州的課程規定。換言之，其簡直是化外之民。如今將其納入教育券體制中，定會使處處受限的公立學校無法改進，反而傷害了在其中就讀的學生。

由於司法之抗爭，1990年只有350個學生就讀於7個非宗教私立學校。隨著1998年6月威斯康辛最高法院的有利判決，9月時已有6千2百名學生進入87個私校就讀，其中多數爲宗教學校。其分配爲2千2百名學生就讀一般世俗學校，4千名學生則進入57所宗教學校，足見其影響力。在1998-1999學年度，州政府總共撥款2,860萬美金於教育券計畫之實施。

綜而言之，由於資料的不足，較難瞭解持教育券入學之學生，是否眞的比一般學生在學業上有顯著進步（可參見Witte, Sterr, & Thorn, 1995），此也激起正反雙方各說各話的尷尬局面。不過，Witte的其他發現，筆者認爲卻可能更爲重要。Witte（2000）指出，教育券計畫使參與家長對教育的滿足感增加，更使其提高參與學校活動的意願。即使在學業成就上並無定論，但卻對密爾瓦基學區的教育並無傷害，反而激發了貧窮家庭教育子女的士氣與意願。綜觀密爾瓦基教育券1990後之十數年實施，可看出教育券計畫如要推出，恐怕必須只在特定學生與小規模實施的前提下。也許在多元制度並行的環境中，教育券計畫才有其生存空間。

檢視相關文獻，教育券計畫爲家長教育選擇權方案中最引人矚目者，正反雙方對此辯論極爲激烈。基本上，支持之一方多以個人與家庭之觀點出發，認爲經由選擇與競爭過程，子女所獲之教育品質必定有所改善。此外，學校選擇既爲家長之權力，其當然可以選擇所認爲最適學校以供子女就讀；其中包括品質上、宗教上、教法上等層面的互相契合。只要家長權限加大，學校就必須起而改革迎合其口味。換言之，優勝劣敗的定理就會給予其努力的強烈誘因；進而改變傳統獨占而不思改進的弊病。支持者並引用實證研究結論，認爲私立學校學生學業成就較高，行政較有效率，皆證明自由市場機制實行於教育經營的迫切性（Coleman & Hoffer, 1987; Chubb & Moe, 1990）。對於社經地位較低之家庭，教育券之支持者認爲其受益必大。理由爲在傳統學校制度中，貧困子弟多半分發淪入至最差學校（所居之學區環境惡化爲主因）；如今提高家長選擇權，其就可越區就讀品質較佳之學校，受惠程度自然增加。

反對教育券者，則多以社會觀點出發，質疑其實施並不能促進公共福祉。其主張教育之主要功能，即在教導人民基本價值觀如民主思想。因此，爲求社會之團結與平等，政府必須介入教育，以使不同宗教、思想、社經地位之子弟在一起接受最基本的教導。爲此，制度上就必須犧牲部分家長的教育選擇權。如果實施教育券，個人就可能爲所欲爲，不但造成社會分立，更難培養學生基本的公民價值觀。就長遠觀點而言，必定伏下各族群衝突的種子。

對於貧窮家庭的不利，也是反對者的主要立論。與支持者認爲貧窮學生會受到更好待遇之看法不同，其堅信教育券之制度適得其反，只是保障有錢家庭的權益。原因即在社經不利學生之家長整日忙於生活，無暇也無足夠知識消化複雜的選校資訊系統。加上搬遷頻仍、無力負擔越區就讀的交通費用等，皆使貧窮家庭處於不利地位（Levin, 1991）。基於此，反對者指控教育券方案只是以自由市場爲幌子，其實卻是過度膨脹個人權益，亟思打破以往基於社會正義所做的政治努力。深信如此作法，社會階級之對立必定更嚴重，民主平等的達成也是遙遙無期。

綜上所述，反對者主張教育選擇權根本無法使弱勢家庭受益，卻可能更加受害。表面上給予機會自由選擇學校，但會因種種因素，貧者根本無力行使權力，宛如是海市蜃樓一般。此外，實施教育券會使大多數中產階級子女湧向私立學校。此因以往學費高昂，其無法負擔，如今給予教育券，其首要選擇當然是辦學良好者。如此一來，公立學校只剩弱勢家庭學生（收入低、少數民族、居於發展落後區），其崩盤之日恐指日可待。支持教育選擇權的學者多希望以市場機制來刺激學校之競爭，但反對者卻認為其只圖利社經地位高之家庭，貧窮家庭只能撿拾殘羹剩飯，未蒙其利反受其害，因此堅決反對擴張教育選擇權。

三、擴大家長教育選擇權之焦點問題

家長教育選擇權在近幾十年成為各國教育改革之顯學，主因即在公辦學校績效不彰的問題。為平復部分家長之抗議，各國多半完成小幅度的改革。例如，美國之創建非傳統學校、打破學區制度、私校學費抵免賦稅等，但不是規模太小，就是處於實驗階段。最受爭議的教育券方案，也只在加州小部分地區施行過，最後也因州憲法未得修正而未能繼續。比較之下，英國1988年的教育改革幅度最廣。學校所得經費之多寡，部分必須以其入學數來決定，如此即具有部分自由市場精神。實施至今，除了確實減少行政體系的不當干涉外，其競爭績效卻未產生明顯進步。此外，由於最好之私立「公學」系統未能加入，家長抱怨好學校太少，實際上選擇對象與以往並無太大差異（Chakrabarti & Peterson, 2009）。

現代學校制度建立前，提供教育之機構往往為教會、私人捐資、或地區人民合資建立。在當時，家長依其財力與意願，將子女送入其認為最適當的學校就讀。及至民主思想勃興，受教育不僅是一種權利，也被視為是培養國家公民的義務。為確保學童能接受一定品質的教育，政府於是大力介入興辦公立學，並以立法規定各級教育的入學政策、課程標準、師資來源，與基本行政程序等。第二次世界大戰後，基於社會平等的訴求，給予少數民族、文化不利、與身心殘障學生的保障措施。其貢獻雖無可抹滅（如廢除種族隔離就讀政策），但重重規章卻也如緊箍咒般，嚴重限制學校的多元化與創新。即如當年反對教會與富有子弟獨占就學機會，因而革命創建公立教育一般；支持擴大家長教育選擇權的學者，也是對當今不知進取的教育體制之反動。如果公立學校的辦學品質始終未見起色，教育選擇權的爭議未來將更加熾烈（Payne, 2008）。

實務上，綜合家長教育選擇權正反雙方學者看法，其辯論焦點乃在以下四個問題：

1. **教育選擇權之擴增是否能達成社會正義**：支持者堅信窮困家庭因而得以翻身。反對者則認為會適得其反，此因窮困家長教育程度太低與經常搬遷，根本無能力做最佳抉擇。

2. **教育選擇權擴增之相關配套措施是否適足**：以加州小規模實施教育券爲例，支持者認爲只要做好校車接送系統即可解決。反對者卻發現一旦全面開放打破學區界限，則交通成本花費甚巨，大幅增加家長與政府之負擔且占用大部分教育經費。
3. **教育選擇權之擴增是否具有正面社會功能**：支持選擇權者認爲教育之社會功能，乃在使家庭尋覓最佳學校（基於其政治、宗教、思想、與對教育之理念），使個人做充分之發展。反對者則主張教育必須具有社會化與傳遞公民價值觀的任務，一味放任家長選擇，只會使社會更趨分立。
4. **教育選擇權之擴增是否促成競爭而導致進步**：支持者認爲唯有打破目前獨占局面，學校才會被迫求新求變；而其手段之一即是擴大家長教育選擇權。反對者則認爲由於交通與居住環境限制，是否促成競爭則在未定之數。畢竟教育不是一般商品，能先嘗試樣品後再做選擇（如買冰淇淋），且學校之優劣不是短期內所能評定。一旦全面開放，即使能達到淘汰表現不佳學校之目的，但如何安置其學生則又是一大難題。

檢視未來發展，對於贊成擴大教育權之改革者而言，其路途仍多嶮巇艱阻。爲了子女之競爭力，家長無所不用其極，各國補習業之昌盛即是一例（參見表3.4）。然而，將教育視爲是一種商品而引進自由市場機制，本來就極爲爭議。就實務觀點而言，教育經營牽涉到政治、宗教、與理念等因素，很難將其完全量化而做成商品公開販賣。提倡擴大家長教育選擇權者可利用興建非傳統學校、與部分補助私校之較緩和方式，以激發公立學校進步，但要做到自由市場的境界，則非要使用如教育券之激進方案不可。在做設計時，必須考慮到：(1)如何創建多樣多元的學校以供選擇，(2)如何給予家長適當的資訊輔導，與(3)如何幫助社經地位較低之家庭獲得實質利益等關鍵課題。在此之前，傳統公立學校體制仍會居於主流，改革方案如教育券計畫，恐怕就只能獨樹一幟，成爲零星的點綴而已了。

表3.4　影子教育之補教人生

在望子成龍的心態下，補習風潮早已席捲東亞升學主義高漲之地區，其中如日本即極端重視相關升學考試之補習。此因日本人看重學歷，學生為求進入東京、京都大學等一流名校而重考多年。影響所及，部分補習班已發展成股票上市之大規模公司，令人嘆為觀止。

無獨有偶，歐洲學者Mark Bray在2011年為歐盟（EU）進行各國相關補習教育之研究。其報告名為「The challenge of shadow education: Private tutoring and its implications for policy makers」，發現歐盟家庭每年投入數十億歐元於補習教育與私人家教，目的即在加強子女之學業成就。為應付競爭激烈之社會，歐洲父母甘願省吃儉用，將收入投入子女之學業補習費用。

此報告利用「影子教育」一詞，做為加強個人成績之私人補習的通稱。以往，影子教育泛指在課堂以外之教學與輔導活動，如今則以各種補習教育為主。根據2006-2010年之資料，法國2007年花費在補教的金額約為22億歐元，德國補習支出多集中在中等教育，過去四年平均每年約為9億到15億歐元。南歐的公立教育系統落後北歐國家，導致補習風氣更加盛行，例如希臘家庭付出的補習經費，相當於國家教育經費的20%。

報告發現願意花錢在補習上的多為財力雄厚家庭，此也導致高社經背景學生擁有更多優勢。本來，影子教育之初衷乃在幫助無法在學校得到所需資源之學童，如今卻讓先天擁有優勢學生更具有競爭力，無異會對社會不平等與階級分化問題雪上加霜。

報告指出，如果任由市場主導，補習將會繼續存在。高收入家庭對於追求品質優良的補習教育會更加瘋狂。此外，影子教育在歐洲已經形成具有龐大商機的新興產業。目前在法國、英國已有專門公司成立，利潤不下於東亞國家之同業。

閱讀上文後，你是否覺得此又是另一種家長學校選擇權之行使，教育界與政府該有何相應對策？

3.1 個案研究　森林小學違反私校法被訴案

一、時間：1994年5月3日被提起公訴。

二、地點：位於台北縣汐止鎮的森林小學。

三、性質：人物皆爲眞名，資料來源爲聯合晚報、自立晚報、中時晚報、台灣新生報、自立早報、聯合報、中國時報、人本教育札記第61期。

四、案情：依時間順序列表如下：

1992/4/23：台北縣政府同意「籌設森林小學期前教學研究計畫」。

1992/9/23：汐止國小發函台北縣政府，表示願意參與該研究計畫。

1993/8：汐止鎮代控告尤清、廖學廣圖利他人，並指稱森小涉嫌斂財。

1993/9：台北縣政府派員評鑑並委託學者評估森小財務。

1994/1：士林地檢署以森小未呈報省教育廳核可爲由，將森小校長朱台翔由證人轉列爲被告。

1994/5/3：士林地檢署以森小的內容已超出所謂實驗教學研究的觀念與範圍，因此其招生違反「私校法」規定，將森小校長朱台翔提起公訴。

1994/6/15：法官首次開庭審理本案。

1994/8/9：士林分院經過三次調查、一次辯論庭，宣判朱台翔無罪。

五、相關法條（依當時之條文）

1. 私立學校法第四十二條：「私立學校經主管教育行政機關核准立案後，始得招生。」

2. 私立學校法第四十三條：「未依本法規定申請核准立案，以學校或類似學校名義擅自招生者，由主管教育行政機關轉請當地政府予以取締。其負責人處三年以下有期徒刑，得併科五千元以上，五萬元以下罰金。」

一、檢察官起訴

1994年5月3日，台北各晚報均大幅報導引起社會矚目的台北縣汐止鎮「森林小學」被指違反私立學校法一案。台北士林地檢署主任檢察官王安明偵結，將森林小學負責人朱台翔依違反私立學校法起訴。檢察官在起訴書中指出，即使有改革教育制度的熱忱與理念，若提供的教育環境於法不合，恐不符教育之本旨。

起訴書中指出，朱台翔未依私立學校法規定，於1990年3月起，在台北縣林口以森林小學名義招生，每期24名。1992年下半年第6期開始，遷至台北縣汐止鎮白雲國小碧容分校復校，每期招收50名學生。收費標準爲：第一期每名學生12萬5千元；二至六期每名學生10萬元；七期以後每名學生120,050元，目前仍在續辦中。

朱台翔於檢察官偵訊時辯稱，設立森小係依據人本教育基金會「森林小學期前教學研究計畫」辦理實驗教學，而非成立新校；且向學生家長收取每期10萬元的款項，是「捐款」而非學費；同時，台北縣政府教育局也同意進行爲期一年的實驗教學計畫。因此，她並無違反私校法。

檢察官偵查後認爲：究其本質，森林小學收受的「捐款」，實與學費並無差異；此外，森林小學的設施、教師制度、教學內容等，與一般小學本質上並無差異，顯已超出所謂實驗教學研究之觀念與範圍；而森林小學提出所謂「報請核備」乙節，不過是欲掩人耳目。

在另一方面，台北縣教育局長鄧運林表示，森林「小學」不是學校，只是研究計畫，縣政府並已核准森林小學續辦第二期計畫，將繼續此一實驗，檢察官引用法條失當。人本教育基金會則表示，過時的法律無法有效規範台灣當前的教育實況，如果朱校長眞的因爲實驗計畫而進監牢，將是台灣教育史上最羞恥的一頁。

鄧運林表示，森林小學是教育實驗計畫，不是「學校」。據他瞭解，檢方曾函詢省教育廳及教育部，森林小學是否違反私立學校法，教育主管當局並沒有說森林小學違法，檢察官卻引用私立學校法將朱台翔起訴。

鄧運林表示，地方政府有權核准教學研究計畫，森林小學是台北縣政府核准的教育實驗計畫，第一期早已獲得核准，最近也將核准第二期。

鄧運林說，森林小學不是學校，所以不應該以一般學校的模式看成是「招生」。至於收費方面，由人本教育基金會負責運作，自有一定規範。外界人士不宜把教學研究曲解成私立學校，這樣是剝奪了地方政府的教育權。

人本教育基金會表示，檢方認爲森林小學在一年計畫期滿後仍違法招生，事實上在朱台翔校長被檢舉時，計畫正好處於銜接階段，在台北縣政府的監督下，森林小學已經和保長國小合作續辦計畫，檢方以外觀條件如校舍、招生等認定森林小學是未立案學校，論點有待商榷。

二、背景

森林小學案所以引起社會矚目，與當時之教育改革有極大關係。1980年代末期，台灣解除政治戒嚴，同時也促成「教育鬆綁」的風潮。戒嚴時期，教育的課程一元化，學生並被能力編班，造成「好班拚到死，壞班放牛去」的發展。在此種制式教育下，學生毫無自主性，只在懲罰與控制中拚命試圖升學。

由「人本教育基金會」所創辦的「森林小學」，則是對制式教育的反動。辦學者主張孩子必須在去除人爲不當限制的環境中，才可能靠著內在的力量，成功的完成社會化的歷程，其精神與英國的「夏山學校」頗有相同之處。然而在法令的限制下，森林小學並未立案（校地與設備問題），僅能以教育實驗計畫名義運作。其作風社會褒貶互見，以下僅舉數例爲證：

1. 森小的師資因環境所限，部分爲未取得資格的教師，引起部分人士質疑。森小則認爲有教育熱忱、且受過人本教育師資培育者，得爲森小教師。對於經制式師範教育出身之教師，並不完全存肯定的態度。
2. 森小的課程起初均無定本，完全由教師與學生聯合設計。之後，算數與自然兩科則以教育部部定教材爲原則，其餘各科則視需要而制定各種教案，教材並無一定。森小認爲此乃使教法更爲靈活，反對者則認爲過度自由，反而使學生難以有系統且有結構的學習知識。參觀森小的部分人士，對學生被允許隨意爬到樹上玩耍而大肆抨擊，認爲過度遷就學生之興趣而不管教，反使其放縱而自我受傷。
3. 森小因人數過少，學費一學期要新台幣10萬元以上（美金4千元上下），被人認爲是貴族學校，非一般家庭所能負擔。然而森小認爲其獨立自主，未受政府任何補助，爲維持教育品質，實乃不得已之舉，將來等人數增多，成本自然會下降。此外，森小也認爲政府用了納稅人的錢，但卻連最基本的教學正常化也做不到，比較品質之下，森小並不算貴。

森小於1990年正式成立，其間備嚐辛苦，但也在台灣原本死寂的教育界中投下一塊巨石，反對者無不希望將之打擊消滅，於是才有向檢察官檢舉之事的發生。

三、判決結果

1994年8月9日，森林小學校長朱台翔涉及違反私立學校法案，台北士林分院法官王梅英判決朱台翔無罪。理由是森小並未以學校或類似學校之名義招生，並非私立學校法立法目的所欲處罰的對象；且朱台翔所從事的「教學活動」，不僅未侵害國民之教育權，反而提供不同於制式教育之選擇，使國民教育權獲得進一步發揮、保障。

法官調查後發現，根據人本教育基金會提供的資料及證人舉證，森小並未以學校或類似學校之名義對外招生；而教育部函文也稱，本件教學活動亦積極認定爲教學實驗性質，台灣省教育廳也函文認定森小爲教學研究計畫；此外，森小的教學活動課程以安排主題教案爲主，與一般小學的教科書有別。

森小對外收費部分，法官經委託台大經濟系朱敬一教授評鑑結果，認定森小並無斂財之事實，且無使學生及家長因而陷於錯誤及受欺騙之情事。

法官王梅英審理後認爲，本件教學實驗計畫係就因材施教、發揮個人特殊人格之教育理念出發，並注重學生之差異性，提供多元的、適合不同學生之教育環境，有別於一般小學之制度。即朱台翔所從事之教學活動，不僅未侵害國民之教育權，反而提供另一種不同於制式教育之選擇可能性，而使國民教育權在內容上獲得進一步發揮、保障，朱台翔所爲自與私立學校法第四十三條之立法意旨無涉。

針對森林小學校長朱台翔被判無罪，教育部政務次長楊朝祥表示將尊重司法判決，但這並不表示所有以「教育實驗」爲名的私人興學，都沒有問題。爲確保地方政府所核定的教育實驗計畫，不致使學生受害，教育部將與省市教育廳局協調，擬定共同遵守的實驗原則。

由於教育部在檢方調查階段曾覆文檢察官，指出檢方以私校法取締森林小學並無適法疑義，而且「公務員因執行職務，如有犯罪嫌疑者，應爲告發」，這份公文是檢方據以起訴朱台翔的重要依據之一。

對於法院的判決明顯與教育部的認知相左，楊朝祥表示，本案不是教育部主動提出控告，覆文只是就適法性向檢方說明，「教育部對於違法事實所蒐集的資料不如司法機關，法官是從各種角度考量，與行政機關不全然相同，判森小無罪，並不表示教育部站不住立場。」

針對士林分院對森小校長朱台翔的無罪判決，興辦森小的人本教育基金會表示，這項判決標誌著教育權力下放的新里程碑，也肯定了民間進行自主教育活動，不受官方控制的可能性。

人本教育基金會指出，法院認定森小期前教學研究計畫爲台北縣教育局監督下的教育實驗，並非私立小學，不適用私立學校法的規範，是非常具有前瞻性的法律見解。因爲它肯定了地方教育的主權，在長期中央集權式的教育控制下，標示著教育權力的下放；而且在官辦教育爲主流的體制下，這項判決也是對民間興學的肯定。

討論問題

1. 依據1999年通過的國民教育法修正條文第四條第四項：「為保障學生學習權，國民教育階段得辦理非學校型態之實驗教育……。」試以教育行政觀點，分析此項修正對解決如森林小學此種另類學校的難題，是否有所助益？部分人士認為此種實驗根本是為社經地位高者的子弟所設，您是否贊成？如要實施，您認為應有何種配套措施？
2. 為促進教育市場的活絡，部分學者倡議公立學校「公辦民營」的制度。就森林小學此種另類學校而言，您認為公辦民營制度是否可行？又需有哪些配套措施？
3. 此案乃家長對教育選擇權的爭取，希望小學教育市場能夠開放。您認為開放的限度何在？又如何在政府監督與家長意願之間取得平衡？
4. 以此案為例，分析台灣實施教育券制度的可行性，與可能產生的結果。
5. 以此案為例，討論目前台灣對民間興學與對私立學校運作之制度與監督上，有無缺失之處，應如何改進？
6. 試就目前之相關法律條文（如國民教育法、私校法）規定，分析是否已解決了家長學校選擇權所產生的爭議？若無，則原因何在？應如何改進？

3.2 個案研究 在家教育之選擇

長久以來，依據「強迫入學條例」的規定，台灣的義務教育幾乎皆由國家提供，且具有強迫之性質。當父母不滿學校教育的品質時，即產生強烈之反彈。有人直接引進體制外的另類教育（如森林小學、華德福學校），也有人力促內部體制的鬆綁。在家教育即是後者一種對抗學校教育的另類教育型態。

根據在家教育倡導者的看法，所謂的義務教育是「國家有義務提供國民接受教育的機會」，而學校教育只是「其中」一種，絕非是「唯一」型態。他們認爲現行學校教育的統一管理，把孩子塑造成木頭人，父母是最瞭解孩子的，絕對有能力可以教育子女。透過在家教育，因爲充分瞭解孩子的需求，可提供孩子發展多元智慧適性教育的機會。此外，當孩子被帶回家後，政府也應不斷提供在家自行教育的資源，並指派教師定期給予協助，而非棄之不理。

反對者則認爲學校教育向來是社會化重要的歷程，透過教師及同儕團體相互學習，孩子可以接受完整的社會化陶冶。雖然有意對孩子進行在家教育者，對自己的教學充滿信心，但是懂得不一定教得，而孩子在家學習，家長同時擔負了教師的角色，親子和師生角色如何釐清，上學與課後如何巧妙切割。另外，在家學習缺乏同儕團體的互動，是否會造成孩子孤立的性格？是否會對孩子過度保護？一旦回歸體制有無適應的問題？凡此種種皆需事先愼重考慮。

爲應付在家教育之要求，台灣部分縣市政府已訂定相關法規，允許部分學童在家教育。例如，台北市教育局2002學年通過在家教育個案審查已達81件，至2009年則增至883人在國中小階段申請自學，顯示國人教育觀念的改變。民間也成立「保障教育選擇權聯盟」，希望保障在家學習孩童的教育權益。

根據聯盟負責人表示，政府應有完整的自學政策，讓有能力的孩子從國小到大學升學無礙，自學生的評量方式應分級分科。在學科方面，可採用具公信力的測驗題庫搭配不同年級的能力指標來鑑定自學生，且可透過電腦作答的方式隨到隨考，自學生也可透過專題報告做入學的審查。

雖然義務教育不再限於學校，但講求互動及系統化教學的學校教育仍然無可取代，因此在家教育可能成爲教育型態之一，但短期內仍無法衝垮學校的圍牆。然而從另一方面來看，在家教育的日漸盛行，使得學習衝破了學校的圍牆，學校行政者須重新省思學校的定位與功能。

討論問題

1. 讀完上述內容後，您贊成在家教育嗎？理由何在？如果同意，又應有哪些配套措施？
2. 義務教育階段的孩童相當幼小，家長是否具有決定其接受如此「另類」的在家教育權力？如果父母失職，政府應採取何種措施保護學生的受教權？換言之，國家與家長在學校選擇權上，應取得何種之平衡關係？

建議活動

1. 蒐集並瞭解深受儒家思想影響且人口密集之東方國家或地區（如大陸、日本、韓國、新加坡、台灣、香港、澳門），針對私人在中小學教育興學政策上的差異，並比較彼此之優缺點。
2. 部分學者反對私人興學之主因，乃在害怕私人將學校視為家產而產生弊病。就此而論，您認為目前實施之「私立學校法」有何需要改進之處？

3. 蒐集並比較台灣不同社經地位家庭對於採行特許學校與教育券制度的看法，並探討其背後原因。
4. 台灣目前義務教育之興辦，仍以公立學校為主。試探討其優缺點，並對其不足之處提出建議。

教育人員之培育與任用

第一節　教育行政人員的培育
第二節　教育行政人員的甄選與任用
第三節　教師的職前教育
第四節　教師證照與任用
第五節　促進教育人員專業之行政措施

顧名思義，教育人員係指參與國家各級各類教育活動與經營的人員。廣義來說，其應包括所有教育行政機關人員、各級學校教職員、社會教育文化機構專業人員、與學術研究機構研究人員等。限於篇幅，本章所討論之教育人員則以教育行政人員、公立中小學校長、教師、職員爲主，探討並分析相關培育、甄選、任用、考核、與進修等課題，並參酌各國發展趨勢進行分析與提出建議。

衆所周知，教育人員表現乃是教育成敗的關鍵所在。制度再完美，若無優秀人員的執行也是枉然；唯有兩相配合，才能締造優良績效。一般而言，依職務之不同，教育人員可分爲教育行政人員與教師兩大類，前者則部分具有後者的資歷。以下即分別敘述其相關培育、甄選、任用的過程與方式。內容以台灣教育制度爲主，旁及各先進國家的相關設計，以探討不同制度設計之間的利弊得失。

第一節 教育行政人員的培育

如果說教師是教學活動的基石，行政者則是教育改革與發展的要角。隨著社會的多元化，教育行政者的工作更形複雜及具挑戰性。衆多利益團體如少數民族、特殊教育利益團體、家長會、與教師工會的興起，使行政者在進行決策前若不費心思量，就極容易成爲衆矢之的。影響所及，教師應聘此項職位的動機自然降低。如何吸引秀異之士擔任教育行政者，與如何使其適才而用，往往是一國教育行政運作成敗的關鍵所在；此與相關教育行政人員之培育、甄選、任用、與在職進修制度的良窳有極大關係。以下即以學校校長爲代表，分別就各個課題加以敘述分析。

一、校長培育制度趨勢之演進

檢視相關文獻（林文律，1999；林明地，2003；秦夢群，2007；湯志民，2002；謝文全，1999；Ann, 2000；Belding, 2008），可得知目前各國針對校長培育制度，有以下四個焦點議題：

1. 建立適當校長培育制度與機構，以符合未來社會與學校領導者的需求。
2. 建立校長專業能力與關鍵功能指標，以配合培育內容與證照制度之實施。
3. 建立適切課程教學與多元學習方法的校長培育課程，以協助有志校長工作者，獲得行政運作及教育領導必備之知識與技能，其深度與廣度之間必須取得平衡。
4. 建立教育行政理論與學校現場問題之連接，採取以實務問題爲導向的學習方式，以使校長培育能夠符合社會需求。

校長培育制度牽涉極廣，其中又以培育課程內容與教法最受爭議。長久以來，學者從不同角度辯論應以何種知識來培育校長，並認爲課程內容之導向，對於校長未來施政有極大影響（褚宏啓、楊海燕，2009）。以下即從知識論觀點，敘述第二次世界大戰後，各時期對校長培育內容的主張，並分析未來之校長培育趨勢。

邏輯實證論自1950年代以來即爲影響校長培育內容的重要典範，其在方法論上的基本主張有五點，其中包括：(1)用假設驗證的形式進行問題的研究；(2)採操作型定義；(3)堅持理論中立的原則；(4)偏向統計量化的研究形式；與(5)教育研究應排除主觀的道德議題，因其並不能被客觀的證驗。影響所及，校長培育課程變得極爲理論化。設計者試圖建立放諸四海皆準的大型理論（許多乃借自相關的社會科學），提供受教者食譜式的教材，主張只要照著上面做，行政就會有績效。此種趨勢在1960至1980年代大爲盛行，大學中的教育行政相關科系成爲校長培育最重要的機構，但卻往往被指責爲是過度機械化且與現實脫離太遠。

邏輯實證論所主張的基礎主義，之後受到後實證典範與後現代主義的激烈攻擊（黃乃熒，2000）。其中如Greenfield的主觀主義、Kuhn的科學典範論、Bates的批判理論、Foucault、Lyotard的後現代主義，均強烈主張非基礎主義。其在方法論上的主張雖非齊一，但基本上認爲研究應有如下的轉向：(1)從單純、機械式的世界到複雜多樣的實體觀，主張世界不只有一個實體；(2)從層級節制的世界到無層級的世界觀；(3)從機械的宇宙觀到全像關注的宇宙觀；(4)從宇宙有限觀到宇宙無限觀；(5)對於假定的猜測從直接因果到互爲因果；(6)從純粹客觀性轉向多元觀點透視的方法論（秦夢群、黃貞裕，2001）。

後實證典範與後現代理論對於校長培育制度影響甚大。以往傳統邏輯實證論的單一典範觀念已被打破。在未來發展上，校長培育應有以下四個走向：(1)不再迷戀價值中立的理論，而將主觀性的倫理、道德、乃至社會脈絡等主題加入課程中；(2)放棄以往發展策略以控制組織成員的作法，代以要求校長學習如何與學校成員互動與參與學校次級團體的方法；(3)許多非傳統的方法如同僚學習、個別教導、核心團體等開始被採用，以訓練未來的校長；(4)傳統大學講演式的教學法被代替，各學區可依其背景與需求，自我設計培育課程，以達到學校本位管理之目的（Chin, 2003; Franklin, 2006; Harpin, 2003; Harris, 2006）。

基於不同之知識論主張，歐美各國近年在校長培育制度與課程上，皆有一定之改變。限於篇幅，以下僅針對美國與英國之最新校長培育制度與運作加以概述，並歸納其校長培育趨勢之所在。

二、美國校長培育制度

美國在教育行政人才的培育上用力甚多。其制度與相關機構課程之演進，可分為三個時期：(1)處方時期（prescriptive era, 1900-1946），(2)行為科學時期（behavioral science era, 1947-1985），與(3)辯證時期（dialectic era, 1986年之後）（Murphy, 1994）。茲分述如下。

（一）處方時期

二十世紀之初，美國在培育教育行政者的工作上呈現一片空白。當時既無教授相關課程的機構，行政者之角色也常與教師混淆。之後，人口逐漸湧入都市、資本主義的勃興、與科學管理運動的發軔，皆使得此種情況有所轉變。哥倫比亞大學率先於1898年舉辦首次學校行政研討會，其後各主要大學即相繼創立教育行政研究所（Callahan, 1962）。至二次世界大戰時，已有38個州通過立法，規定申請教育行政工作證照必須擁有相關碩士學位，更激發有志者進入相關研究所進修的風潮（Cooper & Boyd, 1987）。

嚴格而論，當時的師資並不理想。在研究所任教者的背景多來自教育行政實務界，以往所受學術教育相當有限，部分甚而連碩士學位也闕無。課程方面由於受到科學管理學派的影響，偏重實務之教授。許多商業理念諸如財政管理、生產管理、設備採購等均滲入教育行政的課程中。相較之下，關於實務的社會與經濟問題則很少提及（Newlon, 1934）。學員角色宛如商業公司訓練部屬一般，一切講究實質的績效與成果；而所接受的知識也多是條列式的規則與手冊，好似醫生開的處方一樣；這也是此時期被命名爲處方時期之故。至其後半期（1930年代後），人際關係學派興起，員工之動機、工作滿意度、與個人成長等主題也加入課程；然而內容仍以規則技巧爲主。學生所受多半是教授的個人經歷、在職行政者的建議、約定成俗的行政習慣與禁忌，與面對不同問題的特殊處方而已。其鮮少觸及學術研究與其他社會科學領域，在理論基礎上顯得薄弱與不足（Campbell & Newell, 1973）。

（二）行為科學時期

上述情況直至進入行爲科學時期後才有所改變。基於社會的多元化，處方式的訓練課程已不符所需，許多行爲與社會科學的理論（尤其是心理學）即被漸次加入。換言之，教育行政不再只限於實務運作，而是具有理論基礎的學門。課堂教授的規則與作法，均應有其背後的研究理論支持。學員必須學習社會科學的研究方法（尤其是以邏輯實證論爲基礎的統計推論），以加強自身從事高深研究的能力。教育行政至此成爲跨學科的學門，在課程安排上也更爲完整。學生在分析問題時，也較具相關社會學科的知識，而能從其根源著手，去除以往見樹不見林的缺點。

除此之外，教學的形式也開始多元化。以往教授多以講演法爲主，1960年代開始，實地教學即成爲流行的形式之一。各種電化媒體也被廣泛運用，如使用電腦模擬實際的行政個案供學生分析討論。此外，學生也被鼓勵至商學院與管理學院修習相關組織運作課程（Silver, 1982）。在獲得學位前，各校多半安排實習課程，使整個培育計畫能夠理論與實務並重，以希望培育的行政者不再限於只是閱讀手冊的工匠。

（三）辯證時期

行爲科學時期至1980年代中葉告一段落，代之而起的即是辯證時期。當時美國國家卓越教育委員會（National Commission on Excellence in Education）提出「危機國家」（A Nation at Risk）的報告，對於教育系統與課程進行嚴厲抨擊，教育行政人員的培育制度也無法倖免。部分學者（如Murphy, 1992）指出其培育的人才往往能力不足，且缺乏領導能力；認爲以行爲科學研究方法論爲基礎的課程與教法有極大缺陷，而建議採用批判理論（critical theory）的主張。

批判理論的成員以法蘭克福學派（Frankfurt School）爲主，最爲國內所熟悉的學者首推Jurgen Habermas（哈伯馬斯）。其知識論的主張與傳統理論不同，重視社會歷史的層面與發展。其批評牛頓以降的實證科學方法論，只著重內部邏輯的推演，試圖以精確的數量方法，逼使所研究的實體現出原形。影響所及，只能對現況做局部的分析與解釋，而缺乏一種全向度的認知。爲建立一種周延的社會科學方法論，即必須對社會與歷史的走向做全面分析。換言之，認知之主體不能超乎歷史與時間之外，必須要配合社會與文化經驗。理論在歷史活動中運行，並非一成不變，而必須時時加以檢驗，此也是批判理論的主要精神所在（Habermas, 1984）。

批判理論的興起，對於培育教育行政人員的作法與制度產生顯著影響。雖然其走向尚未有所定論，但Murphy（1992）與Kanpol（1994）在參閱各文獻後，發現已有如下之變化：(1)課程之安排加入倫理、社會階層、少數族群等有關社會結構的單元。(2)更加注重實際情境的分析。除採用量化方法外，質化方法如田野調查等也被使用。(3)對於社會公平性的議題更加重視。尤其在處理學校各利益團體的權力運作上，學生被要求學習更民主的領導方式，而不再侷限於特有的模式與作法。

辯證時期的特色一如批判理論之主張，重視社會歷史的層面發展；其並非單使用量化統計分析所能達成的。教育行政者扮演的角色既爲社會之一環，就不能忽視其變遷趨勢。日後各國培育制度的走向，目前雖無定論而待時間觀察；但可以確定的是其應會更宏觀，且轉向質量研究方法並重的態度。

爲配合校長培育之新趨勢與各州遴選規定，美國已有專門機構致力於協助校長培育與專業發展。其提供相關課程與交流平台，以供校長培育與進修，期能協助校長在專業知能上不斷成長。相關校長培育與專業機構大致可分爲以下四類（蔡美錦，2000）：

1. 各大學或學院設置的校長專業機構，例如，哈佛大學校長中心（Harvard Principal Center）、UCLA教育領導培育計畫（Educational Leadership Program）。

2. 州政府設置的校長進修中心，如加州政府教育廳所舉辦的加州學校領導學苑（California School Leadership Academy）。
3. 民間專業機構或私人基金之下的研究中心或實驗單位，例如，美國小學校長協會（NAESP）、加州學校行政人員協會（ACSA）所設的校長中心。
4. 地方學區所舉辦的校長進修班，如波士頓地方學區所舉辦的校長研究中心。

美國校長培育機構極爲多元，惟因篇幅有限，以下僅就「哈佛大學校長中心」做重點的介紹。

哈佛大學校長中心於1981年成立，當時是由Roland Barth、學校領導者、與哈佛教授所組成。原本成立的目的僅在提供校長之間彼此共同討論與反省管道，現今則轉而提供校長認證，並與其他相關專業機構進行交流（蔡美錦，2000；Harvard Graduate School of Education, 2007）。其相關資訊如下：

1. **組織架構**：中心目前設置中心主任與董事會，董事會負責針對專業發展活動及課程提出具體建議，另外尚有全職工作人員。
2. **運作宗旨**
   (1) 提供校長職前基礎訓練，協助校長取得證照。
   (2) 提供學校領導的知識。
   (3) 提供課程給予校長學習與挑戰。
   (4) 提供國際網路資源。
   (5) 提供校長在職進修的機會與課程。
3. **課程模組**：進行校長職前教育，必須先明晰希望培養校長何種能力。一個學校要具有績效，具有基本能力的校長乃是關鍵。因此瞭解校長應具備的智能，將有助建立完整的職前培育制度。校長能力之培養包括經營技巧、領導技巧、溝通能力、對人關懷、有效決策、問題解決等。爲了符合美國麻州政府對校長證照課程的相關規定，哈佛大學校長證照課程的所有學員都必須參加一門核心課程與三門必修課程，以下簡述其課程內容：
   (1) **學校領導**：此課程爲核心課程，以研討會形式進行，目的在增進領導知識與技能，促進學習與教學，以實現高品質的學習環境。課程中將以各種觀點探討領導相關議題，評量方式係以書面作業和課堂表現爲主。

(2) **非營利組織的財務和資源管理**：此課程將對非營利組織的財務管理與作法進行全面介紹，其中包括財務會計、財務報表的編製與解釋、財務分析與成本核算、預算管理、成本控制、與人員精簡規劃等。課程進行方式包括講座、案例分析、討論、練習、與課外閱讀。評量方式是案例分析書面作業、課堂參與、與期末考試。

(3) **校長實習**：此課程爲實習校長提供現場實踐機會。學員在學年中必須完成至少400小時實習。一般而言，每週要有兩天與現任校長一起在校工作，以瞭解校長的職責運作。爲了符合麻州政府的要求，此課程必須貫穿全年。

(4) **學校與法律**：此課程著重於相關中小學經營的法律問題，其目標包括：①爲校長提供有效解決法律問題的知識與方法；②尋找以法律途徑解決教育問題的創新策略；③幫助校長關心法律問題並具備法律常識。其議題包括校園暴力、性別歧視、教育機會均等、與學生表達自由等。

除了以上所述的核心課程與必修課程，該機構也極力推薦學員選修諸如「學校改革：課程與教學領導」、「瞭解教育測驗」、「融合教育的實施」、與「支持教師改進教學」等課程，以更全面充實校長所應具備的領導知能。

依據各州法律，接受各種校長培育機構之課程與實習後，皆須取得相關證照，方能取得候用校長資格。取得證照之管道或由各州自辦，或由州政府委託特定團體代辦。後者以「跨州學校領導者證照聯合會」（簡稱證聯會）最爲出名。其係由全美半數以上「州教育廳長聯合委員會」（Council of Chief State School Officers）所組成的團體，運作目的乃在發展學校領導者的專業準則與評量方式，並對各州負責學校行政人員證照的權責機構提供服務（林文律，2000）。

實務上，證聯會根據其制定之學校領導者準則發展校長證照測驗（School Leaders Licensure Assessment），以作爲評定校長能力與核發證照的依據。該測驗共分爲四個模組（賴志峰，2000；Ann, 2000; Anstrom, 2000），茲分述如下：

模組一：以十個短文描述校長可能面對的情境，每一短文之後皆有焦點問題，詢問校長下一步應如何進行、在該情境應考慮之因素、如何處理困境、與預測行動後的潛在結果，並說明詳細理由與學理根據。

模組二：包含六個較長的短文，內容為學習或教學議題困境。受試者必須分析各種競合之主張，在考量資源、行動優先順序、與釐清教學爭議後，提出適當的解答與策略。

模組三：包含兩個個案分析，皆著重在教與學的議題，且以相關文件呈現，有時則以一簡短的情節描述學校與社區狀況。應試者被要求檢視所有文件，並從其中選擇相關資訊回答個案問題。

模組四：呈現七項學校行政人員可能遭遇的典型問題，七項中至少六項與教學議題有關。受試者需使用各個文件所提供之資訊，針對學校改革相關問題提出看法。

三、英國校長培育制度

英國包含英格蘭、威爾斯、蘇格蘭及北愛爾蘭四個部分，各地因地方自主管理，因此在各方面皆有些許差異。英國的教育管理體系大致分為中央階層與地方階層。在中央層級分別在英格蘭、威爾斯、蘇格蘭、與北愛爾蘭設立四個類似教育部之管理機構。地方階級的教育行政單位，在英格蘭及威爾斯設有地方教育局（Local Education Authorities, LEAs），在蘇格蘭則為蘇格蘭教育局（Scottish Local Authorities, SLAs）。英國的教育管理體系，皆以自主管理為中心，負責管理各個層級的教育。在教育方面，蘇格蘭與其他三個地區相差較多。限於篇幅，以下僅就英格蘭地區校長培育制度加以簡介。

英國政府體認到學校領導者的重要性，在2001年中央教育與技能部（DfES）耗資2,800萬英鎊在諾丁翰大學（University of Nottingham）成立「國家學校領導學院」（National College for School Leadership, NCSL）總部，此為專門培育校長之學校。基本上，英國NCSL的設置乃植基於學校實務取向，其提供英國學校校長、副校長與其他學校行政領導者的專業支持，該學院的主要目標在於促使個人與團隊有效領導與管理學校，並達到最佳狀況（巫夢蓁，

2007）。

原則上，NCSL主要任務乃在負責校長培育與認證、初任校長導入、與現職校長的進修教育。工作重點即在執行中央教育主管機關對於校長培育的方案，其中包括：(1)校長專業資格檢定方案（National Professional Qualification for Headship, NPQH），提供有意擔任校長者的培育訓練與資格檢定。(2)初任校長導入方案（Headteacher Induction Programme, HIP），提供初任校長者前三年的入門輔導訓練課程。(3)校長領導與管理訓練課程（Leadership Programme for Serving Headteacher, LPSH），提供給具有三年職務經驗的現職校長，進行進階的領導實務學習與反思，並給予深度的回饋與診斷分析。

就「校長專業資格檢定」而言，NPQH乃立基於英國的校長國家標準（National Standards for Headteachers），此一標準對任職校長所需之知識、技能及特質加以界定，而NPQH之訓練及評估皆本諸於此。自2009年4月1日起，初任校長均須具備NPQH資格證照（NCSL, 2007）。以下茲就NPQH的制度內涵及課程進行說明。

大致而言，NPQH的檢定制度之流程包括申請與評估、發展階段、及證照授予（可參見表4.1）。此制度在設計上根據學員本身不同能力與經驗，發展出多元培育時程的路徑。基本上，學員可選擇參加標準路徑或加速路徑。路徑一開始於發展階段（需訓練），此路徑是提供給較無學校領導經驗的學員。路徑二開始於發展階段（需訓練），乃是針對在學校領導的深度與廣度皆有相當經驗的學員。路徑三則開始於發展階段（不需訓練）的後半段，循此路徑者可較快進入最後階段。此路徑的設計係針對在學校領導已有相當經驗的學員，其可能已是校長或是即將成為校長者。學員隨著進入的路徑之不同，完成NPQH的時間也有所差異。就各個階段的內涵而言，發展階段包括前導與導入部分（如介紹師傅導師給學員）、契約訪問（如師傅參訪學員之學校，研商學習契約事宜）、不同學習模組、學校改進工作、面對面訓練、學習之旅、學校參訪、與學校本位評鑑。最後階段則包括住宿計畫、最後的技能評鑑、及畢業三個部分（陳木金、陳宏彰，2006；NCSL, 2007）。

表4.1　NPQH培育活動之路徑與階段一覽表

階段	活　動	標準路徑（必須訓練）		加速路徑（不須訓練）
		路徑一（無領導經驗）	路徑二（具有部分領導經驗）	路徑三（具有豐富領導經驗）
發展階段	前導活動：	■	■	■
	1.培育計畫介紹	■	■	■
	2.瞭解校長培育標準之意涵	■	■	■
	訓練及發展活動：	■	■	
	1.面對面的訓練學習	■	■	
	2.學校參訪	■	■	■
	3.線上學習、學校現場本位評鑑	■	■	
最後階段	兩天的住宿計畫	■	■	■
	總結評鑑	■	■	■
	NPQH證照授予	■	■	■
正常完成NPQH的時間		約15個月		約6個月

資料來源：NCSL(2007).

第二節　教育行政人員的甄選與任用

一、教育行政人員之甄選資格

甄選的目的在爲國舉才，並透過客觀公正的程序，使對教育行政工作有興趣且有才能者，得到適當職位而加以發揮。爲使申請者素質達到一定水準，各國在設計甄選制度時，多訂有基本資格的限定。其中包括如：(1)一定學歷之規定，(2)一定之教學經驗，(3)一定證照之取得，與(4)年齡之限制等。一般而言，教育行政人員的最大來源爲教師團體，故候選者多半具有教學經驗。例如，義大利的地方督學傳統多選自優良教師（Hopes, 1983），而英國皇家督學（Her Majesty's Inspectorate）不但來自地方教育機構，選自高等教育學校的也不在少數（Chitty, 2004）。德國各邦教育機構中，行政者多具有法學與商業背景。此因教育行政牽涉法條爭訟與經營理念甚多，故有法商領域之專長較能綜理校務（Hopes, 1983）。

甄選資格的限定，往往影響申請者的背景與素質。以下即以台灣與美國中小學校長甄選制度爲例，說明兩國之間的差異。台灣之特色乃在特重考試，美國則專注於證照制度之獲得，其在培育教育行政人員上有獨到之作法。

台灣教育行政人員的甄選分爲兩類：(1)由考試院所舉辦之高普考或其他特考相關教育類科，所產生之各級教育行政機關人員。其具有文官資格，隸屬於普通行政體系中。(2)由1985年所公布之「教育人員任用條例」所規範之學校行政人員，其中包括校長、主任、職員等。以上兩類人員皆需經過甄選才能獲得任用，而校長之資格規定尤爲嚴格。

首先，根據教育人員任用條例第三十一條規定，具有下列情事之一者，不得爲教育人員：（2011年修訂）

1. 曾犯內亂、外患罪，經判決確定或通緝有案尚未結案者。
2. 曾服公務，因貪污瀆職經判決確定或通緝有案尚未結案者。
3. 曾犯性侵害犯罪防治法第二條第一項所定之罪，經判刑確定。
4. 依法停止任用，或受休職處分尚未期滿，或因案停止職務，其原因尚未消滅者。
5. 褫奪公權尚未復權者。
6. 受監護或輔助宣告尚未撤銷者。
7. 經醫師證明有精神病者。
8. 行爲不檢有損師道，經有關機關查證屬實，或涉及性侵害之行爲，經學校性別平等教育委員會調查屬實。
9. 知悉服務學校發生疑似校園性侵害事件，未依性別平等教育法規定通報，致再度發生校園性侵害事件；或僞造、變造、湮滅或隱匿他人所犯校園性侵害事件之證據，經有關機關查證屬實。

國民小學校長應持有國民小學教師證書，並具下列資格之一：（2011年修訂）

1. 曾任國民小學教師五年以上，及各級學校法規所定一級單位主管之學校行政工作三年以上。
2. 曾任國民小學或國民中學教師三年以上或合計四年以上，及薦任第八職等以上或與其相當之教育行政相關工作二年以上。
3. 曾任各級學校教師合計七年以上，其中擔任國民小學教師至少三年，及國民小學一級單位主管之學校行政工作二年以上。

由以上資格之規定中，可看出對申請人學歷與教學經歷的基本要求。第三項則爲一般教育行政人員擔任校長職位提供機會，以促進教育行政與學校行政兩管道間的交流。然而具備以上資格，並不代表即可被任用。根據2011年通過之「國民教育法」修正條文第九條第三項之規定：「縣（市）立國民中小學校長，由縣（市）政府組織遴選委員會就公開甄選、儲訓之合格人員、任期屆滿之現職校長或曾任校長人員中遴選後聘任之。但縣（市）學校數量國中未達十五校或國小未達四十校者，得遴選連任中之現職校長，不受連任任期已達二分之一以上之限制；其相關規定由縣（市）政府定之。」各級現職教育行政機關人員並不具有被遴選的資格。除非其按照縣（市）之規定參加之前的甄選與儲訓程序，否則即不能轉任爲國中或國小校長。

除了校長外，國中小各處室主任也需具有一定資格。基本上，其多由教師兼任。各縣市對於國中國小主任任用資格各有規定，但其條件大致不外包括：(1)學歷（大專教育系所或修畢教育學分之要求），(2)經歷（必須曾執教或擔任相當之教學工作數年），(3)年齡（多半限爲55歲），(4)無不良之犯罪與行爲紀錄，與(5)具任用資格等項。此僅是參加甄選申請的基本條件，要獲得任用，則仍需經一定之考試評量過程。

此外，學校職員則依「教育人員任用條例」第二十一條規定，其任用資格，除技術人員、主計人員、人事人員分別適用各該有關法律之規定外，應經學校行政人員考試及格，或經高普考試相當類科考試及格。其資格與一般教育行政人員類似。

與台灣相較，美國由於實行地方分權制度，各州甄選與任用教育行政者的制度不一，但皆建立有證照制度。其對培育教育行政人員之專業化用力甚多，目的即在拔擢長才（Gorton, Alston, & Snowden, 2007）。各州不但在學校設立教育行政相關研究所授與學位，並徹底實施證照制度以建立專業形象。證照種類繁多，各州之間也有些微差異，但多半以教育行政職位做爲分類。主要包括小學校長證照、中學校長證照、高中校長證照、普通行政人員證照、視導人員證照、與教育局長證照等（Martin, et al., 2005）。基本上，如要擔任教育行政工作，必須先要取得證照，而其管道則多半經由研究所教育管道。

美國的校長證照制度發展甚早。雖因國土遼闊，且教育屬於地方權限，使各州制度有些許差異，但大部分的州仍有相類似的設計。尤其自1996年美國「跨州學校領導者證照聯合會」（Interstate School Leaders Licensure Consortium, ISLLC）致力於聯合各州提出「學校領導者準則」，更促使各州在校長證照相關的議題上，逐步取得共識而趨於一致（林文律，2000；Van Meter & Murphy, 1997; Werner, 2007）。

美國校長職前教育與任用制度係由各州自行辦理訂定，因此各州互有差異。爲方便說明，以下特舉筆者曾爲訪問教授的愛荷華州（State of Iowa）爲例，說明擔任不同行政職位的基本資格。以教育局長而言，欲取得州教育廳所發給的局長證照，則需具備以下條件：

1. 具有取得專業證照的基本資格（如無不良紀錄、居住於所在地之時限等規定）。
2. 具有相關教育行政主修的碩士學位。
3. 碩士學位後，又再進修規定之研究所教育行政學分達30個以上，並且成績優異。
4. 至少有四年之教學經驗。
5. 在進修碩士後學分之研究所指導下，曾修習有關實習課程，或具有同等經驗（如先前已擔任行政工作）。

在校長部分，小學校長證照的資格要求爲：(1)具有主修初等教育或教育行政之碩士學位；(2)至少有四年之教學經驗，且表現優異；(3)曾在研究所中修習有關小學行政的實習課程，或具有同等之行政資歷。中學校長證照的資格要求爲：(1)具有主修中等教育或教育行政之碩士學位；(2)至少有四年之教學經驗，且表現優異；(3)曾在研究所中修習有關中學行政的實習課程，或具有同等之行政資歷。

再以密蘇里州（State of Missouri）爲例，州政府規定取得校長證照必須有下列資格：(1)需具有碩士學位；(2)需有兩年以上之教學經驗並取得教師證照；(3)需要修習專業課程，如特殊兒童心理、教育行政概論、學校視導、教學管理、教育測量與評鑑等領域課程。

綜上所述，美國各州取得中小學校長資格，大致必須具備以下三個條件：

1. **學歷**：獲得被認可教育相關院校之碩士或博士學位。
2. **經歷**：最少需具有一定年限之教學經驗與取得教師證照。
3. **專業**：需修畢各州所要求之一定學分教育行政專業課程。

由以上資格要求，可看出美國教育行政者之甄選首重學歷與經歷，此也是取得證照的重要條件。一般而言，各州多半規定學歷爲碩士，與具有研究所教育行政相關課程的一定學分。在經歷方面，則多半爲三年以上的成功教學經驗與相關教育行政實習或服務年限。值得注意的是：美國各州均要求證照申請者進入教育行政研究所，或其他類似機構修讀學位或一定學分；其分工與專業要求均極爲精細。台灣教育行政者雖大半具有教育背景，但卻不見得皆以教育行政爲研讀領域，造成部分從未修習過教育行政課程，卻能成爲校長或教育局長的怪現象。此種「只考不教」的制度，實與美國有極大差異。

教育行政主修學位或學分，既爲取得證照之必備條件，美國各大學爲此均普遍設有相關研究所以應所需。一般而言，由於教學經歷之要求，有志於行政工作者皆多半先取得教師證照，執教數年後再重返大學，進入教育行政研究所就讀。因此，其大學教育之背景極爲多樣，並不僅限於師範類科。原則上，美國大學部並無教育行政科系，而大半設於研究所階段，以供有志者進修。除提供高深學術研究之機會外，並兼負培育未來行政者的責任。其入學要求除比照一般研究生標準外（如必須參加GRE考試，達到一定水準），並視學位之性質，要求不等的教學或行政經驗。

課程之規劃則視學位之要求而定。一般而言，研究所提供有博士、專士（specialist）、與碩士三種學位。其中專士之設立多半爲因應各級各類教育而定。例如，爲取得特殊教育行政之證照，必須具有專士以上之學位；學生則必須按照規定修習規定學科與一定學分數。因此，專士乃是一種類似專業鑑定的學位，與博士、碩士之性質稍有不同。學生可依其需求選讀學位，制度上相當靈活。

由於教育行政研究所係爲培育教育行政人才而設，則其課程自以教育行政領域爲主。以筆者獲得博士學位的「威斯康辛大學麥迪遜校區」（University of Wisconsin-Madison）而言，其提供課程包括教育行政概論、教育法令、教育視導、教育評鑑、教育財政學、教育經濟學、教育政治學、初等教育行政、中等教育行政、高等教育行政、職業教育行政、特殊教育行政、社區教育行政、教育行政研究法、教育行政理論、學校經營、學校建築、集體協商（collective bargaining）等科目，範圍極廣而可供不同需求之學生修習。此外，各研究所均設有教育行政實習課程。學生必須在指定之地方學區內擔任行政助理工作，藉承辦業務之經驗，達到學用合一之目標。由於行政經驗爲取得證照的必要條件，有志於此者均努力以赴。實習期間由指導教授與地方教育行政人員共同負責督導工作。

二、教育行政人員之甄選程序與任用

具有基本資格之人員，即可申請並參加相關教育行政職位的遴選程序。一般而言，基於公平與民主的原則，各國多採取公開方式。例如，台灣「教育人員任用條例」第二十七條即規定「國民中小學校長之遴選，除依法兼任外，應就合格人員以公開方式甄選之」。其中「公開方式」之意義界定各國不同，但多半不外刊登甄選廣告、公開考試、邀請專家、或社會人士參加甄選過程等。一般而言，將教育行政者視爲公務員的國家，多半採用公開刊登廣告徵才的形式。例如，台灣公立中小學校長之遴選，均必須公告且有公開之程序，絕不可私相授受。其他如英美等並不將教育行政者視爲公務員的國家，則依其政府政策而定。美國教育行政人員任命權多操在學校委員會手中，其規定五花八門，彼此相差甚遠。對於刊登廣告之標準也不同，有的認爲經由報紙發消息即可，有的卻嚴格規定刊登之處所、形式、與時限等。

遴選制度的目標在拔擢眞才，使有志與有能力的申請者能獲得適當職位。遴選效標除包括一般之能力外，也包含對個人特質的評量。根據Miklos（1988）的調查，一般能力多指：(1)學術之背景與表現，(2)以往行政績效的表現，與(3)領導之能力（包括人際關係、組織能力、溝通能力、與他人合作之能力等）。個人特質則包括：(1)機動之強弱，(2)判斷力，(3)個性，(4)心胸開放程度，(5)身心健康程度，(6)沉著力（poise），(7)智力，(8)幽默感，與(9)文化背景等。其中最後一項文化背景常引起爭議。由於教育行政者必須面對學生、教師、家長、社會利益團體，甄選者對申請者是否來自社會文化主流，常給予相當的注意力，認爲其若爲主流，辦起事來受阻之機會較小。

影響所及，根據Ortiz and Marshall（1988）與Valverde and Brown（1988）的研究，美國之教育行政者多爲白人男性，少數民族與女性之比例明顯較低。台灣雖無嚴重的少數民族問題，但教育行政人員（尤其是高位者）目前仍以男性爲主力。推其原因也在其居於社會文化主流之緣故。

在遴選方式上，各國情況並不相同。但大致以口試、筆試爲主，並多半參考申請者的行政資歷與個人特質。例如，英格蘭與威爾斯地區甄選地方行政人員，多半經由口試，其時間由一小時之內至數天不等。有時申請者還被要求即席處理相關的教育行政問題，以評鑑其判斷與領導能力，基本上兼顧了實務與學理兩方面的訓練。以民主著稱的美國，其中小學校長之產生也多由人民選舉之教育委員會代爲甄選。各地區訂出基本資格，由持有證照者加以角逐。程序多由委員先檢視其以往學經歷與表現，接著進行口試，以測試申請者的解決問題能力（口試內容多爲實務之探討），最後由委員投票決定人選。

無論口試或筆試，在實務上均有其缺點。筆試過度重於理論，文辭流暢者往往較爲突出。口試則在客觀性上頗有限制，易因主試者的個人好惡而失之主觀。如果事先未曾規劃（如訂定考核標準與評分依據），則更易造成無政府狀態。基於此，利用「評量中心」（assessment center）的設置，以做爲甄選或訓練教育行政人員的作法，在1970年代中期後於美國興起。其成立的主要目標即在客觀的測試申請者的行政能力，並多半由美國教育行政的專業團體予以策劃經營。

以中學校長甄選爲例，「美國中學校長全國協會」（National Association of Secondary School Principals）曾訂出評量的12個層面，其中包括：(1)問題分析能力，(2)判斷能力，(3)組織能力，(4)果斷力，(5)領導技巧，(6)敏感性，(7)對壓力之忍受度，(8)口語溝通能力，(9)書寫溝通能力，(10)興趣之廣度，(11)動機強度，與(12)教育價值觀。其作法是聘請6位學有專精並受過訓練的評量人員（assessor），在兩天時間中，藉由各種活動（如模擬解決實務問題），觀察12位參與評量的學員。其後每位評量人員撰寫報告，說明每位被觀察者的優缺點與改進之建議。評量中心的設立除甄選外，尚負有在職訓練的任務。各教育委員會可以委託其代爲評量，並以其報告做爲遴選的重要依據（Miklos & Hopes, 1994）。研究指出評量中心的報告，對學員日後之表現有顯著的預測效度，代表其有一定之功能。

台灣教育行政人員之產生，依法均需經過公開甄選程序才能取得資格。一般教育行政機關之人員爲國家公務員，應經高普考或特考相當類科考試及格後才具有任用資格。學校行政人員如校長之產生，則需依循「教育人員任用條例」中所規定的任用程序與方式。如以小學校長爲例，依該條例之第二十七條，應就合格人員（即具備基本資格者）以公開方式甄選。再依「國民教育法第十條第三項」之規定，由縣（市）政府組織遴選委員會，就公開甄選、儲訓之合格人員、任期屆滿之現職校長或曾任校長人員中遴選後聘任之，而任期屆滿的現任校長得回任教師，並不見得可以終身擔任校長之職。

由此可知，台灣小學校長之任用程序包括以下五個階段：(1)審定資格，(2)公開甄選，(3)儲訓考核，(4)參加遴選，與(5)正式任用。其程序相當繁複，甄選合格者並不代表立即任用；尚需經儲訓的過程，之後才能參加遴選。由於各縣市缺額不一，學校類型也有所差異（如一般地區與偏遠地區之別），甄選儲訓人員被遴選上榜的機率差異頗大，其中各縣遴選委員會扮演的角色極爲重要，其組成與運作決定了遴選制度的成敗，有的人即使甄選合格，也可能一輩子無法擔任校長。

在公開甄選階段，其形式多爲筆試加上口試。有的地區尚將應考者積分（學經歷、以往表現）列入計分範圍內。以國中校長爲例，每年由各縣政府調查缺額，然後由遴選委員會進行公開遴選，其形式由各縣定之，基本上不外筆試、口試、以往行政表現、年資等的審查；筆試內容多爲申論題，口試則多半由資深教育行政者與大學教育科系教授共同擔綱。由於僧多粥少，競爭極爲激烈。

綜觀台灣教育行政人員的甄選過程，可明顯看出其偏向考試，無論是一般教育行政人員或是學校行政人員，均需參加公開考試取得資格；其精神與派任制大不相同，兩者之間互有利弊。推其原因，可能台灣社會特重人情，常易形成結黨循私之習。故除特任級的教育行政人員外（如教育部長），均必須經過考試洗禮，方能擔任教育行政職位。實務上，考試制之優缺點如下：

（一）優點

1. **可促進學用合一**：教育之進步日新月異，新的理論見解層出不窮。如果考題靈活，即可測知應試者的學術專業知識。且藉著考試的舉行，可使得有志於教育行政工作者，對於新理論加以研究。其日後若進入機關服務，也可將所學用於實務上，促進機關的學術化。此外，藉著口試與筆試的評比，也可對受試者的表達能力做一觀察。

2. **公平公開杜絕循私**：此點在台灣最爲重要。若不公開舉行考試，則極難杜絕任用私人黨羽之流弊。考試以分數之高下擇優錄取，使懷才者不致無報效國家之門路。如此也才能集各地菁英爲國舉才，避免形成六朝時代的門閥制度。

（二）缺點

1. **較難擇人而用**：考試之舉行必須籌備多日，再經儲訓候用分發，往往未能配合機關之需要。採用派任制，首長可遴選熟悉地方事務者立即上任，以解燃眉之急。此外，由於資格之取得必須經由考試，無資格之幹練人才即被摒除門外；首長若需聘用則於法不合，往往必須利用他種名義（如借調），制度上較爲僵化。
2. **偏重學理較失客觀性**：筆試之內容以學理論述爲主，對應試者之實際行政能力無法測試。口試也多半驚鴻一瞥，難以一窺其道德品性。凡此種種，都可能造成「書呆子」拔得頭籌的窘態。由於缺乏至學校實習之制度，一旦任用出現問題即覆水難收。以往有新校長就職，就因人際關係技巧不佳而與地方交惡。此皆爲考試制的缺失。

派任制的利弊則正與考試制相反。優點爲掌握時空，及時聘用幹才以應所需；缺點則爲易循私舞弊，造成不公平的現象。台灣所以傾向採用考試制，也是基於難以杜絕人情之故。不過值得注意的是：資格之取得必須經過考試，但通過後之行政生涯，則與其所處之政治生態難脫關係。上級可在甄選合格之人員中「派任」其至所指定的職位。因此，考試制度只保障了第一步資格的取得，其後派任制的運作即介入其中。因此做爲教育行政人員，除了工作表現外，對於人際關係與地方政治生態皆必須特別加以注意，否則就可能面臨被打入冷宮、貶謫蠻荒的遭遇。

三、台灣校長培育與任用制度之缺失

由以上之敘述，可以瞭解各國在教育行政人員培育、甄選、與任用制度上的設計。近年來，由於社會變遷，一般教育行政人員的責任更加繁重，常有吃力不討好的現象。影響所及，其吸引力即較學校行政人員爲小。台灣由於校長之薪水高於同職等的教育行政人員，使得後者轉任前者的意願大增。凡此種種，皆使得一般教育行政人員產生不安其職的現象。如何吸引有才之士，確爲日後在設計教育行政人員任用制度上必須思考的問題。

與先進國家相比，台灣之制度特色在偏重考試。其優點在維持一定程度的公平，但其缺失之處卻也不少。茲分述如下：

1. **培育制度之不健全**：台灣直到1990年代晚期才有教育行政相關系所之成立；2001年時方開始試辦校長培訓班。但其畢業生是否立即獲得候用校長的資格，卻引發極大爭辯。培育制度之不健全，造成部分毫無教育行政背景者進入學校。之後嘗試錯誤多次，方才瞭解管理之眞諦，但所造成之損失已無可彌補。
2. **證照制度並未建立**：台灣教育行政或學校行政人員，經考試及格候用分發後，幾乎即成爲終身鐵飯碗。除非具有重大過失，否則多能保其職位。即使在1999年國民教育法規定之新遴選制度實施後，校長因辦學不佳而回歸教師者，各縣市歷年不過個位數而已。此種情況之形成與證照制度未建立有極大關係。證照代表對個人專業能力之肯定，拿到僅代表可以參加校長遴選的基本資格而已，乃是一種對社會消費者或顧客的保護。較之歐美，在此方面台灣實略遜一籌。此外，各種行政職位應有其特殊資格，實可藉不同證照之建立以有所區別。台灣以單一考試涵蓋各種教育行政職位，考過後即海闊天空，政府在日後品質管制上即難以處理。教育行政爲高度專業之領域，除具備一般公務員之基本條件外，尙應有其特殊專業要求，而此則必須藉由證照制度予以完成。
3. **考試方式僵化難以測出專業能力**：台灣各級教育行政人員考試多採取筆試與口試之程序，欠缺對應試者品德與專業能力的考評。此外，考試合格後之儲訓階段，也缺乏實習的程序。使得考試技巧較佳者得以躍登龍門，而其教育行政相關經歷可能只是一張白紙，形成「外行人領導內行人」現象，往往造成部屬的怨言與抵制。此種重視表面考試公平，卻無法客觀測出應試者專業能力的窘境現象，值得做進一步的檢討。

綜觀各國改進之方向，不外包括：(1)確實分析特定行政職位的性質，訂定明確的資格需求；(2)運用多種方法評鑑受試者的專業能力；(3)對於考官予以事先訓練，以使其主觀性減低；(4)對於所使用的甄選方式定時檢討，以適切調整改進；與(5)力求培育制度與課程更符合社會的需求等項。在教育行政人員的培育上，台灣似乎還停留在「教而優則政」的地步。教學優良的教師從最初級之行政職位做起（如組長），一步步經由考試攀上校長職位。一般教育行政人員也需要通過公職人員考試，即使是以往並無修習教育行政課程的背景，卻能在短暫儲訓後立即走馬上任。台灣大專院校缺乏專門培育教育行政人才的機構，更別談統整的課程。此與美國規定必須要取得主修教育行政的學位或學分，才能申請證照的制度，實有天淵之別。今後要改進台灣的教育行政運作，實應先從培育制度著手。畢竟有專業的候選者，才能考出眞正的人才；否則「垃圾進、垃圾出」，再客觀嚴密的甄選制度也會無用武之地。

第三節　教師的職前教育

教師爲一國教育的基石，其不僅傳遞知識，更有化民成俗的責任。健全師資培養，實爲國家教育成敗的樞紐。傳統上，教師培育與養成均歸屬於師範教育的領域。但1993年台灣教育當局修訂相關法令，以「師範教育」一詞恐令人有侷限於師範院校教育之嫌，故將之改爲「師資培育」，以擴大教師養成的來源。根據1994年通過之「師資培育法」，師資培育應包括師資及其他教育專業人員之職前教育、實習、與在職進修（第三條）。本節僅就教師職前教育與實習加以敘述，在職進修則留待另節討論。此外，以下所用之師範教育一詞，係採用廣義之定義，涵蓋各種師資培育的方式與機構，並不限於師範院校所提供的教育。

以歷史的觀點而論，師範教育的眞正成形遲至十九世紀。在此之前，由於受教爲少數人的特權，大量師資的培育並非必要。當時認爲教學僅是傳遞資訊與價值的過程，爲人師者最重要的是有學問與經驗，不必經過專門的教學訓練。此種情況在中國古代私塾中最爲明顯。及至工業革命與宗教革命之後，勞動者必須具備基本讀寫算能力，以應在工廠就業所需。在此同時，宗教革命也促使新教教徒被鼓勵學習自我閱讀《聖經》，一種初級的普通義務教育成爲國家發展之必然需求，而培養教師的師範教育也就應運而生。

美國正式師範教育之建立始於1839年，當時在麻賽諸塞州（State of Massachusetts）創立培育初級教育師資的師範學校（normal school），至二十世紀初，其數目已近200所。其主要目的即在培育師資，大部分提供中學畢業後之學生數週至兩年的訓練，並依教育類別而有所分化；特殊機構如幼兒師範學校、職業師範學校逐漸出現（Urban & Wagoner, 2008）。第一次世界大戰之後，各州紛紛將師範學校升格爲師範學院，也就是將原本中學階段的師範教育，提升至大學階段的層級。第二次世界大戰後，各州均規定教師必須具有學士學位，即要求其必須在大學階段研讀四年（Gimmestad & Hall, 1994）。此趨勢後爲各國仿效，例如，台灣在1988年即將原本之「師範專科學校」升格爲「師範學院」，小學師資全面提升至大學階段。

中國最早的師範學校爲1897年所建的「南洋公學師範院」。1904年清廷頒布「奏定優級師範學堂章程」，設立優等師範學堂（培養中學師資）與初級師範學堂（培養小學師資）。民國肇始，將初級師範學堂改爲師範學校，優等師範學堂改爲高等師範學校。1922年實施新學制後，師範學校則分爲簡易師範學校（招收小學畢業生）與師範學校（招收初中畢業生）兩種；高等師範學校則改爲師範大學或併入普通大學（王鳳喈，1957）。台灣在第二次世界大戰後，基本上仍沿襲以上制度。以小學師資爲例，由最先的簡易師範學校、普通師範學校、師範專科學校、再至師範學院，招收的學生也由小學畢業升格爲高中畢業。1994年師資培育法通過後，更朝向高層次與多元化的目標邁進。

師資培育教育除在機構之建置外，近年之變革也漸從「能力本位師資教育」（Competency-Based Teacher Education, CBTE），轉變成「標準本位師資教育」（Standards-Based Teacher Education, SBTE），兩者之間對於師資培育之主張差異甚大。根據學者（如孫志麟，2009；Valli & Rennert-Ariev, 2002）之分析，能力本位師資教育較偏向行爲論，主張教學乃是多個獨立行爲所組成，因此必須預設目標，較少考慮教學情境之變化。影響所及，其教學觀傾向以教師爲中心，並不時利用測驗忠實反應學生的學習成果。換言之，教師宛然成爲執行各個獨立教學目標的守門員或技術人員，學生則處於被動之地位。

與其相反，標準本位師資教育之主張多來自認知論，主張教學過程乃是統整而不可切分的。由於教學歷程極爲複雜且學生需求不一，教師必須詳查情境因素與學生特性，適時投入教學實踐，以建構多元的知識。換言之，標準本位師資教育傾向以學生爲中心，不強調所謂的教學「規則」，認爲教師乃專業人員，如同醫生般可以依照不同情況做出專業判斷。

能力本位師資教育與標準本位師資教育，對於各國師資培育政策與方式影響頗大，其中如對師培課程之設計即有所不同。限於篇幅，相關涉及課程教學部分還請參閱相關學者之大作。以下僅就培育機構等議題加以簡述。

一、培育機構與方式

各國由於政經文化與教育背景之差異，對於培育各級各類師資的機構有多種設計。以下即以中小學教師職前教育爲主，綜合分析其類型有如下四種：

1. **高中層級的師範學校**：例如，台灣以往的普通師範學校與中國大陸的中等師範學校。後者之學制分爲三年與四年兩種，主要任務爲培育合格的小學與幼稚園教師；招生對象則爲初中畢業生或具有同等學力的社會青年（吳文侃、楊漢清，1992）。此種高中層級的師範學校，多存於開發中國家（如部分非洲國家）；培育師資也以幼稚與初等教育爲主（Lewis, 2006）。
2. **師範校院或大學**：多爲四年制機構，招收高中畢業生，以培育初等或中等教育師資爲主。目前先進國家已將師資提升爲大學階段，任教者必須具備學士學位，而師範學院或大學即成爲培育師資的主要機構。例如，英國的教育學院（1964年前稱爲師範學院）即爲授與學士學位的師資培育重鎮。台灣目前小學師資仍多來自師範學院／或教育大學的畢業生。此類機構的優點爲目標專一，但缺點卻在提供課程過於狹窄；且學生在高度同質性的環境中，其學養訓練不夠多元化。針對於此，美國在第二次世界大戰後，紛紛將師範學院改制爲綜合大學（comprehensive university）或文理學院（liberal arts college），以擴大其規模。師範學院之比例至1990年代已極低（Gimmestad & Hall, 1994）。
3. **綜合性大學**：多爲四年制機構，提供學門不限於教育，而包括工、醫、農、商、法等相關系所。其在培育師資方面，或設立教育院系，或提供相關教育學程。前者之畢業生所受課程與師範學院或大學無太大差異，後者則在其既定主修（如數學、歷史、音樂等）之外，再選讀若干教育學分，以取得修畢師資職前教育課程的證明。在多數國家中，兩者均需再經過考試或是特種形式的評鑑後，才能獲得教師資格。與師範學院或大學相比，綜合性大學層面較廣，對於研究工作也較爲著重（尤其是學術聲望較高之大學）。此外，學生也比較能在各學門課程修習中，學習到整合的知識。此也是此類大學在師資培育上，如今能夠占一席重要地位的原因。

4. **其他短期師資培育機構**：此爲配合各種師資需求所建立的短期機構。原則上不授與學位，只發給結業證照。例如，英國之大學教育系，招收大學畢業生，提供一年的教育專業課程；修畢後可參加中學教師考試。日本的短期大學招收高中畢業生，修業兩年後可獲小學或初中教師二級普通證照。台灣依照師資培育法之規定，師範校院及設有教育院、系、所之大學校院，得視實際需要招收大學校院畢業生。修業一年，完成教育部規定之教育學分，成績及格者，由學校發給學分證明書。形式上也類似短期師資培育機構。此外，爲配合職業與藝能科目的教師需求，各國也有類似機構的成立，其中如英國的「藝術訓練中心」、法國的「技術教師訓練中心」等均爲非學位授與的師資培育單位，修畢後可參加相關教師證照的考試。

以上四種師資培育機構，由各國依其需要而加以選擇。例如，美國培養師資傾向綜合大學，台灣則已無高中層級的師範學校存在。如以管理的觀點而論，一國在師資培育的政策與機構上，可分爲公辦與公私合辦兩種。基於師範教育牽涉到國家基本教育走向，且爲使供應與需求之間達到一定平衡點，先進國家鮮少放手讓師資培育全由私人辦理；最多僅爲公私合辦，其中又以美國最爲著名。在綜合大學中設有師資培育之系所或學程者，公立仍較私立學校爲多。其他實施公私合辦的主要國家尚包括英國與日本，兩國在提供師範教育的普通大學、短期大學、與教育大學之中，私立大學有其一定比例。台灣在1993年師資培育法通過前多爲公辦，通過後已傾向公私合辦的政策。其最大例證即在允許私立大學設立相關教育科系與師資培育課程。

顧名思義，公辦師資培育政策係指由政府全權專辦，不許私人問津。負責之層級或爲中央或爲地方，但多由國家統籌興辦。歐陸國家如德國、法國，社會主義國家如中國大陸與以往之蘇聯皆採此制。其特徵係由國家事先調查師資之需求名額，再依此招收學生。爲確保其畢業後擔任教職，多採取公費制度，學生因此負有日後執教一定年限的義務。台灣在1979年所通過的「師範教育法」，其精神即如上述之公辦公費制度。後因社會逐漸多元化，1994年遂通過「師資培育法」以取而代之。根據師資培育法規定，取得教師資格之先決條件乃在修畢師資職前教育課程，即具下列情形之一者：

1. 師範校院大學部畢業者。
2. 大學校院教育院、系、所畢業且修畢規定教育學分者。
3. 大學校院畢業修滿教育學程者。
4. 大學校院或經教育部認可之國外大學校院畢業，修滿教育部規定之教育學分者。

以上人員經教師資格初檢合格者，取得實習教師資格。由四種培育機構看來，第一與第二類機構均爲公辦，但第三與第四類則不乏私人興學者。師資培育法將範圍擴及至一般國內外大學修滿教育學程者，即已包括公私合辦的精神。雖然實施之初，公辦之師範院校仍居主流，但私校學生已漸在師資來源上占一席之地。

綜觀公辦與公私合辦的制度，其利弊得失互見。前者實施國家統一辦理之政策，其優點爲：(1)可統籌師資之需求，並進而加以培育，使供需之間達到平衡。(2)實施公費政策，可吸引優秀人才就讀，以促進師資之素質。(3)由國家統一興辦，可避免私人插手所造成的教育政策之分歧。

然而公辦制度之缺點也不在少數。最嚴重者乃在忽視教育自由市場的精神，難以取優汰劣。學生在進入公辦師資培育體系後，幾無例外的可獲得執教機會。此因競爭者少，名額皆受保障之故。公私合辦之國家訂定最基本的資格要求後，即放手讓有志於教育者修習相關課程。畢業後並不代表可以獲得保障教職，尙需經考試取得證照並再經公開之教師遴聘程序爭取工作。就此而言，不但擴大師資培育來源，且國家之財政負擔也較減輕。此外，以往公辦之師範院校常被人批評爲同質性太高，學生在受教層面上過度狹隘，公私合辦的政策正可使此種現象加以改進。順應社會之民主化潮流，有志於教育工作者均應被賦予培育之機會。台灣近年來師資培育制度改革之走向也多半基於此種理念。

 二、師資培育之內容與課程

在修業年限上，除了師範學校與短期師資培育機構外，一般為四至五年。在課程之安排上，則可分為普通課程、教育專業課程、與專門課程三種。其性質互有差異，茲分述如下：

1. **普通課程**：係指一般基礎的知識科目，為大學生不論其科系主修而均應修習者。其範圍大致包括口語與書寫溝通能力、基本數學與運用科技的能力，與一般在文史、藝術、與科學的一般知識。各國在普通科目的安排上雖未有所定論，但多半不出上述範圍。例如，自1990年代開始，美國師資培育最注重科際整合，故其普通課程包括文史（英語、哲學、文學）、藝術（美術、音樂）、社會科學（法律學、社會學、政治學）、數理（數學、物理、地球科學）等領域。學生必須在每領域中修習若干科目（Edmundson, 1990）。台灣之普通課程則包括語文、歷史、通識課目等，涵蓋面不及美國。
2. **教育專業課程**：係指有關教育與教學的專門知識，其範圍大致包括學習理論、學習成就的測量、教室管理、教育科技之使用、與相關教育之基礎學門（如教育哲學、教育史、教育行政等）。例如，美國之教育專業科目包括教育基礎知識（如教育概論、中等教育、初等教育等）、教學方法與技能（如教育心理學、教學原理、各科教材教法、教育評量與測驗等）、教育實習三大領域。學生依其將來所擬投考的證照類別（如小學教師證照、中學教師證照、特殊教育教師證照），修習規定的教育專業科目（Darling-Hammond, 2006）。此外，台灣師資培育法中所稱的教育學程，即全部為教育專業課程，內容包括教育概論、教育心理學、各科教材教法、教室管理等，修畢後才能取得實習教師資格，進而成為合格教師。
3. **專門課程**：係指教師日後主要教授科目的專業知識，例如語文、數學、音樂、歷史等領域。其研習深入之程度則視教學職位之不同而有所差異。例如，對於小學教師，因其必須面臨包班制問題，故要求其能研習與掌握多種學科知識，也就是較採通才教育之形式。中學教師以科任

為主，故對其主教之學門（如英文）要求較為深入，以能教導學生更為專精的知識。此外，為應付實際教學與配課情況，中學教師也必須採取「主副修制」；即在主攻之學門外再副修其他學門，以擴大其日後的開課能力與範圍。至於專門課程之制定，則依學生將來所教之學科性質，開設深淺度不一的重點課程。

以上三種師資培育課程，其比重與修習之順序，因各國體制不同而頗有差異。以提供師資培育的大學院校為例，其安排上有如下三種：

1. **四年一貫制**：三種課程在培育期間交互並行，學生從第一年起即接觸普通、教育專業、與專門課程。台灣目前師範大學與教育大學即採取此制。其優點在三者同時修習可相輔相成，缺點則在彼此會因比重大小而引起爭執糾紛，其中又以教育專業與專門課程之間最為明顯；孰輕孰重往往莫衷一是。主張教育專業應占一定比例者，認為其主修雖為數學、英文等學門，但日後做為人師，應特重教育基本理念。反對者則覺得教育專業課程過重，會侵占專門課程的時間，使學生主修領域知識不足。誰是誰非，目前仍無定論，其爭執也層出不窮。
2. **二加二制**：其制度乃在以前兩年時間完成普通課程與基本專門課程，後兩年再修習教育專業課程。此制度在美國頗為盛行。學生以兩年時間決定是否要進入教育行業，與決定主修之領域。之後其再修習教育專業課程時，比較能夠把握方向。台灣在普通大學開設的師資培育學程也有類似之精神，不過開課年級多在大二即已開始。
3. **學士後研究制**：此為招收有志於教育工作的大學畢業生，給予一定年限（如一至兩年）的課程研習，其範圍均為教育專業科目。此因學生已在大學修畢普通與專業科目，所欠缺者僅為教育專業課程。例如，英國之大學教育系多採此制，其提供一定年限之專業訓練課程給大學畢業生，內容則包括教育基本理論、教學方法、班級經營與技巧等，並在學校之監督下進行教育實習工作。

除了普通、教育專業、專門課程外，師資培育教育也不能忽視潛在課程（hidden curriculum）的存在。其雖非正式教授，但卻藉著現有課程結構與培育制度的設計而加以傳達。例如，Parson and Beauchamp（1985）即發現美國師範教育學生在既存體制下，默然接受了兩項理念：(1)教師是一種社會地位較低且缺乏權力的職業；(2)師範教育所傳遞的知識僅多爲片面不成體系，且是單向灌輸而非問題導向的。兩者的形成絕非教育學者所樂見，但卻因體制僵化而使學生在「私下」學習到以上理念。此因在美國大學之教育院系，其設備地位遠不如商學院、醫學院，加上教師薪資偏低，學生自然覺得地位不高。此外，即使在研習「教材教法」的課堂中，教授之教法也多半使用一成不變的講演法，完全違背了教學多樣化的原則，無疑是一大諷刺。學生日久浸淫於此種環境中，自然養成單向傳遞知識的習慣，對未來教學極爲不利。台灣以往實施師範生公費保障制度，學生因出路有所保障，自認不必競爭而在課業上頗爲鬆懈；此也是一種因制度設計而產生的潛在課程。其有好有壞，雖然並非正式教授，但在師資培育的過程中卻不可忽視。

三、教育實習

教育實習在主要國家中已成爲師資培育計畫中不可缺少之一環。美國各州均規定申請教師證照者，需有一定時間的實習經歷。台灣則根據師資培育法，修畢職前教育課程者，應經教育實習，成績及格後才能參加複檢，取得正式教師資格。換言之，一位有志於教育工作者，在前四年大學教育修習師資培育課程後，必須再至校外完成規定之教育實習要求。

在實習時間上，各國要求並不相同，大致由數週至一年；其形式與層次也有所差異。一般而言，可分爲以下四個層級：(1)講授有關實習的理論與研究，以瞭解其基本概念。(2)教導有關實習的實務技巧，與所需注意之要項。(3)在校內模擬之教室情境中，或經由短期訓練中進行實地教學活動。(4)至眞正學校實地授課（Furlong et al., 1988）。以上層級由淺而深，前三者多在師資培育機構內，只有第四種才在校外，也是台灣所規定的最後教育實習形式。其他各國要求則不等，有的採取修課與實習交替進行的形式（如每週出外實習一天），有的則採取集中實習的方法。不管用何種形式，實習期間均由學校教授與實習機構之資深教師予以指導，並定期聚會討論所遭遇的問題。

教育實習之功能乃在使學生成爲正式教師前，能在實際班級中改正錯誤並吸取經驗。台灣師資培育法明載師資培育課程內容與教學方式，應著重道德品格之陶冶、民主法治之涵泳、專業精神、及教學知能之培養。教育實習即希望在實地教學中，評量學生在以上層面的表現。然而在相關運作上，學者卻對實習制度提出質疑。例如，Edmundson（1990）認為實習並未使學生發展解決問題的能力，其只是在慌亂中得過且過而已。Reinhartz and Beach（2004）則主張實習之形式不應事先排定，而應隨機令學生進入不同情境，如此才能真正符合教學的突發性與複雜性。實務上，台灣以往也發生學生實習卻成為廉價勞工的問題，該校指導教師竟然讓其放牛吃草而樂得輕鬆。如此歷程，實習之效果實大打折扣。

面對以上缺失，Clandinin（1993）試圖發展出新的模式以為補救。其作法是組成合作團體，由學生、教授、與學校教師共同解決實習過程中的問題。學生並非單獨授課，而是與教師共同設計教材教法，並一起執教。團體中並開闢固定時間，由學生、教授、教師三方面會診問題，並謀求解決之道。此種方式不但加深學生學習，也使其能立即獲得回饋。而教授與教師也不再僅是被動給學生打分數，而是主動親身參與實習活動。此理念極為重要，其打破以往實習只是學生工作的錯誤想法，而加入教授與教師。也唯有三者共同合作努力，教育實習的成效才能真正達成。

四、經費負擔方式

師資培育所費不貲，其成本究應由誰負擔，也是引發爭議的問題。原則上，各國所採取的多為權利義務對等的理念，即若要求學生畢業後必須執教若干年，則會給予其在經費上的補助。此外，在教育工作不能吸引優秀青年報考的國家（主因為社會地位低與薪資過少），也多半提供獎學金或助學金以為誘因。各國補助方式不一，例如，在法國提供低廉的食住服務，德國則以補助金獎勵就讀師範教育的學生，美國州政府則視需要給予獎學金或低利學生貸款，希望吸引優秀學生（Wagner, 1994）。台灣以往曾實施公費制度，不僅學生免繳學雜費，且每月尚可獲得助學金，對於吸引清寒優秀學生頗有成效。

基本上，學生接受補助者，則必須在畢業後執教一定時期。然而，政府全面負擔師資培育經費，不但過度沉重且效果令人懷疑，此因學生既有工作保障，其努力程度就大打折扣。基於此，各國目前除對特殊需求之教師外，多採取由學生負擔全部或部分成本的作法（Wagner, 1985）。台灣師資培育法也有類似之規定。相關經費負擔方式規定為：「師資培育以自費為主，兼採公費及助學金方式實施，公費生畢業後，應至偏遠或特殊地區學校服務。公費與助學金之數額、公費生之公費受領年限、應訂定契約之內容、應履行及其應遵循事項之義務、違反義務之處理、分發服務之辦法，由中央主管機關定之。」基本上即要求大部分學生自費負擔其就學成本，畢業後並無義務執教。換言之，其實施「儲備式培育」方式，由主管教育行政機關建立教師人力資源庫備用。對於偏遠或特殊地區，以其吸引力太低，故必須採取「計畫式培育」，藉公費制度之實施，確保教師的來源。在實務上，台灣師資培育目前採用彈性的自費爲主、公費爲輔的制度。

綜而言之，師資培育的經費負擔方式，必須依需求與教育環境而審度定之。台灣以往經濟較不發達，教師薪水偏低，故以公費制度吸引並保障師範生。其後待遇日增，有心執教者門庭若市，大有僧多粥少之勢。故改採自費爲主方式，擴張教師之來源，並打破師範院校獨占之局面。美國則自「危機國家」報告發表後，急欲提升教師素質；有心之州政府即訂定優厚補助方式，試圖將優良師資留在州內。大抵上全面公費易造成獨占與不進步之弊病，全面私費則令國家無法事先進行培育計畫；因此各國多半遊走於兩者之間。至於以何者爲主，則必須視現況需求而隨時調整，並無一定的答案。

第四節 教師證照與任用

各國爲保障學生之受教權益，對於教師之任用皆建有一定之程序，其中最重要的即爲證照（書）（certification）制度。教師證照爲主管教育機關在經適當形式之評鑑後，所發給教師的法定任教同意書。換言之，證照制度的實施，乃在去蕪存菁，確保教師的學養與技巧達到一定程度。至於所設標準的高低，則依各國情況而有所不同。基本上，在學生數急速成長、教師需求殷切時，其檢覈標準必定降低，但同時會使社會對教師素質產生懷疑。

一、證照之取得

與之相較，工業化或已開發國家就有不同走向。正如Altbach（1987）所指出的，第三世界國家往往關心是否能吸引足夠且合格的教師，而主要已開發國家卻在證照評鑑制度上打轉。由於僧多粥少的情況時時出現，其評鑑標準日趨精細與嚴密，堅持未獲證照者絕對不可執教，與未開發國家不合格教師充斥之情況實有天淵之別（黃嘉莉，2008）。部分國家如日本，尚且建有證照的層級制，以提供給不同教育與經歷背景的教師。其各級教育之證照（稱做免許狀），依學歷皆分爲一級與二級兩種；前者多半需具學士學位，後者則要求大學兩年（短大）與取得一定之教育學分（楊思偉、江志正、陳盛賢，2008）。

在取得證照之程序與資格上，各國之要求也有所不同。綜而言之，有以下三種方法：

1. **機構認可制**：即學生在認可的師資培育機構中修滿學分，並順利畢業者，即自動取得教師證照。例如，台灣以往在師範教育法的年代所採用之制度即屬此。當時由官方教育部認可之師範院校，享有公費與分發制度。學生只要順利畢業，就可獲得教師證照，不必再經過其他形式的甄試。美國部分州則由州教育廳（State Department of Education）聘請教育學者至提供師資培育機構進行評鑑，並根據其師資、設備、課程之優劣撰寫報告；最後由州教育委員會（State Board of Education）決定是否認可其能成爲合格師資培育機構。一經認可後，其學生畢業後，即可取得正式的教師證照。
2. **學分認可制**：此制度爲大學主修不在認可師資培育機構，而畢業後再修讀學士後教育學分的學生所設。如英國大學之教育系即爲一例。其招收大學畢業生，授與教育專業課程，學生只要順利修畢認可學分，即可自動獲得教師證照。此制之精神在應付突來之需求，國家可在短時間內培育大學生成爲師資。學校在允許學生修讀教育學分前，均必須詳細檢視其大學主修專長與表現是否合乎需求。
3. **考試制**：此制顧名思義即是採用不同形式的考試，以做爲篩選的工具。美國在1984年「危機國家」出版後，不少州即開始使用編定的標準測驗，以測試教師證照的申請者。測驗內容包括教育基本知識、執教領域、教學技巧、與教育心理學等，形式則以選擇題爲主。在某些州（尤其是實施二加二制者），證照考試分爲兩次。基礎級在大二結束時舉行，學校則可以分數之高低，決定是否要讓學生進入後兩年的教師培育科系。進階級則在畢業後舉行，州教育委員會可訂定標準，分數合格者才能獲得教師證照（National Commission on Teaching and America's Future, 1997）。除測驗之外，有的州尚且要考核實際教學活動與工作表現。此種既要在認可機構取得學位，且要通過證照考試的制度也實行於德國。其實施師範教育的機構為大學或綜合高等學校，分別培育初等、中等教育第一階段、中等教育第二階段教師。大多數的邦實施兩階段培育制度。師範生在學校先接受基礎教育，結業後參加第一次國家考試，通過後取得實習教師資格。第二階段之實習（Referendariat）則在邦政府所設立的教育實習中心進行。實習結束後，再參加第二次國家考試，通過後則取得正式教師證照。此後如有學校聘任，則成為正式教師，享有國家公務員的權利與待遇（陳惠邦，2001）。各國比較請參見表4.2。

表4.2 主要國家中小學師資證書檢定比較表

<table>
<tr><th></th><th>負責單位</th><th>核定組織之成員</th><th>初檢</th><th>複檢</th><th>實習</th></tr>
<tr><td rowspan="2">日本</td><td>都、道、府、縣教育委員會</td><td></td><td colspan="2">審查學分證件</td><td rowspan="2">必須通過始為正式教師</td></tr>
<tr><td>文部省、大學</td><td>大學教授、學者專家</td><td colspan="2">筆試、口試、技能演練</td></tr>
<tr><td rowspan="2">美國</td><td>州教育廳學區教育當局</td><td></td><td rowspan="2">第一階段檢定：基本能力測驗、大學或雇主推薦函</td><td rowspan="2">第二階段檢定：學歷檢定、教學年資、實習學分（僅部分州實行此階段檢定）</td><td rowspan="2">第二階段檢定時參考</td></tr>
<tr><td>學區檢定委員會</td><td>學校教師、學校行政人員、州教育廳官員、其他主管授證人員、師範教育機構人員、其他高等教育機構人員、一般大眾</td></tr>
<tr><td rowspan="2">英國</td><td>大學、國家學位頒授委員會</td><td></td><td>審查學分證件</td><td></td><td rowspan="2">必須通過</td></tr>
<tr><td>地方教育當局實習學校</td><td>地方教育當局督學、實習學校校長、資深教育人員</td><td></td><td>訪談、觀察</td></tr>
</table>

德國	邦教育廳	大學教授、教育廳人員、學校教師	第一次國家考試：論文、筆試、口試、試教	第二次國家考試：論文、筆試、口試、試教	納入第二次國家考試成績
台灣	教育部、各縣市檢定委員會	教育行政人員、大學教授、學校教師	採取考試制，凡依所教類科取得修畢師資職前教育證明書者，得以參加「教師資格考試」	修習教育實習成績及格後，由中央主管機關發給教師證書	必須通過才能申請獲得教師證書

綜觀以上三種制度，台灣中小學教師現行之取得證照方式較爲傾向考試制。根據「教師法」之規定，高級中等以下學校之教師採取檢定制（專科以上爲審定制）。再依照2019年修訂之「師資培育法」，高級中等以下學校教師取得證書之條件爲：(1)取得學士以上學位。(2)取得修畢師資職前教育證明書或證明。(3)通過教師資格考試。(4)修習教育實習成績及格。實務上，台灣中小學教師證照之檢定類似德國，乃是採取兩階段方式：(1)初檢階段：凡依其類科取得修畢師資職前教育證明書或證明者，得以參加「教師資格考試」。(2)複檢階段：通過教師資格考試者，始得向師資培育之大學申請修習，包括教學實習、導師實習、行政實習、研習活動之半年全時教育實習。

就制度設計而論，第一階段偏向考試制，教師資格考試內容除筆試（例如教育學科基本知識）之外，並無現場試教或口試之程序。第二階段之教育實習則偏向機構認可制，學生只要修畢半年之全時教育實習且成績合格者，就可順利取得教師證書。比之德國之教師初檢、複檢皆以國家考試爲主的制度，台灣則採取考試制與機構認可制的混合政策；但以師資生取得證照之篩選比例而言（例如教師資格考試之通過率），考試制的色彩仍較爲強烈。

二、教師之任用

經任用後之教師，其地位依各國制度而有所不同。日本、德國、與法國均視公立學校教師爲廣義或特種公務人員，並訂有專門法令以明定其權利義務。與之相較，美國公立學校之教師僅被視爲是受僱於州政府的「公職人員」

（public employee），其權利義務以聘約所載之內容爲準。換言之，其與州或地方學區之關係，與台灣之私校教師相似，係屬聘僱關係。雙方如有爭端，即可逕向普通法院抗告，不必經過一定的行政申訴程序。在任用方式上，台灣與美國極爲類似，均採用聘任制。在教師法通過前，小學教師爲派任制，其任用方式與一般公務人員相同，非經上級允許不可離職與加以解職。教師法則明文規定，高級中學以下學校教師之聘任，分初聘、續聘、及長期聘任，經教師評審委員會審查通過後由校長聘任之。其中教師評審委員會之組成，應包含教師代表、學校行政人員代表、及家長會代表一人。其中未兼行政或董事之教師代表不得少於總額的二分之一，其設置方法由教育部定之。

在此制度下，教師之聘約期限即決定其被任用的時間長短。聘任制給雙方均有相當之考慮空間。教師可依自我需求接受或退還聘約；學校也可依其表現，決定是否續約或給予長聘之身分。此外，聘約類別之差異，也代表不同的權利義務與待遇。以美國爲例，教師之地位並非公務員；大多數學區與教師都訂有書面契約，契約中載明教師及校方教委會的權利，諸如薪資、班級人數上限、在校工作時間、學生管教、申訴制度、雇傭期間等。以契約期間的長短與教師工作權保障的程度爲區分標準，教師雇傭契約可分爲兩種類型：一爲試用契約（probationary contract）；另一爲長聘契約或繼續性契約（continuing or tenure contract）。教師契約之類型，往往影響學區解除契約時應履行的程序，攸關教師權益甚巨。

所謂「試用契約」，係假定一定期間內，試用教師的表現令人滿意，則試用教師可以取得長聘契約。根據試用契約，教師在試用期間履行其職務，而學區則須決定該教師是否能取得長聘資格。試用期間的長短，各州不盡相同，通常是三年。期限屆滿，學區必須在不續約與繼續任用兩者之中擇一決定。

教師長聘制度的目的，在於保障教師免於學校官員的恣意行爲（arbitrary actions）。在Smith v. School District of Town of Darby案中，賓州最高法院指出：「學校法關於長聘規定的目的，是要維護一群表現良好、足以勝任教職的人員，免於政治或恣意的干預，藉由這種規定，有能力且勝任的教師可以感到工作有保障，而更有效率地執行教學任務。」

教師長聘權利大多由州法所創設，各州的規定不盡相同，大多數長聘法或州法都規定取得長聘權契約的要件，並要求成爲長聘（tenured）或永久聘任（permanent）教師之前，應先經過一段期間的試用。以維吉尼亞州爲例，該州法律規定取得長聘資格前，教師須在同一城鎮中試用三年。在試用期間，聘約是一年一聘，校方可在期滿時做出不續聘之決定。

除了取得長聘資格的條件外，州法亦明確規定開除長聘教師所可依據的法定事由（cause），以及應履行的程序（procedure）。長聘契約對受僱人的工作權是一項重大保障，除非有法定事由存在，並遵照一定的解聘程序，否則學區不得將長聘教師解聘。

教師僱傭規定一般而言是由雙方當事人直接在標準格式文件上簽訂，這種定型化契約中只有規定薪資、職務、與聘任期間。在大部分州，定型化契約會以「主契約」（master contract）加以補充。所謂主契約，係指經由教師工會集體談判所制定，並經教育委員會與教師團體批准的契約。在上述情況下簽訂的教師契約，只要基本要件存在，契約便有效成立，教師依據契約履行義務、享受權利，直至契約屆滿或教育委員會以法定事由解除契約爲止。

除了僱傭契約所載明的受僱人的責任與義務外，州法律與州相關規章（regulations）、學區的政策、與一般義務亦視爲契約的內容。因此，學區得要求教師履行其所持教師證照範圍內的工作及業務，即使這些義務並未載明於雇傭契約中（秦夢群，1996）。

台灣中小學教師之初聘與續聘對象，必須爲具有教師證照者。在聘任期限上，初聘爲一年，續聘第一次爲一年，以後續聘每次爲兩年，續聘三次以上服務成績優良者，經教師評審委員會全體委員三分之二審查通過後，得以長期聘任；其聘期由各教師評審委員會統一訂定。

整體而論，台灣聘約之種類表面上與美國類似，運作上卻大異其趣。與美國制度相較，台灣並無試用契約。按照目前的設計，初聘、續聘、長聘教師皆受教師法之同等保護，並未凸顯其間的差異。正式職位之合格教師一旦進入學校即幾乎無例外獲得續聘，期限第一次爲一年，以後每次爲兩年。解聘或不續聘的程序依教師法規定，其待遇與長聘之聘約相同，並無任何之差異。換言之，教師只要獲得正式教職，就如同擁有鐵飯碗，很難再對其素質加以要求。此種設計實與長聘制度的設立目標背道而馳。既然續聘教師與長聘教師所受之待遇與保障相同，又何必要加以區分。基於此，美國對於教師定期聘約的規定與設計可供台灣參考。在制度設計上，有其改革之空間。

此外，美國大部分州均存有教師定期評鑑之制度。評鑑不良者，經輔導不成後，會遭到解聘、不續聘、甚至撤回證照之懲戒。學校可定期評鑑教師，以做爲續約依據。此舉雖令非長聘教師壓力增加，但卻是促使教育進步的必要手段。相較之下，台灣中小學目前並無強制之教師評鑑制度。雖有考績之評定，但多半並未落實，評核項目也相當模糊。凡此種種，皆顯示台灣教師聘任制度之設計，實有缺乏績效評鑑之弊病。相關詳細之內容，還請參考秦夢群（2004）《美國教育法與判例》一書。

台灣教師在義務權利方面，教師法也有明文規定，雖部分詞義模糊不清，但多少可看出一個輪廓。其中規定教師違反規定者，應交由「教師評審委員會」評議後，由學校依有關法令規定處理。由此可以明顯看出其實握有學校最高教師聘任之權力。舉凡教師之聘任、聘期、解聘、停聘、不續聘，及對違反義務的教師評議工作，均由教師評審委員會主導並做出最後決定；其角色與美國的學區教育委員會（local board of education）相當類似。此制之優點乃在實踐民主精神，由相關教育人員做成重大聘任決策。缺點則在如果學校派系林立，則易造成偏見或無政府狀態。教師法中之聘用中止條款，如「行爲不檢有損師道」、義務條款如「積極維護學生受教之權益」多半定義模糊，多要依個案之不同加以詮釋；而此重擔即落於教師評審委員會手中。今後其功能之是否彰顯，實影響台灣教師任用與學校生態甚大，值得加以關注。

三、教師待遇

在教師待遇方面，美國採取協商制，同年資同類科的教師並不一定在待遇上相同。每次簽約前，多由教師團體或工會代爲出面，與校方商談薪資與相關福利之議題，其程序稱爲集體協商。教師若覺自我條件優越（如在某教學領域獲得獎項），也可逕向學校要求更高待遇，校方可基於事實之需要加以考量，或是協商做出雙方都可接受的決定。原則上，教師聘約規定五花八門，權利義務上各學區之間各有差異，但往往享高薪者，校方對其所付出之要求也愈高。此制之精神在獎優懲劣，仿效商品自由市場的作法。然而在協商上卻需耗資人力金錢甚多，加上若形成僵局則容易傷害學生學習權益，故非所有國家均可實施。

台灣教師待遇則由國家立法規定，係分本俸（年功俸）、加給、與獎金三種。本俸以學經歷及年資敘定俸給，表4.3中即列出公立各級教師最低與最高薪額。年功俸係指教師已支本職最高薪時，至年度終了時，凡服務屆滿一年而成

表4.3　台灣公立學校教師暨助教職務等級表

職務名稱							薪額	薪級
						770	770	
							740	
					710		710	
							680	一　級
				650			650	二　級
625	625		625				625	三　級
					副	教	600	四　級
						授	575	五　級
							550	六　級
							525	七　級
				助	教		500	八　級
							475	九　級
國	中	450				680	450	十　級
				理		｜	430	十一級
						475	410	十二級
					授		390	十三級
	等			教	600		370	十四級
民			講		｜		350	十五級
			師		390		330	十六級
				授			310	十七級
	學			500			290	十八級
				｜			275	十九級
小		助		310			260	二十級
		教					245	廿一級
	校		450				230	廿二級
			｜				220	廿三級
學			245				210	廿四級
							200	廿五級
	教	330					190	廿六級
		｜					180	廿七級
教		200					170	廿八級
							160	廿九級
	師						150	三十級
	450						140	卅一級
	｜						130	卅二級
師	150						120	卅三級
450							110	卅四級
｜							100	卅五級
120							90	卅六級

註：最高薪上面之虛線係屬年功薪。中、小學合格教師，如具有碩士學位，年功薪可至650元；如具有博士學位，年功薪可至680元。

績優良者，給予晉升年功薪一級。其極限依職務而不同，多半爲三或五級。加給則分爲職務加給、專業加給、與地域加給三種。其中職務加給之對象爲擔任行政職務者（如校長、主任、組長），專業加給一般爲教師的學術研究費，地域加給則專爲服務偏遠或特殊地區者所設。因此在一般地區未兼行政之教師，其待遇主要由本俸與學術研究費組成。獎金方面則主要以考績獎金與年終獎金爲主。每年依考核辦法，教師之表現依分數加以分等。甲等與乙等教師除晉本薪或年功薪一級外，並獲有不等數額的考績獎金。至於年終獎金則多在農曆春節前夕發放，其數額則由政府依財政能力而決定。

除待遇外，台灣教師尙享有法定之福利，其中包括：(1)各項特殊補助費（如婚喪、生育補助費），(2)給假（如服務滿一定期限者，每年可休假若干日），(3)保險（政府負擔一定比例之健康保險金），(4)退休金之領取，與(5)撫卹等項。由於相關條文繁多且時有更改，在此並不詳述。有興趣之讀者，可參考政府出版品瞭解現狀與有關規定。

四、師資培育之趨勢

綜觀近年世界主要國家在師資培育與任用上的趨勢，可看出開發中與已開發國家仍有不同的走向。前者如中國大陸，其自1990年代以來積極推展改革，以求提升教師的品質與專業性。其措施包括：(1)提高教師待遇，使其與其他行業不致相差太多。在某些地區，任教一定年限後退休的教師可領得幾近全薪的月退休俸。(2)制定獎勵條例以表揚優良教師，並定每年9月10日爲教師節。(3)逐漸建立長聘制度，以使教師能安心工作。(4)鼓勵優秀中學畢業生進入師資培育機構就讀，以提升教師素質。(5)逐步推廣證照制度（楊景堯，2003；Tsang, 1994）。

以上改革措施，在已開發之主要國家已行之有年。目前其發展之焦點多集中在師資培育之歷程上。舉其犖犖大者，茲臚列如下：

（一）採用多元化與全方位的培育制度

歷來師資培育應採取一元化（即專由師範院校培養）或多元化（也可經由非師範學校培養），往往引起極大爭議。支持一元化者認爲師範院校目標專一，專業訓練較強，而國家也因此可確切掌握師資來源。反對者則主張一元化教育使學生知識層面狹窄，一般學術知識較低，很難適應社會快速變遷的腳步。且其接觸面同質性高，人格較爲刻板而難以應變。基於此，主張師資培育應朝多管道進行。面對此項爭議，各國近年大都朝向折衷之多元化形式。其作法爲保留部分傳統師範院校，同時也在其他機構如普通綜合大學，建立教師培育系組或學程。此種走向一方面可掌握部分師資來源，國家可依其需求由師範院校畢業生獲得一定數額的教師；一方面也可藉開放達到部分自由市場的機能，使有志於教育工作者皆有多元公平的競爭機會。如此截長補短，師資培育才能達到專業化，偏向任何一方均會造成後遺症。例如，台灣在1993年前之師範教育法時代實施一元化政策，結果引發社會群起批評其不知進取與過度保障。其後通過之師資培育法，則採取師範與普通院校聯合培育之混合制，可說是反映了時代要求。英美等國對此早已有所行動，師資培育甚而已擴及到空中教育或成人教育，吸納之人才更爲廣泛。

（二）中小學師資培育皆已提升至大學階段

由於社會的進步，各已開發主要國家，均將師資的主要培育機關提升至高等教育。除了學士的要求外，有些國家（如美國、日本）甚而將高中教師層次提升到碩士階段。台灣自1993年通過師資培育法後，中小學教師資格之先決條件之一，即是具有學士學位。德國之師資由大學、綜合高等學校、與高等師範學校培養，均招收中學畢業生，修業三至五年不等。法國之中小學師資自1991年後，統一由各大學院校所設的「師資培育中心」（teacher training institute）負責。招生資格爲具有學士學位（在法國一般爲就讀大學兩年），接受兩年的培育課程；第一年偏重基礎理論並參加所屬之專業考試，第二年則以教學實務爲主。至於高中（Lycee）之教師培養則更進一步，申請者必須先具有碩士學位（就讀大學四年），並通過難度極高的入學考試（即aggregation examination）後才能有入學資格。英國之主要培育師資機構爲各地教育學院、技術教育學院、大學教育系等。其中前兩者招收高中畢業生，修業三年後擔任小學教師；大學教育系則招收大學畢業學生，專修一年教育專業課程後擔任中學教師。由以上歐美主要國家的發展上，可以明顯看出中小學師資培育皆提升爲高等教育之一環，在正式學制上的地位已大爲提高，學生受教之內容也更爲多樣且專業。

（三）教師證照制度與連續考核制度的建立

爲了確保師資的品質，各國均有證照制度之實施；而其多由政府或專業團體主其事。基本上，各國視師資培育機關僅爲教師職前教育的場所，其並無授予證照之權力（即不採取機構認可制）。教師若想獲得教職，甚而具有長聘（tenure）之身分，就必須連續接受考核。其標準與形式不定，有政府統一之國家考試，有專業團體自辦的專業檢定，也有必須符合特殊規定者（如執教表現、在職進修的規定等）。綜而言之，各國多視師資培育爲終身之訓練，教師必須不斷經過考核，才能長任其職。以美國爲例，進入師資培育機構的學生，首先必須修完既定課程取得學位、完成實習之規定、參加州政府所實施的證照考試後，才能正式執教。其後如欲成爲長聘教師，就得通過各種教學考核，並擁有在職進修研究所層級之教育學分或學位後才能如願。此外，某些州（如德州）曾實施「定期換證」的制度。在某一階段考核失敗者，即喪失教師證照與執教權。台灣對此要求較爲鬆散，並未實施換證制度，以致未若美國之制度可以積極促進教師不斷進修。不過較之師範教育法時代，如今台灣欲爲人師者得經過初檢、實習、複檢、與經過續聘三次以上服務成績優良者，才得以長期聘任；其路途顯然較爲漫長。

（四）培育時間與課程採取多樣化經營

各國爲因應各級各類師資的需求，往往創建不同的培育計畫。例如，在某類師資特別缺乏時，美國部分州即設有「代用教師證照」（alternate certificate）制度：以短時間（多不超過六個月）訓練大學畢業生，使其能早日就職解決急需。此類證照有其一定限制，多必須在一定年限內再度進修並參加正式證照考試，過期即失效。此外，各國中小學師資主力來自四年制師範或普通大學，其課程包括普通、教育專業、與專門課程，有些學校並將第五年列爲實習之時間。與之相較，學士後之培育機構（如英國之大學教育系），則時間較短（多爲一年），課程也僅以教育專業課程爲主。其他如日本的短期大學，修業兩年即可取得二級教師合格證照等，均顯示各國在師資培育上的多樣化，長期學制與短期學制並用，如此才能應付不同的師資需求。

（五）重視教師的在職進修

第二次世界大戰前，各國均將培育重心放在職前教育，認爲在職進修僅是教師個人自我之充實，不屬師資培育的範圍。其後學校受到社會與文化變遷的挑戰，終身師範教育的理念於焉興起。各國均力圖結合職前與在職教育於一體，希望能使教師不斷充實趕上時代。此因職前教育時間有限，且學生當時並無實務經驗；及至執教發生問題時即無處尋求諮詢。在職進修以各種方式，讓教師除吸取最新相關教育知識外，對於彼此實務經驗之交換也大有助益。基於此，「一日爲師，終身受教」的理念促使各國重視在職進修，紛紛立法規定並鼓勵其實施。在職進修的形式與內容相當多樣化，以下分別敘述之，其範圍並包括學校行政者在職進修部分。

第五節 促進教育人員專業之行政措施

揆諸世界先進國家之憲法，幾乎皆明文規定人民有受教育之權利與義務。國家針對學生之學習權、受教權、人格發展權等應予以充分保障；特別是對於中小學階段心智尚未完全成熟之學生。理論上，家長、教師、與國家應該共同擔負教育學生之職責；然而，歷年之教育改革卻多將教師列爲首要目標，令其覺得難以承受。事實證明，任何教育制度、課程教法、與班級經營之改革，教師之專業程度均扮演關鍵角色。唯有逐日精進，方能應付詭譎多變的教育場域。研究指出，政府在推動教育改革時，教師除關心學生受教權益外，對於己身之基本需求權益（如退休、薪資、授課鐘點、通勤時間、家庭生活等）是否受到影響也極爲重視（Fullan, 2015）。如果個人基本權益受到限制或侵害，教師對於促進個人專業之提升意願即大打折扣。外界人士對於此種「主客異位」現象往往不解，殊不知此乃是工作市場之常態。如何設計能夠讓教師心甘情願提升專業的制度與措施，即成爲不可忽視之教育行政議題。

傳統組織治理盛行「胡蘿蔔與棍子」（carrot and stick）的策略，認爲視情況獎懲員工乃是促進績效的最佳手段。就如在驢子前面吊著胡蘿蔔時，同時也準備棍子，以驅策其朝向指定之方向。以往部分學校即訂有繁複之獎懲規則，以計分方式來考核教師（如不按時批改作業扣考績x分），頗具行爲學派的特色。然而，人類行爲不能簡化成只是對獎懲的回應。一味仰賴獎懲方法而缺乏有意義的對話，僅會造成員工照章行事，卻無法產生實質上的激勵。研究顯示，員工對自我工作感覺愈良好，就愈能提升其工作動機。換言之，激勵與組織成員對「自我工作的感覺」具有密切關係。拘泥於傳統獎懲方式往往使教師陽奉陰違，難收激勵之效果（Putsis, 2020）。

因此，各國政府在設計促進教育人員專業的制度時，即必須關照其基本與心理需求。制度之設計除具有部分強迫色彩外，也積極推動教育人員基於專業需求的自願性，兩者比重之拿捏，關乎實施後之成果甚鉅。整體而言，促進教育人員專業的措施大致可包括進修、評鑑、分級、換證、輪調等五項（參見表4.4）。除進修之外，評鑑乃是分級、換證、輪調之基礎。缺乏實質評鑑之依據，相關措施就難以進行。基於時代變遷與社會民情，各國對於教育人員之進修、評鑑、分級、換證、輪調之實施多有所取捨，呈現不同的排列組合。其利弊得失，也成為社會與學界關注之焦點。

表4.4　促進教育人員專業之行政措施

	進修	評鑑	分級	換證	輪調
實施目的	修習研究所處生涯階段相關專業知識，更新其在教學與輔導學生之技巧與知識，並為進入下個生涯階段作準備。	根據既定之指標，對於教師整體專業表現，進行評估分析，以衡量其優劣得失，並提出改進建議。	提供教師生涯階梯，使其能夠藉由專業知能與表現，獲得職級之晉升與對應之酬賞。	確保與驗證教師在生涯各階段之專業性。對於未達評鑑標準之教師，可不准其晉級或撤銷其證照。	促進教師教學經驗多樣化，並確保教育資源城鄉平衡發展，落實保障學生受教權及學習權。
實施方法	1.選修師資培育大學課程。 2.參加專業團體研討會。 3.參觀國內外學校。 4.至國外進修學分學位。 5.校內訂定同仁研習時間，聘請專家學者座談或演講。	1.進行教室觀察。 2.檢視教學記錄檢視。 3.檢視學生成就。 4.檢視教學檔案。 5.實施問卷調查。 6.進行教師面談。	教師在不同生涯階段中需要晉級時，必須通過該職級的評鑑標準。例如英國分為合格教師、初階教師、進階教師、優良教師、與高階教師。	訂定各種類教師證書的有效更新年限。到期後教師必須參加「證書導入方案」，或參加換證講習課程以更新證照或申請上一級之教師證書。	依據教師目前服務地點、現居住地、通勤距離時間、年齡、家庭狀況、專長、經歷與年資等因素，再參酌教師個人志願及各項點數，決定優先遷調之順序。

一、進修

教育人員的在職進修，係指其在獲得證照正式工作後所受的相關訓練與教育。第二次世界大戰後，各國基於社會變遷快速，逐漸將在職進修列為師資培育不可或缺之一環，並視其不但是教育人員的義務，也是一種權利。此因一國人材優劣實繫乎教育之成敗，教育人員必須日求精進，才能創造最高的績效。基於此，在職進修即成為從事教育專業的義務。另一方面，各國為鼓勵在職進修，往往採取積極措施加以配合，諸如給予公假或經費補助、結業後給予加薪等。換言之，教師在進修之際同時享有特殊待遇，也可視為是一項權利。至於義務與權利兩者之間的比重，則依國情不同而有所差異。

學者Hallinger and Wimpelberg（1992）的研究指出，一國的進修教育的實施方式，與其政府的教育改革理念有極大之關係。例如，美國深受杜威進步主義（progressivism）的影響，極為重視實務與理論上的配合；英國的開放教育（open education）世所稱道，故其在職進修也推廣於廣電媒體與網絡。日本於2007年修正「教師證照更新法」，規定幼稚園至高中所有公立教師必須每十年接受研習。其必須在全國具有教師培育課程的大學，接受30小時以上的在職進修。綜觀各主要國家近年之發展，可發現其彼此雖有不同，但卻共同具有在職教育多元化與多樣化的特徵。以下即就進修方式、進修內容、與促動進修之措施分別敘述之。

（一）進修方式

教育人員在職進修目的不一，而配合其需求的方式即有所不同。一般而言，其進修目的依其身分不外包括：(1)進修者僅具有代課教師之資格，故需參加補習課程，吸取專業知識，以符合申請正式證照的要求。(2)修習研究所階段相關專業學分，更新其在教育與主教科目之技巧與知識。(3)攻讀更高之教育學位（如學士、碩士）。(4)為吸收解決教育相關問題的知識，參與專題的短期課程。

為配合以上多樣之需求，各種進修方式於焉產生，歸納起來大致可分為以下八種：

1. 選修師資培育機構的一般、夜間、或週末所提供的課程。
2. 參加教育主管單位或專業團體所舉辦的研討會。
3. 參觀示範教學或至他校交換教學。

4. 至國外學校參觀或進修學分學位。
5. 校內訂定同仁研習時間，聘請專家學者至校座談或講演。
6. 至教育人員研習中心修習相關知識與課程。
7. 經由媒體與網路平台（如E化課程）接收在職訓練的相關課程。
8. 自我進修，平日自報章雜誌與其他媒體節目中吸收知識。

以上進修活動的主要實施地點，大多包括以下場所：

1. **教師研習中心**：多由政府或民間專業團體所建立。其編制包括行政與專業人員，並結合學者專家爲教育人員設計不同層次的進修課程。其中如台北市所設立的「台北市教師研習中心」即是一例。研習對象包括教師、教育行政、與學校行政人員。
2. **師範大學與一般大學**：教育人員可修習校內一般課程，或是參加特別爲其設立的學分課程。修畢後可取得學分或是學位證明。
3. **專題研討會之舉辦地點**：此包括各類學校（教學觀摩等活動），或是校外場所。多半爲相關教育專題所舉辦的短期研討會，由學者專家與各方代表交換意見與經驗。
4. **E化教育**：修習之方式主要經過特定媒體（電腦網站、教學平台、廣播、電視等）之傳播。進修者可依自我需求學習相關課程，期末並經過一定評量而取得學分證明。

由以上敘述可知，較之一般職前教育，在職教育的形式不但多樣化且多元化。例如，進修人員可自我進修，也可集體進修；可以校外進修，也可校內進修；可以國內進修，也可國外進修；可以全時進修，也可半時進修；可以日間進修，也可晚間進修；可以平時進修，也可假日進修；可以學分進修，也可學位進修；可以公費進修，也可自費進修；可以一般進修，也可空中進修。林林總總，相當具有彈性。此因教育人員平日忙於工作，未如一般學生般自由。因此，多樣化或多元化的在職教育乃是勢在必行。

負責教育人員進修教育的機關有中央或地方政府、民間教育專業團體，與兩者之間彼此合作。例如，美國聯邦政府的「教育研究與改進署」（Office of Educational Research and Improvement）即在1987年撥款成立教育行政人員領導訓練中心，以六年時間建立57個類似組織，以發展相關的理論與技巧。在各州方面，大多在州教育廳下成立負責在職進修的單位，其經費除自籌外，並接受聯邦政府的補助。美國國會在1983年通過撥款2億5千萬美元，以幫助各州對數理教師的培育與在職進修工作（Bolam, 1994）。晚近之「草根運動」（grass-roots）使得原本屬於州集權的進修體制，漸漸趨向基層導向。以往教育人員進修必須跋涉千里，如今則多由地方學區在附近之學校或地點舉辦。討論與進修之議題也以本土性爲主，使得受訓人員更有參與感（Murphy & Hallinger, 1987）。

（二）進修內容

在教育的內容上，依時間長短與職位而有所不同。例如專題式課程的形式多用在短時間研討會上。Bolam（1994）舉出對於教育行政者的在職訓練，可包括以下之主題：

1. 學校行政的相關法令與學校發展重要計畫的擬定及執行。
2. 溝通與決策的理念與技巧，以及如何促使學校成員彼此合作。
3. 有關課程、教法、與測驗的基本知識。
4. 有關學生學習與輔導的理論及技巧。
5. 有關人事安排、考核、發展的理念 。
6. 有關財政與總務的基本知識與管理技巧。
7. 對外關係推展（如與家長、教委會委員、社區人士）的理念與技巧。
8. 如何評鑑與考核學校的效能與效率。
9. 如何面對變局與突來之危機。
10.如何使自我成長與發展。

以上項目中，部分也爲教師在職訓練計畫所兼有。其中如第三、第四、第十項。除此之外，尚包括：(1)基本的教學技能，(2)教室管理的理念與技巧，(3)幼兒與青少年心理學，(4)教具之製作與使用等。有些國家尚會加入吸食毒品問題、基本電腦操作等。其進修授予之過程，學者專家多有所研究與建立模式，其中Joyce and Schowers（1988）即指出爲使參加者能充分學習新知識（如智慧教室、E-learning），設計完備的進修計畫應包括五個步驟：(1)呈現新技巧的理論基礎，(2)說明技巧之內容與實施程序，(3)在模擬的課堂情境中應用新技巧，(4)自模擬中獲得回饋，與(5)應用於實際工作中並提供適當的指導。

其特色乃在打破以往排排坐聽演講的單向溝通，而要求受訓者參與討論及應用的過程，培育其解決問題能力，並在其中將理論與實務結合。如此才能使進修者動機增強，並學以致用。

（三）促動進修之措施

在職進修是義務也是權利，各國對此多半一方面採取獎助措施，鼓勵教育人員進修；一方面卻訂定法律條款，強迫基本進修制度的執行。此因努力上進之教育人員固不在少數，然而自甘墮落、濫竽充數者也大有人在。爲保障學生受教權，各國政府多半定有強制定期進修的制度，違者則受到不同程度的責罰，輕則減薪，重則吊銷證照。不過基本上，各國仍多以獎勵制度爲主，以求對教育人員的尊重。綜觀其所採取的措施，大致可歸納爲以下五種：

1. **給予公費與公假進修**：美國各州大多規定教學至一定年限後，可享有公假進修的待遇。一般爲數星期至數個月。法國中小學教師按照法令，工作數年後每年可有數週之進修假，一生中則可請進修假一定年限。英國在1972年發表「詹姆士報告」（James Report）後，也給予工作一定年限的教師之帶薪進修假（Halls, 1994）。除此之外，美、日等國尚對進修教師的食宿交通、學雜費等加以補助。其目的也在激發教育人員進修的意願，並使其無後顧之憂。
2. **實施進修加薪制**：准許教育人員在進修更高學位或獲取若干學分後，給予待遇上的提高。在另一方面，美國有些州則實施不進修不加薪的制度，怠惰者的薪資往往停滯在某一薪級。
3. **實施進修換證制度**：例如，美國部分州規定教師證照需在一定時間內更換，而其條件之一即是規定必須在職進修若干學分；不從者即失去證照與執教資格。此舉爲促使教育人員進修的最嚴厲措施，目的即在恩威並施，維持教育經營的一定素質。
4. **實施進修積分制**：准許教育人員在進修後，依其程度獲得若干積分點數。例如，台灣教師遷調之標準除按本人意願外，積分高者可先選擇。此外如學校主任或校長考試，其報考資格也多半規定需在一定積分以上。對於願意久居其職的教育人員，積分制也許影響不大；但是如欲有所作爲，則必須累積若干點數，而其中參與進修即是一大門路。
5. **實施減量工作制度**：即對於進修期間的教育人員，不但給予公假，還額外僱用其他人手減輕其工作負擔。例如，教師之上課鐘點數降低，行政人員主管業務暫時減少等。其目的即在使進修者有足夠時間與精力吸收新知，而不致疲於奔命。

（四）未來改革之方向

綜而言之，上述措施皆在鼓勵與促使教育人員從事在職進修。事實也證明教育活動經營之良窳，與教育人員時時充實有極大關係。檢視先進國家在職教育努力的方向與成果，重要者包括以下四點，可為台灣今後相關發展所借鏡：

1. **獎勵民間專業團體承辦進修業務**：台灣目前之進修機構幾乎皆為官辦，民間參與率不高。此制雖可收事權集中之效，但以其人力有限，難免顧此失彼。此外，官辦之機構難以瞭解教育人員真正需求，甚而淪為政府之傳聲筒。為使進修計畫更具專業與本土化，不妨撥發經費由各地民間專業團體承辦。如此其課程設計不但專精，且能符合進修者的需求。政府僅站在監督輔導的立場，其力量與資源更能集中發揮。
2. **建立進修換證的制度**：台灣目前之政策偏向獎勵措施，如給予修習若干研究所層級學分之教育人員升級加薪；並未有任何強迫規定。在職進修既已被視為權利又是義務，對於上進者之獎勵自不待言，但對敵視進修者也應有所行動。例如美國之換證制度，即藉此淘汰不良教師。其實就教育的觀點而論，教育人員若未能適時充電，就極難趕上時代。基於此，台灣實可考慮換證制度或是採取較溫和的措施（如一定年限不進修薪資即予凍結），以促動教育人員的進修意願。教育界免不了有其死角，理念僵固之教育人員對學校傷害頗大。進修雖不能將其完全改造，但至少邁出了第一步。
3. **建立休假與公費進修制度**：台灣目前之中小學教育人員，除極優秀者可獲公假公費長期進修外（多半赴國外），大多利用週日與暑假期間進修。此對短期與專題進修或有不錯成果，但如要更加深入，則往往因業務之牽絆而力有未逮。基於此，台灣實可仿效先進諸國的休假進修制。凡工作至一定期限，可獲若干公假，但其必須使用於進修活動中。如此教育人員才可專心研習而不致疲於奔命。給予教育人員休假，看似是學校吃虧，然而從長遠角度而論，其理論與知識獲得更新，所創造的績效會更高。休假與換證制度的配合使用，既鼓勵上進者，同時也激發懈怠者，其成果應相當顯著。

4. **建立在職進修是師資教育一環的觀念**：台灣以往多將精力放在職前教育，遂使某些教育人員認爲進修乃不必要之舉。今後除以各項措施給予促動外，尚應加強朝野對在職進修的觀念；使師資教育貫穿整個教育工作生涯。此外，也可利用各種E化科技與網絡，使偏遠地區之教育人員得以在家進修。社會不斷進步，新理論、新技巧也傾巢而出。對於站在第一線的教育人員，在職進修乃是大勢所趨。政府在擬定相關政策上，實應努力爲之。

二、評鑑

教育評鑑的模式與理論繁多，但其最終目的乃在希望藉由評鑑歷程，促成教育之改革。因此，教育評鑑之實踐即成爲不可或缺之課題。實務上，評鑑活動在學校如影隨形，從整體學校評鑑、校長評鑑、乃至特殊領域評鑑（如教務評鑑）等，其中又以教師評鑑最受社會矚目。此因教師身負學生學習成就之重任，其表現之良窳影響甚大。近年來，教師社會地位日漸式微，其專業表現並未受到家長與社會之尊重與肯定。透過評鑑制度之多元評量，或許可以重建教師的專業權威與形象。然而，實務上基於相關評鑑指標與方式難以達成共識，教師評鑑之實施，至今在各國仍引起極大爭議。

（一）教師評鑑的定義

簡而言之，教師評鑑乃是「根據既定之評鑑指標，對於教師整體專業表現，進行評估分析，以衡量其優劣得失之歷程。」換言之，教師評鑑乃是一個連續性歷程，其無可避免牽涉到價値判斷，必須針對教師專業各項表現加以觀察分析，並依據評鑑結果提供必要的支援與輔導。基本上，依據各國之經驗，教師評鑑之目的可歸納爲以下五項：

1. 提供教師各項表現圖像，以對其課程規劃與教學歷程進行系統性分析。
2. 提供依據評鑑結果，表現未達既定目標教師之相關協助輔導。
3. 提供相關教師聘任、職務分配、與獎懲之依據標準。
4. 提供教師分級制度之判斷依據，並協助教師進行生涯規劃。
5. 提供教師在職進修之依據與知識基礎。

此外，教師評鑑之目的也可分成形成性與總結性兩類。前者主要牽涉教師專業發展部分；後者多以管理監督功能為主。形成性教師評鑑目的包括提供教師自我反省之機制、協助教師改善教學、促進教師專業發展、與發現教學環境之問題等。總結性教師評鑑目的則包括評量教師之整體績效、建構獎優汰劣之機制等。

（二）教師評鑑的類型

教師評鑑之類型依不同需求，可分為多種類型。其中根據評鑑者之身分，綜合各學者（如Wragg, 1987；傅木龍，1998）與筆者之看法，大致可分為以下六種：

1. **同儕評鑑**（peer appraisal）：即由兩個相同層級的教師互相評鑑，以瞭解彼此之表現，乃是一種互蒙其利之評鑑模式。由於同儕之間較無從屬關係且彼此熟悉，評鑑者與被評鑑者之角色常依情境相互輪換，使得評鑑過程壓力較輕。
2. **上級對部屬評鑑**（superior-subordinate appraisal）：此種評鑑方式多發生於傳統科層組織中，係由上位者擔任評鑑者，以對下位者進行評鑑。此種方式在學校即多由校長對教師進行直接評鑑，為最傳統之作法。此種形式之評鑑常導致不具專業的外行人評鑑內行人之窘境，並引起教師之排斥抗拒，使用時必須有配套措施。
3. **校外人士評鑑**（outsider appraisal）：所謂校外人士係指學校以外之學者、教師、校長、教育行政機關人員、與專業評鑑組織人士，其多為教育專業人員而具有公信力。為避免學校自我維護之弊病，此種方式已成為正式評鑑活動之主流，但以其來自外部，對於各校之特殊情境較難加以掌握與深入瞭解，必須有受評教師之全力配合才能達到目的。
4. **業外人士評鑑**（appraisal by lay people）：係由非教育專業之社區人士、家長、社會各界賢達如企業界代表進行評鑑。此在技職教育評鑑中最為常見，往往由業界人士（如科技業、金融業）進行專業評鑑，以反應即時之人力需求。
5. **教師自我評鑑**（self-appraisal）：係由教師根據教育主管當局所發展之自我評鑑檢核表，逐一確實自我評量，具有強烈形成性評鑑的色彩。其目的在使教師隨時自我檢視教學工作與整體績效表現。實務上，此種評鑑最為簡易且具連續性，但也常因教師自我感覺良好而過度美化自己，因此必須搭配其他評鑑方式，方能一窺教師專業表現之全貌。

6. **學生評鑑**（appraisal by student）：學生為教學活動中與教師互動最直接之評鑑者，對於教師表現有最深刻的感受。實務上，學生評鑑多實施於高等教育階段。中小學則因學生成熟度較低，其評鑑教師教學之結果應只限於參考之層次。

（三）教師評鑑的層面與內容

如上所述，教師評鑑之主要目的乃在協助教師改進教學，並提供教師進階與獎懲之用，其層面與內容必須多元化，以符合不同形式教育評鑑之需求。基於此，評鑑內容之制定往往會引導教師之日常教學表現，必須審慎為之。基本上，教師評鑑內容可包括以下四個層面，其相關內容具有彈性，可由評鑑單位因地制宜：

1. **課程設計與教學層面**：教師需具備一定之專業知識，並於教室中表現適當實現課程目標之行為。其中包括口頭表達、書面溝通、教學實踐、使用教學科技、運用多元評量等相關能力。此外，教師應瞭解專業教育理論，依據現場之不同情況，設計適當的教學活動。
2. **班級經營與輔導層面**：教室為教師實踐教育專業之主要場域，因此班級常規管理、班級教學、維持安全學習環境等班級經營能力即相當重要。教師教學之餘，必須具有一定之敬業精神與責任感。以友善、主動、積極等人格特質，主動關懷與輔導學生。此種對於教育專業的使命感，導引教師以正向態度面對學生，並使班級氣氛更為和諧。
3. **研究發展與進修層面**：教師能積極參與校內外進修與研習活動，持續發展其個人的專業知識。此在知識經濟與學習性組織之潮流中極為重要，不斷進修可使教師在面對瞬息萬變的教育情勢時，不致倉皇失措。
4. **行政配合與人際層面**：教師教學並非遺世獨立，必須與相關學校行政人員密切配合。其中如校務推動之協助、學校活動之參與等，皆為學校經營成敗之關鍵。此外，親師合作與人際互動也是成功教師的必備條件。教師能與學生、家長、同儕、社區人士正向積極互動與溝通，將對教學績效造成事半功倍之效果。

（四）教師評鑑的方式

在評鑑方式部分，依照評鑑之各項活動，大致可分為以下六種形式：

1. **教室觀察**：多採用同僚評鑑與臨床視導之模式，由教師與相關專業之同僚共同執行。雙方積極溝通後，先決定觀察的內容與重點，再依據觀察之資料進行檢討。此種方式在輔導新進教師時相當有用，常由資深教師擔綱。可以實際瞭解教師之課堂表現，進而改進其教學能力。
2. **教學記錄檢視**：根據教師教學設計、教室經營技巧、行政配合程度、個人出勤狀態等項加以列檔記錄，以備評鑑時加以核對評等。其中如教師之特殊表現、家長之反應等，皆為重要之資料蒐集來源。
3. **學生成就**：依據學校或教師自訂之目標，檢視學生之學習成果，以評斷教師之教學表現。學生成就並不限於學業部分，學生行為表現與班級良好氣氛之營造，皆為重要之考慮因素。
4. **教學檔案**：其中包括相關之課程計畫、教學內容、學生回饋、評量方式、回饋機制等。依據檔案之呈現，教師可藉機有所反省，評鑑者（同儕或教學專家）也可加以檢視，以作為提出改進教學意見之重要參考依據。
5. **問卷**：通常透過學生或家長來評鑑教師的教學，可全面檢視教師表現。但必須根據學生之成熟度，適度使用調查結果。
6. **面談**：事前根據教學目標與內容，與教師達成一致之協議，並作為評鑑標準。之後，可由教師先自我評鑑，發現本身優缺點。之後再進行面談，以瞭解其中之問題，並提出自我改善發展的計畫。面談可以深度觀察教師之各身心特質與反應，進而補足直接觀察或問卷調查所不足之處。

（五）教師評鑑實施之問題與爭議

實務上，教師評鑑依照需求而有上述不同之形式。教育人員必須彈性應用，方能落實促進教師專業發展之目標。影響所及，各國在相關制度之設計上，多半以當地國情與社會潮流為依歸。例如英國自2001年起實施教師評鑑制度，以教室觀察與評量晤談（appraisal interview）為主要評鑑方法，公立學校教師每年皆要接受一次評鑑。此種教師績效評鑑制度特重學生表現之績效指標。其中規定所有公立中小學必須制訂教師績效之實施方案，且可根據學校特殊情況加以具體規劃。基本上，中央政府並不齊一規定標準，但卻提出八個層面，以利各校制訂規準與指標。其中包括：(1)有效制定明確之教學目標。(2)具備充足的學科知識。(3) 採用有效教學方法使學生充分學習。(4)有效管理學生，以維持其正向行爲。(5)有效評量學生的學業。(6)使學生獲得適切之學習成果。(7)有效利用時間與資源。(8)有效設計家庭作業以強化學生學習。

以上八項指標，可看出學生表現實爲英國教育當局關注之焦點。其他如教師與行政之配合、教師進修等層面則較未觸及。實務上，教師評鑑的目的在於「證明」與「改善」，兩者之間之比重，端賴進行教師評鑑之動機。此外，傳統教師評鑑爲人詬病原因之一，乃在全體教師適用一套評鑑標準，忽略不同階段教師的專業需求標準。基於此，美國部分州政府開始採用「區別式教師評鑑系統」（differentiated teacher evaluation system），以反應教師在不同生涯階段之專業要求與指標。其中如Daniel and McGreal（2000）提倡之「三軌制」教師評鑑系統，分別爲初任教師、資深教師、邊緣教師（marginal teachers，多指在現階段適應不良未達評鑑標準者）等不同團體所設計之專屬評鑑方案。目的乃在協助初任教師成長升級，促進資深教師專業創新，與輔導邊緣教師提升專業能力以通過評鑑標準（Danielson & McGreal, 2000）。

難以避免的，在推行教師評鑑過程中必會面臨諸多困難與爭議。綜合國內外學者（如Bartlett, 2000; Danielson & McGreal, 2000; 吳政達，1999；吳和堂，2007；顏國樑，2003）之看法，推行教師評鑑可能產生之問題如下：

1. **人情取向難以公正客觀**：例如在東方深受儒家思想影響之社會中，人情壓力逼使評鑑者必須考慮教育專業以外之因素，而無法達到公正無私。其中如同僚評鑑、教室觀察等，均可能因被評鑑者是熟識之人而投鼠忌器。此外，請託與鑽營之行爲，也會深切影響評鑑的公正性。
2. **教師之消極抗拒與不願配合**：教師原在自我獨立王國（教室）中悠遊自在，如今實施教師評鑑，自會被認爲是一種侵略。部分教師主張評鑑乃是打擊士氣之作法，根本上質疑教師評鑑之功能。因此，在實施過程中，教師多半消極抵抗，除非萬不得已，絕不全力配合。影響所及，教師評鑑所蒐集之訊息難以完整，進而使結果之詮釋無法周延。
3. **評鑑人員之專業爭議**：基本上，評鑑委員除了相關行政人員外，尚有專業教師、專家學者、家長代表、業外人士等。由於對於委員評鑑專業之質疑，往往使結果難以服衆。例如，部分教師認爲家長多由其個別子女觀點評斷教師，對於整體表現常因單一事件而加以忽略。凡此種種，皆使教師產生對評鑑之不信任。

4. **評鑑過程冗長而繁雜**：教師平時教學已極爲繁忙，如今爲評鑑而評鑑，必須花費精力製作大量書面資料。此對教師工作專業的發展並無顯著效益，評鑑結束後即將報告束之高閣，比較所花費之時間、心力，令教師覺得不符成本投資效益。

5. **評鑑內涵難以評量教師之全面專業表現**：面對教師工作之繁雜與多面向，有限之教師評鑑難以全面瞭解。如透過同儕評鑑、教室觀察、訪問面談等方式加以蒐集，在評定等級時，又難以建立客觀之量化指標。凡此種種，皆使被評鑑者無法信服評鑑結果，尤其是在教師評鑑與相關獎懲措施加以掛勾之制度設計。

三、分級

分級制度乃是爲了提升成員專業發展，所規劃的一種升遷制度。以教師分級爲例，主要精神乃在提供教師升遷管道，使其在服務生涯中能夠藉由專業知能、教學經營、與特殊貢獻等表現，進而獲得職務升遷與酬賞。此外，分級制度對於各個分級職位，也設計有不同的責任和任務，對於促進教師自我實現有其一定之正向功能。高等教育師資早有分級之傳統（如教授、副教授），中小學教師分級制度近數十年來也在先進國家（如英國、美國、日本）落實，成爲全球教育改革的一種趨勢（參見表4.5）。

追溯歷史，教師分級制度源自美國。其傳統上即有「功績薪給制」（merit pay）之主張，認爲薪給之訂定應依據個人的表現與能力爲標準。延伸至教育領域，即有教師應就其專業成長與成就進行評鑑分級，以支領相稱報酬之倡議（English, 1984）。在另一方面，美國教育界認爲教師可以循著「生涯階梯」（career ladder）而上，促使其再成長與再學習，進而提升專業發展的潛能（Gorton, Alston, & Snowden, 2007）。教師分級制度之功能可歸納爲以下三項：

表4.5 美國、英國、日本與中國大陸之中小學教師分級設計

	美國（加州Temple City）	英國	日本	中國大陸
級別職務	1.初等教師（Associate Teacher） 2.中級教師（Staff Teacher） 3.高級教師（Senior Teacher） 4.模範教師（Master Teacher）	1.合格教師（Qualified Teacher） 2.初階教師（Main Scale Teacher） 3.進階教師（Upper Pay Scale Teacher） 4.優良教師（Excellent Teacher） 5.高階教師（Advanced Skills Teacher）	高等學校教育 1.一種免許狀教師 2.專修免許狀教師 中、小學校教育 1.二種免許狀教師 2.一種免許狀教師 3.專修免許狀教師	1.三級教師 2.二級教師 3.一級教師 4.高級教師 5.正高級教師（另有特級教師之選評，多具有榮譽性質）
審查人員	1.同儕 2.督導者 3.校長 4.團體評鑑小組	學校教師評鑑機構（The School Teachers' Review Body，簡稱STRB）	都道府縣之教育行政人員	評審委員會
審查標準	1.服務年資 2.學歷 3.在職進修學分數 4.教學計畫與表現 5.通過相關考試表現 6.特殊優良表現	1.教學觀摩 2.教育專業發展表現 3.校長的觀察評鑑	1.學歷 2.年資 3.參與換證講習課程	1.師德師風 2.基本資格 3.教育業績 4.教學業績 5.科研成績 6.優先條件
負責層級	州政府、地方學區	學校	都、道、府、縣政府	省、地、縣三級行政區

1. **提供教師生涯發展階梯**：缺乏制度分級之實施，教師任用往往只有年資之差別，以致被認爲是「無階段」或「無生涯」之職業。換言之，一旦獲得學校聘任，在其擔任教職超過數十年的歷程中，除了改走行政路線成爲校長外，並無任何顯著之生涯發展機會。影響所及，政府在學校推動績效責任制度即大打折扣，嚴重阻礙優秀教師的進取意願。透過教師分級制度，可以提供教師生涯發展階梯與機會，活化其生涯發展管道，以促進自我實現。
2. **增進教師對學校事務的不同層次參與**：教師分級制度可以賦予與分配各級別教師不同職責。依照各分級之專業發展設計，教師可以分層進行

教材教法設計、課程教學研究、與教育實驗等工作，進而促使教師對於學校事務的分工與普遍參與。教師不再從事相同之工作，高級別教師被賦予更多責任，可以適時輔助其他教師之表現。

3. **激發教師士氣與潛能**：教師分級制打破「吃大鍋飯」之迷思（如僅考慮年資、學歷來決定待遇）。其利用分級升等之設計，藉由激勵教師自我實現與內在潛能，協助其專業成長與發展。傳統上靠年資即能順利加薪的作法，使得表現優異者無法受到實質肯定，無助於教師之間的良性競爭。此外，近年各國政府紛紛提供各種教師進修管道。實施教師分級制度，透過將進修時數列爲教師晉升標準之重要指標，或能有效鼓勵教師主動尋找進修機會，以增進其教學績效與學校效能。

基本上，教師分級制的主要精神乃在希望教師依其能力與教育表現，獲得適當職位之升遷與報酬，並促進其專業發展。正如一般商業組織之分層職位設計，各國教師分級制之不同階段，也希望教師擔負不同的責任與任務。基於此，日本依據1949年公布之「教育職員免許法」，將中小學教師免許狀分爲普通免許狀、特別免許狀、與臨時免許狀。其中「免許」兩字具有資格或特許之意，免許狀係指記載種類與內容之證書。普通免許狀爲常態性的免許狀，分爲專修免許狀、一種免許狀、與二種免許狀三類。其中高等學校教員僅有專修與一種免許狀，而無二種免許狀。普通免許狀適用於全國地區，臨時免許狀只適用於特定之都、道、府、縣，效期只有三年。

中國大陸現行中小學教師職稱制度始於1986年，2016年開始將其職稱等級統一，最高等級一律到正高級（職稱是正高級教師）。以下依序爲副高級（職稱是高級教師）、中級（職稱是一級教師）、助理級（職稱是二級教師）與員級（職稱是三級教師），共分五級，各自肩負不同之教育功能。大陸中小學教師必須藉由職稱考試以晉升至更高等級，考試結果攸關職位高低，也影響薪水福利。例如正高級教師位於職稱等級金字塔最頂端，可以享受教師崗位設置中一到四級的待遇（等同大學中之教授等級），因此評審條件相當嚴苛，非有一定表現難以獲選。其中包括：(1)具有崇高的職業理想和堅定的職業信念；長期工作在教育教學第一線，爲促進青少年學生健康成長發揮了指導者和引路人的作用，出色地完成班主任、輔導員等工作任務，教書育人成果突出。(2)深入系統地掌握所教學科課程體系和專業知識，教育教學業績卓著，教學藝術精湛，形成獨到的教學風格。(3)具有主持和指導教育教學研究的能力，在教育思想、課程改革、教學方法等方面取得創造性成果，並廣泛運用於教學實踐，在實施素質教育中，發揮了示範和引領作用。(4)在指導、培養一級、二級、三級教師方面做出突出貢獻，在本教學領域享有較高的知名度，是同行公認的教育教學專家。(5)一般應具有大學本科及以上學歷，並在高級教師崗位任教五年以上。

美國教育實施地方分權，各州可以決定是否採行教師分級制度。就分級的實際情況而言，大致從三級到六級皆有，但以分爲三級或四級的地區較多。一般而言，各地教師分級制度實施成效是否卓著，端賴相關經費預算之籌措，此因鼓勵教師更上層樓，配套之加薪政策絕不可免。即以衆所稱譽的加州Temple City爲例，其將教師分爲以下四個等級：

1. **初級教師（Associate Teacher）**：指擁有合格教師資格但缺乏實際教學經驗的新任教師。他們必須投入全部的時間於班級教學，薪資方面約與一般學區任教五年尚未獲得永久聘任資格之教師相當。初級教師在任教五年後通過評鑑得以升等爲「中級教師」。
2. **中級教師（Staff Teacher）**：通常指已獲得永久聘任，具有五年以上教學經驗的教師。他們必須把所有在校時間花在教學上，薪資方面與一般具有相當年資者相若，大部分此類的教師會待在教職直到退休爲止。
3. **高級教師（Senior Teacher）**：高級教師是各校某一學科最優秀的教師，普遍獲得同儕、學生、以及家長的尊重。他們通常擁有碩士或博士學位且被公認爲該學科領域的專家。高級教師的薪資約等同於校長，其任務主要在協助初級教師與中級教師擔任各個學校內部「學術評議會」（Academic Senate）的成員，以決定學校之未來發展方向。高級教師的產生方式係由同儕選拔並加以評鑑，此一職務並非永久聘任，工作時間約有60%花在班級教學上。
4. **模範教師（Master Teacher）**：又可被稱爲主任教師，係指在一個以上的學科領域擁有教學及培訓師資的經驗，多半擁有博士學位（但並非必要條件），任務在於因應教師在某一課程領域之需要，提供支援及校內進修機會，所以其角色必須是專家而非通才。對於全國各地的教育方案與研究方向應該熟悉，以隨時提供校內同仁進修之機會。薪資與助理局長（assistant superintendent）相當，係由教師同儕選任與評鑑，不具永久聘任性質。模範教師約花費四分之一的時間在教學上，並領導一群包括各年級的高級教師進行課程研究。模範教師同時也是該學區「教學指導委員會」（Instructional Council）之成員。

英國自2007 年開始實施教師專業標準架構，為教師之不同生涯專業階段提供發展與評鑑之標準。英國教師在教學生涯中需要晉級時，均必須通過該職級的評鑑或專業標準。分類職級有以下五種：(1)合格教師（Qualified Teacher）：師資生完成相關課程並通過檢定考試。(2)初階教師（Main Scale Teacher）：合格教師通過學校管理委員會之職務應徵面試，成為正式教師。(3)進階教師（Upper Pay Scale Teacher或Post Threshold Teacher）：初階教師通過教師「績效門檻標準評鑑」（Performance Threshold Standards Assessment）之第一級教師（UPS1）。(4)優良教師（Excellent Teacher）：為學校可以自行設立之職位，能夠與校內同儕進行教學經驗分享之優秀教師。(5)高階教師（Advanced Skills Teacher）：能夠在所屬任教領域展現高的教學效能，與能夠對本校與他校之教師分享教學專長與技巧。

在分級之依據指標與項目上，各國依其需求而有部分差異。例如大陸之分級項目包括：(1)師德師風、(2)基本資格、(3)教育業績、(4)教學業績、(5)科研成績、與(6)優先條件。其中即包括各國少有之科研成績。日本則審查教師之學歷、年資、與進修學分，合格後即頒發相當之免許狀。美國各州則多以教師定期評鑑後所展現之(1)教學成果、(2)學習能力、(3)課程設計、(4)專業表現、與(5)教室經營為主要教師分級依據。

四、換證

在任用制度設計上，實施教師分級與教師評鑑之國家，多與強制性定期換證制度（teacher license renewal或recertification）相結合，以確保教師在生涯各階段之專業性。對於未達一定進修規定或評鑑標準之教師，則不准其晉級，甚而撤銷其教師證照。此並非為難教師，而是希望教師專業能夠與日俱進，實踐績效本位之評核機制。各國教師換證制度規定細密繁複，以下僅以美國與日本相關制度加以簡述，欲知詳情還請參閱相關網站與其他學者之大作。

美國中小學教師皆必須具有特定類別之教師證書，以確保執教的資格。其取得方式，各州規定大同小異，多半包括相關教育學位或學分之取得、修習實習課程、與通過學科檢定考試等。以加州爲例，其中小學通行的教學資格證書除臨時教師證書（Emergency Credential）外，正式教師證書大致分爲專業教師證書（Professional Credential）與初級資格證書（Preliminary Credential）兩級。每級又包括「多科資格證書」（Multiple Subject Credential）與「單科資格證書」（Single Subject Credential）等種類。學前至九年級教師多持有前者；高中教師則通常持有後者。初級教師證書的有效期限爲五年，到期後，教師必須參加州政府所核定之「證書導入方案」，以更新證照或是申請專業教師證書。專業教師證書按照規定必須每五年更新一次。

如上所述，美國各州教師證書多半不是終身有效，各州不同等級證照多設定有效期限，到期必須進行證照更新或晉升至上一級證照。基本上，多半州政府針對初級教師設有專業發展的「導入方案」（induction program），以協助初任教師進行換證。各州初任教師證照有效期多半介於二年至五年之間。此外，教師擁有第二級以上證照後，仍必須參與所規定之各種專業發展（如研習時數）與評鑑，以進行換證或更上一層樓。其中如加州的專業教師證書有效期限爲五年，之後必須完成一定之研習時數後，才能進行證照更新。麻州教師在第二級證照有效期爲五年，教師在此期間必須完成50小時的指定專業研習活動，才能取得第三級教師證書。威斯康辛州第二級證照有效期也爲五年，根據定期更新教師證照規定，如要晉升獲得第三級教師證照，則必須通過相關評鑑。即使取得最高級教師證書，仍需達到州政府所規定之專業發展要求，以定期進行證照更新，其中又多以五年爲證照更新期限。

爲激勵教師提升專業水準之決心，日本自2000年開始研議相關確保師資品質之定期換證方案，日文稱之爲「教員免許更新制」。此種結合分級制度的教師換證規定，於2009年正式實施。其目的除確保師資素質外，也深具提高教師專業能力之意圖。依據規定，日本公私立中小學教師持有教師證書者，每滿十年需至文部科學省所認可之大學，參加30小時以上的換證講習課程。成績及格方能申請換證。値得注意的是，此法律對於通過前已持有教師證書者一律溯及既往。換言之，不論取得教師證書的年代爲何，皆需在一定時間內進行換證之程序（林雍智、吳清山，2012）。

實務上，教師換證制度牽涉多方利益，其是否能夠確保教師素質與時俱進，常常成爲社會各方（特別是教師工會）反對的焦點。以日本教師換證制度爲例，或許是受限於教師反彈，僅以參加講習課程作爲換證標準，並未將教師的多元專業發展成果納入換證之考慮因素中。由於每次換證講習僅需修習30個小時課程，是否能夠反應社會變遷與促進教師專業，令人有所質疑。此外，教師換證的年限長達十年，與美國各州平均五年明顯有所差距。原則上，教師換證制度是否成功，端賴其是否能提升教師的社會地位、專業素養、與薪資待遇（主管教育行政機關的財務狀況必須有所配合）。唯有搭配完備具體的評鑑制度，換證之依據標準才能爲社會各界所接受。

五、輪調

實務上，工作輪調制度（job rotation）之實施必須定期執行。以教師爲例，定期輪調（或稱定期異動）係指公立中小學教師於同一學校服務達一定年限後，在其指定之輪調區域內（如地方縣市），依據調動原則（如城鄉差距性、資源落差性）進行職務異動之制度。定期輪調制度具有普遍性（理論上所有教師皆需參與）與強迫性（如無特殊原因不得拒絕輪調）之特性，一般教師基於個人需求之自願學校調動並不包括其中。

定期輪調制度雖將造成教師生活起居一定程度之變動與新環境適應問題，但卻有助於豐富教師教學經驗之多樣化，並確保教育資源城鄉平衡發展，落實保障學生受教權及學習權。基本上，定期輪調實施之主要目的乃在保障學生受教之平等權利與達成教育資源均衡發展。以下分別敘述之：

1. **保障學生受教平等權**：揆諸各國憲法，基於人民平等權之保障，國家對於每位受教學生負有提供「最基本水準」教育之職責。各級政府必須制頒法令或採取措施以創設學校軟硬體資源，以確保學校教育之完成。此外，爲避免地域所造成之差異，政府也應藉由各種政策力求各地教育均衡發展，滿足家長均質教育之訴求。進入二十一世紀之後，衆多經濟發達之國家遭受少子化之衝擊，如何平衡中小學教育師資水平即成一大問題。由於城鄉地區社會經濟條件差異甚大，資深與優良教師優先選擇生活便利與環境舒適之首善之區，致使校際之間師資流動機制失靈。教師生涯規劃受阻，發達地區教師平均年齡愈來愈高。教育現場彷彿一灘死水，人才無法定期交流，長期發展容易流於制式僵化，且拉大城鄉教育資源之差距。影響所及，新的師資不易進入校園無法注入新活力，加上資深教師日久可能坐大，使得學校文化短期間難以轉化。部分教師因此適應不佳而意興闌珊，對於作爲學習主體的學生傷害極大而缺乏正義。定期的教師輪動可以活絡組織文化、平衡各地區之師資，有益於學生受教平等權之實踐。

2. **促進教師專業與生涯發展**：定期輪調制度可以促使教師進入新的學校，體驗不同組織文化與教學環境，進而發展不同教材與方法，提升其教學熱誠與自我探索能力。如此多少可以解決部分教師盤據一校，不思進步卻長期坐大之問題。其次，藉由輪調制度，可以促進教師教學與行政工作的經驗累積，獲得更多專業成長機會。教學績效良好的教師，可將其具有創意的教育理念與特色作法，透過知識分享與經驗傳承分享給學校同儕，共同成長並創建正向組織文化，促使各校人力資源得到共享與均衡。

檢視各國教育行政制度，其中以日本與韓國在教師輪調制度之實施，有其歷史與特色。限於篇幅，以下僅概述之，相關詳細資訊，還請查閱兩國政府之官方網站。

（一）日本教師定期輪調制度

日本自第二次世界大戰之後，即實施教師定期輪調制度，公立中小學教師平均每六年必須調動一次。實施至今，對於校際辦學經驗交流與合理配置人力，均產生一定之功能。長年以來，日本政府除致力確保中小學之間擁有均衡之教學設施，在人員部分則規範校長及教師皆須定期異動，以消弭各校間之發展差異。此舉乃在避免組織成員久於同一環境而日益安逸，間接促使其不斷精進而能保持教育熱誠。

日本公立中小學校教師定期輪調規定，最早之依據法令可源自「地方教育行政組織及營運法」（1956年通過）。其實施之主要目標乃在藉由適當調整教師的職務配置，以縮小所轄區域中各學校之間的差距。其具體方針與實施細節因各都道府縣的之情況有所差異，但基本精神卻是一致的。以下即以東京都爲例，說明其實施概況。

依據「東京都區市町村立小中養護學校教員的定期異動實施要綱」，實施教師定期輪調之目的，主要乃在力求教員配置之適才適所，確保學校適當之教員結構，藉由輪調使教員累積多樣化經驗，以提升其教育之資質能力。

在異動方針部分，其中規定應基於校長的人事構想進行適當異動。校長的人事構想需以教員人材培育及能力開發爲基礎，並考量學校之經營方針。換言之，日本校長在教師輪調制度之實施上擁有相當權限。此外，教師之調動必須促進都內發達地區與偏遠地區之資源平衡。

在輪調基準上，根據規定異動者主要包括以下四類：(1)於現任學校持續服務年數達六年以上者；(2)於現任學校持續服務三年以上者得爲異動對象；(3)爲解決學校超額問題而必須異動者；(4)於現任學校服務年數未滿三年，基於校長及區市町村教育委員會的內部報告，再由東京都教育委員會評估異動爲適當者。實務上，第一與第四類異動者多爲自願主動，例如只要在現任學校服務年滿三年即可申請異動，甚或未滿三年也可在校長等上級的評估下，得以例外申請異動。第二與第三類異動者則居於非自願與被動之地位，例如服務達六年以上，或學校員額過剩，就必須強制異動。此也可看出日本教師輪調制度的彈性與多元性。

爲顧及教師個人需求，相關規定也訂定有例外原則。其中包括教員在休職中、懷孕中、生產休假及育兒休假中、產後未過六個月、因罹患疾病一度休職而復職後未過六個月，以及其他須評估的個案情況等要件者，得不列爲異動對象。此外，即使於現任學校服務達六年以上者，亦得基於校長及各教育委員會的內部報告，於東京都教育委員會評估在學校經營上有持續令其服務之必要前提下，得不爲異動對象。

在輪調區域部分，相關規定在考量教員通勤範圍之前提下，將全東京都分爲十二個區域。教師輪調必須符合以下原則：(1)教師在經驗五所學校爲止以前，須經驗不同的三個區域。但在一校實際服務年數未滿三年者，不視爲經驗。(2)不具有不同三個區域之經驗者，不允許在同一地區內之調動。但基於校長及各教育委員會的內部報告，由東京都教育委員會認可者，不在此限。(3)在身心障礙學級、特殊學校、中學校夜間學級等服務三年以上者，視同已於任一區域服務。在通勤範圍與時間部分，原則上規定通勤時間以60分鐘至90分鐘爲準，以120分鐘爲上限。但自他縣通勤至都內上班，所需時間明顯較長者，進行異動時不限於此一規定。

（二）韓國定期輪調制度

韓國公立中小學教師具有國家公務員身分，一旦通過教師遴選任用考試，即可享有終身教師之待遇。此種制度雖然滿足教師基本生存需求（擁有一定收入），但也容易產生消極懈怠而無法自我提升之弊病。為促進教師專業發展與自我實現，韓國近年積極實施「教師循環輪調制」（黃月純，2020）。「教育公務員任用令」第13條第3項明確指出，為防止教育公務員在同一職位或地域上長期出勤而造成懈怠，應實施人事交流計畫，要求教師在不同勤務單位（學校）之間進行定期異動，以有效履行其義務。以下即以韓國首爾市公立學校教師定期輪調制度為例，說明其具體操作模式。

依據相關規定，首爾市教育廳每年公告適用於隔年之學校教師異動原則。以2019年所發布之函令為例，其中開宗明義即揭櫫學校教師異動制度之目的乃在透過合理與公正的輪調制度，使得學校經營更有績效與促進學生教育之平等。原則上，首爾市公立學校教師之異動期限為五年，屆時即需調任至其他學校服務任教，以確保教師資源之均衡與流動。教師資源供需不均之地方教育廳並可透過輪調制度，以維持地方各區域教師資源的循環勤務機制。

在考量依據上，輪調之分派乃依各校師資之供需狀況、教師之志願、在地居住時間、居住地之地理距離、工作經驗、教師經歷等作為重要參考指標。此外，為避免造成教師生活之不便，輪調之實施宜因循最少生活變動原則。在例外條款部分，基於國家照顧教師之義務，教師或其家屬行動不便，或教師具有就近照料兒女之需，異動之教師本人、配偶、父母或子女為身心障礙者，或有親生、領養或撫養三位子女以上者，其最小的子女未滿12歲之教師，相關異動則以分配至與其生活居住地距離相近之學校為原則。

相關程序乃使用電腦分發程序，將教師選擇服務學校上網登錄。電腦依據教師目前服務學校地點、教師現居住地、通勤距離時間、教師年齡、家庭狀況、教師專長、經歷與年資等因素，參酌教師個人志願及學校點數進行配對搓合，決定優先順序，以確保整體程序之公平與公信力。

此外，針對教師在現任學校參與相關學校特色發展之計畫，基於延續性與傳承性之考量，在執行教師定期輪調時，計畫執行之研究型學校校長，基於校內人事諮詢委員會的協議與要求，對於教師輪調命令可以暫緩。期間以兩年為限。

分析以上日、韓兩國實施教師定期輪調之現況，可知其異動期間多以五至六年為主，形式上採取地方層級之小區域制，而非進行大風吹式之調動。實施至今，雖有部分問題產生，其中如韓國教師過度重視對輪調有利之業務，而忽略了本業應對學生之教導（黃月純，2020），但大體而言，輪調制度卻對學校師資之交流產生正面影響。實務上，基於各國經驗，實施定期輪調制度宜秉持以下原則：

1. 輪調最令教師擔憂之處乃是離鄉背井後所造成之適應問題，其中尤以家庭照顧、作息變動、通勤時間為主。基於此，教育主管行政機關在設計制度時，宜將交通便利性列入異動區域劃分之首要要素。為顧及教師生活安定性及學生學習適應性，宜設計小區域輪調之逐步輪調制度，採用自願與強制雙軌進行。
2. 定期輪動制度應被視為是手段，而非目的，因此完善之配套措施極為重要。制度之實施宜循序漸進推動，其中如納入人性化考量制訂正當豁免事由，對於教師生病、懷孕、育嬰、年長等特殊個案，應允許其暫時停止異動。除此之外，對於已經輪調過一定數目區域以上之教師（如日本為三個區域），得排除其為定期異動之對象。唯有同時兼顧教師個人基本需求，教師定期輪調之成效才能充分彰顯。
3. 各級政府應設置相關委員會，統籌規劃辦理教師定期輪調之事宜。對於教師服務於原校參與教學或其他教育特色發展有關計畫，為利工作延續性及經驗傳承性，應賦與校長為其申請展延異動之權限，並由相關委員會做出最後裁決。換言之，校長在整個輪調制度中，實應盱衡學校資源配置，扮演一定程度的諮詢角色。
4. 在定期輪調制度下，因法律規定而遭強制異動之教師，國家除應提供資源以輔導其適應環境並獲得服務不同地域所需資訊外，宜有補貼其相關遷徙、通勤等額外費用支出之設計，以使得教師定期輪調之負擔限於合理必要之範圍，並消弭所產生之教師情緒反彈。

4.1 個案研究　成人漫畫風波

眞是人小鬼大，就讀台灣台南縣某國中二年級的兩名學生，於2007年10月在學校附近書店，選租四本限制級的成人漫畫，並帶到學校於課間翻閱。由於兩人神色有異，班級林姓導師深覺可疑。經搜檢學生之抽屜與書包，赫然發現色情漫畫書，當場勃然大怒。

被查扣的色情漫畫爲盜版的日文翻譯本，內容限定爲成人閱讀。店家以塑膠封套裹住而不輕易示人。但適值青春期之兩位國中生，卻在不知情的情況下，向漫畫出租店加以租借。

林老師先揪著學生到校長室認錯，不巧校長外出開會。訓導主任不希望事情鬧得整校皆知，要求暫緩處理，等校長返校後再依校規處理。在學校擔任廚工的家長也跟著求情，表達將向租書店議論並追究責任。但林老師在盛怒之下並不接受，竟帶著兩名學生與查獲之漫畫書到附近警察局報案。員警看見老師竟將學生送辦，頓時傻眼。由於兩名當事學生並未成年，偵訊之前即通報家長到場。

家長聞訊火速趕到，對於林老師居然把事件擴大而鬧到警察局，氣憤之餘強烈指摘在未通知監護人情況下，擅自作主報警處置，讓孩子吃上官司並可能留下不良紀錄。雙方在警察局互相叫罵，差點大打出手。該校校長獲報趕返學校，對林老師之躁進處理亦感不悅，急忙安撫家長。並指出林老師盛怒之下所做成決定不符校規，將召開考評會議，才讓家長情緒暫時平息。

針對此學校個案，台南縣家長協會理事長認爲教育不該一味懲罰，應要輔導孩子使其眞心向善。教師發現色情書刊應先加以保管，並請家長到校溝通。如果不成，再送交訓導處做特殊管教。動不動就把犯錯的孩子送去法辦，則學校就無存在意義。此外，教育應由學校、社會、家庭共同負起責任，家長當然不能置身事外。

台南縣教師會理事長則替林老師緩頰，推測其可能不熟悉行政程序，以致釀成風波。不過其也主張應先檢討孩子偏差行爲，再談教師與家長之間的爭議。

之後，校方召開考評會，對林老師驟然將學生送警法辦之行爲進行討論。根據林老師之說法，其宣稱有強烈之道德感，租書店擅自將色情漫畫書租給未成年少年，覺得應受適當裁處，所以才決定揭發。此外，林老師經驗尚淺，服務僅兩年，且教學認眞，因此部分委員雖認爲其反應過度，但未做出嚴厲懲戒之決定。

依照當時教師輔導與管教學生之相關規範，其中規定學生攜帶猥褻或暴力書刊，應該移交權責單位處理。但權責單位究竟爲何則並未明訂，屬於灰色地帶。實務上，警方鮮少受理學校將偷看成人漫畫學生移送的個案。但此案已鬧得沸沸揚揚，在研究相關法令後，最後依「兒童及少年福利法」，將租書店老闆函送法辦。

討論問題

1. 在此案中，林姓導師在道德訴求下將兩名學生送警察局偵訊。家長則指摘老師未通知監護人而擅自報警，使學生留下不良紀錄且心靈受創，雙方的看法南轅北轍。試以學校或校長之立場，說明解決此棘手問題的可能策略。
2. 根據台灣之相關教育法令（如教師法），教師管教學生之權限已大為縮減，針對學生在學校之失序行為，依據目前教師所擁有之管教權力，可有哪些策略或措施可加以使用？

建議活動

1. 檢視世界各國與台灣現行的教育行政人員遴選方式，比較其異同與優劣之處，並為台灣未來作法提出建議。
2. 檢視「師資培育法」與其他相關法令，分析目前台灣教師在職前教育、實習、與甄試制度上的利弊得失。
3. 檢視目前中小學「教師評審委員會」的組成與運作，分析學校之權力結構與所產生之後遺症。
4. 檢視世界各國現行的教師進修制度，分析台灣未來在作法上可有哪些改進之處？部分學者建議「不進修就不續聘」，此種作法之可行性為何？

第5章

教師專業權利與義務

第一節　教師之專業權利類型
第二節　教師管教學生之爭議
第三節　教師工作之保障
第四節　教師組織與教師工會
第五節　教師之申訴
第六節　教師之義務

民主政體的國家，一切均需依法行政，其人民在法律規範下，有其法定之權利與義務。教師之職位乃是一種專業，依法也有其相關之權利義務。華人社會自古即有禮遇教師的傳統，所謂「天地君親師」，當時教師受尊崇之程度可見一斑。然而，在現今法治社會中，傳統以道德規範形塑專業的力量漸減，教師任何作為均不能違背法律，否則即有被懲處之可能。即以體罰為例，以往「不打不成器」的觀念如今已受到強烈挑戰。不管是否出於善意，若無法律授權，教師即可能因此吃上官司。此外，教師之罷教權、救濟管道與程序、聘任之保障、乃至教師組織的運作等議題，均牽涉教師專業權利與義務而不可不知。以往部分教師受到道德束縛，認為只要依其本分傳道授業，對於相關權利義務鮮少過問，生怕「有損師道」。影響所及，不但使其權益受損，也對該盡之義務懵懂無知，進而造成教育界的無政府狀態。

基於此，為人師表者應確實瞭解自我專業的權利義務，如此才能對其角色扮演有所依據。以下即以台灣為主，並參考其他主要國家的相關制度，敘述教師主要專業權利義務與相關之爭議。限於篇幅，本章僅就中小學教師為主要敘述主體，學生與不具教師身分之教育行政人員部分，還請參閱其他相關專書。

第一節 教師之專業權利類型

一、權利與義務之定義

在討論教師的權利義務前，首先應對何謂權利與義務加以說明。權利之定義，各家說法不一，以法治觀點而言，權利乃為「法律賦予特定人享受特定利益之力」。由以上定義可知，權利乃是：(1)法律上之力：任何特定人所享受的利益，必須由法律賦予一定的力量加以保護。例如，某人擁有房屋一幢，非經本人許可，他人不得進入使用，此乃法律所給予特定人享受特定利益的保護。如果闕如，則雖本人依舊可以使用，但已喪失所有權的意義。(2)乃是特定人得享受的特定利益：特定利益之特定人即為權利主體，在法律之規範下擁有生活上所得享受的利益，例如，債權、所有權等。當利益受到不當損害時，權利人即可循適當管道進行抗告。

義務則對稱於權利，係指法律上應爲或不爲一定行爲的拘束。既然法有拘束，當義務人不履行其義務時，法律必須強制其履行。其性質可有公法與私法之別，前者如憲法所規定之服兵役義務，後者如債務人的給付義務等。基本上，本章所討論之義務以相關法律規定爲限，以往要求教師在道德上的表現（如安貧樂道），則不在討論之內。

二、廣義的教師權利

教師的權利到底有哪些？歷來學者看法不一；有從廣義面來看，也有從專業面探討。前者如沈銀和（1993）以教師爲「人民」的觀點出發，主張其權利之種類應有以下五大類：

1. **憲法上的權力**：舉凡憲法所規定之人民權利，教師皆應享有，其中包括以下十二種：
   (1) 平等權（第七條）：規定人民「無分男女、宗教、種族、階級、黨派，在法律上一律平等。」
   (2) 人身自由權（第八條）：規定「非經司法或警察機關依法程序，不得逮捕拘禁」，以保障人民身體之自由。
   (3) 不受軍事審判權（第九條）：規定「人民除現役軍人外，不受軍事審判。」
   (4) 行動自由權（第十條）：規定「人民有居住及遷徙之自由。」
   (5) 思想自由權（第十一條）：規定「人民有言論、講學、著作及出版之自由。」
   (6) 通訊自由權（第十二條）：規定「人民有秘密通訊之自由。」
   (7) 宗教信仰自由權（第十三條）：規定「人民有信仰宗教之自由。」
   (8) 集會結社自由權（第十四條）：規定「人民有集會與結社之自由。」
   (9) 經濟受益權（第十五條）：規定「人民之生存權、工作權及財產權，應予保障。」
   (10) 行政受益權（第十六條）：規定「人民有請願、訴願及訴訟權。」

(11) 參政權（第十七條）：規定「人民有選舉、罷免、創制及複決之權。」

(12) 應考權與服公職權（第十八條）：規定「人民有應考試、服公職之權。」

2. **民法上的權利**：民法所賦予人民的私權，教師也同樣擁有，其中可分爲財產權及身分權兩大類。前者包括債權、物權、準物權、及無體財產權；後者則如姓名權、肖像權、人格權、親權、及繼承權等。
3. **刑法上的權利**：教師如一般人民，皆受刑法之保護，而不受到他人傷害、背信、妨害自由等之作爲。
4. **行政法上的權利**：教師如具有國家公務員身分，則享有公務員之相關權力。除此之外，教師基於其專業也有學術自由權、成績考核權、教材使用權等。
5. **訴訟法上的權利**：教師權利受損時，可依其被侵害之客體與事實，提出申訴、訴願、行政訴訟、民事訴訟、刑事訴訟，並同時要求賠償損害。

三、教師的專業權利

由以上敘述觀之，教師權利幾乎與一般人民無異，難以凸顯教師的特殊地位。實際上，由於角色的扮演不同，教師有其特定的權利與義務。因此，就教師專業的角度而言，綜觀各國教育行政制度，筆者認爲在相關教育事務與專業領域上，中小學教師擁有的專業權利可歸納爲九項。本書並非法學專著，以下僅以教育行政之角度加以檢視。讀者對於相關權利之法學論述，還請參閱其他學者之大作。

1. **言論自由權**：保障教師在一定法律之規範下，基於學術良知，可提出與校方不同之意見，且不因之而遭到解聘等處分。例如，美國聯邦最高法院在Perry v. Sindermann（1972）一案中，判決即使教師有聯合校外團體批評校方董事會之事實，也不構成不續聘的正當理由，即是對教師言論自由權的維護。
2. **專業自主權**：教師爲達成教育目標，必須在不違背法令之前提下擁有專業自主與裁量權，以適時提供最佳教學品質。一般而言，專業自主權主要包括課程設計、評定成績、與輔導學生三部分。此因學生智力與人格有所差異，爲達到因材施教的目標，必須在教學技巧與教材上給予教師一定空間，使其能依個案之不同教導與輔導學生。此外，成績之評定可有筆試、口試、現場操作等方法，基於專家判斷之原則，教師應享有權利對學生成就加以評量。除非證據顯示教師有恣意與不客觀之評定成績事實，他人不宜介入。

3. **俸給及與相關福利權**：教師的工作，依其學經歷，享有一定之俸給。除此之外，相關福利的獲得（美國稱之爲fringe benefit）也使教師更能安心其位；其中包括各項津貼、退休、撫卹、資遣、保險、減免稅賦等。
4. **進修權**：教師乃專業人士，必須時時進修。各國爲鼓勵或強迫教師進修，紛紛定出獎勵辦法（如代付學費、加薪），或制裁措施（如減薪、不續聘）以爲因應。所以進修既是教師權利也是義務，端視各國師資培育政策而定。唯有在賞罰並重的作法下，進修制度才能獲得最大成效。
5. **結社權**：教師可依不同需求組織教育專業團體或教師工會，以提升專業與維護權益。教師團體之角色，各國不同，有的僅限於專業發展，有的卻充分擁有勞動三權（團結權、團體協商權、團體爭議權），不但擁有與上級教育行政機關集體協商之權力，甚而可以發動罷工，影響力相當驚人。
6. **工作權**：係指校方不得無故或恣意將教師降職、解聘，或是不續聘；換言之，若無正當理由，教師的工作應有適當之保障，以使其能本諸專業理念，安心從事教職。基於此，美國各州多有「長期聘任」（tenure）制度的存在，教師不必因定期（如二年）聘任的壓力而恐慌。台灣1995年所通過的教師法，也有長聘的設計，並訂立特定條款保護教師不被無故解聘、停聘、或不續聘。詳細內容將在後文敘述。
7. **申訴權**：教師對主管教育行政機關或學校有關個人之措施，認爲違法或不當致損害其權益者，得依法提出申訴。各國多半在各級教育行政機關中設置申訴委員會，或是經由公正第三者的仲裁（arbitration），以處理教師相關的申訴案件。申訴權與一般權力救濟途徑（如訴願、行政訴訟）最大不同之處，即在只要教師認爲有「不當」之處即可提起，而非一定要達到「違法」之階段。

8. **罷教權**：各國對此權利看法不一，有的完全禁止（如台灣），有的卻有條件開放（如美國部分州）。具有此權利的教師，依據相關工會的合法決議，可以罷教爲手段，與上級行政機關相對抗而爭取權益。
9. **管教權**：此權牽涉到教師爲導引學生行爲於正途，必須有適當權限以維持教學秩序。此權利之定位爭議頗大，有的國家視之爲權利，有的卻規定爲義務，有的更認爲其既非權利亦非義務，只是教育過程中的必要手段。

以上九項權利，爲各國在設計相關法令時賦予教師之權利；不過由於國情不同，彼此之間仍有些許差異。即以台灣爲例，明定教師權利義務的主要依據爲「教師法」，根據規定條文，教師接受聘任後，依有關法令及學校章則之規定，享有下列權利：

1. 對學校教學及行政事項提供興革意見（言論自由權）。
2. 享有待遇、福利、退休、撫卹、資遣、保險等權益及保障（俸給及相關福利權）。
3. 參加在職進修、研究及學術交流活動（進修權）。
4. 參加教師組織，並參與其他依法令規定所舉辦之活動（結社權）。
5. 對主管教育行政機關或學校有關其個人之措施，認爲違法或不當致損害其權益者，得依法提出申訴（申訴權）。
6. 教師之教學及對學生之輔導，依法令及學校章則享有專業自主（專業自主權）。
7. 除法令另有規定者外，教師得拒絕參與教育行政機關或學校所指派與教學無關之工作或活動（專業自主權）。
8. 教師依法執行職務涉訟時，其服務學校應輔助其延聘律師爲其辯護及提供法律上之協助（工作權）。
9. 其他依本法或其他法律應享之權利（如依照工會法規定教師可組織工會）。

此外，教師法也確立了「教師評審委員會」的成立與「長期聘任」的制度。相關條文列舉可解約的事由與處理程序，對於教師的工作保障權有一定之維護，使得教師之聘任、解聘、停聘、與不續聘的審查更加法治化。在令人矚目的罷教權方面，則在「勞資爭議處理法」第54條中明定教師不得罷工。

綜上所述，可知台灣教師在專業權利上擁有言論自由權、專業自主權、俸給及相關福利權、進修權、結社權、工作保障權、與申訴權。罷教權因法律禁止，因此教師不得行使。至於管教權部分，教師法將之列爲義務，規定教師應「輔導及管教學生，導引其適性發展，並培養其健全人格」。此種設計與英、美各國採用「代理父母」（in loco parentis）觀念，將管教視爲教師權利的觀念並不相同，詳細分析將在後文敘述。此外，由於「管教」一詞的概念相當模糊，遂引起世界各國在管教手段（如體罰學生）上的爭議，是非曲折至今仍無定論。

傳統尊師重道的觀念，使教師在爭取權利上往往未便表態，而以往相關法令也非周全，造成不少糾紛爭端。在當今法治社會中，教師若不積極爭取合法權利，無異自毀長城。實務運作上，教師不能被要求做「無欲聖人」，但也不可過度濫用權利侵害學生之受教權。教師法規定教師所享之權利必須「依有關法令及學校章則之規定」，並不能做無限制的擴張。此外，法律條文有時詞義不清，往往造成實務上的爭議。綜觀台灣教師所擁有之專業權利義務中，最令人矚目或引起爭端的不外管教權、工作保障權、結社權（教師工會）、與申訴權四者。以下即以台灣教育行政實務運作情況爲主，並參酌主要國家之作法，加以敘述與分析。

第二節　教師管教學生之爭議

自古以來，華人教師即被期待完成傳道、授業、解惑的任務。實務上，中小學學生血氣方剛，在心智上並未成熟，必須接受一定程度之管教。在春風化雨的過程中，教師應藉著適當教學與個別輔導，隨時端正學生言行，以引其走上正途。教師對於學生之管教乃是教育過程不可或缺之部分，如有缺失就很容易形成學生爲所欲爲的混亂現象。

一、管教之定義與範圍

作爲教育的必要手段，管教是否爲教師權利，至今仍有所爭議。有的國家贊成（如採用代理父母觀念的英國、美國），有的將之列爲義務（如台灣）。姑不論各方說法，管教在實務上可以被視爲是權利兼義務。此因管教過程中包含對學生之各種懲戒（如記大過），如法無明文規定，學校就無權加以行使，否則即違背法律保留的原則。但是，教師也不能以學生桀驁不馴爲由拒絕加以管教，此種放牛吃草不負責任的態度也爲社會所不容。因此，教師對學生之管教權限最好以法律規定之，而教師也必須依法加以執行。

教師對學生應有管教行爲之主張並無太大爭議，然其範圍與手段，各方卻爭辯不休。在分析相關議題之前，茲先釐清以下三個名詞的定義：

1. **管教**：係指校方或教師爲達教育目的，運用管理與輔導手段，變化學生氣質，以端正其偏差傾向的行爲。管教方法極多，有循循善誘，也可施以夏楚。基本上，管教在實務上往往獎賞與懲罰並用，前者鼓勵或增強學生的正向行爲，後者則試圖導正學生的偏差傾向。
2. **懲戒**：係指校方或教師對學生之偏差傾向，施加身心上的痛苦，或是剝奪其應享權益的行爲。基於此，教師可申誡學生使其羞愧，或是罰其公差，使之不能參與同學之體育活動。此外，剝奪對學生的獎勵也是懲戒的一種方式。懲戒之目的不在報復，而是希望喚起受罰者之精神悔悟，使其之後不再違犯。
3. **體罰**：係指對於學生加以懲戒，使之身體疼痛或造成疲勞之行爲。常見的體罰有罰站、罰抄書、罰公差、罰跑操場等。其目的多在藉由使學生身體疼痛或疲勞，使其不敢再犯而改正行爲。

由以上定義可知管教包括懲戒，懲戒則包括體罰，三者環環相扣（參見圖5.1）。如前所述，教師必須管教學生殆無異議，但是否應懲戒或加以體罰則各界爭論不休。尤其是體罰部分，贊成者認爲目前家庭教育失靈，部分學生具有暴力傾向，體罰乃是「必要之惡」；反對者則認爲其乃侵犯學生人權與非法之舉。以下即先就體罰之爭議加以敘述。

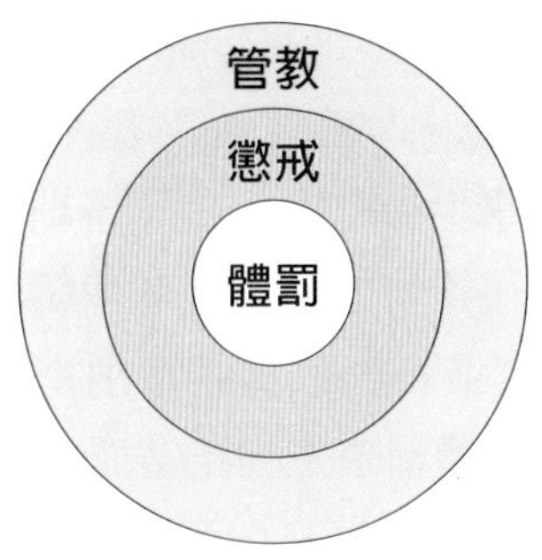

圖5.1　管教、懲戒、體罰三者之間的關係

二、體罰之爭議

華人自古懲戒青少年的方法，除說教外，以器械責打也極為常見。例如，史記律書主張「教笞不可廢於家。」顏氏家訓中也強調「家無怒笞，則豎子之過立見，刑罰不中，則民無所措手足，治家之寬猛，亦猶國焉。」基本上承認父母可在家中杖笞子女。推廣於師生關係上，所謂「一日為師，終身為父」、「教不嚴、師之惰」，教師宛如父親，對於「頑劣」學生，自可夏楚相向。

此種傳統流傳至今，遂造成法律明訂不可體罰，教師卻前仆後繼，以體罰為最佳管教手段之現象。以往民智未開，家長對此多表默許，然而1991年所發生的高雄前峯國小體罰事件，卻扭轉了此一趨勢。其牽涉到兩位國小教師處理在校門口不服取締之學生，以指揮棒擊打學生腳部而致其瘀血腫脹。案經法院三審定讞，兩位教師均被認為有罪而受到處分（罰金但緩刑兩年）。雖然法官也認為兩位教師是囿於傳統觀念施加體罰，且情節輕微給予緩刑，但難認被告行為乃是教師糾正學生偏差行為之正當懲戒行為，所犯之傷害罪應為確立。

此案之判決卻引起各界激烈辯論，有人認為大快人心，保障學生人權，有人卻指責此乃打擊教師信心。不管如何，此案之最大啓示乃在法律規定不可體罰學生，教師即不可施行。法律界認為學生即使再頑劣，教師也不得加以體罰而使之受傷。高雄前峯國小體罰案使兩位教師因觸犯刑法傷害罪而遭處分；1994年台北武功國小體罰案則在民事侵權部分，由地方法院法官判決體罰之教師給付被體罰之學生44多萬元。

此案牽涉一位國小范姓教師涉嫌長期體罰10歲學童達三個學期（命其罰跪），致使其罹患髕前滑囊炎。學童家長認爲其子因長期體罰而心理健康受損，提出民事侵權訴訟與民事損害賠償。法官審理後，採納台大醫院診斷書等各項事證，認爲被告應負有侵權責任，判處其應給付學童心理受損慰撫金40萬元，及醫療費43984元。法官並在判決書中特別指明，無論學生在校成績與操行如何，都不能作爲老師非法體罰學生的正當理由。

前峯國小與武功國小之體罰案教師均遭處分，後者賠償金額竟高達44萬，但其並未完全遏阻教師之體罰行爲。根據人本教育基金會（2007）之多次調查校園體罰情況，1999年的調查顯示83.4%的中小學生在學校被體罰；2001年降爲70.9%，2004年降爲69.6%，2005年降爲60.4%，2007年再降爲52.8%。但讓人欣慰的是，在處罰方式方面，老師直接「打」學生的比率下降，由2005年的51%降到27.3%，但「罰站」比率攀升，從2005年時的9.7%，攀升爲2007年的35%。顯示多數基層教師基於禁止體罰法律之通過，選擇避開傷害性較大的手段。

之後，人本教育文教基金會於2019年發表「中學生在校人權狀況」，公布1944 份有效問卷調查結果。指出有高達68.6%的國中生曾看過或受過老師體罰，相較於2016年全國調查數據56.9%的國中生看過或受過體罰，增加10%以上。此外，有28.7%高中生與47.6%高職生表示看過同學受到體罰，或其本人曾遭體罰。

由以上各項數據分析，足證即便可能身陷囹圄，教師仍前仆後繼地堅持體罰學生，其原因令人玩味。世界各國之體罰政策相當歧異，有允許體罰者（如英、美），有明文規定不可體罰者（如法、德、日、大陸、台灣）。然而即使政策確立，各國對於是否可以執行體罰也爭論不休，例如，美國某些州不反對體罰，但下屬之地方學區卻加以堅拒。檢視正反雙方立場，其主要論點乃在正方認爲體罰學生乃必要之惡，在班級人數龐大之情況下，教師可在最短時間內解決「咎由自取」學生的紀律問題，以維護其他學生之上課權益。反對者則堅信體罰不能解決學生問題，且教師之權限太大，容易主觀且漫無標準。

基本上，雙方爭辯乃是理想與現實之間的差異所形成，贊成體罰者承認其非適當管教學生方式，但實務上卻不可不爲；反方則堅持體罰乃侵犯人權之作爲。此外，體罰爭議之另一焦點乃在體罰的確切定義爲何（何謂「零體罰」）？罰站是否爲體罰之一種？是否應有時間限制？對於不服管教或暴力相向之學生應如何處理？教師是否因此可以撒手不管？教師是否應有緊急處分權（如召喚警方協助）？皆使體罰問題更形爭議。

由於美國聯邦最高法院認爲聯邦憲法並未禁止在公立學校實施體罰，實施體罰與否就由各州自行決定。截至2020年，美國已有三分之二以上的州禁止體罰，其他州有的授權公立學校教師與行政人員實施體罰，有的則未就可否體罰加以規定。如果州法明文授權教育人員得使用體罰作爲懲戒學生手段，地區學校委員會就不得禁止教育人員使用體罰。如果州法未規定時，體罰是許可的，但是學校委員會可以制定辦法限制，甚至禁止體罰的使用。教師倘不遵守州法或學區關於體罰的規定，即可能遭到解聘。如果教師體罰過當造成學生受傷，則可能受到刑事追訴而被法院判處徒刑或罰金，或者在民事上需就學生的損害，負起賠償之責。

近年來，體罰之爭辯往往流於情緒，理想與實務間鮮少有妥協的空間。面對行爲乖張的學生，坊間教師即流傳「打了再說」或是「乾脆放棄」之兩極看法。即使明文規定不得體罰學生，但教師前仆後繼，教育當局不得不正視背後之原因。

三、懲戒之爭議

學校爲了矯正學生偏差行爲，排除學生干擾或妨礙教學活動之各種不當行爲，以建立其符合社會規範之行爲，往往必須採取不同程度的懲戒措施。其範圍由較輕之訓誡，乃至最重之退學，校方或教師必須視情況加以採用，絕不可失之恣意或偏頗。綜而言之，教師懲戒權的法理基礎有以下三種說法：

1. **由父母懲戒權轉移而來**：此即英美法系國家「代理父母」的觀念，認爲父母將子女託付給教師，自然也允許其代替行使懲戒權。台灣以往「一日爲師，終身爲父」的觀念也具有此種色彩。由於教師乃代理父母之職，其懲戒權即自動轉移，無須在法律上明文規定。
2. **由特別權力關係衍生而出**：認爲公立學校學生註冊入學，與校方即形成公法上之營造物關係。基於特別權力關係，學校得制定規則，學生必須無條件服從；若違反規定，校方或教師自可給予其一定之懲戒。根據特別權力關係之主張，校方（即行政機關）可以概括限制成員之權利，不必經由法律或法律之授權，也排除司法的審核。

3. **由相關法律加以授權施行**：教育爲矯正學生偏差行爲，並維護教學環境之紀律，必須施以一定程度的懲戒，否則學校即會成爲無政府狀態，教學效果必大打折扣。然而爲避免侵害學生人權，懲戒類型與程序宜由法律定之，以避免教師或校方在施行時的失當。晚近民主思潮對學生權益之保障極爲重視，懲戒措施如退學因係屬嚴重影響學生教育權之重要事務，應由法律明確授權行政機關制頒行政命令規定之，如此才符合「法律保留」的精神。

台灣以往深受中國傳統師道至上思想之影響，對於教師懲戒權多採取第一與第二種說法。一方面主張「事師如父」，一方面對學生的行政爭訟權利加以排除（如行政院1952年度判字第六號判決），基本上遵行特別權力關係之主張。然而此種趨勢近年已有所修正，在代理父母之主張方面，根據台灣民法第一千零八十五條規定：「父母得於必要範圍內，懲戒其子女。」因此，在不損及子女健康且出於善意之下，得採用告誡、體罰、禁閉、剝奪權益之方式教育子女。此種父母懲戒權，在英美法系國家中大都有所規定，且產生「代理父母」的觀念。也就是當父母將子女送入學校時，同時即將懲戒權轉移給學校，因此學校中的行政人員與教師就可因之懲戒學生，不需另以法律定之。

不過此種代理父母的觀念，在採用大陸法系的台灣卻遭到反對。其理由不外是：(1)父母懲戒權的產生乃基於血緣，具有長期性的關係，但師生之間則無此關係。(2)各家庭對子女管教的尺度不同，懲戒程度自然有所差異。如此轉移給學校的可懲戒幅度，必因認知上的差距而產生困擾。(3)爲保障學生人權，不應賦予懲戒權給太多之人，以免因濫用而使其權益受損。

在特別權力關係方面，大法官會議於1995年作成釋字三八二號解釋，使學生受退學或開除處分時，可提起訴願及行政訴訟，尋求司法救濟。此外，高雄前峯國小與台北武功國小的判例中，法院也認爲法無明文規定，教師即不可體罰學生，皆顯示懲戒權源自特別權力關係的看法已受到嚴重挑戰。觀察近年之發展，台灣教師懲戒權之行使，已偏向由相關法律加以授權的主張。以往教師恣意主觀懲戒學生的行爲，已漸不被社會認同。

教師懲戒權需要法律明文規定，其原則依McCarthy等人（1992）之看法，應有以下八點：

1. 訂定任何行爲規章，應爲達成學校教育任務所必須；而不應只爲教委會成員、行政人員、或教師之方便。

2. 規則應讓學生及其家長瞭解。
3. 規則必須明確，使學生瞭解何種行為被禁止，何種行為被期待。
4. 除非為了更高的公共利益，否則不得侵害學生憲法保障之權利。
5. 規定不得溯及既往。
6. 執行規定時，應前後一貫，而且沒有歧視並適用於所有學生。
7. 懲罰與所犯過錯應該相當，必須把學生年齡、性別、心理狀態、與過去行為表現納入考慮的範圍。
8. 執行懲罰時，應給予學生一定程序保障。懲罰愈嚴厲，程序應愈正式。

各國對學生的懲戒措施，除體罰較具爭議外，其餘大同小異。即以美國為例，其主要懲戒類型包括以下七種：

1. **口頭訓誡**（oral punishment）：面告學生其所犯錯誤，並加以申誡。
2. **取消特惠**（denial of privileges）：例如，剝奪其參加學校球隊機會，要求其限時改善，視其行為再決定是否予以解凍。
3. **放學後留校**（detention after school）：規定學生在放學後必須留校進行服務或參與心理輔導活動。
4. **學業制裁**（academic sanctions）：對於成績低落或是行為不檢學生，予以扣分、留級、乃至不授與畢業文憑的處置。制裁的輕重乃依據教師評定的成績、學生在標準化與基本能力測驗上的表現、學生出缺席記錄、與平日的行為表現。
5. **懲戒性轉學**（disciplinary transfer）：因學生之不當行為，強制令其轉學至學區內另一所學校，使其在新環境中重新出發與學習。
6. **短期停學**（suspension）：一般係指將學生逐出學校十天以內的處分。學生必須待在家中，按時與學校聯絡，並由父母指導溫習課業。
7. **長期停學**（expulsion）：係指對一再違犯校規或有重大犯罪行為之學生，令其不得上學一季、一學期、一學年之懲戒處分，亦包括退學（permanent expulsion）之措施。此乃懲戒種類中最嚴重之措施。

在懲戒之程序上，愈影響學生權益的措施，愈應有正當程序（due process）的確實執行。一般而言，口頭申誡、取消特惠、放學後留校等懲戒對學生之衝擊較小且短暫，故校方或教師可逕行處置，引起之爭議較少。然而如長期停學等將學生逐出學校的措施則茲事體大，必須審愼爲之。即以長期停學爲例，美國法院認爲校方在做出懲戒處分前，應遵守以下之正當程序：

1. 指控之適時提出，其中包括決定將學生停學之原因與舉辦聽證會之地點、時間、及程序之書面通知，且應有足夠時間讓學生準備申辯。
2. 舉行完整而公正之聽證會，由公正之仲裁人進行仲裁。
3. 學生有權利聘請法律顧問或其他已成年的代表出席聽證會。
4. 提供當事人提出證人或證據之機會。
5. 提供當事人交叉詰問對方證人之機會。
6. 書面記錄必須能顯示決定之作成，係基於聽證會上所提出之證據。

台灣以往對於學生懲戒的觀念多停留在「教不嚴、師之惰」的「道德層次」，在立法上並不周全。此由國民教育法與高級中學法中，均未有任何對學生懲戒的條文可見一斑。在教師法尚未通過前，懲戒學生的依據爲位階較低之由省（市）所訂定的辦法或實施要點。由於欠缺周延，糾紛爭論時時可聞。教師法制定階段，各方對於教師是否擁有懲戒權的看法不一，因此在通過條文之中並無任何規定；僅在相關教師義務部分規定「輔導或管教學生，導引其適性發展，並培養其健全人格」。其中「管教」兩字是否代表教師有懲戒權即成一大爭議。

由於爭議過大，之後教育部修訂條文，規定相關管教辦法由各校校務會議定之，將燙手山芋丟給學校。此舉使各校不知所措，多半互相抄襲以爲因應。此種作法表面上雖立法授權各校自定辦法，然而卻因對懲戒概念的莫衷一是，造成學校執行上的更加混亂與爭議。此與美國由各州議會明確制定懲戒之意義與實施的作法大不相同，實有改進之空間。

綜觀現今各中小學版本，在相關懲戒措施方面，其內容大致可分爲一般性懲戒與重大違規事件懲戒兩大類。前者包括口頭糾正、課後輔導、調整座位、扣減操行成績等；後者則有記過、留校察看、帶回管教、移送司法機關處理，乃至最嚴重的退學（高中以上）處分。表5.1中即以美國與台灣懲戒學生之措施加以對照，其中除體罰外，內容實大同小異。

表5.1　台灣與美國懲戒學生措施對照表

	美　國	台　灣
一般懲戒	訓誡 （oral punishment） 剝奪權利 （denial of privileges） 留校 （detention after school） 學業制裁 （academic sanctions）	勸導改過、口頭糾正 取消參加課程表列以外活動 留置學生於課後輔導 調整座位 增加額外作業或工作 扣減學生操行成績 道歉或寫悔過書 責令賠償所損害之物品 其他適當措施
重大違規之懲戒	短期停學 （suspension） 長期停學 （expulsion） 懲罰性轉學 （disciplinary transfers） 體罰 （corporal punishment）	警告 記過（國中以上） 假日輔導 留校察看（國中以上） 轉換班級或輔導改變學習環境 心理輔導 家長或監護人帶回管教 移送司法機關或相關單位處理 退學（高中以上） 其他適當措施

由於一般性懲戒與重大違規事件懲戒對學生影響程度不同，故在處分前的應有程序即有所差異。即以美國爲例，愈是嚴重的懲戒處置（如長期停學），其正當程序保障措施愈爲齊全。原則上，被懲戒學生應受以下保障：(1)充分被告知懲戒原因，如有開聽證會之必要，校方必須給予其充分時間加以申辯。(2)學生有權聘請法律顧問或其他成年代表代爲辯護。(3)學生有提出對己有利證據之機會，並在必要時，可與對方證人做交叉言辭之辯論。(4)有權取得決議書，其中必須確實登載所做決定之懲戒依據，以爲事後不服進行司法訴訟之準備。

台灣以往中小學對學生的懲戒，即連對重大違規事件的處置，仍鮮少具有如美國正當程序的要件，至多僅經訓導會議的通過即做出決定，學生少有答辯的機會。大法官會議三八二號的解釋文，則賦予退學學生申訴、訴願、與訴訟的權利。目前各校雖有給予學生當事人與其家長陳述意見之機會，並做成決定書記載事實、理由，及獎懲依據，但對於陳述意見之方式、是否可邀請證人、聽證會之形式、與重大違規事件應如何界定等問題仍有爭議。針對於此，美國處理各種不同程度懲戒措施的正當程序要求，即可作爲重要參考資料。

此外，由於教師日常的懲戒措施五花八門，是否應巨細靡遺加以列示也是值得注意的問題。學者董保城（1995）援引德國作法，將教師管教學生分爲教育性措施與維持秩序措施兩種。前者爲教師基於教學專業自主行使之職權，不影響學生權益，係屬校方或教師爲完成教育任務必要之手段，應毋庸法律根據即可行使。與之相較，維持秩序措施之行使乃因學生行爲嚴重影響學校教育與學習活動。其重大影響學生權益與身分的處分（如退學），應有正當程序之行使與法律授權之根據，對於實施要件、權責機關、乃至程序正義之確保均應立法確立，以保障學生受教權利。原則上，教育性措施行使無效後，始應採行維持秩序之措施。對照表5.1與表5.2，可看出一般懲戒措施可相對於教育性措施（但後者也包括獎勵部分），重大違規事件懲戒則與維持秩序措施頗有雷同之處，值得教育學者在未來處理學生懲戒規定時的參考。

表5.2　德國教育法對教育性措施與維持秩序措施法律要件之對照表

	教育性措施	維持秩序措施
行使時機	為達成學校教育目的對學生教育性措施	1.學生行為嚴重影響學校教育與學習活動，防止未來受影響 2.確保學校教育任務之達成 3.保護學校財產與人員之安全
基本權利	不影響學生基本權利	影響學生基本權利
法　源	毋庸法律根據，教師本專業自主權行使即可	重大影響學生身分之處分（如退學、開除學籍、停學）須法律根據
角　色	教師扮演教育者	教師扮演秩序維護者
種　類	教師與學生家長談話、鼓勵、斥責；取消學生參加學校郊遊、參觀表演之權利	書面警告、調班、停學三日至六日、強制轉校、退學、開除學籍
程　序	無須書面及特定程序	須具書面及一定程序（如給予受處分人陳述意見之機會）
執行者	教師本人	教師、教師會議或校長
順　序	優先於維持秩序之措施（優先性）	教育性措施行使無效後始可採行維持秩序措施（輔助性）

資料來源：董保城（1995）。論教師法「教師輔導與管教」。政大法學評論，**54**，p.125。

對於未成年的中、小學生，教師在傳授知識之餘，也必須對其行爲加以管教與輔導。若任由學生毫無限制的作爲，必將阻礙學校任務之達成。因此，管教雖多少對學生基本權利有所限制，但確爲達成教育目標的必要之舉。然而，由於學生來自不同社經背景與家長的態度不一，使校方與教師在管教學生時多有無所適從之感。依照規定，各校校務會議必須自定輔導與管教學生辦法，其爭議性必將更多。由於學校成員與家長多缺乏法律知識，且各自立場不一，所妥協訂定的管教辦法是否合乎教育原則？執行時是否具備正當程序精神？懲戒種類之內容等問題，皆使未來教師懲戒學生成爲學校燙手山芋，必須妥善處理。

第三節　教師工作之保障

當今世界先進各國多對師資的產生與任用訂定相關法令，教師必須依法定程序始能取得身分。在傳道授業的過程中，其被學校任用、遷調、介聘、考績、休假、乃至解聘、不續聘，都應有一定之公正公開程序。合理保障教師工作，不但使教師能安心教學，也因之確保學生的權益。教師工作保障牽涉極廣，舉凡與教師身分相關的措施均包括在內。限於篇幅，以下僅就最令人矚目的解約行爲（在台灣包括解聘、停聘、不續聘）加以敘述。其中分別介紹美國與台灣的情況與相關設計，並比較分析之，以供相關人士參考。由於牽涉法令甚多，故僅引重要條文，欲知詳情者，還請自行查閱相關法律與判例。

一、美國教師解約之正當程序

美國對教師工作之保障，使其不被無故解約，最重要的設計乃在「正當程序」（due process）的要求，其法源乃基於聯邦憲法第十四修正案之規定：「任何州，如未經正當法律程序，均不得剝奪任何人的生命、自由或財產，……」此修正案爲學校訴訟中最常引用的憲法規定，以下即就美國法院如何根據聯邦憲法第十四修正案所謂「正當程序條款」（due process clause），來保障公立學校教師的工作權之部分加以敘述。

原則上，在任何時間解約長聘教師，或是在契約期間解約試用教師，均需符合憲法中正當程序的規定。然而法院對解約案例中，何種程序才為適當並未有所定論；但卻堅持其實施必須兼顧個人與政府（學區）之間的利益（Mathews v. Eldridge），其實施之內容端賴州法與實際情況而定。詳細內容請參閱秦夢群（2004）之《美國教育法與判例》一書。

憲法第十四修正案提供了正當程序的基本精神，任何州法與之相違者皆屬違憲。基本上，法院認為解約行為對教師之損傷極大，因此在塵埃落定前，必須有正當程序的實施，原則上應包括以下幾個要件（Dusanek v. Hannon）：

1. 及時發出對教師控訴的通知。
2. 給予教師聽證的機會。
3. 給予充足時間以讓教師準備反駁。
4. 教師有權得知其被控訴之證據事實與證人之姓名。
5. 教師有權聘請法律代表為其辯護。
6. 教師有權提出有利其一方的證據與證人。
7. 雙方均得交互質詢對方之證人。
8. 教師有權要求聽證過程與判決的記錄。
9. 對於不利己方之決定，雙方均有權向法院提起訴訟。

以上僅是憲法正當程序的基本要件，在此基礎上，各州與地方學區均可自定法律或政策，以補其不足。例如，伊利諾州的州法即規定，如果試圖解約之原因是事後可補救的（remediable），則校方必須給予教師機會尋求改善，在此之前不可逕行解約。不同地區有不同規定，法院在審理類似案件時，不但檢視教師憲法權利是否有損，同時也必須參考各州的法令（Ray v. Brimingham City Board of Educ.）。

簡而言之，整個正當程序包括事前通知與聽證兩大部分。在歷年的判例中，法院已建立某些基本原則。茲分述如下：

（一）事前通知

在事前通知部分，其主要目的乃在使教師瞭解其被控訴的確實原因，與給予充足的時間答辯。其形式與內容多由州法規定。例如，在送達的方式上，如果州法並無規定，則任何方式（掛號信、快遞、專人送達、或是口頭告知）均可（Griffin v. Galena City School Dist.）。然而如果規定一定要書面通知，則口頭告知就不合標準（McDonald v. East Jasper County School Dist.）。在時間方面，如果州法並未規定，則校方必須在合理天數前予以送達，以便讓教師有時間準備反駁。值得注意的是，教師若認為時間不足，必須主動提出，否則即視為同意。在判例中，一位教師在兩天前才收到通知，但其隨後參加了聽證會而未事先提出異議，在此情況下，法院認為兩天是合理時間（Ahern v. Board of Educ. of School Dist. of Grand Island）。在另一案例中，通知時間僅在一天之前，教師並未參加聽證會但也無提出抗議，法院因之判決一天在法律上也站得住腳（Birdwell v. Hazelwood School Dist.）。原則上，如果州法無明確規定，教師隨後參加聽證會，或是未出席也未提出時間不足的抗議，則事後不得以缺乏準備時間指控校方違反正當程序。

除了送達之時間外，通知之內容也極為重要。其中必須載明欲對教師解約的具體原因事實，原則上包括事件的發生經過、時間地點與不滿者（如家長）的姓名（Casada v. Booneville School Dist.）。如果在州法中已有規定對解約教師的事由（如不勝任、不道德等），則在通知中必須告知控訴之事實，落入何種解約之事由中。由於州法規定之事由多半模糊不清，因此只列舉事由而不詳細陳述具體事實，違反正常程序的原則（Benton v. Board of Educ.）。在Stein v. Board of Educ. of City of New York中，法院也認為通知中只載明事件發生日期與地點，而未詳述事實經過，違反了教師的權益。在某些州（如奧勒岡州），州法甚而規定通知中必須列出教師行為與其應盡職責的關係，以凸顯其不足之處。如未列出，則不符合正當程序（Shipley v. Salem School Dist.）。此外，只有在通知上列出之事實，才能充當日後解約的依據。校方不得在聽證會時提出新的指控（Allen v. Texarkana Pub. Schools）。

（二）聽證

在聽證部分，基本上分為兩個部分，一為決定解約前的聽證，一為在決定後的聽證。美國最高法院在Cleveland Board of Education v. Loudermill的案例中，認為某種解約前之聽證形式必須存在。雖然不必如正式法庭般的具備詳細舉證或交叉辯論的形式，但基本的行動如給予教師答辯的機會（口頭或書面），必須包括在內。解約之初步決定權操在校長與教育局長手中，最後由教委會批准。在此之前的聽證，實給予主雇雙方另一次機會檢視解約之行爲是否合理（Adams v. School Dist.）。法院的判例確立決定解約前之聽證爲正當程序之一部分，但僅提供教師申訴與答辯的機會即完成法定程序。在Weissman v. Board of Educ. of Jefferson County School Dist.一案中，科羅拉多州最高法院判定解約前的聽證不需如在法院中審理案件般的完備，此因聽證之程序費時費錢，將其簡化可節省時間，以便行政運作（解約之事懸而未決，學校在師資分配上必出現問題）。

與之相較，解約決定做成後的聽證就繁複許多。學區教育委員會爲聽證的仲裁者，聽取行政體系與教師雙方的反應之後，做出是否支持解約的決定。換言之，是一種更接近正式法院判案的聽證形式。其內容雖無定論，但一般包括雙方陳述己見、各引利於己方的證人出庭、交叉辯論、與教師事先可以尋求法律諮詢與參閱相關文件等（Valter v. Orchard Farm School Dist.）。所做決定必須根據證據的呈現爲基礎，在通知中未引述之事實，不得作爲判決資料（Heithoff v. Nebraska State Board of Educ.）。

在此要注意的是，雖然聽證爲正當程序的一部分，但教師可以放棄，其方法不外是拒絕參加或是中途離席。對此，法院並無異議。此外，在某些州中，聽證之舉行與否乃基於教師的主動要求。如果其並未採取行動，則無聽證也不違反正當程序的原則。法院關心的是有無提供機會，教師如果放棄則是他家的事（Wertz v. Southern Cloud Unified School Dist.）。在聽證程序中，某些州准許經由仲裁（arbitration）的手段，由公正的第三者代替學區教委會處理校方與教師的爭議。此種經由仲裁的過程，法院也認爲具備聽證的要件，不需再舉辦另一次在教委會成員前的聽證會（Pederson v. Southern Williamsport Area School Dist.）。

在聽證之過程中，教委會所扮演的角色，往往引起教師的質疑。此因在解約過程中，教委會成員所負責的事項極爲複雜。在初步決定解約前，其首先聽取學區教育行政者（校長、教育局長等）的報告，然後召開解約前之聽證會，最後做出解約決定。按照州法之規定，教師在收到解約通知後，有權要求召開事後之聽證會。在其中，教委會委員又再次扮演仲裁者（在某些州，教師可依規定邀請公正之第三者進行仲裁）。如此調查兼仲裁的複雜角色，引起教師對其公平性的質疑，認爲其角色違反正當程序的公正原則。

在此點上，法院之判例多持保留的態度。美國聯邦最高法院在1976年的

Hortonville Education Association v. Hortonville Joint School Dist. No. 1的重要判例中，以6比3判定教委會爲處理教師解約糾紛中的正當仲裁機關。主張其雖事前參與有關是否解約事項的討論，並不代表其在日後聽證階段就會有所偏見。換言之，聯邦最高法院認爲教委會不因其調查的角色，而喪失其成爲公正與誠實仲裁者的假設。在其他下級法院中，也有類似的判例，如在Rouse v. Scottsdale Unified School Dist. No.48中，亞歷桑那州的上訴法院即認爲解約事件之聽證程序，不需如正式法庭中的案件審理那麼嚴謹。因此作爲仲裁者的教委會事先知情對其公平性並無損害（一般刑事案件中，陪審團之成員必須事先對案情未接受到主觀的資訊，如此才能被選入），認爲教委會之成員充當仲裁者，並未違反正當程序。

儘管如此，教委會成員之參與決定也並非一定視爲當然。只要有證據顯示其存有偏見，就可要求其離開。然而此責任乃在教師身上，他必須要提出實際證據，才能夠使法院相信教委會成員存有偏見。單純指控其參與事前之解約決定，或是「猜想」其會對自己不利，均不能構成證明教委會成員有偏見的理由。教師如無反應，則視同其默認教委會之公平性（Strain v. Rapid City School Bd.）。

在各法院判例中，比較著名且判決教委會成員有偏見的判例如：Staton v. Mayes。此案牽涉到一位教育局長的解約行爲，法院判定三位教委會成員確有偏見，不適合作爲聽證會之仲裁者。其根據事實乃在其中一位曾公開發起趕走教育局長的活動，另兩位則公開聲明對教育局長的厭惡，並認爲其應該去職。此外，在Greenberg v. Alabama State Tenure Comm’n案中，阿拉巴馬州之最高法院認爲由教委會某成員的兒子，在聽證會上做證控訴被解約的教師，是一種不能忍受的偏見，因此判定整個聽證活動違反正當程序。在另一個案例中（Keith v. Community School Dist. of Wilton），法院認爲在聽證過程中，教委會並未傳訊證人，僅憑自我之想法就決定解約教師，是一種不公正的行爲。除此之外，法院在判例中也主張教委會成員不能在充當仲裁者時，同時又充當證人，或是在聽證會前即已公開表示其立場（Cook v. Board of Educ. for County of Logan）。

在聽證過程中，教師在某些州可選擇由公正之第三者仲裁，而第三者若顯示有偏見行爲，也爲法院所不許。例如，在Wells v. Del Norte School Dist.一案中，法院認爲仲裁之第三者在聽證休息時刻，與教委會的顧問與證人同桌共進午餐，使其公平性大受質疑，破壞了聽證的法定精神。因此判定整個聽證活動無效，必須從頭再來。在類似的案件中（Hagerty v. State Tenure Comm'n），仲裁之第三者與教委會之法律顧問，被發現隸屬同一律師團體。法院雖在此案中未發現有任何偏見之事實，但在判決書中卻警告此種情況極易導致不公平之仲裁，因而在日後的判例中，極可能會被判定違反正當程序。

在聽證過程中，不但教委會的公正性非常重要，其間所呈現的證據是否恰當，也為法院判決的重要依據。原則上，解約教師的主動權在教委會，因此蒐集證據的責任也在其身上。一般而言，法院並不堅持採用刑事審判的模式，而要求所有的證據必須完全詳細檢視，只要能形成所謂的「證據優勢」（preponderance of evidence）即可。換言之，只要大多數所提的證據能夠支持教委會的決定即可，無需如刑事審判般的嚴苛（Board of Educ. of City of Chicago v. State Bd. of Educ.）。所有之證據必須與解約事件相關且清楚記載與陳述，教委會之最後決定乃基於所提證據，未提者不可引用（Goldberg v. Kelly）。由於聽證之程序較一般刑事審判要鬆散，因此「傳聞」（hearsay）可在其中提出並視為證據之一部分。法院認為家長之抱怨或社區之意見，均提供有關解約事件的背景資料，因此可以在聽證會中被引為證據。然而對於未成年學生所提供的傳聞，法院多認為不足引用（Hollingsworth v. Board of Educ.）。

如果教委會本身不能提出適當之證據，則其所做之解約教師決定往往被法院否決。例如，一位被指控不能勝任的教師，法院發現其以往評鑑分數皆在平均數以上，因而判定教委會不能只以家長之不滿即作為解約之原因，而應提出更具體的證據。在此之前，不能以不能勝任之事由解約教師（Schulz v. Board of Educ. of the School Dist. of Freemont）。

在聽證之後，教委會必須做出是否支持解約的決定，並發表書面報告。內容必須列舉其決定所依據的證據。如果缺乏，則法院基本認為會對教委會不利，而做出與其相反的判定（Morey v. School Bd. of Indep. School Dist. No.492）。雖然解約的證據無須用極正式的法律用語（一般日常用語即可），但若缺少則會使教委會決議的信度大打折扣。在Jackson v. Independent School Dist. No.16一案中，法院認為即使是試用教師，按照正當程序的原則，也有權知道其被解約的原因與證據何在。教委會無法即時在報告中載明，使其決定顯得主觀而不值得採信。

（三）解約事由之規定

長聘解約一旦簽訂後，教師只要表現正常，即具有繼續執教的權利，不得被恣意且主觀的解約。然而長聘契約並不代表教師可以任性而爲，校方依舊可根據州法上明定的解約事由，將之逐出學校。要注意的是，在解約過程中必須遵循正當程序，且所持理由必須明載於州法中，不可自立名目。由於長聘契約內容由州法決定，並受其保護，解約事由也出自其手。各州情況差異頗大，解約條款更是五花八門。

由歷史的觀點而言，長聘契約的訂定乃在保障教師不因上級之主觀偏見而受排擠解約。但另一方面，對於不適任教師，卻必須明列解約事由以將其逐出。因此州法的訂定乃在維持校方或教師間權力之均衡，過度嚴厲或鬆散，均會使一方受到不平之待遇。爲了能涵蓋各種解約情況，各州無不絞盡腦汁希望一網打盡（此因未述及者就不能成爲解約之引用原因）。解約理由林林總總，有的詳細規定，有的則大而化之，僅以「合理公正的理由」籠統包含之。爲求愼重，某些州還保留「其他理由」的條款，以備不時之需（此在學生數縮減，必須裁減教師時常被引用）。檢視各州的解約條款，其中又以不道德（immorality）、不服從（insubordination）、怠忽職守（neglect of duty）與不勝任（incompetence）等四項最多。由於各解約事由文字多半抽象（如不道德之行爲究竟包括哪些），發生糾紛時，往往必須由主審法院加以確定。

二、台灣教師工作保障權之相關設計

台灣保障教師工作權的法令，主要規定於教師法與教師法施行細則。其明定教師權利義務，相關條文於2019年6月大幅修訂，其中針對教師聘任保障與不適任教師處理進行全盤檢討，以回應社會各方對於教師專業的要求。修正條文內容極爲繁複，其中將不適任教師大致分爲「涉及性別平等事件」、「涉及兒少事件與體罰霸凌」、「教學不力或不能勝任工作」、與「其他事項」四類。在對教師的處置上，則有解聘（解除聘約）、不續聘（聘約期限屆滿時不予續聘）、停聘（暫時停止聘約關係）之不同處理，並依照情形輕重而有以下七種類型（參見圖5.2）：

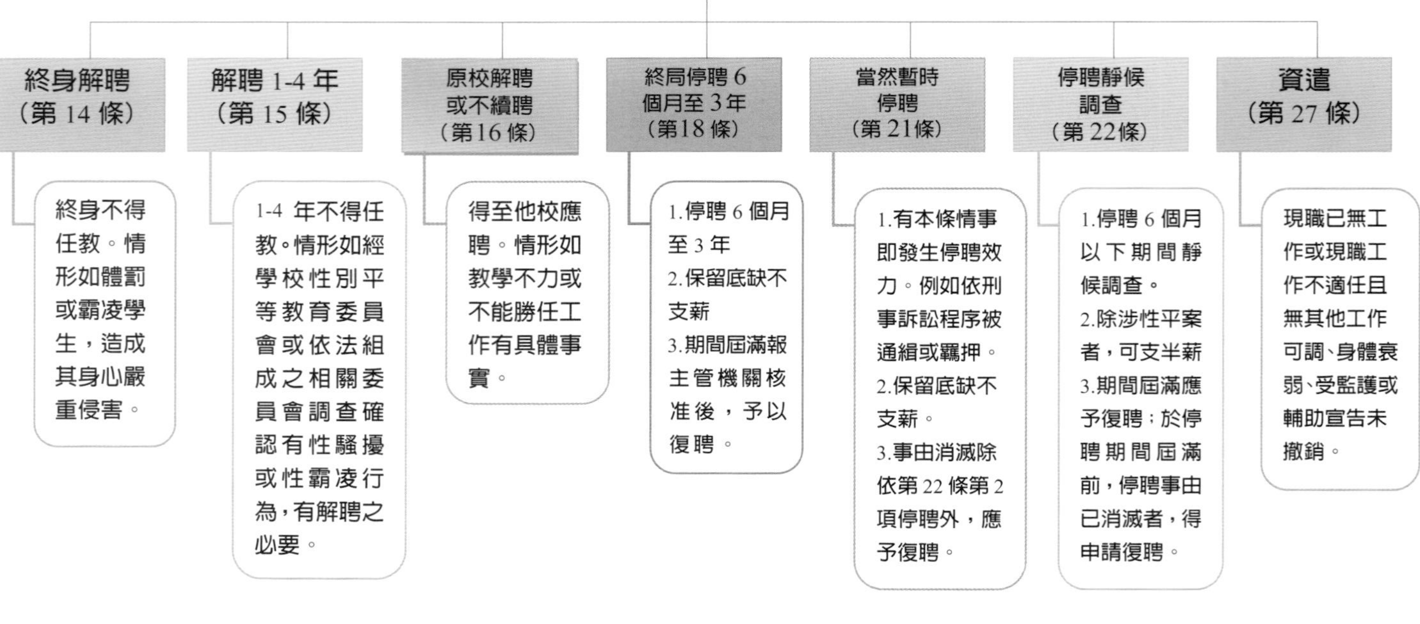

圖5.2　台灣對於不適任教師之處理機制圖

資料來源：以 2019 年修訂之「教師法」爲主。相關法令逐年會有小幅度之改變，但設計精神大致相同，請讀者注意相關之修正。

1. **終身不得聘任為教師（第14條）**：教師有下列各款情形之一者，終身不得聘任爲教師。其中包括：(1)動員戡亂時期終止後，犯內亂、外患罪，經有罪判決確定。(2)服公務，因貪污行爲經有罪判決確定。(3)犯性侵害犯罪防治法第二條第一項所定之罪，經有罪判決確定。(4)經學校性別平等教育委員會或依法組成之相關委員會調查確認有性侵害行爲屬實。(5)經學校性別平等教育委員會或依法組成之相關委員會調查確認有性騷擾或性霸凌行爲，有解聘及終身不得聘任爲教師之必要。(6)受兒童及少年性剝削防制條例規定處罰，或受性騷擾防治法第二十條或第二十五條規定處罰，經學校性別平等教育委員會確認，有解聘及終身不得聘任爲教師之必要。(7)經各級社政主管機關依兒童及少年福利與權益保障法第九十七條規定處罰，並經學校教師評審委員會確認，有解聘及終身不得聘任爲教師之必要。(8)知悉服務學校發生疑似校園性侵害事件，未依性別平等教育法規定通報，致再度發生校園性侵害事件；或偽造、變造、湮滅或隱匿他人所犯校園性侵害事件之證據，經學校或有關機關查證屬實。(9)偽造、變造或湮滅他人所犯校園毒品危害事件之證據，經學校或有關機關查證屬實。(10)體罰或霸凌學生，造成其身心嚴重侵害。(11)行爲違反相關法規，經學校或有關機關查證屬實，有解聘及終身不得聘任爲教師之必要。

教師有以上(1)(2)(3)情形之一者，免經教師評審委員會審議與免報主管機關核准，予以解聘。有(4)(5)(6)情形之一者，免經教師評審委員會審議，由學校逕報主管機關核准後予以解聘。有(7)(10)情形之一者，經教師評審委員會委員2/3以上出席及出席委員1/2以上之審議通過，報主管機關核准後予以解聘。有(8)(9)(11)情形之一者，經教師評審委員會委員2/3以上出席及出席委員2/3以上之審議通過，報主管機關核准後予以解聘。

2. **一至四年不得聘任為教師（第15條）**：教師有下列各款情形之一者，應予解聘且一年至四年不得聘任爲教師。其中包括：(1)經學校性別平等教育委員會或依法組成之相關委員會調查確認有性騷擾或性霸凌行爲，有解聘之必要。(2)受兒童及少年性剝削防制條例規定處罰，或受性騷擾防治法第二十條或第二十五條規定處罰，經學校性別平等教育委員會確認，有解聘之必要。(3)體罰或霸凌學生，造成其身心侵害，有解聘之必要。(4)經各級社政主管機關依兒童及少年福利與權益保障法第九十七條規定處罰，並經學校教師評審委員會確認，有解聘之必要。(5)行爲違反相關法規，經學校或有關機關查證屬實，有解聘之必要。

教師有(1)(2)情形之一者，經教師評審委員會委員1/2以上出席及出席委員1/2以上之審議通過，報主管機關核准後予以解聘。有(3)(4)情形之一者，經教師評審委員會委員2/3以上出席及出席委員1/2以上之審議通過，報主管機關核准後予以解聘。有(5)情形者，經教師評審委員會委員2/3以上出席及出席委員2/3以上之審議通過，報主管機關核准後予以解聘。

3. **原校解聘或不續聘（第16條）**：教師有下列各款情形之一者，應經教師評審委員會審議通過，並報主管機關核准後，予以解聘或不續聘。其中包括：(1)教學不力或不能勝任工作有具體事實。(2)違反聘約情節重大。在處理教師教學不力或不能勝任工作有具體事實之案件時，主管機關應成立「教師專業審查會」，置委員11人至19人，任期二年。由行政機關代表、教育學者、法律專家、兒童及少年福利學者專家、校長團體代表、家長團體代表、與教師組織代表組成之。教師專業審查會進行調查輔導後，提出報告及建議交還教評會，並經教評會1/2出席、1/2同意，對教師進行解聘或不續聘。教師可至其他學校應徵教職。
4. **終局停聘六個月至三年（第18條）**：教師行爲違反相關法規，經學校或有關機關查證屬實，未達解聘之程度，而有停聘之必要者，得審酌案件情節，經教師評審委員會委員2/3以上出席及出席委員2/3以上之審議通過，議決停聘六個月至三年。於停聘期間屆滿，經報主管機關核准後，學校應予復聘，前項停聘期間，不得申請退休、資遣或在學校任教。
5. **當然暫時停聘（第21條）**：教師有下列各款情形之一者，當然暫時予以停聘。其中包括：(1)依刑事訴訟程序被通緝或羈押。(2)依刑事確定判決，受褫奪公權之宣告。(3)依刑事確定判決，受徒刑之宣告，在監所執行中。
6. **暫時停聘6個月以下（第22條）**：教師涉有第十四條第一項第四款至第六款、第十五條第一項第一款或第二款情形之一者，服務學校應於知悉之日起一個月內經教師評審委員會審議通過後，免報主管機關核准，暫時予以停聘六個月以下，並靜候調查。必要時，得經教師評審委員會審議通過後，延長停聘期間二次，每次不得逾三個月。

7. **資遣（第27條）**：教師有下列各款情事之一者，應經教師評審委員會審議通過，並報主管機關核准後，得予以資遣。其中包括：(1)因系、所、科、組、課程調整或學校減班、停辦、解散時，現職已無工作又無其他適當工作可以調任。(2)現職工作不適任且無其他工作可調任；或經中央衛生主管機關評鑑合格之醫院證明身體衰弱不能勝任工作。(3)受監護宣告或輔助宣告，尚未撤銷。

以上爲針對不適任教師處置的主要規定，洋洋灑灑，煞是驚人。然而，爲保障教師工作使其不被無故解約，教師法與教師法施行細則中也有相關設計與條文予以因應。其主要規定爲：「教師除有第十四條至第十六條、第十八條、第十九條、第二十一條及第二十二條情形之一者外，不得解聘、不續聘或停聘。」此外，面對學校組織之調整減縮，教師法也規定「高級中等以下學校科、組、課程調整或學校減班、停辦或解散時，學校對仍願繼續任教且在校內有其他適當工作可以調任之合格教師，應優先輔導調整職務；在校內無其他適當工作可以調整職務者，學校或主管機關應優先輔導介聘。」在高等教育部分，則規定「專科以上學校系、所、科、組、課程調整或學校減班、停辦、解散時，學校對仍願繼續任教且有其他適當工作可以調任之合格教師，應優先輔導遷調，各該主管機關應輔導學校執行。」

由以上相關規定中，可知台灣對教師工作保障權益之維護大致可分爲四個關卡。首先，明文列出解聘、停聘、或不續聘之事由（如教師法十四條），以避免校方以不當理由恣意且主觀片面解約。換言之，教師若無條文中列舉之事由，就不致遭受失去工作的對待。此種設計使校方必須事先縝密思量並積極蒐集證據，確定教師有解約事由之一者方可行動。過往校方在不續聘教師時，經常以聘約到期不願續約爲唯一理由，教師即使並無犯錯也有被炒魷魚的危險。此種情況在列舉解約事由之規定下，將會產生嚇阻學校之效果。列舉之設計一方面可保障教師不因上級好惡而受排擠，一方面也能對淘汰不適任教師有所依據，在程序上較爲周延。

當教師被指控具有解約條款之情事時，其認定必須公正客觀，如此才能令人心服。因此在處理不適任教師解聘、不續聘或停聘過程中，除少數情形外（如因貪汙行爲經有罪判決確定）之外，其他情形皆必須經過各種特別委員會之調查認定。其中最主要爲「教師評審委員會」、「學校性別平等教育委員會」、「教師專業審查會」等，依據不同類型有不同組成人員（內部與外部人員）與比例（如未兼任行政教師是否應超過二分之一）。其設計乃在避免少數人操控的一言堂現象，由各特定委員會檢視事實與證據後再做出決議，如此可使程序更加周延與保護教師之權益。

經過各種委員會認定決議，絕大多數案件皆須報請主管教育行政機關核准後，才能對教師進行解聘、停聘或不續聘。此種設計對教師工作之保護又多一層。即使經特定委員會議決，最後行政裁決權力仍落在主管教育行政機關。其可視情況依法決定是否核准，擔任再一次把關的角色，以使教師之工作權不被無理侵犯。

最後，當教師被主管教育行政機關或學校解聘、停聘、或不續聘，認爲此措施違法或不當，可提出申訴或訴訟。前者由各級教師申訴評議委員會受理（相關程序與規定在下文詳述），後者則可按其性質依照訴願法或行政訴訟法或其他保障法律有關規定請求救濟。換言之，申訴、訴願、或訴訟乃爲教師保障其工作權的最後一道防線，申訴委員會或司法機關所做出之評議或判決，可扭轉行政機關與校方的決定，使自認受到委屈的教師不致投訴無門。

綜上所述，可知台灣教師法保障教師不被無故解聘、停聘、或不續聘有四個關卡：(1)列舉解約事由，(2)特定委員會之審查決議，(3)主管教育行政機關之核准，與(4)提供申訴或訴訟的管道。四者彼此之間環環相扣，教師若最後皆被認定具有可被解聘、停聘、或不續聘之事實，就難以主觀或不公平之理由加以抗辯。

最後，教師法也針對因學校規模調整或減班等因素，教師必須離開時，做出優先輔導遷調、介聘、或是資遣的規定。其目的即在使教師工作權不因學校之變動而受損。實務上，隨著學生註冊人數下降及經費短絀，校方必須減少支出以平衡預算，刻意裁員在所難免，此在私立學校中較常發生。教師法的相關規定雖不能保證被裁員者能順利遷調，但卻維持可以進行資遣的選項。對於暫時可能失去工作與收入的教師而言，起碼是一種基本的保障。

綜上所述，台灣教師相關法令對教師之工作保障煞費苦心。值得注意的是，保障教師工作並非讓其有恃無恐。如何保障學生受教權利，確實淘汰不適任教師的問題也需加以正視。兩者拿捏之間，端賴教育行政者的智慧與決心。

第四節 教師組織與教師工會

教師爲國家之公民，依照憲法具有一定程度之結社權力。此外，就教師之特定身分，也可依不同目的，組織教育專業團體或教師工會，以提升專業與維護權益。基本上，世界各國之教師組織大致有工會取向與專業取向兩大類型，分述如下。

1. **工會取向之教師組織**：此類型的教師組織重視相關勞動三權（團結權、團體協商權、團體爭議權）之爭取，對於薪資與工作條件之議題，試圖透過集體協商之機制獲得最大利益。身爲利益團體，教師之權益擺在第一，其他如家長、學校當局、與社區之意見僅供參考。重要決議以教師組織之成員做最後決定，以爭取最大利益爲運作依歸。此類組織如「全美教育協會」（National Education Association，簡稱NEA）與工會主義色彩濃厚的「美國教師聯盟」（American Federation of Teachers，簡稱AFT）兩大美國教師組織。NEA本以提升教師專業爲主，其後遭受工會主義色彩濃厚之AFT強力挑戰，不得不改弦更張加以轉向。此從兩大組織網頁上列出之招募會員訴求可見一斑。除強調會員依據各州法律規定享受不同程度之勞動三權外，尚可獲得優惠利率借貸方案、購物優惠、醫療傷殘、與終身壽險保障之福利等。
2. **專業取向之教師組織**：由於學校與教師不時受到社會、政治、經濟等外在因素之影響，在課程多元化、教學彈性化、資源分配等議題上，均遭到巨大衝擊。影響所及，教師之專業發展即成爲社會重視之焦點。過往教師之教學成效與對學生之學習影響，較少被嚴肅檢視。如今時代變遷，專業取向之教師組織即因運而生，主張唯有提升教師專業才能確保教學品質。此類教師組織強調以學生爲中心設計課程，提倡教師分級制與同儕評鑑。基本上，其認爲教學品質應由內向外，不應隨外界組織之要脅而起舞。專業取向之教師組織重視教師進修與提升，並主張密切與社區合作，彼此互相調適與支持。基本上，專業取向之教師組織可對學校教學情境與績效產生重大影響，並提供專業之平台與進修管道。對於教師成長極爲重要。此類團體如較早之NEA、教育學術團體、教師成長團體、乃至學校各科教學委員會等組織。

除了以上兩大類型外，部分學者（如Peterson, 1997）認為為配合「全球化」（globalization）之趨勢，先進國家有第三種教師組織型態之產生，此即是社會正義取向之教師組織。其主張教師組織是具有促進社會進步的責任，絕非僅是滿足會員自私的需求。強調教師組織應專注社會與學生的需求，積極推動公平與正義的教育改革。換言之，教師團體除追求教師之權益（工會取向）與自我專業提升（專業取向）之外，仍須與社區建構關係共同合作，積極參與教育改革。

以上不同類型的教師組織，又以教師工會最引人矚目。教師工會成立之目的，乃在確保教師能夠完整享有相關之勞動基本權利。所謂勞動基本權力係指國家應積極保障勞工藉由團結之作為，與雇用者進行對等的交涉協商，以實現實質的契約平等原則。一般而言，勞動基本權力包括以下三者，也被通稱為勞動三權（許慶雄，1998）：

1. **團結權**：係指勞工有權組織工會、加入工會、與自由經營工會之權力。
2. **團體協商權**：係指勞工有權透過依法成立之工會，就工資、工時等重大工作條件與其他相關事項，與雇用者進行集體協商之權力。
3. **團體爭議權**：係指勞資雙方在發生爭議時，勞方可以依法行使集體請假、罷工等行為之權力。

以上勞動三權之相互關係極為緊密。其中團結權為勞工三權之基礎，團體協商權為其核心，團體爭議權則為爭取權利之堅實武器，三者連成一氣，環環相扣。世界先進國家如英、美、日等皆有影響教育深遠之教師組織，其中有偏向工會性質者、偏向專業發展者、與兩者兼有之組織。其中如美國教師組織之NEA已有百年以上歷史，其以提升教師專業為信念，與工會主義色彩濃厚的AFT並列為美國兩大教師組織。日本最大的教師組織「日本教職員組合」（簡稱日教組）雖只成立數十年，但其與中央主管教育機關的互動，卻深深影響日本教育的發展。

教師組織之運作，影響教師權益與教育運作甚巨，其中又以偏向工會性質之教師組織最引人矚目與爭議。他山之石，可以攻錯，以下即先敘述美、日兩國教師組織的發展，再就相關法令與配套措施，分析台灣教師組織（主要為教師工會）之運作與產生的爭議。觀諸歷史，美、日兩國教師組織之發展高潮迭起，評價也是毀譽參半，但其對教育制度發展之影響卻是無庸置疑。

 一、美國教師組織背景與發展

美國現今兩個主要的教師工會爲NEA與AFT，也是最有影響力的教師組織。兩者都主張改善教育與代表教師權益發聲。Myers and Myers（1995）指出兩者主要功能如下：

1. 代表成員進行協商和集體談判。
2. 進行影響教育政策的立法與管控。
3. 提供資訊給成員。
4. 在法律行動上保護教師並抵抗不公平的迫害。
5. 設立專業實務的標準。
6. 提供成員諮詢服務（如壓力管理諮商和財務建議）。
7. 提供成員輔助性的服務（如保險、投資計畫、旅遊和圖書俱樂部）。

兩個組織在政治上都有巨大的影響力，尤其是與官方的談判與法案的遊說上。也有各自支持或反對的候選人，兩者影響皆相當顯著。舉例來說，兩個組織在1980年代都參與主要教育改革會議，並協助通過州與地方學區教育公債及徵稅的相關教育法案。NEA與AFT對美國總統Bill Clinton（柯林頓）於1992年參選時發揮舉足輕重的影響力。他們也曾倡議廢除學校種族隔離政策並改善學生福利，也反對提供公共基金給私立學校與教會學校（Myers & Myers, 1995）。

在結構上，NEA與AFT的組織體系相當完整，分爲地方學區、州、與全國三級，但三者之間並無上下隸屬關係，而呈現加盟（affiliation）的形式。基本上，下級教師組織（如地方學區層級）並非完全聽命於全國級總部之指揮，而是依各地不同的需求與議題，採取獨立運作的模式。如有必要，可要求總部的支援與協助。實務上，美國各級教師組織在運作上有一定之自主性。

（一）全美教育協會（NEA）

全美教育協會係美國最大且歷史最悠久的教師工會。最初由十個州立的教

師組織組成「全國教師協會」（National Teachers Association），後來於1870年更改爲今名，一開始的目標即是提升教師專業發展（Spring, 2001）。NEA約有2/3以上的成員爲學校教師，另外也包括行政人員與視導人員（Myers & Myers, 1995）。目前擁有320萬名會員，來源包括教育專業人員、高等教育的教職員、退休人員、行政人員、與學生等（NEA, 2010）。

在1870年代，NEA開始有四個制訂政策的部門（divisions），各自有其關注的領域。其中包括師範學校（normal schools）、高等教育（higher education）、教育行政（superintendence）、初等教育（elementary education）。隨著NEA的革新，教育領域的分會愈來愈多。從1890至1950年代，這些分會透過正式與非正式的接觸來制定教育政策。NEA一直都處於教育政策發展上的核心地位，直到聯邦政府在1950年代成立中央主管教育部門後才取而代之（Spring, 2001）。

在1950與1960年代，NEA致力於教師的訓練工作，各地的分會也鼓勵教師參與NEA，目的在防止教師加入工會化的AFT（饒邦安，2007）。此外，1950年代，公立學校飽受批評，專業教育工作者也被責難，NEA一度被視爲是問題來源（Spring, 2001）。其主因乃在NEA當時採取從學校行政人員主導，轉變成教師主導的激進工會取向。與AFT一樣開始運用罷工（strikes）和集體協商（collective bargaining）之策略。1961年，紐約市教師向NEA尋求集體行動的協助，但因此作爲有違NEA宗旨而遭拒。後來AFT設立於紐約的分會「聯合教師聯盟」（the United Federation of Teachers, UFT）決議罷課，以爭取以下權利：代扣會員會費、集體協商的選舉、病假可請代課教師、午餐能有50分鐘的休息、改變薪資等。最後集體協商成功達成訴求，使得AFT的影響力與成員大增（Spring, 2001）。

面臨AFT採取罷教抗議而獲利的威脅，以及提高會員人數的現實考量，1968年NEA開始改變策略，改走激進的工會路線。以罷教、示威來達成訴求。因此，也造成協會中的「教師」和「教育行政人員」兩個團體會員之關係日趨對立，導致組織改組，將教育行政人員排除於協會之外。直到1981年，罷教行動才逐漸和緩（蔡清華，2003）。

基本上，1970年代也是NEA積極參與政治的時期，NEA此時在政治上最大的進展便是支持1976年競選總統的Jimmy Carter（卡特），開啓教師組織支持候選人之先河，同時Carter也給予政治上的回饋（Spring, 2001）。此也是1979

年美國設立教育部（Department of Education）最主要的原因，進而開啓了聯邦政府參與教育與制定政策的新時代（Myers & Myers, 1995）。1980年代，透過國家專業標準委員會（State Professional Standards Boards）的建立，NEA也積極推動教師的專業發展。

除了在政治上的作爲之外，NEA也對於教師職員的發展與課程事務相當積極。同時也蒐集學校、師生的相關資料提供給其成員。教師組織使用這些資訊改進教學、支持其在教育上的主張。舉例來說，組織成員常使用薪資、附加利益、協商安排、與工作環境的比較資訊，來說服立法機關和學校董事會必須要更支持教師（Myers & Myers, 1995）。

（二）美國教師聯盟（AFT）

美國教師聯盟成立於1916年，主因爲當時教師福利未受重視與對NEA的不滿（沈春生，1998）。其是「美國勞工聯盟」（American Federation of Labor，簡稱AFL）的成員組織，約有8萬人，分布在美國主要的城市如紐約、波士頓等，並不允許行政人員與視導人員加入（Myers & Myers, 1995）。由於與美國勞工聯盟有密切關係，AFT比NEA更關注教師的聘僱關係與相關權益的爭取（Myers & Myers, 1995）。

一般而言，都會區教師以及男性傾向加入AFT而非NEA。其多關注教師工作權益而非教師專業之發展，因此多採取工會的激進抗爭策略（Banks, 1976）。其實AFT最初的發展並非相當順利。此因1920年代存有反工會（anti-unionism）的社會風氣，導致初創會員雖有1萬多人，最後卻流失2/3。但在1930年代，則因經濟大蕭條影響，教師工作權無法獲得保障，開始有利於AFT吸納成員（姜添輝，2004）。1940年代以後，反工會主義的氣氛漸減，AFT會員才隨之大量增加（Banks, 1976）。

在1944年，AFT發動學校董事會與教師組織雙方簽署第一份集體談判協定。起初雖維持「不罷教」（no-strike）的政策，然而位於紐約州水牛城的教師工會卻一意主張以罷教來對抗教育主管當局。經其鼓動，其他地區的教師工會亦群起加入，罷教運動漸成風氣，直到1960年代紐約教師的罷工事件達到高潮（Spring, 2001）。AFT在其中扮演之角色實是舉足輕重。

由於AFT於1960年代抗議行動的成功，因此吸引眾多教師加入，但同時也提升其抗爭激進的程度。在數量上，1966年成員只有12萬餘人，到了1981年已大幅成長到58萬（Spring, 2001）。抗爭活動如1968年紐約市之罷教活動，其主要訴求乃在反對教育中央集權化與主管機關對社區的控制（姜添輝，2004）。教師抗爭於1970年代更加激進，此因許多州立學校財政出現拮据。在難以提升教師薪資的情況下，迫使教師組織採用更激進的手段，以希望扭轉既定之教育政策。此時，AFT堅持教育主管當局必須針對學校班級學生數、新進教師的協助、教師薪資福利、與教師責任義務之相關主題，與其進行集體協商，此舉乃嚴重挑戰了校長的治校權力。

雖然美國各州法令不一，大致上協商事項可分爲強制協商事項、合議協商事項、禁止協商事項三大類。其中強制協商事項包括工時、相關工作福利與津貼、教師聘任與升遷程序、工作安全、教師評鑑程序與方式、班級規模、申訴程序、擔任課外活動、教師專業進修等項目。

合議協商事項則依各州規定而有所差別。其中如學校總預算之使用、課程規劃與發展、教科書之選擇、學生懲戒政策等項目。至於禁止協商事項則包括學年上課日數、教師接受評鑑等項目。各州依其需求立法加以規定。基本上，協商後之團體協約內容，不得與聯邦與州立法規定之相關教師權利與義務條文有所牴觸，其條款也不得超越教育法規所訂定之最低標準與條件。

（三）對美國教師工會的評論

NEA與AFT爲美國兩大具有教師工會色彩的教師組織，其影響力無遠弗屆，各界對其褒貶自然應運而生。其中如曾任美國「教育政策協會」（Education Policy Institute）主席的學者Myron Lieberman即對其抨擊甚力。Lieberman（1997, 2000）先後以兩本專書大力抨擊兩大教師工會。其認爲以國家角度而言，教師工會的出現，乃是降低教育水準與學生表現最主要的政治勢力。其指控NEA與AFT置政治與經濟的成本於納稅人身上，此因教師工會極力反對學校讓教師「額外付出」，也不贊成家長擁有充分學校選擇權，以讓其子女進入私校或教會學校就讀。透過教師集體協商的手段，教師工會囿於自身利益之維持，卻嚴重影響教育改革的推動。

之後，Lieberman & Salisbury於2003年4月21日《紐約郵報》（New York Post）撰寫「置國家於危機中」（Keeping the Nation at Risk）一文，再度抨擊

兩大教師工會。他認爲美國所以未能解決1983年發表之「危機國家」（A Nation at Risk）報告書中提出的問題，最大原因乃在教師工會的阻礙。雖然教師工會支持如提高教師薪資、降低班級規模、投入更多教育經費之改進，但在具有前瞻性之訴求如提升增加家長權力，或是將學校公辦民營上，卻呈現激烈反對的態度。

綜合多位學者（鄭彩鳳，2003；蔡清華，2003；饒邦安，2007；Lieberman, 2000）之看法，可歸結各界對兩大教師工會的評論如下：

1. **對教師素質的影響**：不可諱言，教師工會最主要之任務乃在提升教師薪資。其認爲藉由教師薪資的提高以及工作環境的改善，當能吸引更高素質的教師。然而事實卻不然，教師薪資的提升並未提升公立學校教師的素質。此因大多數教師已將薪資調升視爲是教師工會「應做之事」。此外，齊頭式之薪資增加（不論科目、年級或是績效，教師一律增加固定百分比），更不符合績效制度之好人出頭原則。影響所及，高素質教師因無空缺而無法加入，不適任教師也難以淘汰。
2. **在教育政策方面**：與一般工會類似，NEA與AFT皆強烈反對市場競爭，反對任何影響教師服務機會的政策。因此，NEA與AFT反對教育券、減免學費及賦稅、委外經營（contracting out）、在家教育、降低義務教育修業年限之主張，同時也常抵制各種教育實驗方案以避免競爭。凡此種種，多令外界產生教師「只要福利不要改革」 之負面印象。從美國教育近年發展觀之，NEA與AFT對於時代變遷的教育改革，多與民意站在相反之一邊，因而常成爲衆矢之的。影響所及，即使較爲支持工會之民主黨Obama（歐巴馬）總統在推出「力爭上游」（Race to the Top）計畫時，則是把重點放在各州之特許學校，而這些學校所僱用的教師大多不是工會成員。由此可見，社會對於教師工會的偏見。
3. **對政治與社會議題的影響**：NEA與AFT是美國社會中最有勢力的利益團體，其不但在教育議題大力發聲，在非教育議題上也有一定之影響力，其中如反對戰爭、性別平權、經濟全球化等。NEA與AFT吸收超過三百萬的成員，每年會費收入超過十億美元。其對美國政治儼然成爲主要利益團體，對於成立組織之初衷有所偏移，影響力不可小覷。

二、日本教師組織背景與發展

日本目前共有四個主要教師組織，包括「日本教職員組合」（日教組）、「日本高等學校教職員組合」（日高教）、「全日本教職員組合」（全日教）、「全日本教職員聯盟」（全日教聯）等四種教師組織。其中又以「日教組」爲日本最大的教師組織，除了「全日教聯」以外，其餘兩個組織皆由其中分離而出。限於篇幅，以下僅就日教組與全日教聯加以簡述。

（一）日本教職員組合（日教組）

第二次世界大戰日本戰敗後，整個社會處於飢餓與貧困中，加上薪資問題與當時重大社會改造政策，使得教育現場充滿普遍不安的情緒。由於民主主義運動高漲，促成當時大多數教職員都加入「日本教職員組合」（簡稱爲「日教組」，成立於1947年），成爲當時日本最大的教師團體。同時也是教師團體的聯合組織，成員包括國立學校、公立學校、及私立學校的教職員。

自1950年代，日教組與政府之對抗開始變得激烈。日教組因爲左翼勢力的增加，開始批評政府對教師活動之限制。爲了反制教師組織，政府於1954年制定禁止教師參與政治活動的「教育公務員特立法改正案」（特立法），以及禁止教師煽動學生支持政黨的「確保義務教育諸學校教育的政治中立」（中立法）。此外，政府於並積極介入對教育與教師之控制。首先，由於地方教育委員會大多爲日教組成員，1956年通過「地方教育行政法」後，委員產生由公選制改爲任命制，日教組勢力大減。接著，於1958年修改規定學科目標及內容的「學習指導要領」，其中控制學校課程、增設道德教育、教科書須通過政府檢定三項措施，引起日教組織反彈。之後，政府對教師之控制策略，乃是實施所謂的「勤務評定」，即是以表現決定薪資的教師評鑑。日教組對此抗即是所謂的「勤評鬥爭」。影響所及，由於日教組長期進行政治鬥爭，不但降低教師的向心力與熱忱，也造成會員大量流失。

基本上，日教組堅持反對勤務評定、國定教育課程、與學生學力調查。然而鑑於過於激烈的政治鬥爭導致形象之不佳，遂改採較爲溫和的宣傳策略。1966年開始以「休假鬥爭」的方式要求提高教師薪資，並於1971年成立「國民教育連合」，向人民推廣教育改革理念。實施策略有簽名活動、對話集會活動等。文部省則於同年開始與日教組進行會談，亦於1974年制定「教員人才確保法」，提升教師25%的薪資。但是對於教育行政權的強化仍不遺餘力，因此後來便以行政命令要求中小學設立「主任」一職。表面上文部省與日教組之對抗漸趨緩和，但日教組仍於1974年石油危機與設立主任一職發動罷工抗議，但實力已未若以往堅強（梁忠銘，2003）。

（二）全日本教職員聯盟（全日教聯）

「全日教聯」是由反對日教組動輒罷教的各縣教師組織合併而成。日教組濃厚的政治意識形態，隨著社會的安定與教師生活的改善，近年來有逐漸淡化的傾向，部分成員與年輕新進教師的訴求也逐漸改變。針對日教組有所批判的教職員，爲強調教育的正常化，遂於1957年另組「日本教職員團體聯盟」，1962年更名爲「全國教職員團體聯盟」，最後於1984年整合理念相近的38個教師團體組織，成立「全日本教職員聯盟」（簡稱爲「全日教聯」），之後並制訂綱領。

「全日教聯」主張，教師並非勞動者，而是一種專門職業，須排除特定的意識形態，堅守教育的中立性，透過徹底的守法精神，堅持教師的主體性，以達成組織活動的目的（梁忠銘，2003）。其活動方針是包括教育正常化、確立教師專門職業、改善服務條件、充實研習活動（沈春生，1998）。

（三）日本教育組織發展之影響

日教組長期與政府在教育政策上的抗爭，使得教育議題成爲全國關心的焦點。爲取得政治之優勢，日教組透過推舉會員參與選舉，並適時與相關政黨結盟。戰後之日本政治呈現兩極化，日教組選擇支持社會黨。因其成員積極參與教育委員會，即使自民黨成爲長期之執政黨，但日教組社會黨議員卻也擁有足夠的政治影響力，進而促成教育改革風潮之形成。但也因日教組積極參與政治對抗，造成外界對其產生喜歡爭權奪利的印象。

在另一方面，日教組也力圖成爲教育專業團體，其積極關心教師專業與教育品質問題。日教組的意識形態爲反對政府對教師專業權利之限制，希望實施其所主張之民主教育制度。因此當日本政府試圖進行中央管控之行動時，便跟日教組產生嚴重對立。爲說明自我訴求，日教組經常辦理教育研究會議，進而帶動民間團體研究教育的風潮，並迫使政府投入大量經費對教育相關議題進行改革。

三、台灣教師組織背景與發展

依據相關法令，台灣教師組織除了以專業研究爲成立主旨之教育學會（如教育行政學會）之外，主要分爲教師工會與教師會兩大部分。教師工會之成立依據爲工會法，教師會成立則爲教師法。茲分述如下：

（一）教師工會

台灣之工會法修正條文於2010年6月經立法院三讀通過，其中規定教師與一般勞工同樣擁有組織工會的權利，但卻只能加入產業工會與職業工會，不能組織企業公會。換言之，教師不能組織單一學校的工會，必須跨校、跨區或是跨直轄市、縣（市）成立工會。

依工會法第六條規定，實務上教師可組織及加入之工會類別包括：(1)職業工會：指結合相關職業技能之勞工所組織之工會。在同一直轄市或縣（市）內之同種類職業工會，以組織一個爲限（如台北市教師職業工會）。(2)產業工會：結合相關產業內之勞工所組織之工會（如教育產業工會），其成員可爲教師、代理代課教師、補習班教師、於教育機關服務之派遣人員、技工、工友等。產業工會之名稱及會員入會資格由工會依其組織目的於章程中規範，可跨行政區域組織。

在此同時，雖然工會法解除對教師組織工會的限制，但各界對教師組工會意見分歧。考量學生受教權益、社會秩序、校園生態、及社會各界對校園安定期待等相關因素，遂於勞資爭議處理法第五十四條中，明定教師不得罷工。

教師工會之成立不啻爲台灣教育制度之重大變革，其發展與影響目前尙難定論。然而從先進國家之教師工會歷史中，卻可確定其必定引起正反雙方之激烈角力。其中如協商權之行使對於私立學校之衝擊尤大。此因其以往對以私人雇主自居，鮮少有意願針對教師相關權益進行協商。此外，主管教育行政機關也因教師工會之成立，必須隨時有接受挑戰之準備。美、日兩國教師以往皆曾有罷工之舉措。台灣教師雖依法不能罷工，但其行使其他爭議權（如進行示威、校內靜坐、集體休假等）並未被禁止。未來勞資雙方之折衝過程必會增長。相關詳細過程因各地不一，還請自行參酌相關文獻資料。

（二）教師會

依據教師法，台灣教師會分爲三級。其中在學校爲學校教師會；在直轄市及縣（市）爲地方教師會；在中央則爲全國教師會。各級教師組織之設立，應依人民團體法規定向該主管機關申請報備立案。地方教師會須有行政區內半數以上學校教師會加入，始得設立。全國教師會須有半數以上之地方教師會加入，始得成立。各級教師會之基本任務如下：(1)維護教師專業尊嚴與專業自主權。(2)與各級機關協議教師聘約及聘約準則。(3)研究並協助解決各項教育問題。(4)監督離職給付儲金機構之管理、營運、給付等事宜。(5)派出代表參與教師聘任、申訴及其他與教師有關之法定組織。(6)制定教師自律公約。

此外，教師法也規定學校不得以不參加教師組織或不擔任教師組織職務爲教師聘任條件。學校不得因教師擔任教師組織職務或參與活動，拒絕聘用或解聘及爲其他不利之待遇。

教師工會成立之後，教師會原來爲教師爭取權益之功能即有所縮減。教師主要組織之三級教師會，就法令規定分析，其原本定位乃爲專業組織並兼具工會組織之色彩。例如其擁有與各級機關協議教師聘約及聘約準則，與派出代表參加與教師有關之法定組織等事宜之權力。然而隨著教師納入勞動三法，未來教師工會即具有派出代表協商之法定權限，有關勞動權益事項，即轉由教師工會擔當。

爲適當區隔教師會與教師工會之角色，教育主管當局即將仍舊存在之三級教師會定位爲專業組織之角色，希望強化其作爲專門職業團體的功能，而涉及需協議、協商及派出代表等事項，則由工會法所規範之教師工會依團體協約法及勞資爭議處理法辦理。換言之，修法後各級教師會即轉型爲提升教師專業及教學品質之教師組織。此種作法實有討論之餘地，其中尤以「學校教師會」之存在爭議最大。以往其扮演部分教師工會之角色，在既定範圍內與學校進行爭議協商，如今轉換爲專業組織，其功能即大幅限縮。實務上，學校針對教育專業之精進，已有多個既定組織（如各科教學委員會）擔任。學校教師會之繼續存在，其能扮演之功能令人質疑，甚或被視爲是教師工會之學校層級代理人。凡此種種疑慮，皆需教育當局加以考慮深思。

四、教師工會之爭議

教師團體之所以努力爭取組織工會成立，其終極目標乃在爭取完整的勞動三權（團結權、協商權、爭議權）。教師勞動三權的延伸落實，乃會牽動眾多相關利害關係人的利益。教師得組織工會之後，其在教育現場勢力之消長，將會影響與學生、家長、行政人員、校長、與教育主管機關的互動。以下即以先進國家成立教師工會後，其實務運作所產生之爭議加以敘述。

（一）教師定位為勞動者與專業人員之爭議

歸納世界各國對於教師之定位，大致有三種看法：(1)以接續道統、傳承文化之神聖任務爲職志的「文以載道教師」，近似中國傳統對教師之定位。此類教師多以內心道德爲界定角色權利義務之規準。(2)以勞力或腦力換取薪資的「勞動者教師」。其與一般勞工具有組織工會的權益，可與資方協商薪資與相關福利。(3)提供專業服務的「專業者教師」，近似具有專業形象的醫師、律師、會計師。除專業發展之外，並以專業知能爲爭取權利之利器。

以美國教師組織的經驗觀之，NEA之所以成立乃受到專業組織之影響，因此一開始教師便以「專業人員」自居。而AFT之所以成立，乃源於當時教師福利未受重視及對NEA的不滿，因此成立之初便打算積極爭取教師福利，以勞動者取向的工會主義發展。但NEA與AFT皆曾受到經濟景氣不佳與爭奪會員的壓力，而逐漸朝向專業與工會二元化的發展。此外，日本日教組之所以成立，最主要原因乃是萎靡不振的經濟與共產主義的政治氛圍所影響，偏向社會主義的幹部便在倫理綱領第九條將教師定位爲勞動者，開啓了日後數十年與文部省的抗爭。雖然之後路線漸趨溫和，但「勞動者」之圖像仍根深柢固，最後導致全日教聯之成立。其主張教師並非勞動者，而是一種專門職業，此與日教組之看法完全南轅北轍。

在台灣部分，若從職業上的聘僱關係來看，教師（特別是私校教師）的確具備「勞動者」的條件，再從工作內容之性質分析，教師追求專業發展亦呈現其「專業人員」的形象，兩者並非完全互斥。再根據相關令，依教師法可以參加教師會與教師工會，本身似兼具專業人員與勞動者身分。此種不排除將教師定位爲兼具「勞動者」及「專業人員」之論述，是否獲得大多數教師（尤其是大學教師）之認同，值得進一步探討。此外，工會法允許教師有勞動者身分，教師法、大學法等則較傾向將教師視為專業人員。擺盪在兩者之間，社會部分人士遂產生教師兩者通吃之批評。在特殊議題上（如不適任員工之處理上），教師可以擇取對己較為有利之法律。此與單純為勞工或是專業人士之職業相比，所受之待遇顯較優厚。

（二）自由入會政策與工會之代表性問題

以美國教師組織為例，教師組織工會化之後確實有利於團結權之運作。透過集體協商法的運作，教師須為教師組織會員才得以聘為教師，視同強制入會。此外，非會員依規定必須付會費80%至90%作為行使協商權之代理費，間接鼓勵非會員加入。透過上述兩種方法，美國教師組織會員得以快速成長。然而，日本並無制訂如同美國的集體協商法，其會員乃是自由入會。自從1956年發生「勤評鬥爭」（抗議教師評鑑不公）之後，會員數便不斷下降。除了會員沒有強制入會之外，日本政府還通過法律提升教職員待遇。由於教師之薪資與工作條件皆由政府決定，參加日教組抗爭所獲利益不大，加上日教組內部分裂、政府的干擾、與世代交替之落差等因素，導致非會員對加入日教組興趣缺缺（沈春生，2005）。

綜觀美、日之經驗，法律之強制規定與教職員之薪資待遇，皆為決定教師組織（工會）會員數多寡之重要因素。會員數若增加，除了維繫組織命脈之外，亦可提升對政府之影響力。NEA為了與AFT爭奪會員，從專業路線修正到工會路線即是一例。台灣依照工會法規定，教師可以自由加入工會，並非強制入會。其是否能吸引一定數量之教師會員，將是一大疑問。日教組之經驗在前，如果教師工會未如NEA與AFT等提供更多會員福利，則極可能因吸引力與會員數量不足而失去代表性。

（三）教師工會成為激進利益團體之疑慮

教師工會給社會之印象多半在集中全力爭取權利，但對謹守之義務則著墨較少。美國NEA與AFT所以引起部分社會人士之強烈批評，其原因即在「重權利輕義務」之傾向。未來如何使教師權利與義務如何取得平衡，尤其是對教師義務與評鑑相關條文之具體化，乃是不可忽視之議題。

此外，根據美國近數十年之教育發展，教師組織與家長團體對於特定教育改革議題（如學校選擇權）的立場經常針鋒相對。爲了避免衝擊公立學校，以維持教師之就業權益，NEA與AFT堅決不贊成市場機制之引入學校。然而家長卻希望能根據個人需求而有自由彈性選擇學校之權利，導致與教師組織立場相左。因此，美國教師工會組織對教育券、減免學費及賦稅、公辦民營、在家教育、特許學校等教育方案，皆持強烈排斥之態度。身爲追求特定利益的團體，爭取自我權益本無可厚非，但如對教育改革經常抱持負向態度，則會使社會對其產生自私與自閉之觀感。晚近部分教師會在選舉中明顯表態支持特定候選人，即引起相當爭議。未來如何避免過度政治化與激進團體，實爲教師工會必須思索之問題。

第五節 教師之申訴

一般而言，在大陸法系國家，教師若因權益受損而尋求救濟，其途徑不外申訴、訴願、與訴訟三者。在台灣，申訴權爲教師法明文保障，訴願與訴訟部分則視教師種類與身分而有不同程度的限制。

其他國家如日本，根據「教育公務員特例法」，凡是按照日本「學校設立法」所設立的國立與地方公立各級學校的校長、副校長、幼兒園長、教師、專職教育研究人員、與各地方教育委員會的教育長和教育行政管理人員等教職員工，皆爲「教育公務員」。韓國教師法律地位或身分係以國公立學校教員與私立學校教員來做分別。在國公立學校教師之法律身分，韓國「國家公務員法」中將教師分類爲「特殊職公務員」。因此，韓國國公立學校教員乃是特殊公務員，其資格、任用、報酬、研修及身分保障等相關事項，在國家公務員法外，另以專法規定。

日、韓兩國均明文規定公立學校教師具有公務員身分。除規範教師應具有一般公務員之權利與義務外，並基於教育工作之特殊性，賦予教師更大自主與獨立空間。然而檢視台灣的教師法與其他相關法令，並未對教師的法律定位有明確規定，以致以往深受傳統「特別權力關係」理論之束縛，使公立學校教師進行司法救濟時有所限制，以下分別敘述之。

一、特別權力關係之影響

檢視相關司法判例，可看出台灣公立學校教師與學校之關係，最早深受傳統特別權力關係理論的影響，認爲兩者是行政法領域內有關公務員的勤務關係。簡言之，教師利用公立的營造物，與學校形成營造物的利用關係。因此，校方（營造物之擁有者與管理者）基於教育目標，擁有一定限度的概括支配權，而教師相對也負有服從義務的關係，雙方之地位並不平等。因此，遇有爭執時，公立學校教師不能依一般解決私權衝突的途徑提起民事訴訟，也不能援用訴願或行政訴訟之救濟途徑，僅能向上級主管機關陳述意見。綜而言之，在特別權力關係理論之主張下，公立學校教師與學校關係的特質如下（謝瑞智，1992）：

1. 公立學校教師與學校之關係，是教師對公立營造物之利用關係。
2. 在合理的界限內，學校當局之特別權力，在不受法治主義與人權保障之拘束的原理下，雖無個別法律之根據，學校當局也擁有向教職員或學生下達各種特別限制措施之概括的支配權。
3. 教師對於學校之權力行使，不得提起訴願或訴訟，學校對於教師之教育上規範或學校對於學生之各種處分，均擁有廣泛之自由裁量，並限制司法審判之介入。

特別權力關係之形成，牽涉到教師是否爲公務員與係何種公務員之問題。一般而言，依據台灣現行法律，對於公務員之定義不一，以下即以最常牽涉教育人員身分的三種法律上之相關定義加以說明：

1. **刑法上公務員之定義**：刑法第十條第二項規定：「稱公務員者，謂依法令從事於公務之人員。」此定義不問其是否爲正式機關編制內人員，或是否受有俸給，只要是從事公務者即爲公務員，不以受政府委任者爲限。根據此規定，一位私校教師在民意代表選舉期間，至投開票所擔任管理員或監察員，即視同刑法上之從事公務者。雖然其非法定機關編制內之有給人員，但若犯罪仍需依刑法之規定加重其刑至二分之一（刑法一百三十四條）。故依此廣義定義，公立學校教師均爲刑法上之公務員，私校教師則視其是否執行公務而定。
2. **公務員服務法之定義**：公務員服務法第二十四條規定：「本法於受有

俸給之文武職公務員，及其他公營事業機關服務人員，均適用之。」此定義將公務員限於受有俸給者，其中包括國家預算內開支與由地方自治團體經費開支者在內，不論其爲政務或事務官，正式編制人員或是雇員，皆爲公務員服務法所稱之公務員。但如爲非受有俸給者（如私校教師）則不在定義之列。大法官會議釋字三〇八號曾指出公立學校聘任之教師非公務員服務法所謂之公務員，但兼有學校行政者則屬之。

3. **公務員任用法之定義**：根據公務員任用法第五條第一項規定：「公務人員依官等及職等任用之」，第九條規定公務人員之任用資格，必須：(1)依法考試及格，(2)依法銓敘合格，(3)依法考績升等。再參考公務員任用法之規定，可知其所指之公務員係指文職人員具有官等職等且經銓敘合格者，學校聘任之教師並不包括在內。依此標準，校內唯有經考試及銓敘合格，分發至學校服務的職員，方屬此類狹義的公務員。

由以上敘述可知，刑法所定義之公務員範圍最廣，公務員任用法則最狹。在大多數情況下，私校教師並非公務員，公立學校教師則爲刑法之公務員，兼行政者且屬公務員服務法所定之公務人員。至於適用公務員任用法的教育人員，則僅限具有官等職等且經銓敘合格之教育行政人員與學校職員。

近年來，由於社會的變遷，台灣司法院大法官會議也做出重大決議，對於特別權力關係有所突破（李惠宗，2004）。由大法官會議之相關解釋（如有興趣者可參閱釋字二六六、三〇八、三一二、三八二、四三〇、四六二等），可知公務員受免職處分或「有重大影響之處分」，以及公法上財產請求權之事項，得提起訴願及行政訴訟。此等解釋對傳統特別權力關係理論作了很大修正與突破，也間接影響教師進行訴願與訴訟時權利與可能性。

綜上所述，台灣公立學校教師因法律地位不明確，導致其在訴願與行政訴訟上仍有所限制（例如是否「有重大影響之處分」，事涉複雜請自行參閱相關論文書籍）。基於此，教師申訴制度之相關設計即相當重要。原則上，教師對主管教育行政機關或學校有關其個人之措施，認爲違法或不當，致損其權益，即可提出申訴。此處所指之「措施」包羅萬象，且不一定限於違法，只要教師認爲「不當」即可申訴。就此而論，較之訴願、訴訟之限制，申訴制度更能收劍及履及之效。以下即就美國與台灣之申訴制度加以敘述分析，各國國情不一，其申訴制度的範圍大小不同，但其保障教師權益之基本精神卻是一致的。

二、美國教師申訴制度

美國聯邦憲法第十修正案規定：「凡是未經憲法規定授予聯邦政府行使，或禁止州政府行使的各種權利，一律保留給各州政府或保留給人民行使之。」由於憲法中並未提及教育權的歸屬，因此按照憲法，應為州政府所擁有。雖然二次大戰之後，聯邦國會基於需要而訂定有關教育的聯邦法（Federal Law），但是基本上有關教師的聘任，仍必須以州法為主。

（一）背景

各州由於情況各異，其有關教育立法並無一致。而且依照傳統，州教育委員會（State Board of Education）僅制定原則性之條文，其餘則交由各學區教育委員會（Local Board of Education）處理，其規定更是五花八門、互有差異。此種地方分權的教育行政制度，實與台灣的中央集權大不相同。

各地方學區與行政區互有重疊但未必相同。學區教委會的委員多由當地人民選舉而出，擁有制定規章及徵收教育稅（多為財產稅）的權力。因此大至學校規模之建立，小至教師的聘任申訴，其影響力皆是無與倫比。由於各州與各地方學區的教育規章不同，因此教師的法律地位也有差異。因此即以申訴制度而言，特定議題（如可否因學生銳減而裁員教師）在某些州可訴請仲裁，在某些州則不可以。

此外，美國屬於英美法系，公立學校教師的權利義務以所簽訂的合約（contract）為主，而且其身分並非公務員（civil servant），而是「公立員工」（public employee）。此外，因為美國教師並不是公務員，所以可以直接循司法途徑救濟，並無任何限制。此與台灣目前公立學校教師多不得向行政法院訴訟的情況有所差異。

一般而言，美國教師的申訴途徑有二種：一為透過集體協商（collective bargaining）的程序進行仲裁（arbitration），二為提起訴訟，由司法程序解決爭端。一般而言，美國教師可提起之申訴行動，包括：(1)不利於教師處置生效前之答辯，(2)生效後之進行仲裁，乃至(3)最後進入司法程序的訴訟。第三部分由於極為複雜，請參閱相關專書。以下即以第一、二部分之申訴為討論重點。

（二）集體協商的定義與團體

美國教育行政制度採取地方分權，各地規章五花八門，其與教師所簽訂的工作合約更是極爲複雜。因此二次大戰後，集體協商的制度大興。一般而言，它是指雇主與受僱者的代表在互信的氣氛下，協商工作的環境與雙方之權利義務。其所產生的協議，即爲日後簽定契約的依據。此制度之利弊見仁見智，但其運用專業之知識與技巧，爲受僱者爭取較大福利則爲不爭事實。由於美國教師之權益（如薪資之高低）並無全國一致的標準，因此協商過程至爲重要。目前集體協商制度也大行於私校之運作，其力量不可忽視。

由於聯邦憲法並未規定有關協商的條文，因此集體協商的性質與內容取決於州的立法機關，而法院之判決也多以「州協商法案」（Collective Bargaining Act）中的規定爲依據。一般而言，根據州法有三種不同協商情境：(1)強制協商（mandatory bargaining）：學區教育委員會與教師團體就有關議題協商。(2)禁止協商（prohibitive bargaining）：州政府全面禁止雙方協商，或在某些議題上設有限制。(3)自由協商（permissive bargaining）：州法中並未提及協商事宜，故學區教委會並無義務進行協商；但在某特定情況下，學區教委會「志願」與教師協商。在此要注意的是：若州法並無規定，雙方接觸僅可止於「見面與討論」（meet and conter），其協議教委會不必一定遵守。但事先約定爲自由協商，則必須行使協議之約定。

就協商雙方而言，代表雇主的學區教委會雖然有些人懷疑其代表性，但如果州立法機構授權或同意，學區教委會即有權與代表教師的工會（union）協商。在此要強調的是：工會代表某地區的教師，但並非所有的教師均爲工會會員。一般而言，集體協商的工會有三種型態（Kimbrough & Nunnery, 1988）：

1. **會員保證型**（union security）：教師必須要加入工會，並且成爲會員，才能被代表進行協商。
2. **財務資助型**（agency fee shop）：教師不必一定要加入工會，但卻必須對其做某種程度上的財務資助（如繳交會費），以換取其代表自己進行協商。
3. **開放自由型**（open shop）：在這型工會中，並不要求教師成爲會員，或做財務資助，即可代表其進行協商。

在教育領域的協商中，以財務資助型與開放自由型爲主。其中又以後者較多，僅有少數的州准許教育協商的工會爲財務資助型。

（三）集體協商的範圍與議題

對於集體協商的範圍，州立法機關有絕對決定之權力。有的州以條例方式列出協商議題，有的卻只是概略規定（如用「工作環境」一詞）。後者常引起爭端，而必須由法院判決。即以工作環境（conditions of work）而論，什麼議題才包括其中，常是含混不清而爭議不休。

一般而言，法院的見解認爲必須協商的課題大致爲：(1)薪資（wages），(2)工作時間（hours），與(3)工作環境。例如，紐澤西州上訴法庭判決四項議題必須列入協商中：(1)工作時數，(2)工作負擔，(3)與學生接觸時數，與(4)爲教師提供的設備（Byram Township Bd. of Educ. v. Byram Township Educ. Ass'n）。值得注意的是，法院認爲在學生減班時，裁減教師的標準與原則並不在必須協商的課題之內。換句話說，如果學區教委會不願意討論，教師工會並無權堅持將之列入議題。

法院所以持此見解，乃在維護學區教委會的經營權（managerial prerogatives）。凡是屬於相關的議題，皆不得列入協商。例如，聘任教師權即是其中一項。在多數判例中，法院認爲不續聘教師的「程序問題」（procedural question）可列入協商（如在多少天前給予通知）；但是實質決定則應該由教委會做出，不可列入協商。相關判決可見Conte v. Board of Educ.之案例。換句話說，兩方不能將教師是否續聘列入議程。此外，如教師之遷調、晉升等皆是如此。一旦未列入協商，則除非學區教委會同意，有異議之教師不得申請仲裁，而必須向法院抗告。

在一般列入協商之議題中，薪資與工作時間的爭執遠較工作環境要小。以下列出六個項目，來說明工作環境議題中應包含之內容：

1. **班級大小（class size）**：在此項目上，法院的見解不一。就爭取權益的立場，教師工會自然希望在班級大小上達成共識，若有任何變動，則必須基於教師與校長雙方之同意。但是教委會卻認爲基於行政考量（如預算被刪），班級大小變動（尤其是必須增加人數）實爲學校職權，不應列入協商。實務上，各州法院對此項目是否應列入，看法分歧，其中賓州的州最高法院見解值得介紹。其認爲如果班級大小之變動影響到教師薪資、工作時數、乃至工作環境；且其影響層次超越學校利益時，即被視爲是必須列入協商的議題。反之，若學校利益超越教師時，則爲自由協商議題。例如，因預算被刪而必須擴大班級人數，若不實施則危及學校運作即是。由於學校利益高於教師，可以不必協商而就可執行（Pennsylvania Labor Relations Bd. Of Educ. v. State College Area School Dist.）。

2. **工作負擔**（workload）：與班級大小一樣，法院看法相當分歧。一般而言，如果牽涉到薪資與工時者，則列入協商。
3. **金錢福利**（financial benefits）：除了薪資以外，其餘的額外福利是否也可列入協商？對此，法院曾判決有關牙齒醫療、健康保險、與生病留職停薪等項目皆可列入（Allen v. Town of Sterling）。此外，每年的薪資增減也是重頭戲。法院判決教委會可以依照個人的表現與效率來單方面決定，不需要進行協商。但是，如果不依合約來減少教師新資，則爲單方面違約行爲，不爲法院所接受（Carlson v. School Dist. No. 6）。
4. **學術自由**（academic freedom）：此項目在集體協商中較少被協商，此因學術自由權與憲法第一修正案緊密結合，往往不是教委會與工會協商就可以了。當教師面臨學術自由問題，往往訴請法院解決，而少經仲裁程序。此因學術自由權（如使用教材是否得當）見仁見智，即使經仲裁後也多半還要再訴之法院，費時而延誤時機。因此在集體協商時多半不觸及學術自由的課題。
5. **專業成長**（professional growth）：美國各州均鼓勵教師從事不同形式的進修，以增進其專業知識。對於抵制進修的人，則予以懲罰。此種專業成長的約定，可以列入集體協商的議題中。法院曾對一位進修取得證書，卻未獲得加薪的教師，認爲其有權要求進行仲裁（School Comm. v. Gallagher）。此外，對於休假（sabbatical leave）的性質與期限，法院認爲也可列入協商範圍，以確定是否休假期間必須進修，與薪水給付方式（South Orange Maplewood Educ. Ass`n v. Bd. of Educ.）。
6. **不續聘問題**（nonrenewal of teachers' contracts）：一般而言，聘任教師之權在地方學區，但是如果願意，可以與教師工會討論教師的任期與聘任解約的程序。然而這僅止於討論，其最後決定仍在地方學區。

例如，華盛頓州地方法院即判決教委會沒有義務與工會協商不續聘教師之事項。然而對於不續聘之程序，如果雙方同意，可以共同協商達成共識。例如，在多少天前應向不續聘教師發出通知，陳述不續聘原因等（Spokane Educ. Ass`n v. Barnes）。原則上，不續聘問題多不爲強制協商之議題，而是基於雙方同意後加以討論。一般而言，獲得終身職（tenure）的教師受保護之程度較大，但一切必須以各州法令爲主要依據。

（四）教師在不利其處置做成前之申訴

原則上，美國教師與教委會簽有契約，是一僱傭關係。依契約之不同，試用教師（probational teacher）與長聘教師（tenure teacher）所受之待遇自然有所差異。對教師之不利處置極多，但其中又以薪資與不續聘最爲嚴重。前者多在契約中明文規定，若有問題則可申請仲裁。不續聘問題則牽涉到工作的失去，因此在做決定前，應讓教師做某種程度上的申訴，以下敘述之。

美國由於各州情況不同，在此州已取得長聘教師資格者，不見得適用於其他州。因此在取得長期合約前，教師多需經過試用教師的身分。與台灣不同，雖稱爲試用，其實皆爲取得證照之合格教師，只是其約聘多爲固定期限（如一年）。按照州的法律，可規定試用年限，一般而言，爲三至五年。在此期間，多爲一年一聘，續聘與否則全取決於教委會對其行爲與教學的評鑑，法院除有特殊原因外（如決定違反州法），多不願介入。因此，對試用教師而言，不續聘的決定並無答辯機會，學校至多只是按照州法在一定天數前予以通知。

然而如果是解聘，也就是在聘約中被解職，教委會即必須提供類似憲法第十四修正案的「正當程序」。一般而言，聽證會（hearing）爲最普遍之形式。教師可藉此申訴己意，做適當之答辯。此外，有些州規定如在某日前（如維吉尼亞州爲4月15日），試用教師並未收到不續聘之通知，即代表已經續約。

長聘教師由於身分不同，其所受待遇也有所差異。英文中tenure一字有終身職之意，但並不代表州必須永久僱用。只是適任的長聘教師，一旦獲得資格，即享有工作的保障，不因教委會非法（unlawful）、主觀（arbitrary）、恣意（capricious）的決定而喪失其工作。如果其被停聘，則必須經正當程序才可。Tenure的界定皆以各州法律爲依歸。例如，在康乃狄克州，長聘教師可因沒績效（inefficiency）、不適任（incompetency）、不合作（insubordinate）、不道德（moral misconduct）、職位消減（elimination of position）等原因被解聘。然而由於辭意上的模糊，往往造成教委會與教師的看法不同。因此適當的程序必須執行，以讓教師有申訴答辯之機會。一般而言，教師可經由以下之措施申辯：

1. 教委會必須按照州法，在一定期限與日期內送出解職通知（如4月15日），否則即視爲無效。
2. 在解職通知上，必須列舉所引用之州法條文，並詳述解職原因與事實。
3. 舉行聽證會。有些州認爲解職長聘教師必須召開聽證會，有些則開放機會給教委會決定。由於非司法程序，聽證會不必一定公開，形式上也可採非正式的交談方式。在西維吉尼亞州，州法中甚至規定可以與教育局長談，來代替聽證會之舉行。不過不管使用何種方法，長聘教師皆可藉此來申訴己見，以避免不利於己的處置。由於此時決定並未做出，教委會的委員等於給予教師公平之答辯機會；但是決定權最後仍操於教委會手中。

（五）仲裁

當一方對於合約內容有困擾與不平的爭議時，即可使用仲裁（arbitration）程序。一般而言，仲裁程序遠比訴諸司法要省時且省錢。因此教師喜歡先進行仲裁，如果不行再上告法院，以免發生曠廢時日、即使勝訴也已元氣大傷的窘境。申請仲裁的爭端多半有關於教師的人事問題、職務分配、解職與不續聘問題。

仲裁程序只是邀請公正之第三者（個人或團體）來解決合約爭端的通稱。其形式可分爲調停（mediation）、詢查事實（fact finding）、與仲裁三種。一般而言，合約之雙方若有爭議，當然最快的方式是彼此協調。如果不成，則按合約中的「訴願程序」（grievance procedure）來進行，而調停往往是第一步。這時善意的第三者被引進來解釋、諮詢，並且提出建議，以使爭端之兩方能達成協議。調停如果不成，詢查事實則爲下一步。由於州法不同，有時調停會直接跳到仲裁。實際上詢查事實與仲裁兩者極爲接近，都由第三者進行聽證、答辯後做出對爭議的判決。兩者之間的差異只在第三者的權利大小。詢查事實所做成的判決僅爲建議，不具強制力；而仲裁進行後，第三者的結論則具司法效力，雙方必須切實遵守。除非有明顯的錯誤，判決具有強制性。詢查事實與仲裁兩者之地位均由各州立法決定。有的州兩者皆有，有的卻只有其中之一。不過大致來說，僅有少數州准許使用仲裁來解決合約上的爭議，也就是不願讓第三者具有過大的決議權利。

即使允許仲裁的州，也不完全承認仲裁者的判決效力，尤其是對於教師的解聘與不續聘的議題上。法院對此的看法依個案而有所不同。例如，緬因州的法院支持州政府禁止對不續聘議題進行仲裁的規定（Superintending School Comm. v. Winslow Educ. Ass`n）。但是紐澤西的法院卻判決可以仲裁，因爲在合約中有類似條文（Newark Teachers v. Bd. of Educ.）。此外，佛蒙特州的法院認爲仲裁者無權讓一位教師復職，因爲其權力應落於學區教委會身上（Fairchild v. West Rutland Sch. Dist.）。

由圖5.3中，可清楚瞭解美國教師申訴之過程。從事前之答辯，運用集體協商中之仲裁程序，到最後之訴諸司法，可確保其權益不致因教委會的決定而受損。不過要強調的乃是美國教育制度實施地方分權，各州有關立法並不相同，而以上所敘述的申訴程序也只是概括之說。詳細情形必須熟讀各州法律與學區教委會的政策，才能瞭解當地的作法。其間的差異，往往使教育學者傷透腦筋，但也不得不佩服其因地制宜的彈性。近年來各種型態的教師工會興起，爲爭取自身權益而上告法院的案例此起彼落。這代表美國教師已把申訴視爲工作權利之一，而循求各種管道力求平反。從行政的觀點而論，地區教委會的權力也許縮減，但教師也因申訴而得到公正判決。就教育長遠角度來看，未嘗不是一項重大進步。

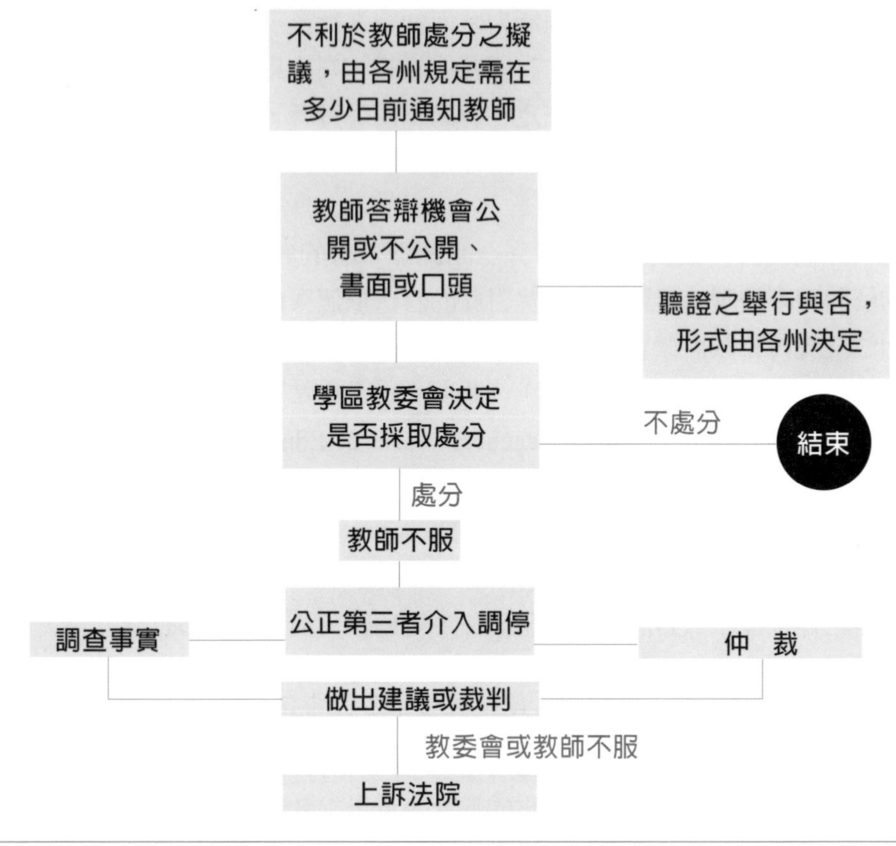

圖5.3　美國教師申訴流程圖

三、台灣教師申訴制度

規範台灣教師申訴制度的法律主要為「教師法」與「教師申訴評議委員會組織及評議準則」（簡稱評議準則）。以下就目的、申訴機構、管轄、申訴之提起與評議四方面加以敘述。

（一）目的

教師法第二十九條第一項規定：「教師對主管教育行政機關或學校有關其個人之措施，認為違法或不當，致損其權益者，得向各級教師申訴評議委員會提出申訴。」基於此，教師若要提出申訴，必須符合三個要件：(1)申訴之原因必須基於主管教育行政機關或學校有關其個人措施，且是(2)違法或不當，與(3)致損其權益者。非個人之措施如校長要求所有導師參加升旗，不得爲申訴之理由。此外，以上措施只要符合違法或不當其中任何一項即可。這種設計乃擴大教師申訴之範圍，此因有些措施（如考績之不公）雖未觸法，但已有明顯不當之事實，即可列爲申訴之事由。最後，措施雖違法或不當，但並未損及個人權益者，則不得爲申訴之請求。

綜上所述，申訴之目的乃在保障教師權益，使其因主管教育行政機關或學校有關其個人之違法或不當措施尋求救濟；對於教師地位與專業的維護極爲重要。

（二）申訴機關之組織

根據教師法第三十條：教師申訴評議委員會之分級如下：(1)專科以上學校分學校及中央兩級。(2)高級中等以下學校分直轄市、縣（市）及中央二級。但中央主管機關所屬學校爲中央一級，其提起之申訴，以再申訴論。各級主管教育行政機構及專科以上學校爲辦理教師申訴案件之評議，應設「教師申訴評議委員會」，由機關首長遴聘教師、社會公正人士、學者專家、該地區教師組織代表，及組成教師申訴評議委員會之主管機關或學校代表擔任之；其中未兼行政職務之教師人數不得少於委員總數2/3。

由以上之條文中，可知台灣教師申訴組織爲「教師申訴評議委員會」。按其位階，應屬於「內部單位」之性質，故其召集或對外行文，必須以所屬機關首長之名爲之。在組成上，專科以上學校與高級中等以下學校並不相同，前者由各校自行擬定要點報教育部核定，後者則由各級主管機關聘請委員組成申評會，且其中未兼行政職務之教師不得少於總額2/3。由於爲內部單位，各級主管機關之申評會會議由機關首長或其指定之人員召集之，專科以上學校申評會會議由校長或其指定之人員召集之；但爲防止其推卸責任延遲召集，故規定經委員1/2以上以書面請求，召集人則必須於20日內召集之。

（三）管轄

依據教師法，教師申訴之程序分申訴及再申訴二級。教師不服申訴決定者，得提起再申訴。學校及主管教育行政機關不服申訴決定者亦同。教師提起申訴、再申訴之管轄如下：

1. 對於專科以上學校之措施不服者，向該學校申評會提起申訴；如不服其評議決定者，向中央主管機關申評會提起再申訴。
2. 對於高級中等以下學校之措施不服者，向學校所屬主管機關申評會提起申訴；如不服其評議決定者，向其上級主管機關申評會提起再申訴。但學校所屬主管機關為教育部者，向中央主管機關申評會提起之申訴，以再申訴論。省主管機關依規定辦理再申訴業務，得委託中央主管機關為之。
3. 對於縣（市）主管教育行政機關之措施不服者，向縣（市）主管機關申評會提起申訴；如不服其評議決定者，向省主管機關申評會提起再申訴。省主管機關依規定辦理再申訴業務，得委託中央主管機關為之。
4. 對於直轄市主管教育行政機關之措施不服者，向直轄市主管機關申評會提起申訴；如不服其評議決定者，向中央主管機關申評會提起再申訴。
5. 對於教育部之措施不服者，向中央主管機關申評會提起申訴，並以再申訴論。

由以上之條文中，可知道台灣教師申訴分為申訴與再申訴兩級，其管轄依為原措施之學校或主管機關而有所不同。即以直轄市小學教師為例，若對校方給予不續聘之措施不服，即應向學校所屬主管機關之申評會提起申訴（即××縣申評會），如不服其決定者，則向其中央主管機關之申評會提起再申訴（如教育部申評會）。在此要注意的是，若教師申訴而獲得撤銷原措施之評議（簡單說即獲得平反），為原措施之學校或主管機關不服，也可提起再申訴。此種設計旨在保障雙方皆有機會表達立場，以完成公平的申訴程序。

（四）申訴之提起與評議

根據評議準則，申訴之提起應於知悉措施之次日起30日內以書面為之；再申訴應於評議書達到之次日起30日內以書面為之。申評會應自收到申訴書之次日起10日內，以書面檢附申訴書影本及相關書件，請求為原措施之學校或主管機關說明。學校或主管機關應自前項書面請求達到之次日起20日內，擬具說明連同關係文件，送於受理之申評會。但爲原措施之學校或主管機關認申訴爲有理由者，得自行撤銷或變更原措施，並函知受理之申評會。此外，提起申訴之教師就申訴案件或相牽連之事件，同時或先後另行提起訴願、行政訴訟、民事或刑事訴訟者，應即以書面通知申評會。申評會依前項通知或依職權知有前項情形時，應以書面通知申訴人停止申訴案件之評議；俟停止原因消滅後經其書面請求繼續評議。申訴案件全部或一部之決定，以其他訴願或訴訟之法律關係是否成立爲據者，申評會得在其他訴願或訴訟終結前，以書面通知申訴人，停止申訴案件之評議，俟停止原因消滅後繼續評議。申評會會議以不公開舉行爲原則。

由以上敘述中，可知道申訴之提出有其時效（30日之內），受理之申評會在收到申訴書後，通知爲原措施之學校或主管機關進行說明或答辯，其可因之自行撤銷或變更原措施，甚至不提出說明，但申評會得逕爲評議。此外，申訴人也可在申訴過程中決定撤回，且不得就同一原因事實重行提起申訴。

在教師申訴與訴願之間的關係部分，爲避免申訴評議之決定與訴願之決定牴觸，故規定教師依法提起申訴、再申訴後，不得再依訴願法提起訴願。在申訴、再申訴程序終結前提起訴願者，受理訴願機關應於十日內，將該事件移送應受理之教師申訴評議委員會，並通知教師；同時提起訴願者，亦同。教師依訴願法提起訴願後，再依本法提起申訴者，受理之教師申訴評議委員會應停止評議，並於教師撤回訴願或訴願決定確定後繼續評議；原措施屬行政處分者，應爲申訴不受理之決定。

在評議程序上，原則上不公開，也不採用法院兩造言辭辯論之形式，只有在必要時，可通知申訴人到場陳述意見，或是邀請關係人、學者專家或有關機關指派之人員到場說明。申評會委員對於申訴案件有利害關係或關於其服務學校申訴案件者，應自行迴避。評議過程採取合議制，經多數委員同意後做成決定。

（五）評議之決定

根據評議準則，申訴案件有下列各款情形之一者，應附理由爲不受理之決定：(1)提起申訴逾規定之期間者。(2)申訴人不適格者。(3)非屬教師權益而應由法院審理之事項者。(4)申訴已無實益者。(5)對已決定或已撤回之申訴案件就同一原因事實重行提起申訴者。

申評會開會，委員應親自出席會議，經委員1/2以上出席，始得開議，評議書之決定應經出席委員2/3以上之同意行之；其他事項之決議以出席委員過半數之同意行之。申評會之評議決定，以無記名表決方式爲之，其評議經過應對外嚴守祕密。評議決定有下列各款情事之一者即爲確定：(1)申訴人、爲原措施之學校或主管機關於評議書送達之次日起30日內未提起再申訴者。(2)再申訴評議書送達於再申訴人者。(3)依第九條第二款但書或第五款規定提起申訴，其評議書送達於申訴人者。

歸結以上敘述，可知並非所有教師申訴之案件，申評會皆會受理。其不受理之情形有五：(1)逾越受理期限（知悉措施之次日起30日內），(2)申訴人不適格者（教師法僅適用公私立專任教師，故兼任教師不續聘之案件即不被受理），(3)非屬教師權益而應由法院審理之事項者（如校長教師口角衝突，雙方互控侮辱，非關教師權益），(4)申訴已無實益者（如教師已達退休年齡，其要求復職已無可能），與(5)對已決定或已撤回之申訴案件就同一原因事實重行提申訴者。

在相關評議決定之執行部分，教師法規定：「評議決定確定後，就其事件，有拘束各關係機關、學校之效力；原措施之學校或主管機關應依評議決定執行，主管機關並應依法監督其確實執行。學校未依前項規定辦理，主管機關得依相關法規追究責任，並作爲扣減或停止部分或全部學校獎勵、補助或其他措施之依據。」然而長久以來，申訴之功效仍未受到教師之全面肯定，此因較之訴願或訴訟，申訴評議結果之法律強制力仍較法院判決爲低。對堅決不配合之被申訴者，主管機關也多只能以減少補助加以應對，在時間與效力上不免大打折扣。即使申訴者最後得其所願，卻必須付出慘痛代價。

第六節 教師之義務

有權利就有義務。教師在爭取權利之餘，也應瞭解自我應盡之義務。在台灣教師法第十七條，規定了教師在接受聘約後應盡以下之專業義務：(1)遵守聘約規定，維護校譽。(2)積極維護學生受教之權益。(3)依有關法令及學校安排之課程，實施教學活動。(4)輔導或管教學生，導引其適性發展，並培養其健全人格。(5)從事與教學有關之研究、進修。(6)嚴守職分，本於良知，發揚師道及專業精神。(7)依有關法令參與學校學術、行政工作及社會教育活動。(8)非依法律規定不得洩漏學生個人或其家庭資料。(9)擔任導師。(10)其他依本法或其他法律規定應盡之義務（例如依據相關兒童少年法律，教師有通報學生遭受性侵之義務）。

依照上述條文，實務上教師應盡的專業義務可歸納如下：

1. **遵守聘約規定**：此條看似簡單，其實內藏玄機。教師接受校方的聘約，其內容如無違背法令，教師自當遵守，不得有所異議。原則上，公立學校的聘約大多相同，但私立學校則依需求有所增刪。例如，有的學校要求教師寒暑假仍要到校，此規定並無牴觸法令，教師不得因他校並無此規定而拒絕遵守。聘約乃出於雙方之合意，因此教師在接受時應仔細閱讀內容，如有異議則可拒絕。一旦接受，除非其規定違反法令，否則不得加以抗爭。
2. **負起教學責任**：其中包括維護學生受教之權益（如不得罷教），依法實施教學活動（不得遲到早退任意授課），與輔導管教學生，導引其適性發展（即不得放牛吃草，任憑學生敗壞紀律）。換言之，教師絕不可尸位素餐、胡亂教學，而必須視學生之程度與背景，設計適當的教材教法與輔導管教學生。
3. **研究進修**：教師處於多變的社會中，必須隨時充實自我。其途徑可從事與教學相關之研究（如評量學生成就方法之改進），或至相關教育機構進修，以獲取最新的知識。
4. **參與相關工作與活動**：除教學外，教師依法令必須參與學校學術、行政工作、及社會教育活動。以往所謂教師只需負責教學的觀念並不完全正確，如有需求，其也應分擔學校行政工作與其他與教育相關之活動。
5. **保密之義務**：此乃爲維護學生之隱私權，不得無故將其個人或家庭資料洩漏，其中即包括學生的成績與記過紀錄。目的即在防止因教師之洩密而造成學生身心上的傷害。此項義務在校園發生性侵害事件時尤其重要。
6. **其他依法應盡的義務**：例如專任教師依教育人員任用條例第三十四條規定：「專任教育人員，除法令另有規定外，不得在外兼課或兼職。」必須符合專職的條件與義務。此外，若公立學校教師兼任行政工作，則必須同時遵守公務員服務法所列舉的義務，其中包括：(1)忠實義務（第一條）、(2)服從義務（第二條）、(3)保密義務（第四條）、(4)優良品德之義務（第五條）、(5)濫權之禁止（第六條）、(6)堅守崗位之義務（第十條）、(7)依法定時間辦公之義務（第十一條）、(8)經營商業之禁止（第十三條）、(9)兼職之限制（第十四條）、(10)推薦人員及關說之禁止（第十五條）、(11)贈送財物之禁止（第十六條）、(12)迴避之義務（第十七條）、(13)視察接受招待餽贈之禁止（第十八條）、(14)任意動用公物公款之禁止（第十九條）、(15)保管文書財務之義務（第二十條）、(16)與職務有關係者互惠之禁止（第二十一條）。詳細內容請參閱相關條文。

5.1 個案研究　安順國中弒師案

一、時間：1994年5月7日。

二、地點：台南市立安順國中。

三、性質：人物皆係眞名，但犯案之兩學生當時皆未成年，故僅列其姓氏。資料來源爲台灣新生報、自由時報、中央日報、自立早報、聯合報、中國時報、安順國中調查報告書、警方調查筆錄。

四、案情：台南市安順國中吳姓男生應曾姓女生之要求，持刀將班級導師陳淑惠殺傷。案發後各界震驚，兩學生被捕後送入少年法庭，陳老師最後卻因此抑鬱而終。

一、事件經過

1994年5月7日，台南市立安順國中發生學生弒師血案，一年十六班學生吳××，12時下課後，向同班蔡姓同學佯稱要到教室三樓屋頂抽菸，引誘導師陳淑惠前往視察，見陳老師登上即持預藏水果刀殺她的雙手、臉部、頸部、背部等處共十餘刀，被市警三分局和順派出所主管李榮正率員逮獲，依殺人未遂罪嫌移送台南地院少年法庭審理。

警方調查，涉嫌人吳××（男，14歲，台南市人），就讀台南市立安順國中，被害人陳淑惠（女，27歲）擔任導師。前天下午，該班女生曾××（14歲）毆打該校三年級學生，陳老師向訓導處報告，訓導處人員找來曾女責備，並表示要予退學。曾女因而對陳老師不滿，下課後，叫吳××持刀殺陳老師。

陳老師擔任導師很嚴格，平常向該班學生規定，凡看到同學抽菸都要向她報告。昨天中午12時下課後，吳××向同班的蔡姓同學說：「我要到教室的三樓頂陽台抽菸，你去向陳老師報告。」言畢，即登上三樓頂陽台。蔡同學聞言迅即向陳老師報告，陳老師旋即登上三樓頂陽台。吳××預藏一把水果刀，見陳老師到來，即拉住其頭髮刺殺雙手、臉部、頸部、背部等處十餘刀，導致陳老師躺臥血泊。吳××行凶後將凶刀丟棄該校女生廁所垃圾桶，即行離去。

向陳老師報告吳××抽菸的蔡姓同學，見陳老師久未下樓，與其他同學前往探視，見陳老師受傷嚴重，迅即向該校訓導處報告，由該校老師開車載陳老師到奇美醫院轉成大醫院急救，已脫離險境。

市警三分局據報，和順派出所主管李榮正率員前往瞭解案情，獲悉吳××涉嫌行凶，趕赴南市安和路一段吳××住宅，昨天下午2時30分許，吳××返家被警方人員帶回偵訊，他在偵訊中坦承上情不諱，同班的曾××則承認叫吳××持刀殺陳老師。

二、人物素描

根據警方與校方的調查，弒師案中三位當事人之資料如下：

（一）吳姓男學生

據輔導資料顯示，家庭爲塑膠製造業，父母平素均忙於工作，求學意願不高，常有曠課不假外出。導師、輔導老師、訓導處均有多次的輔導規勸紀錄。學校人員亦曾數次洽請家長協助，或到校協助，事發前一天（5月6日），才由輔導老師剛個別輔導諮商過，詎料翌日發生事故。

依據陳淑惠老師之觀察，吳生因家庭因素造成憂鬱症（父親經商失敗負債頗多而寄人籬下，尊嚴有損並有過輕生念頭）。其與吳生家長和本人曾面談多次。吳生經常服裝不整，常不帶課本到校，上課中亦有曠課到室外、甚至校外遊蕩，曾以腳痛、肚痛等理由不參加升旗，事發之前，常有小錯而尚無大過發生。

（二）曾姓女學生

父母離異後父親另娶，妹與生母在高雄，現與祖父母、伯父同住。與校外不良分子爲伍，交遊很亂，常缺課、逃家、性情暴戾、常喜歡在校打人或利用他人做違規事件，處處以「大姊頭」行爲表態。

導師、輔導老師曾經數度規勸，並經通知其父到校三次，也多次電話與其父和伯父聯絡溝通，改進效果不彰。據其伯父所述：在外結交一些不良少年，交友複雜，也學會抽菸。

訓導處也曾洽請家長到校商談過，並請家長設法加強管教。在陳導師輔導過程中，亦曾頂撞老師要找人殺她。陳導師曾與家長聯絡過，允諾要加強管教。訓導處主任等亦聯絡過家長，該生家長到校，於5月6日帶其回家，並表示一定在家中嚴加管教。5月7日，曾××即未到校。

（三）陳淑惠老師

1967年生，師大心輔系畢，教學五年，已婚。經常利用陪學生早自修時與學生個別談話，以輔導爲主、訓戒爲輔，並未發生過不良之反應。本學年以來，除曾姓同學提報訓導處外，並無其他學生提報處分過。

三、終曲

陳老師受傷後，由於心靈的創傷難以撫平，已無法在傷心地安順國中繼續任教。雖然陳老師轉調到復興國中，但精神已瀕臨崩潰，難以再面對學生。

陳老師出院後，社會已然淡忘這件事。然而，陳老師由於心靈受到嚴重創傷，可能因而間接影響，以致身患胃癌，甚至快速發病，僅約一年就去世。

發病期間，陳老師之先生謝幸龍辭卻工作，隨時陪伴身側。陳老師於1995年11月27日過世，遺囑希望後事從簡。學校同事與家長會聯合各界爲陳老師發喪，並在當天陪其走完人生最後的旅程。

討論問題

1. 試以此案之經過，分析目前台灣中小學之師生關係已轉變為何種型態？是哪些因素使其變成如此？
2. 身為教育主管當局，你認為應如何防止類似意外的再度發生？應採取何種措施保護教師安全？
3. 試以此案之經過，分析目前教師管教權之內容與範圍應如何界定，並敘述理由。
4. 你認為此案帶給台灣教育界的震盪與影響為何？「師道」的現代定義應如何界定？

建議活動

1. 檢視台灣目前發展與世界各國的趨勢，分析教師管教權之定位應為何？其應包括何種懲戒措施？請敘述理由。
2. 部分社會人士認為政府對教師保護過度，使不適任者難以被淘汰。試以目前「教師法」與相關法令之規定，檢視以上說法是否正確？理由何在？
3. 參考先進國家的制度與作法，分析台灣教師是否應具有罷教權，並敘述理由。
4. 檢視以往教師申訴個案之流程與結果，分析台灣目前教師救濟管道與申訴制度的優缺點及改進之道。
5. 檢視目前教師工會與各級教師會的運作，分析其對學校行政運作之影響。

第6章

教育財政與教育經費

第一節　影響教育財政制度的因素
第二節　教育財政制度的運作方式
第三節　教育經費之籌措與來源
第四節　教育經費分配之原則
第五節　教育財政制度改進發展之議題

巧婦難為無米之炊，任何教育活動的經營均需要經費的支持。所謂「十年樹木，百年樹人」，教育的過程極為漫長，非短暫投資所能完成。基於此，世界各國莫不在教育財政制度的建立上大費苦心，希望以各種方式籌措足夠經費，實現全民教育的理想。

限於篇幅，本章所討論之教育財政與經費內容，係以中小學教育為主。各國由於國情與政體之不同，所建立的教育財政制度多有所差異。以下即就教育財政與經費之影響因素、運作方式、籌措來源、分配原則等議題加以敘述；最後並參考各國發展趨勢，提出對台灣現行制度的檢討與建言。

第一節 影響教育財政制度的因素

教育乃國家施政的一環，必須與其他部門（如國防、社會福利）共同爭取經費。由於國情不一，各國政府在制定教育財政政策時，乃有不同之考慮。一般而言，影響教育財政走向的因素有以下五端：(1)接受教育的對象，(2)提供教育的年限，(3)提供教育的內涵，(4)提供教育的機構，與(5)負擔者與其負擔比例。以下分別敘述之。

一、接受教育的對象

此因素牽涉到誰為受教者與受教者之特徵。任何教育財政計畫之擬定，均必須事先瞭解受教者的背景與數量。即以中小學教育為例，各主要開發國家皆已實施九至十二年的義務教育，其支出幾乎全由國家負擔。因此，屆齡學生數目的增減，對教育財政之規劃有極大影響。人數突然增加造成支出之激升，必須事先安排所需之師資、設備、與其他花費。在另一方面，學生數的減少也可能造成單位成本的驟增。此因師資與相關設備皆已固定，難以在短時間內調整。凡此皆說明受教對象的確定極為重要。針對於此，學者專家發展諸多預測方法與模式，其中又以調查法（demographic study）最為普通。其以出生率與各級教育所相當之青少年人口數為資料，預測來年的學生入學數（Davis, 1980）。此法之優點在於簡單易懂，其缺點卻在不夠精確，對於其他相關變項難以掌握。例如，在人口遷徙頻繁的地區（如大都市與其衛星城市），其學生數即較難預測。此外，如私立學校的數量、就業市場的景氣好壞等因素，也是在建立預測模式時所需注意的。

二、提供教育的年限

基於公平原則，各國教育學者均同意所有國民必須接受一定年限的義務教育。國家爲培養健全公民，有責任負擔義務教育的經費（Friedman, 1962）。此外，只要證明教育擴張所產生的效益大於成本，基本上各國政府均樂觀其成（Weisbrod, 1964）。然而在實務上，義務教育以上（如高等教育）的投資卻有其一定限制。此因即使在富裕國家，也不免面臨經濟衰退與失業率居高不下的問題；過度的教育擴張往往導致高學歷者難覓工作的窘況。因此，順應社會與經濟的發展趨勢，並以之決定義務教育以上的投資乃成必要之舉。所形成的結果，最明顯的即是英才教育機制（elite education）的產生。

英才制的精神乃在國家必須以其有限的資源，集中投資於最具學習能力與性向的學生；所以，高等教育的投資往往具有選擇性。缺乏學習動機與能力之學生，經由分流機制進入以職業教育爲主的體系，或是進入社會參加生產行業；僅有通過重重評鑑者才能升入大學與研究所就讀。採行英才制國家之高等教育受教者有其一定管控數量，因此，政府可以採取低學費政策。與之相較，非英才制國家如美國基於平等之理念，不但義務教育涵蓋高中教育，且允許有意進入高等教育機構就讀之學生皆能如願入學。在此情況下，爲應付龐大之辦學經費，只得轉嫁部分成本於學生而實施高學費政策。由此可見受教者與受教期限之差異，對教育財政制度之影響甚巨。

三、提供教育的內涵

教育內涵牽涉層面極廣，在實務上主要牽涉課程種類與辦學品質。以前者而言，國家依其需求，在設計中學教育以上課程時，即面臨偏重學術教育還是職業教育的抉擇。兩者之成本差異甚巨，職業學校由於師資種類與設備的要求較高，其所需經費多半較高。此外，採取綜合設校或單獨設校也會影響成本。

綜合設校（如綜合中學）之好處乃在提供學術與職業課程，同時讓學生選修；但也因其結構之複雜與龐大，開辦與營運成本遠較分別設校要高，教育主管機關在進行相關設計時必須有所取捨。

在辦學品質上，往往反映出一分錢一分貨的殘酷事實。其中如實施大班制、僅維持基本設備、與僱用非專業的教師，其營運成本雖然較低，但品質卻堪憂。在預算的限制下，任何對辦學品質的提升均是一大考驗。即以台灣爲例，家長批評最力者如都會地區班級人數偏高，有的竟在50人以上。然而減少平均人數一人，根據統計即需增加教育經費億元以上。此因建校成本高昂，都會區土地又難尋覓，加上增加的師資，其花費遂呈現等比級數般的增加。Kakalik et al.（1981）也調查發現，若欲使特殊教育班級平均人數減半，其單位成本即需調升一倍以上。小班制的教學衆所欽羨，然其背後所背負的成本卻也驚人。各國政府在制定政策時，除努力維持一定辦學品質外，經費之來源也必須列入考慮。

四、提供教育的機構

基本上，受教之機構主要分爲公立與私立兩種，其彼此勢力之消長對教育財政制度有巨大影響。理論上，如果將教育經營視爲是自由市場，則宜由私人投資管理，如此彼此競爭才會有所進步。然而，教育的任務繁多，除創造個人之利益外，對於一國文化與經濟建設均有極大影響。爲使國民能接受一定水準與年限的基本教育，政府必須介入以維持受教權的平等。影響所及，在義務教育階段，絕大多數國家以公辦爲主。換言之，即是以國家預算來支應教育支出。

此種制度雖維持全民受教的理念，但在部分國家卻產生另一種不平等的現象。由於經費有限與學生人數衆多，公立中小學往往具有學生社經地位偏低、教師素質不齊、設備老舊、與教學落伍的特徵。社經地位較低的家庭由於阮囊羞澀，只得別無選擇任由政府安排。與之相較，中上階層的父母由於擔心公立學校的素質與紀律不佳，寧願負擔高額學費將子弟送入私校就讀，因而產生教育不平等的現象。因此，私校地位與數量的限定，往往是教育主其事者必須深思熟慮的。過度放任會形成特殊社會階級（如英國的公學系統），太過限制則會使公立學校形成獨占而不思進步，並造成政府的沉重財政負擔。私立學校如投資得宜，可藉民間之力減輕國家支出。因此，公私學校兩者之地位與數量的消長，往往影響教育財政甚巨。

五、負擔者與其負擔比例

教育經費極爲龐大，由誰來負擔往往左右教育財政制度的建制。從負擔者的層面而言，其牽涉是否應反映成本負擔一定比例經費，與如何訂定分配原則的問題。從國家的層面而言，各級政府（中央、地方政府）應負擔何種教育、負擔之比例、與如何建立財政補助制度等議題，皆成爲矚目之焦點。經費負擔最常被引用的即是「受益者付費」的原則，誰得的利益多，就應負擔較高的經費。

此原則看似簡單，在實務上卻有其執行困難。此因教育投資不但使個人獲得利益，使其收入與社會地位增加；同時也使得人民文化素質提升，進而創造經濟之成長。個人與國家利益孰輕孰重，常難以精密區分。各國在義務教育階段多主張應由國家負擔經費，主張此乃培養基本公民之必要之舉；然而，義務教育以上則並無定論。其中牽涉之議題，包括高等教育對個人利益之創造至爲明顯，應否採高學費政策反映成本？是否應對私校補助？如何建立學費補助制度以幫助弱勢學生等？任何環節的變動均會造成經費支出的差異。英、美等國近年來對大學是否應採取高學費政策辯論不休，其焦點即牽涉就學機會均等與教育經費籌措兩者如何平衡之爭議。

除了個人分擔之比例外，各級政府在經費分攤上的角色也事關重大。以美國爲例，其教育行政分爲聯邦、州、與地方學區三級，由何者負擔何種教育經費與其比例，常引起極大爭議，其中又以州與地方學區最爲激烈。此因後者之教育經費多以徵收地方財產稅爲主，如果州之補助增加，其稅率自然降低。此攸關居民之重大權益，因此每年均需經過多次折衝樽俎後方能定案（Cohn & Geske, 1990）。台灣向來沿習中央辦高等教育、縣（市）辦國民教育（包括國小與國中）的原則。在1968年延長義務教育爲九年後，造成縣（市）之教育支出激增，有的竟超過整個預算的一半以上，而迫使其他部門如交通、社會福利的支出偏低。如此不正常的現象，即導因於各級政府負擔教育經費比例之不均。如何解決此項問題，實爲教育財政制度探討之關鍵所在。

爲提升教育經費編列與分配之機制，台灣於2000年通過「教育經費編列與管理法」。其雖較以往制度有所突破，但實施成效則待觀察。相關主要規定如下：

1. 採取「下限標準」（minimum standard）的方式，規定各級政府教育經費預算合計，應不低於該年度預算籌編時之前三年度決算歲入淨額平均值之21.5%。直轄市及縣（市）政府以其歲入總預算扣除上級政府補助爲自有財源，並依教育基本需求，衡量財政狀況，優先支應教育經費，除自有財源減少外，其自行負擔之教育經費應逐年成長。
2. 爲達成教育發展需求，在中央和地方分別建立制度化之教育經費編列機制。中央於行政院設置「教育經費基準委員會」，其任務包括：研訂教育經費計算基準、計算各級政府年度教育經費基本需求、計算各級政府應分擔數額。地方政府的制度化機制則包括：(1)由教育審議委員會審議地方教育機構、公立學校所訂定之中長程發展計畫。(2)以中央「教育經費基準委員會」訂定之基準、基本需求、與分擔數額做爲編列教育經費預算之依據。
3. 教育經費分配應公開化，其執行方式爲：(1)透過地方政府教育審議委員會客觀、專業之審議，建立教育經費分配共同參與之機制。(2)成立「地方教育發展基金」，使教育經費的各項收入及支出在運作上更具彈性與效率。

第二節 教育財政制度的運作方式

從實務的觀點而言，教育財政包括募款與放款兩大部分。前者必須經由法定徵稅或其他方式取得；後者則爲按照既定需求依照公式將經費撥付給教育機構。由於事涉人民之權利義務（如徵稅）及公共利益，其與政治學、財政學、與經濟學皆有密切關聯。教育領導者不能囿於「獨尊教育」之訴求，而必須以宏觀之角度加以面對，如此才能處理「教育經費年年不足」之窘境。

大體而言，無論是募款或放款，其運作模式多有「統收統支」與「經費獨立」之別。前者如台灣，教育經費爲一般預算之一部分，每年由各級政府編列，經法定程序通過後，撥付教育單位使用。採用經費獨立方式的國家如美國，在法令之規定下，准許教育行政機關規劃其收支預算，並可自行徵收教育稅捐或發行公債，籌募款項以專用於教育事業。兩者在體制與運作方式上有相當程度的差異，可歸納爲以下兩點：

1. 教育經費獨立的前提乃在採行普通行政與教育行政機構分離之制度。換言之，兩者在預算上彼此獨立而無從屬之關係；美國之地方學區即是一例。其範圍與普通行政區域或有重疊但不盡相同，最高權力機構（學區教育委員會）也多由人民直接選舉產生，其運作不受普通行政機構的干預。與之相較，台灣目前採行普教合一的行政制度，教育機關乃受其所屬之普通機構管轄，其預算自然也無法與其他部門分離，而必須採行統收統支的制度。
2. 教育經費獨立的國家往往賦予教育行政當局募款的權力，其中又以徵收稅捐最爲重要。各機關可依其需求，經適當的立法程序，向地區人民徵稅，其稅率每年依財務狀況而有所增減。所募集之款項採取專款專用之政策，其他部門不得染指。與之相較，統收統支之國家視教育預算爲整體預算之一部分，並不允許教育行政機關有徵稅之權力。分配之方式則由通過之預算中加以勻支，此舉即造成教育經費爲其他部門挪用的可能性，並不能完全專款專用。

由以上敘述中，可以瞭解統收統支與經費獨立兩種不同制度在設計上的差異，而其在實際運作上也各有千秋。以台灣中小學教育爲例，其經費之來源按照國民教育法之規定，由直轄市或縣（市）政府編列預算支應，其財源包括：(1)直轄市或縣（市）政府一般歲入，(2)直轄市或縣（市）政府依平均地權條例規定分配款，(3)縣（市）之地方稅。此外，縣（市）財政有困難時，中央政府應視國民教育經費之實際需要補助之。由以上之財源籌措過程中，並無任何教育稅字眼的出現，所採用的乃是集體籌措、再按配額分給各部門的政策，其統收統支的精神躍然而出。台灣教育經費占國民生產毛額比率與各級教育經費結構，請參見表6.1與表6.2。

表6.1 台灣教育經費占國民生產毛額比率

會計年度	公私立教育經費				政府教育經費		
	1988年=100	占國民生產毛額比率（%）			1988年=100	平均對每國民支出（元）	占政府歲出比率（%）
		計	公立	私立			
1988	100	4.75	3.83	0.91	100	38,589	17.3
1989	107	5.13	4.17	0.96	122	47,056	17.4
1990	122	5.59	4.61	0.98	148	57,002	17.5
1991	145	6.20	5.09	1.10	147	56,533	17.8
1992	178	6.44	5.32	1.12	171	65,923	17.9
1993	218	6.64	5.50	1.14	196	75,444	18.4
1994	255	6.51	5.32	1.19	210	81,168	18.6
1995	291	6.27	5.12	1.15	223	86,047	19.4
1996	310	6.45	5.26	1.19	250	96,483	22.1
1997	326	6.49	5.15	1.34	266	102,723	22.4
1998	367	6.18	4.88	1.30	273	105,509	21.6
1999	397	6.19	4.87	1.32	265	102,316	22.1
2000	411	5.23	3.89	1.34	281	108,432	17.8
2001	436	5.70	4.25	1.46	293	113,255	17.9
2002	398	5.63	4.18	1.45	303	117,018	19.7
2003	428	5.60	4.10	1.50	312	120,375	19.2
2004	446	5.47	4.02	1.46	325	125,376	19.7
2005	459	5.52	4.07	1.46	339	130,743	20.0
2006	477	5.42	3.99	1.43	346	133,465	21.2
2007	496	5.17	3.84	1.34	359	138,692	20.8
2008	509	5.43	3.97	1.46	375	144,820	20.5
2009	515	5.82	4.45	1.37	394	152,086	19.9
2010	530	5.26	4.02	1.24	404	156,042	20.1
2011	564	5.34	4.11	1.23	431	166,410	20.6
2012	555	5.40	4.11	1.29	431	166,280	20.5
2013	569	5.32	3.97	1.35	447	172,560	20.8
2014	593	5.09	3.81	1.28	467	180,136	21.3
2015	604	4.95	3.72	1.24	487	187,801	21.8
2016	612	4.94	3.71	1.23	507	195,688	21.5
2017	622	4.94	3.73	1.21	528	203,828	21.7
2018	634	4.99	3.77	1.23	-	-	20.6

資料來源：教育統計（2019）。台北市：教育部。

表6.2　台灣各級教育經費結構　　單位：%

學年度	總計	幼兒園	國民小學	國民中學	高級中學	職業學校	專科學校	大學及獨立學院	特教學校
1988	100.00	4.04	29.91	17.65	8.16	10.87	8.86	19.94	0.57
1989	100.00	3.87	28.77	17.47	8.79	11.74	9.11	19.80	0.44
1990	100.00	3.40	29.07	19.18	8.15	10.20	8.32	21.02	0.66
1991	100.00	3.18	28.32	19.63	8.59	9.93	8.75	21.13	0.48
1992	100.00	2.80	30.31	19.95	8.51	9.48	8.54	19.86	0.55
1993	100.00	2.67	29.80	20.06	8.58	9.91	9.04	19.36	0.58
1994	100.00	2.91	30.16	20.37	8.51	10.06	8.28	19.12	0.60
1995	100.00	2.83	30.61	20.10	9.44	9.97	8.47	17.79	0.79
1996	100.00	2.90	28.39	18.87	9.67	10.53	8.69	20.13	0.82
1997	100.00	2.86	29.08	18.76	9.70	10.25	7.98	20.20	1.17
1998	100.00	2.75	29.91	18.35	10.08	10.23	7.83	19.93	0.92
1999	100.00	2.77	28.70	17.86	10.20	10.05	4.40	25.48	0.54
2000	100.00	2.85	27.57	17.05	10.43	8.01	1.95	31.62	0.54
2001	100.00	3.15	28.10	17.09	10.55	6.18	1.87	32.46	0.58
2002	100.00	3.14	27.25	16.91	10.19	5.64	1.24	35.03	0.61
2003	100.00	3.20	26.83	16.87	10.36	5.41	1.30	35.38	0.64
2004	100.00	3.15	27.07	16.77	10.47	5.28	0.88	35.73	0.65
2005	100.00	2.84	27.07	16.59	10.34	5.23	0.84	36.48	0.62
2006	100.00	2.78	27.11	16.40	10.39	5.09	0.67	36.97	0.58
2007	100.00	2.90	26.61	15.59	10.71	5.20	0.79	37.60	0.60
2008	100.00	2.96	26.90	15.14	10.51	5.42	0.73	37.72	0.62
2009	100.00	3.16	26.55	14.82	10.71	5.43	0.74	37.98	0.61
2010	100.00	3.30	27.58	15.27	11.06	5.59	0.68	35.86	0.63
2011	100.00	3.58	27.91	15.35	10.88	5.50	0.71	35.39	0.63
2012	100.00	5.32	43.08		10.56	5.00	0.85	34.57	0.59
2013	100.00	7.23	42.47		10.19	4.78	0.78	33.96	0.56
2014	100.00	7.44	42.72		15.07		0.74	33.42	0.58
2015	100.00	7.57	42.60		14.98		0.76	33.50	0.59
2016	100.00	7.92	42.22		15.15		0.78	33.34	0.59
2017	100.00	8.43	42.00		15.12		0.78	33.10	0.58
2018	100.00	8.78	41.61		15.08		0.71	33.24	0.57

資料來源：教育統計指標（2019）。台北市：教育部。

與之相較，美國中小學教育經費的運作即大異其趣。由於憲法中並未規定教育權之歸屬，美國教育政策的主導者乃在各州政府，聯邦扮演的角色並不明顯，此在經費之負擔上即可看出。表6.3顯示1997至2008會計年度美國聯邦政府之教育撥款多在6%至9%，且多爲專案補助，對於一般教育運作之支出比重不大，多半由州政府與地方學區分攤其餘經費。其中最特別之處，即在後者能以徵收財產稅的方式籌集資金，每年根據境內房地產的價值與所需經費決定稅率。原則上，地方財產稅75%以上用做教育支出，並占地方稅收的90%以上，其重要性可想而知。雖然近年來頗受批評（如對窮人不利、財產估價失當等），但在教育財政上的地位卻未動搖。

表6.3　美國公立中小學教育經費來源與比例

年度	經費數（以仟元為單位）				比例（%）		
	總計	聯邦	州	地方	聯邦	州	地方
1997-98	327,201,943	21,789,839	160,178,264	145,233,840	6.7	49.0	44.4
1998-99	349,231,260	24,214,071	172,904,755	152,112,434	6.9	49.5	43.6
1999-00	223,340,537	13,776,066	105,324,533	104,239,939	6.2	47.2	46.7
2000-01	402,385,292	28,625,228	200,833,658	172,926,406	7.1	49.9	43.0
2001-02	419,797,506	32,703,469	207,374,637	179,719,400	7.8	49.4	42.8
2002-03	440,316,023	36,805,859	215,551,319	187,958,845	8.4	49.0	42.7
2003-04	462,686,152	41,300,957	218,098,876	203,286,319	8.9	47.1	43.9
2004-05	488,452,878	44,355,247	229,525,854	214,571,777	9.1	47.0	43.9
2005-06	521,116,397	47,100,781	242,785,457	231,230,159	9.0	46.6	44.4
2006-07	556,860,590	46,433,892	264,801,609	245,625,089	8.3	47.6	44.1
2007-08	582,125,621	47,071,391	280,926,633	254,127,597	8.1	48.3	43.7
2008-09	590,947,579	55,900,112	276,153,850	258,893,617	9.5	46.7	43.8
2010	593,682,351	74,047,134	258,190,527	261,444,690	12.5	43.5	44.0
2011	599,145,678	73,706,695	265,948,594	259,490,389	12.3	44.4	43.3
2012	417,864,494	59,532,214	185,647,596	172,684,684	14.3	44.4	41.3
2013	597,929,599	54,367,305	272,916,892	270,645,402	9.1	45.6	45.3
2014	617,633,773	52,882,083	288,584,445	276,167,245	8.6	46.7	44.7
2015	642,637,584	53,306,749	302,632,386	286,698,449	8.3	47.1	44.6
2016	671,164,419	54,144,067	318,011,212	299,009,140	8.1	47.4	44.6
2017	694,111,263	55,292,242	327,082,099	311,736,922	8.0	47.1	44.9

資料來源：*U.S. Census Bureau, Public Education Finances: 1998-2017.* Washington, DC: U.S. Government Printing Office.

二十世紀初葉，美國教育經費幾全由地方學區負擔，之後州政府才積極介入（Morrison, 1930），近年來大有超過地方學區之勢。其主要原因有二：(1)各地方學區貧富不均，因而造成提供之教育品質良莠不齊的現象。爲此，美國法院與立法機構均施展強大壓力迫使州政府採行補助政策，以做到最基本的公平。(2)學區居民厭惡財產稅之居高不下，每每投票反對提高稅率或發行公債的提議。然而教育費用逐年增加，爲塡補赤字，州政府必須介入補助。實務運作上，爲創造一個「財富中立」（wealth neutrality）的環境，使學生不因居住於較貧窮之學區而受損於較低的教育支出，州政府的介入實有其必要性。爲提供最基本水準的教育，各州均定有不同公式以爲補助之標準，每年依照學區學生數與其徵收財產稅之能力撥款。綜觀美國中小學教育財政系統，其以地方學區爲主要執行單位，配以聯邦與州的補助，採行專款專用的經費獨立制度，與台灣差異頗大。

統收統支與經費獨立的教育財政運作方式利弊互見，其實施必須視一國之行政制度與民情而定。如前所述，經費獨立的前提乃在普通行政與教育行政分離，且採行地方分權制，如此教育行政機關才有機會獨立掌管經費。因此，法國雖有部分普教分離的色彩（如設置獨立之大學區），但因其實行中央集權制，故仍維持統收統支的制度。以下即就經費獨立與統收統支兩種方式在實務運作上的優點加以闡述。所引之實例則以美國（經費獨立）與台灣（統收統支）制度爲主。

一、經費獨立制之優點

1. **經費獨立而不被挪用**：由於運作不受普通行政機關之干預，故可做到專款專用的地步。社會不斷進步，國家各部門需求預算甚殷。教育部門如在統收統支之制度下，必須與其他部門如國防、社福競逐經費。然而，十年樹木，百年樹人，教育之成果往往非一蹴可幾；評比之下往往敗下陣來。地方政客爲求近功以做選舉之籌碼，多注意有形之建設而輕忽教育。影響所及，原應分配於教育部門之經費就可能被挪用。即使上級有所補助，也在統收統支的大帽子下部分被挪用侵占，而未全部用於教育投資中。經費獨立制有其特有的資金來源與管理組織，較無經費被挪用的問題。

2. **因地制宜配合特殊需求**：每個學區因其社經背景與民風而有所不同，需求也有所差異。經費獨立制允許其審度自我之需求編定預算，並以專款專用的形式配合實施。統收統支制雖也允許各校提出預算，但往往爲求行政之方便而有許多繁文縟節，學校特別需求不能受到完全照顧，僅能維持最低運作水準。此外，在設備之添購上爲求成本之降低，採取大量買進再分配各校的作法。由於多半未事先調查學校需求，最後竟造成缺乏實用性而廢棄在庫房的結果。經費獨立制之運作必須事先調查學區的需求，再編制預算籌措來源；基本上不受普通行政機關的轄治，也因此較能達到因地制宜的成果。
3. **劍及履及解決問題**：經費獨立制的財政運作，允許學校在短時期內即能獲得經費解決燃眉之急；此因其牽涉層面單純，較少受到官僚體系的干預。與之相較，統收統支制必須先行籌款，然後再統一分配。各校情況不一，協調處理之時間自然較長，一拖再拖而使經費不能如期撥放。此種經費雖已到位，但獨缺上級核准的情況時有所聞。例如，一校編列預算興建教室，結果已核定之預算因行政程序被延擱，竟造成新生開學坐在操場上聽課的後果，影響教育之經營甚巨。經費獨立制也有其一定的檢覈措施，但因專款專用費時較少，績效也較理想。
4. **多人參與反映民情**：經費獨立制由於直接自學區中徵稅籌措經費，其所受之關注自然極高。每年地方學區必須事先調查各校需求制定預算，然後根據其數額決定稅率，任何調升之意圖均需經由公民投票通過後方能實施。爲看緊自我的荷包，學區居民對所提之預算每多詳細檢視，並時時提出改進意見。此種現象遂使學區與人民緊密結合，前者也較能瞭解後者的需求，民情遂得反映。統收統支制由於並未設有單獨教育專稅，人民在繳稅後缺乏特定目標而多半無時間細加追問，其參與感自然較低。

二、統收統支制之優點

1. **統一籌劃避免各自為政**：國家之事務經緯萬端，教育只是其中一環。若採取統收統支制，除可兼顧與協調各部門之需要外，尚可避免疊床架屋之弊。教育事業不能獨立經營，往往必須與其他部門合作。若令其經費獨立，則財政系統必將紊亂，且其他部門必群起效尤，造成政令推展之窒礙難行。統收統支制依國家整體發展政策統籌經費，如遇有意氣之爭，則由層峰出面斡旋，避免各自爲政與分裂的危機。

2. **適量分配減輕納稅不平等之現象**：經費獨立制之國家基於學區間的貧富差距，往往必須實施補助政策，但有時杯水車薪，貧窮之學區在經費上仍捉襟見肘。尤有甚者，由於地方學區之教育經費多來自財產稅，爲維持基本之開銷，貧窮學區人民負擔占其收入之比例，遠較富有學區爲重。統收統支制之國家雖也有學區差距問題，但至少在一定限度內可靈活使用經費，減輕納稅之不平等程度。

3. **全盤考慮，各部門可互相支援**：經費獨立制之實施遇到預算突增時，往往必須通過公民投票增稅。如果被拒絕或是請求州之補助被打回票，則無疑陷入財政危機，其下場多半必須削減學校之人事與設備支出。如果已發行教育公債，則更面臨無錢支付而形同破產的困境。凡此種種，皆爲經費獨立所必須付出之代價。統收統支制允許主事者依各部門之需求而加以協調，在教育經費因故短絀時可獲得及時支援。

由以上敘述，可以瞭解統收統支制與經費獨立制各有千秋，兩者之優劣彼此往往呈現互補的現象。爲使制度之運作更臻完美，則必須時時創造權宜措施以使弊端減至最低。以台灣爲例，由於教育行政乃附屬於普通行政中，並無實施經費獨立制的條件。此外，如果指定若干稅款爲教育專用，則又易引起其他部門厚此薄彼之埋怨。實務上之解決之道，可規定中央在補助地方教育經費時，應採用特定補助的形式；即運用指定用途專款專用的方法，使地方首長必須照章行事，否則即失去補助；此法多少可減少經費挪爲他用的弊端。此外，對地方無力興辦之教育項目如特殊教育、電腦教育、老舊建築之更新等，中央均可依專款原則助其一臂之力。

綜而言之，統收統支制與經費獨立制無一完美，各國必須依其傳統、社會制度、與民風選擇其一爲基礎，然後再做技術的改進，方能使其功能達到極致。迷信任何一者爲萬靈藥的，在實務運作上必遭致滑鐵盧。

第三節 教育經費之籌措與來源

經費是發動教育事業的燃料，如果數量不足，其結果就像一流的跑車缺油而無法動彈。經費之籌措乃是教育財政制度重要之一環，主事者無不殫精竭慮開闢財源。檢視世界先進國家之教育經費政策，大致可區分爲「政府模式」與「市場模式」兩大類。顧名思義，政府模式特重教育之公共利益與促進平等之理念，認爲完全放任於市場機制，定會阻礙社會流動而使低社經地位者難以翻身。市場模式則深信市場的競爭機制，強調政府干預會阻礙進步與使用者付費的概念。實務上，爲了維持人民之基本受教權，義務教育階段各國多採用政府模式，教育經費大半由政府支應補助。非義務教育階段（如高等教育、學前教育），則各國作法互異。以高等教育爲例，OECD 國家多屬政府模式，只有美、日、韓、澳洲四國傾向市場模式。其他國家如英、法、德等國之國家高教經費仍多來自於公部門。

無論採取政府模式或是市場模式，均需由不同來源籌措教育經費，以支應不同教育實施之花費。以下即先簡單介紹對教育財政政策有極大影響之教育成本（educational costs）觀念，再就教育經費籌措之相關議題加以敘述分析。

教育成本係指用於教育經營過程中所投入資源的價值，其範圍與金額遠大於帳面上所列舉的經費預算。此因教育成本不但有直接成本（direct costs），且包括間接成本（indirect costs）。前者多指由學校、學生、或其家庭直接付出的成本，後者則以機會成本（opportunity costs）爲主，茲分述如下。

一般而言，公立中小學教育的直接成本往往來自學校系統運作之花費。在基礎與義務教育的前提下，學生繳費極少，個人所付出的受教成本難以與學校相比。不過在某些國家，其仍需負擔部分直接成本，其種類如：(1)就學所需住校食宿與衣服的額外花費，(2)通勤上學之交通花費，(3)學校用品諸如書籍、文具、運動器材的花費。由於中小學學生仍未成年，故多由其家庭負擔相關成本。

與直接成本相對的即爲間接成本，此在帳面上不易顯現，且其金額由於計算方式的不同而往往不易確定。原則上，間接成本多來自機會成本與隱藏成本（hidden costs），其來源大致可包括以下三方面：

1. **學生收入損失**：此即牽涉到機會成本的理念。從政府的立場來說，若將投資教育的金額轉投向其他事業，其收益也許大於教育之收益，其間差距即是機會成本的一部分。再由學生角度而言，其就學不但造成直接成本的付出，同時在收入上也有所損失。此因學生若放棄就學而投入生產，必能獲取一定之薪資。即使不出外工作，在家也可幫助父母處理家事或下田耕作。此種由於就學所損失的收入，即爲間接成本的一部分。其計算方法各家不一，但多以受教時間與因之損失的收入爲研究重點。例如，Parsons（1974）發現高中學生在1967年必須花費1,000小時上課時間，與300小時做作業的時間；若以當時每小時工作薪資乘以總時數，即可得到損失收入的金額。Kagann（1975）則以大學生爲研究對象，發現在1970年，其損失的收入爲美金4,616元。Freeman（1980）則調查男性大學生，指出同樣在1970年，其放棄之收入爲美金2,980元。Cohn, Rhine and Santos（1989）則以1970至1979年讀完高中即進入就業市場的學生爲對象，調查與大學生有類似特質者的薪資，預測男性大學生的收入損失。其發現在1970年，全時制者爲美金4,359元，至1979年則增爲6,951元。雖然各家之金額不甚統一，但均顯示因就學而損失收入之間接成本的存在。

2. **賦稅減免的成本**：教育機構由於地位之特殊，往往在繳稅上取得豁免或是享受極低之稅率。即以學校而言，大半不必繳納綜合所得稅、財產稅等稅捐。影響所及，國家即因此付出間接成本。此因若將學校改爲其他營利機構，政府稅收即會增加。學校的免稅造成社會其他成員必須塡補其空缺，而負擔更高額的賦稅。凡此種種，皆顯示教育機構因賦稅減免所形成的間接成本。其計算方式因各地之房地產價格不同而有差異。Cohn and Geske（1990）以1950至1988年的平均美國房地產總值爲計算標準，發現1988年因賦稅減免而造成的間接成本達美金23億。

3. **租金與貶值的損失**：如前所述，如果學校用地改爲租給其他營利事業，政府即有租金之收入。如今用於教育，則成爲間接成本的一部分。此外，學校建築與設備逐年折舊，其價值必定減低。如果從整體投資的觀點而論，也可算是辦學所付出的成本之一。原則上，每年之教育經費多半編有維修費用（爲直接成本），但卻很難反映學校硬體折舊的情況。在實務上，某些學者（如Schultz, 1960）即認爲折舊乃是不可避免的，且也不限於教育經營；其成本已在維修與重建的經費中有所反映，故不應列入間接成本，否則即是重複計算。相關爭議至今尚無定論。

教育成本雖有直接與間接之分，但一般所討論的教育經費則屬於前者。每年相關教育機關爲維持教育事業的運作，均需由不同的管道籌措資金，其主要來源爲以下五者：

1. **賦稅收入**：無論是統收統支或是經費獨立制的國家，賦稅均是最重要的教育資金來源。前者統徵各項稅收，並按國家需要分配給各部門。後者則可自行徵收專門稅捐，全部或大部分專用於教育經費。稅收在公立中小學教育所占之地位極爲重要，此因其在他項經費來源所獲甚少（如學生所繳學費甚低），必須仰賴各級政府徵稅，以支應辦學的資金需求。地方若經費不足，也必須仰賴上級補助，而地方財政也以賦稅收入爲主。
2. **學費收入**：學生因就學而得到個人之利益，故必須負擔部分成本。其在義務教育以上（如大學）的分擔比率較高。此因義務教育爲基礎教育，其經費應由國家完全支付；其上之教育非人人可參與，故按照使用者付費的原則，應繳納較高比例的學費。此外，學費收入也是私立學校的主要經費來源，其數額遠較公立學校爲高，尤其在政府補助私校較少或不予補助的國家。
3. **捐獻收入**：學校是公益團體，故可以接受各界捐獻。其形式分爲有條件或無條件兩種，前者如指定捐獻之用途（如興建圖書館），後者則允許學校依其需求分配。捐獻者有私人、公益團體、校友團體、乃至國際之各種基金會等。捐獻收入對私立大學之運作尤爲重要，校方甚而成立募款專門機構以開闢財源。
4. **借貸收入**：在某些國家如經費不足時，可允許教育行政單位向銀行借貸或發行教育公債。台灣採取統收統支制，部分資金來源也靠國家發行公債，只是不允許教育行政機關單獨發行。在教育經費獨立國家，如要發行教育公債，多半必須經學區居民進行公民投票；通過後再由其購買以提供資金供教育部門使用。
5. **營運收入**：學校乃公益團體，並不允許從事商業行爲。但其附屬單位如醫院、農場、林場、成人教育中心、福利社等皆可以產品或服務之提供對外收費，再滾入學校之經費中。在某些國家（如美國），部分學校尙可運用剩餘資金購買有價證券或投資房地產，以謀求資本利得而擴大財源。由於其極具危險性，並非每個學校皆可嘗試，且其投入之金額依法有一定之上限。

上述即是教育經費籌措的主要來源。如以對象來分，則有國家、私人、與社會團體三者。公立學校（尤其是中小學）之經費多來自國家的補助，個人所繳納的學費較少。與之相較，私立學校之經費則多來自學費或是個人與社會團體（如校友會）的捐獻。由於學校鮮少有營運收入，借貸行爲乃是不得已之舉，捐獻收入又不固定，故大體而言，稅收與學費乃是教育財政的兩大基石。前者對公立學校系統尤爲重要，後者則爲私校籌措資金的主要管道。兩者之間所占教育經費的比重，往往也是辯論的熱門話題。

以台灣高等教育爲例，以往由於公立大學之長久獨占鰲頭，私部門對於高等教育之捐獻多半卻步。影響所及，私立大學的經費主要來自學雜費收入，與美國之頂尖私校如哈佛等可獲得大量民間捐獻大相逕庭。根據陳麗珠（2009）針對2005學年台灣公私立大學現金收入的分析，發現學雜費收入乃是私立大學現金收入的最主要來源。三年之平均爲65.40%，補助及捐贈只占17.37%，其餘分別爲建教合作（7.87%）、推廣教育（3.05%）、作業收益（4.30%）。與之相較，國立大學的學雜費收入雖占22.13%，來自教育部的政府補助才是最主要的收入，三年平均高達45.28%，其餘分別爲建教合作（17.0%）、業務外收益（6.58%）、與推廣教育（1.56%）等項目。

不論是統收統支或是經費獨立制的國家，人民均有選擇公立或私立學校的權利。基本上，各國在義務教育階段大多不予私校補助，形成選讀私校之家庭在繳稅之餘尙要負擔巨額學費的現象，因而引起不平之鳴（請參見學校選擇權一章）。此外，由於稅率的逐年攀升，使得並無子女就讀學校的家庭質疑繳納稅款支應教育經費的正當性；認爲本身既未受惠，自然就不應負擔。他們宣稱按照使用者付費的原則，有子女就讀學校的家庭應負擔大部分或全部的經費，尤其是在高等教育階段。有關高等教育學費政策之爭議，請參見本章所附之個案議題討論，限於篇幅在此不再詳述。

以上論點自現代公立學校系統初建時就已出現，然而在實務上並未被接受。即使在高等教育階段，學生負擔學費比例雖然較高，但政府依舊加以部分補助。此因教育所產生之利益並不限於個人，社會國家也互蒙其惠。受教程度愈高，一方面個人平均所得增加，另一方面也對其所處之社會有所助益。拋開較抽象難以測量的利益不談（如國民文化素質之提升），即以有數據之資料而論，教育所產生的主要社會利益可簡述如下：

1. **國家稅收之增加**：如前所述，受教程度愈高，其收入愈高。Murphy and Welch（1989）研究美國大學與高中畢業生年薪之數額，發現1975至1980年，前者為後者之1.33倍；1981至1986年則增為1.54倍。類似結果也發生在各不同群體中（男人、女人、黑人、白人），顯示教育之年限對個人收入的影響力。表6.4則呈現美國2002至2009年25歲以上不同學位獲得者之年平均收入，其中可明顯看出擁有學士與學士以上學位之男性，其收入（2009年為71,466美元），較高中畢業者之39,478元高出1.81倍。女性部分與男性也有相近情況，顯示教育程度與個人收入之高度相關。在另一方面，此也意味著平均國民教育程度的提升，國家可徵收的稅款也因個人收入的增加而成長。Psacharopoulous（1980）的研究指出，高中畢業較小學畢業之員工多貢獻7.4%的稅，大學畢業則較高中畢業生多貢獻3.6%的稅。
2. **犯罪率之下降**：教育程度之高低與犯罪率有極大關聯。以台灣為例，1994年之因案判刑確定者，30.01%為國中畢業，20.79%為高中職畢業，僅有3.53%為大學畢業生（詳見法務部犯罪研究中心，犯罪狀況及其分析，1994）。由資料中可明顯看出教育程度愈低者，其犯罪率相較之下偏高，足證教育對社會安定的貢獻。
3. **失業率之降低**：Boissiere et al.（1985）指出，教育是一種消費財貨，同時也是一種生產財貨。教育程度的提升不但可使個人的文化素養提升，同時也使其更能適應複雜的科技社會，並有足夠能力學習最新的知識。所以當環境變遷迫使個人轉業時，教育程度較高者在短期間可自我調適。相較之下，教育程度低者，其工作不但容易因專業能力趕不上時代而被解僱，在轉行的路程上也會備覺艱辛。影響所及，其失業賦閒在家的機率相對就高。以美國為例，1991年全國失業率為6.8%，其中大學畢業者為3.6%，遠小於小學、初中、高中畢業之11.8%、12.8%、7.3%，足證教育對降低失業率的功效。

表6.4　美國25歲或以上不同學位獲得者之年平均收入

單位：美元（以2017年美元價值為基準）

年份	總人數平均	中等教育		大學		
		高中以下	高中畢業	大學肄業	副學士學位	學士與學士以上學位
男性						
1995	43,280	28,370	38,470	41,690	42,700	60,050
2000	45,830	28,370	41,100	45,290	49,820	66,520
2005	43,930	27,530	37,520	43,800	49,740	62,730
2010	44,830	26,980	36,930	42,570	44,860	58,890
2011	43,590	27,200	35,760	40,880	45,660	59,590
2012	42,700	26,660	35,040	40,380	45,240	58,580
2013	42,090	25,880	33,310	40,980	44,000	60,530
2014	42,350	25,880	34,140	37,200	41,710	61,060
2015	43,440	27,100	35,150	40,290	44,320	61,790
2016	44,910	29,170	35,490	38,790	43,920	61,240
2017	45,000	29,000	34,960	39,990	44,840	61,950
女性						
1995	35,070	20,820	27,810	32,150	38,440	46,650
2000	38,420	21,290	30,810	35,530	37,000	51,240
2005	37,590	21,090	29,920	35,050	36,800	49,910
2010	39,200	19,890	28,070	32,540	38,970	49,410
2011	38,080	20,550	28,180	31,500	35,500	48,930
2012	37,350	19,060	26,670	30,940	33,480	49,980
2013	38,800	20,930	26,290	31,310	33,670	48,410
2014	37,220	20,660	25,890	28,980	30,720	51,320
2015	39,300	20,660	27,920	31,010	32,720	51,710
2016	38,810	22,370	28,600	30,610	32,550	51,010
2017	39,000	23,510	26,980	30,000	32,390	49,750

資料來源：National Center for Education Statistics, NCES (2019). Table 502.30, Median annual earnings of full-time year-round workers 25 to 34 years old and full-time year-round workers as a percentage of the labor force, by sex, race/ethnicity, and educational attainment.

4. **政治參與率之提升**：根據調查，教育程度愈高者，其政治參與的動機就愈強，這也是民主社會正常運作的重要條件。如果公民對國家大事漠不關心，民意就極難顯現而容易形成獨裁統治。以投票行為為例，美國1976年總統選舉，小學畢業者僅51.4%前去投票，高中與大學畢業者分別為59.4%與79.8%。

由以上引用之研究，可知教育對於社會所產生的利益絕不可小覷。即使家庭中並無子女就讀學校，其仍享受到因全民教育提升所促成的政治安定與經濟成長；因此，繳納稅款支應教育需求並不為過。至於在學費負擔的課題上，近年來各開發國家雖仍堅持義務教育免學費的政策，但也逐漸傾向要求高等教育的學生負擔一定比例的成本，以反映其因受教所產生的個人利益。在開發中國家，由於經濟成長未能趕上教育之經費需求，一般而言，社區與家庭在負擔教育成本的比重上較政府為高（Bray & Lillis, 1987）。

第四節 教育經費分配之原則

由於政府各部門爭奪財源日益激烈，凸顯教育經費的稀少性與珍貴性。如何將其分配給各級各類學校與學生，即成為另一個衆人矚目的課題。基本上，其牽涉到績效與平等兩個原則。前者係指運用有限的資源創造最高的效益；後者則藉著經費分配的不同方式，以達成不同需求與背景學生的受教公平性。當然，每個國家因民情之差異，對於績效與平等自有不同的定義，但均需設立效標加以評核，以避免浪費教育資源。在多半情況下，績效與平等難以兼得，經費分配者必須酌情而為。例如，對於身心嚴重傷殘或智能不足之學生，即使耗費大量資源加以教育，其成果也很難達到外界所認定之績效。部分學生雖有所進步可完成簡單動作，但生活仍需專人照顧。如以狹隘的績效觀點而論，根本就不値得投資。此項經費可用來教育一般學生，使其達到更高績效（如提高測驗分數）。何去何從，則必須考量各種因素後才能決定。多數人都同意個別學生的平等受教權，但在資源不足情況下，挪用一般學生經費而加倍使用於特殊教育，則往往引起分配比重上的爭議（Levin, 1991）。

由於教育績效的定義與評量牽涉頗廣，我們將在教育視導與教育評鑑兩章中詳細介紹；以下即就教育經費分配與受教機會平等的議題加以討論。平等不見得就意味著相等，但是未知詳情者卻可能認爲提供每個學生相同經費，即達到受教機會平等的目標。此雖踏出第一步（有些發展中國家連此階段都做不到），但在實務上卻離眞正的平等理想甚遠。其原因如下：

1. 各個學生的背景不同，需求也有所差異；例如，一般與特殊教育學生。給予相等之經費往往發生此虧彼盈的現象。
2. 各個學區的人口結構互異。有的平均社經地位高，有的則淪爲貧民窟。居民富有之學區，其繳稅能力自然較高，貧窮區則往往需要政府補助。在此情況下，訂定相同的分配經費金額事實上並不合時宜。政府必須再藉助補助制度，將貧窮學區所獲經費提升至一定水準，但此舉往往必須形式上削減富有學區之經費，因而造成相當爭議。
3. 即使各個學區的學生獲得同額經費，也未必達到平等。此因：(1)學區人口分布依各種因素而有疏密之分，在偏遠地區往往必須籌建小型學校應付所需。由於不合規模經濟的原則，其成本必定較高，同樣的經費所產生之績效往往較低。(2)政府所提供之教育如果偏向職業教育，其辦學成本必定較普通教育爲高。同等金額卻可能使其入不敷出。影響所及，其品質必較低下。

歷來對於受教機會平等之定義繁多，基於哲學理念的不同，其作法也有所差異，並引起極大爭議（Alexander, 1982）。例如，美國法院在1960年代下令用校車運送各區學生，希望打破種族分讀的制度。當時即產生是否僅爲假平等的辯論。此外，在大學中保留名額給少數民族學生，是否爲對成績較好白人學生的「歧視」行爲？台灣新北市學生越區至台北市就讀，是否對後者居民不公（因其負擔稅款）？均成爲爭議話題。不過在經費分配上，各國近年來多朝向兩個相關的平等目標而邁進。其中包括：(1)縮短學區間每生支出的差距，(2)降低學區支出與其財富間的相關（Cohn & Geske, 1990）。

一、公平性測量指標

一般而言，公平性測量指標係分爲兩種：一爲單位資源量之分散性測量，二爲特殊單位變項與所分配資源量之間的關聯性測量，茲分述如下。

（一）分散性測量指標

分散性測量（disparity measurement）用於分析各單位所得的接近程度，其原則爲分散性愈小，表示愈均等，因此也稱之爲不均度指標。這些指標多用於測量某一時間點下的分配狀況，對於該段時間內高低階層間資源的流動狀況則無法測知，因此被稱爲「靜態單一時點不均度指標」。其常用公式有以下六種：

1. **變異係數**（coefficient of variation）：其公式如下：

$$C = (【\Sigma(Y - \mu)^2 / N】^{1/2}) / \mu = V^{1/2} / \mu$$

2. **全距**（range）：其公式如下：

$$R = R_{highest} - R_{lowest}$$

3. **對數標準差**（standard deviation of logarithms）：由於所得分配通常偏右，故可利用統計學上的對數常態分配加以轉換，使其尺度縮小，降低了高所得（即位居右邊分數）的影響效果。其公式如下：

$$L = (【\Sigma(\log Y - \log\mu)^2】 / N)^{1/2}$$

4. **基尼係數**（Gini index）：基尼係數相當於以離均差爲中心的變異係數，基尼係數的兩倍約爲變異係數值，故又被稱爲基尼集中係數。其亦可由所得分配的勞倫茲曲線求得。基尼係數之公式如下：

$G = g/2\mu$；其中

$$g = 【1/N^*(N - 1)】 * 【(N + 1)^* \Sigma Yi - 2^* \Sigma(N - i + 1)^* Yi】$$

5. **泰爾指標**（Theil index）：與對數標準差一樣，因受對數轉換的影響，對低所得分配較爲敏感。其公式如下：

$T = \Sigma(Y/\mu)*\log(N*Y/\mu)$

6. **艾肯遜指標（Atkinson index）**：一般而言，國家愈發展，國民所得愈提高，其社會福利水準亦愈高，但因所得過分集中於富者之手，造成社會的總效用減少，社會福利水準會比完全均等時低。因此，艾肯遜指數的高低，可以顯示分配的平均度。指數愈高，愈不公平。其公式如下：

$A = 1 - \{\Sigma【Yi/\mu】*(1-\varepsilon)*Ni/N\}*【1/(1-\varepsilon)】$

（二）關聯性測量指標

有關關聯性測量指標主要有三種方式，在以下的公式中，

Y：表單位教育資源量

X：表單位關係變項

μy、μx：為平均數

σy、σx：為標準差

i：表第i個單位

N：為單位總數

△：表示變動量

1. **相關係數**：係指兩變項之相關程度，只能表示兩者連帶變動關係的強弱和方向，未能顯現變動的幅度。其公式如下：

$R = (\Sigma(Y_i - \mu y)*(Xi - \mu x))/(N*\sigma y*\sigma x)$

2. **斜率**：相對於指X變動一單位時，Y的變動幅度及方向。其公式如下：

$\beta = (\Sigma(Y_i - \mu y)*(Xi - \mu x))/(N*\sigma_y^2)$

3. **彈性係數**：測定Y的變動百分比對x的變動百分比之相對比率。其公式如下：

$$E = (\triangle x/X) / (\triangle y/Y)$$

利用以上各種平等測量方法，各種實證研究傾巢而出。以美國50州爲例，Brown et al.（1978）與McLoone（1981）均發現學區間的支出差異，歷年並無顯著改善。前者研究的年代爲1970至1975年，後者則是1969/1970至1976/1977年。換言之，各學區支出數額（即爲其所籌措之經費能力），與其本身的貧富程度仍具有高相關，顯示不平等的情況依舊存在。Cohn and Smith（1989）則以南卡羅來納州爲樣本，以基尼係數分析，發現經教育財政改革後，1976/1977至1985/1986年學校財政的公平性已大有改善。

二、補助制度

教育是一種準公共財，係個人與社會共同需求的一種財貨。由於此等財貨被認爲具有「改變國民所得分配」與「促進社會階層流動」兩大優點，因此，教育財貨的分配是否遵循十四世紀以來天賦人權中「平等」的宣言，便格外令人重視，也成爲當今教育財貨分配的重要課題。由於各地區財富狀況不一，因此，教育補助制度除要對地方有刺激效果外，更希望能促進教育財政之公平。在分配原則上，以往分爲水平公平與垂直公平，晚近則加入適足性的概念。茲分述如下：

水平公平意謂「同等特性同等對待」（equal treatment of equals），係最早受到重視的公平原則。其原則乃將每個學生視爲相等單位，要求其獲益相同；或是將每個家庭與地區視爲相等單位，要求其負擔相同。引申在教育財政上，即在要求個別學生獲得的教育經費或教育補助必須相等。因此部分學者主張，在義務教育階段，每個學生均應享受相等資源、相同的基本課程、相同的師生比例，以促使對學生未來教育影響（如謀生能力）的均等（林文達，1986）。

與之相較，垂直公平則著重學生之間的差異，要求應依其差異給予不同的待遇，以使其潛能得以充分發展，即所謂「不同特性不同對待」（unequal treatment of unequals）。根據垂直公平原則，特定兒童的合法差異應得到確認，並且依其差異而有不同的經費支給標準。例如，有學習障礙的學生在垂直公平的原則下，應該比沒有障礙的學生得到較多經費補助。給予處在不利地位者較多的教育經費，使其有更多資源進行補償教育，得以與一般學生公平競爭，即是垂直公平的表現，也是一種正義精神的表現。

除了水平公平與垂直公平，1990年代之後，先進國家如美國開始發展出教育資源「適足性」（adequacy）的概念（王立心，2004；許添明，2003；陳麗珠，2000；Addonizio, 2003）。其乃是對垂直公平的進一步檢驗。相較於水平公平與垂直公平對於經費投入數量之重視，適足性也重視教育成效之對稱性。如以偏遠地區學生爲例，基於垂直公平之考量，其會擁有更多補助而使學生單位成本高於一般學生。以往認爲如此即已達成教育公平，但因並未檢視其產出績效，往往造成空有補助卻缺乏成果之窘境。正如Odden and Busch（1998）所主張的，適足性係指學生在得到充足基本教育資源之餘，也必須產生相稱之高標準教育成就。基於此，陳麗珠（2006）即主張適足性的基本內涵可歸納爲以下三個面向：

1. 賦予學生充分教育資源。
2. 資源隨學區、學校、學生不同的特質而有所調整。
3. 訂定個別學生所欲達成的教育成就標準或學習目標。

在適足性的要求下，教育經費的提供，不僅在投入經費數量之公平，更需適度調整，以使不同特性與程度之學生，皆能達到與其接受經費之相稱表現。與水平公平與垂直公平相較，適足性更重視投入與產出之間的適切性。傳統上認爲對於弱勢學生只要給錢即可，對於補助是否花在刀口上卻往往加以忽略，造成學生之成就依然未如理想。舉例而言，對於偏遠地區學校一味補助購買電腦，卻忽略因資訊教師缺乏而難以善用補助設備之窘境，即是缺乏適足性之明證。

綜上所述，水平公平係指同等特性同等對待，是目前發展較完整且較易進行評量的教育財政公平原則。而垂直公平則指不同特性不同對待，實務上較難評量。此因差別特性不易界定，且差別待遇究竟應達何種程度才能號稱公平，目前仍有諸多爭議。與前兩者相較，適足性則強調提供適當充足的教育資源，以發展學習者最大潛能。由於其概念較新，實務作爲仍須進一步研究（詹盛如，2008）。

（一）補助模式與公式

爲使教育財政制度更具公平性，各國多半設計不同的補助制度以應所需。

前已述及，受教之公平可粗分爲水平與垂直公平兩大類。在實務上，前者力求每生支出（成本）必須達到一定數額，後者則給予各種不利者（如文化不利、殘障學生）更多之補助，以反映其先天條件的不足。以下即以美國與台灣爲例，敘述第二次世界大戰後所採用的教育補助政策。其中美國部分則以各州補助地方學區的方式爲主。此因聯邦政府對中小學的補助多爲專案補助，形式上頗爲齊一且所占比例不高（多在6%上下），相較之下顯得各州政府的地位日形重要。綜合各家之分法（如Johns & Salmon, 1971; Cohn & Geske, 1990），美國各州所採用或曾被考慮的補助方式有以下六種。爲方便讀者瞭解其標準，故酌量列出其計算公式。其中可以看出各州在應付不同問題上的特別作法。

1. **單位補助制（flat grants）**：此種方式係以學生數或班級數爲補助標準，基本上又分爲齊一型（uniform flat grants）與變化型單位補助（variable flat grants）。前者不論被補助者背景之差異，採取一個蘿蔔一個坑的作法，完全按其學生數或班級數補助；後者則多少考慮不同班級的資源需求差異（如給予每個中學生的補助爲5,000元，給每個小學生則只有4,000元）。基本上，單位補助形式並未考慮城鄉與學區間差距問題。影響所及，偏遠或社經地位較差之地區，即可能因學生數或班級數較少而獲得較少金額。故單位補助方式在各州多半必須與其他公式合用，才不會引起社經地位較低地區居民的抗議。
2. **基礎補助制（foundation programs）**：此種補助方式的特色乃在州政府依據各學區徵稅（主要爲財產稅）之能力，訂定一主觀的最低徵稅比率，並依此來補助未達州定之每生支出標準的學區。其基本公式如下：

$EAi = WADAi\ (F - rVi)$，其中：

EAi = 對於i學區所補助的金額

$WADAi$ = i學區平均每日的入學學生數（Weighted Average Daily Attendance）

F = 基礎金額（即州主觀訂定每生應支出的最低金額）

r = 州政府主觀訂定的地方財產稅率

Vi = 在i學區中每生被評估的財產價值

爲方便說明，茲舉一例子如表6.5。表中之五個學區中，Vi代表每生被評估的財產價值，其係以全學區的財產總值除以學生總數所得；數值愈高，代表學區愈富有。此例中r值定爲0.02，F值爲1,600元，故C、D、E三個學區分別得到補助。值得注意的是此法雖平衡部分學區財富的差距，但並未達到眞正的水平公平，A學區依舊享有較高的學生單位支出金額（2,000元）。以上之公式假定EAi爲負值時即設定爲零，故A學區不致必須繳納盈餘給州政府。除以上之算法外，有的州計算r值方式係採浮動形式，其公式分別爲：

EAi = WADAi * F(1 – Vi/Vh)，其中：
r = F/Vh
Vh = 最富有學區之每生被評估財產價值

或是
EAi = WADAi * F(1 – Vi/Vs)，其中：
r = F/Vs
Vs = 所有學區之平均每生被評估財產價值

表6.5　美國各州實施基礎補助制舉例

學區		(r=0.02)	(F=$1,600)	每生補助	州與地方學區收益
	Vi	rVi	F – rVi	EAi	(2+4)
	(1)	(2)	(3)	(4)	(5)
A	100,000	2,000	(400)	0	2,000
B	80,000	1,600	0	0	1,600
C	60,000	1,200	400	400	1,600
D	40,000	800	800	800	1,600
E	20,000	400	1,200	1,200	1,600

其結果爲前者允許除最富有之學區外均可得到補助，後者則必須是低於平均每生被評估財產價值之學區才能得到補助。

3. **比率均等補助制**（percentage equalizing plan）：此補助制度特色乃在州訂定一固定的補助比率，然後再依各學區的貧富程度撥發金額。

其公式如下：

$EAi = WADAi (1 - xVi / Vs) EXPi$，其中：

$EXPi$ = 在 i 學區每生之支出

x = 州願意補助之比率（0與1之間）

從以上公式中，可看出愈貧窮之學區（即Vi / Vs愈小），其所受之補助較多。在此制度下，只有Vi價值小於各學區「平均每生被評估財產價值」之學區才能受到補助。x值愈大，則州之財政負擔愈重，故必須視情況量力而爲。

4. **保障稅基制**（guaranteed tax base）、**保障收益制**（guaranteed yield）：保障稅基制與保障收益制兩者皆屬於稅基均等化的教育補助方式。主要係依據各學區稅基之高低程度，而有不同的補助，希望能調整學區能力而達成財政中性的目標。其公式如下：

保障稅基公式：$SA_i = R_i * (GTB - V_i) * N_i$

保障收益公式：$SA_i = R_i *(GY - Y_i) *N_i$，其中：

SA_i = i學區所得教育補助款

R_i = i學區之財產稅率

GTB = 單位保障稅基值（常數，由州統一訂定）

V_i = i學區單位稅基（財產估定值）

GY = 單位保障租稅收益值（常數，由州統一訂定）

Y_i = i學區單位租稅收益值

N_i = i學區補助單位數

就保障稅基制而言，其補助公式是由州統一設定保障稅基值。地區財產估定值與保障稅基間的差額乘以地區財產稅率，即爲補助款的額度。其目的在於提升納稅人公平，考量其有公平的努力而不考慮其財力，避免產生高財力低稅率或低財力高稅率的不均。

與之相較，保障收益制則是依據各學區稅率，若每增加1%的稅率，就可相對增加定額的補助款，因此學區徵收稅率愈高，能獲得的保障租稅收益值亦隨之升高。

保障稅基制與保障收益制兩者在計算公式的概念是一致的，故將之合併爲一類。兩者優點在均衡學區財政能力，而非教育支出的均等化，一方面也盡力維持學區教育財政自主。對於納稅人而言，其最大優點即在公平，相同的努力即有相同的稅額。然其缺點卻在受限於州經費不足，實務上有可能設定過低的保障稅基之情況，且由學區自訂支出水準，較難達成全州每生教育經費均等之要求。

5. **州經費集中制**（full state funding）：爲完全消除學區間的貧富不均現象，部分學者（如Thomas, 1970）即倡導州經費集中制，由州來負擔所有學區之教育經費。至於各學區之稅收可以留用於其他非教育用途（形成州完全補助的狀況），或是併入州稅之一部分統收統支。此制由於牽涉甚廣，故多實施於較小之州（如夏威夷），但仍有其副作用。爲人非議最多者則爲學區因地制宜之功能失去。由於所有經費來自州政府，其對學區的控制力即大爲增加，造成學區任何爲適應特殊需求所創設的新課程或教學方式，在經費來源上失去部分自主性。

6. **教育券補助制**（voucher plan）：此制之精神乃將自由市場機制注入教育體系。每個家庭依貧富高低可得到不等價值的教育券，學生可持之以選讀所喜歡的私立或公立學校。教育券理論上可達成學區財富中立的理想，並使辦學不佳的教育機構淘汰出局。然而由於實務上之困難，其實施之範圍極小且多在實驗階段。主要困難例如：資訊系統建立之龐大支出、越區就讀之交通問題、與知識水準較低之父母無法爲子女選擇適當學校等。反對者因此認爲其不但不能促進教育機會均等，反而會形成因社經地位或種族差異的就學歧視。他們堅信若實施教育券制度，貧窮或少數民族家庭可能會被迫選擇辦學不力學校。以促進教育平等的程度而論，教育券遠較前述方法激烈，故在實施上阻力也極大，至今尚無任何一州正式全面採用；其未來發展值得特別注意。有關教育券之詳細內容，請參考「教育選擇權」一章。

在相關美國各州之補助制度研究部分，King, Swanson, and Sweetland（2003）發現在50州中，以基礎補助制最受歡迎。此外，部分州並採用兩種或三種的混合形式。在此要注意的是：以上所談的均爲州政府對其所轄學區的一般補助制度，至於各州對特定專案的補助（如雙語教育、特殊教育、補償教育等），則依需求情況而定，並無一定制度或公式。有興趣之讀者可參考相關資料以瞭解詳情。

基本上，由於利益團體的興起與社會結構的複雜化，補助制度在美國近年來有更加繁複與多樣化的趨勢。此外，美國各州貧富差距頗大，平均所得最高的州與最低州之差距達數倍之多，因此進而影響個別州每生平均支出之數額。如何拉近各州間的財富距離，成爲美國今後必須努力的課題。

（二）補助經費之分類

以上所敘述的乃是補助的各項模式。然而，即使依公式算出金額，補助經費仍因目標不同而有所差異。圖6.1中即修改Fisher（1996）的分類加以說明。其雖以美國之教育體制爲主軸，但仍有一定之參考性。

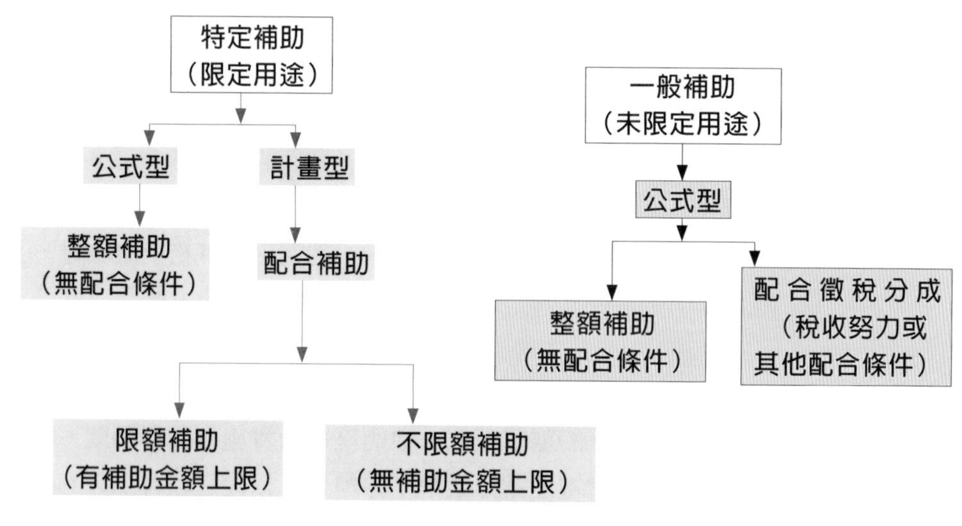

圖6.1　補助經費之分類類型

資料來源：改繪自 Fisher (1996)。

首先，補助經費先可依用途是否受限，分爲「一般補助」（unconditional grants）與「特定補助」（conditional grants）兩種主要形式。運作上，一般補助並不限定其用途，被補助者可依各種教育需求自由支應。補助款通常依照特定公式（如學生數）來決定，以平衡各地方財政能力不均之問題。與之相較，特定補助運用上則多半限於推行特定教育政策（如改建危險教室），原則上不可挪做他用。

基本上，一般補助多以公式型爲主。特定補助則有公式型與計畫型補助兩種。其中，公式型係依照法規所訂定的公式分配經費，而計畫型則爲了實施特定政策，由各申請者撰寫計畫交由上級審核後加以補助。換言之，計畫型補助具有市場競爭之色彩，並非人人有獎。表6.6 中即以Wright（1988）之看法，說明公式型與計畫型兩者之間的差別。此外，基於實務之需求，也有兼採公式型與計畫型之第三類型。其申請時必須提交計畫，但一旦通過，其分配數量則取決於特定公式。第三類型的數量較少且較繁複，但卻具有更大之實施彈性。

表6.6　公式型補助與計畫型補助之比較表

模　式	補助方式	
	公式型補助	計畫型補助
分配標準	補助款分配係依據一定之客觀指標。例如，土地大小、人口、個人所得。	補助款的分配係依據是否符合特定政策的判斷指標。例如，內容創意、政策配合度。
期　限	在規定之法定期限內，均可獲得持續性一定數量之補助款。	限於一定期限如一年一次，並無保證來年有繼續補助。
資　格	符合法規或行政上資格要件者均可獲得補助。	以競爭之形式進行選擇性分配，只有符合條件者方可獲得補助。

資料來源：引自 *Understanding intergovernmental relations* (p. 223), by D.S. Wright, 1988, Pacific Grove, CA: Brooks/Cole.

在補助金額方面，依照是否要求相關配合條件而可分爲「整額補助」（block grants）與「配合補助」（matching grants）兩種。前者在補助時並無要求配合條件；後者則需有一定之配合條件，其中包括配合款之自行籌措等。配合補助又依補助金額有無上限，進一步又可分爲「限額補助」（closed-ends）與「不限額補助」（open-ended）兩種（Rosen, 2004）。

由於國情之差異，各國教育經費補助制度多有所差異。以上所舉僅爲大致之分類，預知詳情，還請讀者參閱當地政府之作法與相關文獻。

（三）台灣近年教育補助計畫與刺激效果

台灣自1970年代中葉開始，中央與省對於改進國民教育措施及補助地方教育經費均有大幅度的增加。其主要原因乃在自1968年延長九年國民義務教育以來，相關教育經費在各縣市總預算中，一直占有極大比重。國民義務教育經費的龐大預算，不但影響其他部門的正常發展，更使各縣市政府財政面臨收支無法平衡的窘境。為解決地方財源短絀的困難，省教育廳遂於1977至1994年之間連續辦理三項大型補助計畫，其中包括「發展與改進國民教育計畫」（1977-1994）、「充實偏遠地區教育設施提高教育水準計畫」（1986-1991）、與「國民教育補助計畫」（1983-1991）。

此外，為更有效改善地方教育，以縮短城鄉教育之差距，教育部於1994年研擬制定「教育優先區」（Educational Priority Area, EPA）政策，希望對教育發展落後或教育資源不足之地區，給予重點補助，依據其「國中小試辦教育優先區實施要點」之規定，教育優先區實施之標準有六項原則，內容大致針對偏遠、交通不便、地層下陷等地區及財政狀況不佳之縣市進行教育資源的改善（教育部，1994）。

檢視1994年以前省對各縣市的教育補助類型，「發展與改進國民教育計畫」與「充實偏遠地區教育設施計畫」應為「特定補助之計畫型」補助。與之相較，「國民教育經費補助」則屬「特定補助之公式型」補助。兩者性質不一，其刺激效果也有所不同。

針對刺激效果，Cohn（1987）主張政府間的移轉收入，對地方政府的支出行為影響有以下三種效果：

1. 地方政府將此補助金完全用於規定的用途上，地方對該項財貨的支出亦不因有補助金而減少。此時，若以迴歸分析探討補助款對地方支出的效果時，其迴歸係數會大於1，故可稱此時的補助金具有純粹的刺激效果。
2. 地方政府將此補助金完全用於規定的用途上，但地方對該項財貨的支出因有補助金而減少。換言之，在迴歸係數上是介於0和1之間，顯示補助金有部分被挪用的現象。其可能做為地方原有支出的替代，也可能做為其他支出的替代，甚或做為地方居民租稅減輕之用。是以，Cohn在分析地方自有收入與補助款的關係時，稱此種情況的補助款兼具刺激地方支出、與替代其他支出或替代地方租稅的效果。在此情況下，補助款對地方支出乃介於刺激和替代效果之間，換言之，僅具有部分的刺激效果。

3. 地方政府將此補助金完全用於其他用途上，而地方對該項財貨的支出也減少，使該項教育的支出反比補助前還低，此時迴歸係數小於0而為負值，則此補助款即被視為具有減低支出的效果。

台灣有關教育補助金公平性的研究方面，賴明怡（1991）研究台灣省各縣市教育經費的補助制度對均等性的影響，結果發現各縣市國民教育經費補助與縣市之財力無顯著相關，但與去年特定增加的教師數、增加的學生數皆有顯著相關。

陳麗珠（1992）以多項指標，檢定1981至1990年會計年度各縣市國民教育財政的公平性，發現每生教育經費的水平公平程度並不理想，在扣除人事費後更不公平；且教育經費與縣市財政的良窳有正相關，不符合財政公平原則。

戴玉綺（1993）由公平性著眼，分析台灣教育資源四十年間在各縣市的分配情形，其中在垂直公平上，發現省與中央的補助大致符合了濟弱扶貧的精神，但以補足財政缺口的平衡效果為主，缺乏積極刺激精神。且補助收入所占比例過高，形成過度依賴，有損地方自主精神，相對也使公共財的分配失去效率。

秦夢群等人（1996）則以上級補助款對於各縣市的刺激效果加以研究。主張教育補助的目標除了要達成公平原則之外，也應有刺激的效果。換句話說，教育補助不只是拿錢來填窟窿，也希望藉此刺激被補助者教育支出的增加。就補助者的觀點而言，當然不希望各縣市憑恃有上級教育補助，而把原有經費挪為他途。最好是補助增加1%，其教育支出卻增加1%以上，如此才能達到正面刺激效果。根據其研究，分析1983至1990年各縣市之彈性係數，其計算方式如下：

彈性係數（E）=（△X/X）/（△Y/Y），其中

△X：某年比前一年增加之每生教育經費

X：前一年之每生教育經費

△Y：某年比前一年增加之每生補助經費

Y：前一年之每生補助經費

經計算後發現：(1)半數以上的彈性係數介於0與1之間。代表歷年之教育補助確有部分刺激效果，但仍未達理想。最好是△X與△Y皆為正，且其彈性係數大於1，表示補助確能加倍刺激其教育支出。(2)部分彈性係數呈現負數，原因有兩種情況。一為△X為負，△Y為正；一為△X為正，△Y為負。若為前者，在本研究中代表教育支出減少，而教育補助卻增加，顯示補助不但無刺激效果，反而可能因之而有經費挪用他途的現象。例如，縣市政府預知將有補助款，即將原來編列的教育經費編入他項，形成偏向效果。後者則為教育支出增加，教育補助卻減少；如果此縣市在財政狀況上並無突然好轉（因之所需補助減少），就值得補助單位特別注意，應進一步探討是否因行政疏失而錯過對其應有的補助。

在教育經費適足性部分，其研究數量較少。其中如涂巧玲（2002）即採用德懷術（Delphi technique），邀請教育專業人士進行相關原則與公式之發展。經過統整，各專家所達成共識之公式為「每生單位成本×學生數（一般學生數＋特殊需求學生數×權重）＋地區差異調整＋規模不經濟調整＋物價指數調整」。

王立心（2004）則以台灣1998至2003年相關財政與教育年報等資料，利用Gini係數等方法進行分析，結果發現在「教育經費編列與管理法」實施後，國民教育經費分配達成之公平性與適足性之程度，較實施前之年度為高。

詹盛如（2008）則分析相關數據，發現台灣1996至2005年之間的教育經費並無明顯成長。雖然總支出金額逐年增加，但以占國內生產毛額的比例數字分析，教育總經費大多在6%上下。然而，其還是加上私人經費的投入，才能維持此項比例。換言之，公部門之教育經費投資相對較低，總金額雖有成長，但扣除通貨膨脹後卻呈倒退的現象。

第五節 教育財政制度改進發展之議題

一、學校本位財務管理

台灣由於採行統收統支的教育財政制度，故其受一般財政系統的影響甚巨，其中學校之經費運用常受限制而遭致批評。其中如依據規定，年度預算賸餘須繳還公庫，且支用未達一定比例須受議處。因此導致公立學校在年度預算結束前，進行非理性的消化預算。基於此種弊病，晚進歐美先進國家即推動「學校本位財務管理」（School-Based Financial Management, SBFM）之制度，希望進行經費鬆綁，而讓學校依其所需動用經費。

廣義而言，學校本位財務管理係指學校除獲得政府依其需求所分配之教育經費外，並可自籌部分財源。經立法通過鬆綁經費使用規定限制後，使學校能彈性自主管理與使用經費，以產生辦學績效與彰顯其特色。何宣甫（2004）則主張學校本位財政管理係將教育經費以公式算出各校需求，將經費一次整批撥下，並將經費運用權利下放到學校，以增進經費使用效果。秦夢群、莊清寶（2008）則將學校本位財務管理定義爲「政府依據各校的基礎條件及需求來適度分配教育經費給學校，並放寬經費使用限制，使學校得以彈性自主的方式來管理經費，以期有效發揮經費使用的效能，讓經費的運用能符合學生需求，並讓各校得以彰顯其特色」。

雖然國內外學者對於學校本位財務管理的定義，多希望教育經費可以完全由學校依其需求統籌分配及運用，不再另定使用限制；然而實務上仍屬於理想之階段。各國在實施時仍有不同程度之監控機制，以防止弊端之產生。

在實務作法上，根據「教育經費編列與管理法」第十三條即明定：「直轄市、縣（市）政府之各項教育經費收入及支出，應設立地方教育發展基金，基金應設專帳管理。地方政府自行分擔之教育經費、一般教育補助、特定教育補助均應納入基金收入，年度終了之賸餘並滾存基金於以後年度繼續運用；其收支、保管及運用辦法，由直轄市、縣（市）政府定之。」此即爲各地方政府成立「地方教育發展基金」之法源依據。尉遲淦（2004）指出地方教育發展基金之設置，依立法意涵本質上具有專款專用，希望教育經費在地方政府可以跨年度使用，而不受會計年度僵化限制之性質。此舉可避免中央補助地方政府之經費因年度結束在即，產生非理性消化預算的弊病，並使經費收支更靈活化而提升效率。實施至今，因各地方政府之財政情況不一，相關作法鬆緊有別，其成效仍須日後觀察。對此有興趣之讀者，還請參酌最新發展並加以追蹤。

相關之評鑑指標，經秦夢群、莊清寶（2008）以結構方程模式進行分析，發現「學校本位財務管理效能」之內涵如下：(1)由學校自行決定其經費的運用更能反映各校學生的特殊需要。(2)由學校自行決定其經費的運用對現行學校本位課程的推動更有助益。(3)增加學校經費運用的權責，可逐漸增進學校成員經費運用的知能。(4)增加學校經費科目間流用之權力，可增進學校應付突發狀況的能力。(5)允許學校保留年度節餘款，可減輕年終消化預算的情形。(6)允許學校保留自籌款及節餘款，可激勵教師投入學校自籌經費的活動。(7)將各校經費直接撥付學校，可以減少地方政治力的介入。(8)將經費直接撥付學校，可精簡地方政府因分配經費所需的人事費用。(9)學校經費透明化，公開接受社會各界人士的考核，有助防止財政弊端。

二、台灣教育財政制度改進之議題

綜上所述，台灣近年雖已朝向學校本位財務管理之方向發展，但在教育財政與經費部分，運作上仍存在不少爭議問題。以下即簡述分析台灣目前相關制度的問題與未來改進之道。

（一）經費來源與籌措

台灣目前教育經費之主要負擔者為中央、直轄市、與縣（市）。表6.7中顯示進入二十一世紀後，中央之負擔比率約爲15%上下，而各縣市政府之比例卻爲40%上下。如此一來，遂使縣市之其他部門業務經費（如交通、社會福利）大爲縮減，造成支出比例上的不平衡，影響地方建設的發展。基於此，縣市政府常向中央進行抗爭。

表6.7　各級政府教育經費占歲出比例

會計年度	總計	中央政府	新北市政府	台北市政府	桃園市政府	高雄市政府	台灣省政府	各縣市政府	各鄉鎮
1986	99.62	21.60	--	14.50	--	5.38	20.31	37.25	0.58
1987	99.60	23.40	--	13.82	--	5.21	19.89	36.69	0.59
1988	99.66	25.21	--	13.49	--	4.57	19.20	36.63	0.56
1989	99.70	24.50	--	12.68	--	4.85	19.58	37.53	0.56
1990	99.70	26.81	--	10.61	--	4.57	22.57	34.57	0.57
1991	99.74	26.12	--	10.81	--	4.54	21.69	36.17	0.41
1992	99.73	28.42	--	10.08	--	4.49	21.76	34.54	0.44
1993	99.74	29.17	--	9.65	--	4.36	20.91	35.18	0.47
1994	99.69	28.03	--	8.72	--	4.67	21.32	36.28	0.67
1995	99.67	26.63	--	8.56	--	4.65	21.70	37.53	0.60
1996	99.65	24.79	--	9.85	--	4.31	21.26	38.68	0.76
1997	99.57	22.92	--	10.31	--	4.16	21.92	39.53	0.73
1998	99.50	23.14	--	10.62	--	4.00	21.95	39.08	0.71
1999	99.53	26.23	--	10.45	--	4.22	18.71	39.10	0.82
2000	88.13	33.07	8.42	12.21	--	8.69	－	25.74	－
2001	87.52	32.45	8.09	11.76	--	8.58	－	26.64	－
2002	87.43	30.79	7.53	12.17	--	8.64	－	28.30	－
2003	87.30	30.00	8.69	12.35	--	8.52	－	27.74	－
2004	86.54	28.42	8.20	11.79	--	8.55	－	29.58	－
2005	86.93	30.53	7.69	11.36	--	8.64	－	28.71	－
2006	87.15	31.71	7.48	11.25	--	8.25	－	28.46	－
2007	87.26	31.46	7.79	11.19	--	8.44	－	28.38	－
2008	87.18	30.47	8.03	11.36	--	8.32	－	29.00	－
2009	88.30	35.02	7.94	10.29	--	7.81	－	27.24	－
2010	87.65	32.16	8.23	10.63	--	8.27	－	28.36	－
2011	87.71	32.05	8.86	10.57	--	8.16	－	28.07	－
2012	87.06	30.08	9.39	10.83	--	8.26	－	28.50	－
2013	86.80	29.17	9.59	10.76	--	8.08	－	29.20	－
2014	86.92	29.48	9.32	10.86	--	8.23	－	29.03	－
2015	87.57	30.14	9.81	10.78	6.15	8.28	－	22.41	－
2016	87.59	30.91	10.63	9.65	6.07	8.06	－	22.27	－
2017	86.97	31.18	9.26	10.39	6.06	7.90	－	22.18	－
2018	86.55	31.79	9.14	9.99	6.24	7.74	－	21.65	－

資料來源：主計室統計總處（2019）。台北市：行政院。

造成縣市教育經費負擔比例如此沉重之原因有二：(1)財政收支劃分法對縣市不利之規定，(2)縣市必須負擔國民教育的經費。按照目前財政收支劃分法，中央與地方縣市稅源不一，財政差距頗大。後者（尤其是貧窮縣市）往往發生寅吃卯糧的窘況。在另一方面，國民教育法卻規定政府辦理國民教育所需經費，由縣市負責統籌。由於其爲義務教育，學生衆多，花費龐大，遂造成巨大負擔。簡言之，此種情況的形成主因就在中央與縣市政府之稅收與教育支出的反比關係。財源最貧乏的縣市，其教育負擔比例遠較中央爲高。今後實應檢討修定財政收支劃分法，使兩者之差距縮短，如此才能解決縣市教育經費負擔過重的問題。

縣市財源枯竭，也造成國民教育品質的低落。雖然縣市教育經費所占預算之比例奇高，但因其財源限制，用於國民教育的金額相對於中央對其他層級教育的支出（如高等教育）仍然偏低（見表6.8）。實務上，大部分的縣市盡其全力，也只能維持國民教育於最基本的運作，改革發展之計畫根本談不上。此由近年縣市預算中教育經費「經常門」與「資本門」的支出比例可明顯看出。一般而言，經常門之支出包括人事費（主要爲教育人員之薪水）、事務費、業務費、維護費、旅運費、與消耗性用品購置費等，主要用於各級各類教育組織的日常行政運作。與之相較，資本門則牽涉到軟體與硬體的更新與投資，主要包括充實設備費（如圖書、教具、實驗器材、視聽器材之添購）、與興建房舍費用（包括購買土地、房屋建築、房屋設備等）。由兩者的性質可以看出，資本門爲教育事業創新與興革的主要原動力。如果所占比例太低，則很難提升辦學之績效。受限於財源短缺，台灣大部分縣市近年來之教育經費，仍以經常門占絕大比例，其中又以教師薪資爲支出大宗。與之比較，資本門之金額則相形遜色。換言之，國民教育之運作僅能維持最基本的水準，配合新教學法、新理念的軟硬體設備更新則無錢添購。此種「經費都買大米塡飽肚子」的情況，實令提升國民教育之路難如登天。解決之道，除開闢縣市之財源外，上級的補助政策即成關鍵。

表6.8　台灣各級學校平均每生分攤經費

單位：元

學年度	總計	幼稚園	國民小學	國民中學	高級中學	職業學校	專科學校	大學及獨立學院
1981-82	20,395	8,549	10,075	15,594	25,085	29,216	41,041	79,889
1982-83	23,480	9,412	12,213	17,461	25,043	28,590	54,622	95,632
1983-84	23,151	12,058	12,044	18,413	25,530	29,916	54,124	83,256
1984-85	25,440	17,092	12,487	19,869	28,073	32,574	56,260	89,704
1985-86	27,902	18,878	13,354	21,230	29,869	34,342	56,888	97,666
1986-87	29,341	19,241	13,765	22,225	31,606	39,356	64,689	119,285
1987-88	32,863	21,022	16,424	23,854	34,602	47,274	48,066	142,284
1988-89	38,589	26,840	20,489	27,900	41,322	47,958	55,549	140,782
1989-90	47,056	32,296	24,416	32,921	55,041	64,105	64,215	161,547
1990-91	57,002	34,788	29,979	42,250	57,642	66,350	66,050	188,484
1991-92	56,533	38,020	34,745	49,562	64,897	72,909	78,027	200,211
1992-93	65,923	39,320	44,655	58,090	70,550	75,851	81,729	204,730
1993-94	75,444	38,789	48,717	62,081	72,530	81,901	85,954	204,795
1994-95	81,168	45,405	54,391	67,887	73,647	87,037	83,786	195,870
1995-96	86,047	47,606	62,699	76,342	84,310	95,863	87,792	198,611
1996-97	96,483	54,019	64,432	82,244	89,060	108,737	100,096	213,401
1997-98	102,723	55,026	67,728	88,442	83,616	108,639	92,192	171,730
1998-99	105,509	55,652	75,615	102,568	90,260	109,726	95,998	160,713
1999-00	102,316	60,056	75,197	111,984	91,905	116,637	109,253	162,184
2000-01	108,432	61,992	75,759	117,126	91,995	109,854	91,499	169,906
2001-02	113,255	66,556	75,845	115,182	88,553	96,246	116,784	152,275
2002-03	117,018	69,943	76,248	115,155	86,846	101,556	113,948	158,866
2003-04	120,375	73,858	77,948	118,957	90,576	104,846	140,618	160,950
2004-05	125,376	76,415	82,651	122,832	92,219	106,153	131,820	164,518
2005-06	130,743	75,323	87,715	125,973	92,386	105,644	121,804	171,965
2006-07	133,465	83,445	91,402	127,391	94,434	103,513	104,737	175,263
2007-08	138,692	94,736	95,223	125,188	101,160	107,324	135,348	180,800
2008-09	144,820	101,228	101,684	122,951	101,326	109,831	103,589	170,602

<table>
<tr><td>2009-10</td><td>152,086</td><td>112,565</td><td>107,419</td><td>122,542</td><td>102,905</td><td>109,495</td><td>95,345</td><td>171,821</td></tr>
<tr><td>2010-11</td><td>156,042</td><td>121,863</td><td>114,929</td><td>129,198</td><td>101,022</td><td>108,854</td><td>92,674</td><td>170,506</td></tr>
<tr><td>2011-12</td><td>166,410</td><td>115,015</td><td colspan="2">133,897</td><td>105,047</td><td>107,942</td><td>111,317</td><td>178,065</td></tr>
<tr><td>2012-13</td><td>166,280</td><td>111,875</td><td colspan="2">147,529</td><td>106,609</td><td>110,890</td><td>104,439</td><td>185,097</td></tr>
<tr><td>2013-14</td><td>172,560</td><td>117,475</td><td colspan="2">154,893</td><td colspan="2">110,012</td><td>95,288</td><td>182,901</td></tr>
<tr><td>2014-15</td><td>180,136</td><td>120,957</td><td colspan="2">160,701</td><td colspan="2">113,728</td><td>96,370</td><td>184,910</td></tr>
<tr><td>2015-16</td><td>187,801</td><td>123,481</td><td colspan="2">169,428</td><td colspan="2">120,022</td><td>105,393</td><td>187,271</td></tr>
<tr><td>2016-17</td><td>195,688</td><td>124,135</td><td colspan="2">179,022</td><td colspan="2">123,666</td><td>106,305</td><td>190,852</td></tr>
<tr><td>2017-18</td><td>203,828</td><td>123,940</td><td colspan="2">186,344</td><td colspan="2">129,367</td><td>100,271</td><td>199,952</td></tr>
</table>

資料來源：教育統計指標，教育部，2019。

（二）經費補助政策

綜觀台灣以往的教育經費補助方式，也是問題重重；其癥結乃在對於教育公平性的未能兼顧。撇開專案性的補助不談，即以一般補助而言，其公式也往往停留在以學生數、班級數、或學校數爲參數的單位補助制。此法不但無法達到垂直公平，即連水平公平也很難達到。台灣各縣市貧富差距頗大，其所得之補助也應該有所不同，然而實務上卻非如此。不但富有縣市（如台北市）獨享優勢與資源，政府對於中小學每生之最低支出金額也未有規定。影響所及，貧困地區雖接受補助，但其每生支出與富有地區相比仍然瞠乎其後，不但不能符合保證價值補助制之精神（維持並補助各學區至一既定水準），更談不上學區權力均等制的理想（富者繳納盈餘，貧者接受補助，大家一視同仁）。嚴格而言，台灣所實施的補助制度，仍處於渾沌狀態而漫無章法。此外，由於地方政治之運作，補助金的刺激效果也欠佳，有的甚而被動手腳擱置不發，暗中滾入下年度之預備費內。此皆爲稽核制度的未臻理想，才會讓有心者趁機而入。今後補助政策之擬定，實應先確立目標，再訂定相關補助公式加以執行，最後並應嚴格控制資金之運用。基本上，再嚴密的制度也很難保證教育的絕對公平性，但是健全的補助方式則助益甚大。這也是今後必須努力的方向。

（三）預算編製方面

教育預算之編製乃是教育財政重要之一環，前者爲後者募款與放款的主要依據。此外，預算也是教育機構推動與改革業務的基礎。任何新的理念或計畫均需仰賴財政支持，而預算即是衡量收入與支出後，對於來年各執行項目的金額分配。因此，好的預算制度可以即時納入所需的改革計畫，並且擬定執行之優先程序，以配合國家之教育發展。反之，不健全的預算編定，不但無法去除以往疊床架屋的浪費，也不能適度引進新的方案以應時代潮流。基於此，各國對於教育預算編製均極爲重視，並發展出各種方法與系統以使其更加具有績效。數其犖犖大者，則有「零基預算」（Zero-Based Budget, ZBB）與「教育資源管理系統」（Educational Resource Management System, ERMS）兩者，以下分別敘述之。

零基預算的精神乃在要求編製者每年必須重新檢視自我之需求，並視財源之多寡設定計畫之優先順序。換言之，其揚棄傳統將往年預算加加減減修改的作法，主張應依每年之不同情況，將預算從零開始重新建構；此也是其稱爲零基預算的原因。其優點乃在藉通盤考量現有之需求，使新的改革計畫能融入其中，並同時檢討舊有項目之存廢，以達到更高的預算執行績效。零基預算的成功與否，端賴事前教育計畫的完備與分析工作的周延程度。其精神與ERMS乃是一脈相通。

教育資源管理系統的概念源自企管界之PPBS系統（即Planning Programming Budgeting System），內容與精神極爲相似，只是將一般用於工商界編定預算的方法用於教育。其基本主張如下:

1. 教育機構所獲得之資源，均無法滿足其所有需求。
2. 教育機構之存在目的，乃在產生實質的進步結果，例如，學生成績分數之提高、學習興趣之增強等。
3. 教育機構所設定之個別目標，理論上雖可由不同方案之執行而達成，但其中卻存有最具功效者。
4. 對於方案之選擇，或基於成本之考慮，或基於其成果與目標之配合；但不管如何均需做事前分析之工作。

由以上主張，ERMS之訴求呼之欲出。所獲資源不能滿足所有需求，故需依既定目標事先計畫，列定優先順序，以符合社會潮流與達到最高績效之運作。由於執行特定計畫的方案頗多，因此接下來必須進行研究分析。以不同效標測試，最後選出最佳方案而落實計畫，此即達到所謂的方案化。接著，再依財源之多寡，將各計畫（執行之方案）之財政需求列出，此即爲編定預算之階段。最後，通過之預算執行成效應加以評鑑，以檢視方案成果是否達到既定目標。簡言之，ERMS之四步驟分別爲擬定計畫（planning）、選擇方案（programming）、編定預算（budgeting）、與事後評鑑（evaluation）。其特色與ZBB一樣，均在希望促進預算編製者的全盤審思工作，而不只是將舊預算進行剪貼修改而交差了事。

台灣由於採取統收統支制度，教育預算包含於各級政府的一般預算中。其編製除按「預算法」規定外，並應依其所屬上級機關所頒發的要點加以辦理。由於預算之內容頗爲蕪雜且規定繁多，以下僅就其編製過程的重要理念與原則加以說明。

根據預算法之規定，各主管機關依其施政計畫初步估計之收支，稱爲「概算」。未經立法程序通過之預算稱爲「預算案」。經立法程序而公布者，稱爲「法定預算」。政府之預算，每一會計年度辦理一次，所有歲入與歲出，均應編列入預算；並按其收支性質分爲經常門與資本門。各機關單位預算，歲入應按來源別科目編製，歲出應按政事別、計畫或業務別、與用途別科目編製。各項計畫，除工作量無法計算者外，應分別選定工作衡量單位，計算公務成本編列。各機關應按其法定預算，並依中央主計機關之規定編造歲入、歲出分配預算，並依實施計畫按月或按期分配，均於預算實施前爲之。預算分總預算、單位預算、單位預算之分預算、附屬單位預算、與附屬單位預算之分預算等。

綜觀以往台灣教育預算之編製，鮮少具有ZBB或ERMS的精神，大半只是將去年的數字做簡單之增刪而已。影響所及，不但疊床架屋，也不具前瞻規劃之精神。未來若要使教育資源被充分運用，唯有事前考慮需求，並通盤檢討各業務與科目之調整，確實編製預算。雖然ZBB與ERMS的主張無法在短期內完全實行，但也應酌量採行，以使預算編製與教育計畫做緊密的結合。此在未來推行與實施學校本位財務管理制度時，將更形重要。

6.1 個案研究　高等教育學費爭議

世界經濟於2008年面臨空前挑戰，因美國次級房貸風波所引起之金融海嘯席捲各國。影響所及，各國除積極打消呆帳外，削減政府支出也是必要之舉。高等教育由於並非義務教育，其成本之負擔常成爲爭議之話題，其中又以學費之增加最受矚目。由於國情不同，各國面臨之學費爭議各有不同，以下即以2010年之後的情況加以簡述之。

一、英國

英國國會於2010年12月9日以323對302票驚險通過大學學費調漲案，將每年的學費上限從3千英鎊（約台幣14萬元）漲至9千英鎊（當時約台幣42萬元）。這項法案的支持者主張調漲學費可用來支付政府龐大債務，且不會強制執行調漲，大學不一定要向學生收滿9千英鎊。

當日議場內朝野針鋒相對，議場外警民卻火爆衝突。3萬名學生走上倫敦街頭示威，隨著國會5小時的討論接近尾聲，原本和平的氣氛開始緊繃。表決結果出爐後，學生開始焚燒物品而場面混亂，鎮暴警察趕赴現場驅散群眾。

二、美國

2010年3月報告顯示，美國大學學費在過去十年不斷飆漲。公立大學平均學費上漲6.5%，本州生漲到7,020美元（當時約台幣21萬元），外州生18,548美元（約台幣56萬元）；私立大學達到26,273美元（約台幣80萬元）。美國人對大學學費不滿已多年，六成美國人認爲，大學一再提高學費，關心盈利多過於受教品質。

三、澳洲與紐西蘭

澳洲2010年大學文法商科系學費約台幣38至50萬元，醫理化科系約台幣40至50萬元。紐西蘭研究所一年約台幣40至55萬元，視課程而定，最貴不超過台幣88萬元。

四、南韓與日本

南韓2011年一年學費超過800萬韓元（約台幣20.8萬元）的大學達到50所，大學學費1千萬韓元（約台幣26萬元）時代已經來臨。大學生學費負擔相當沉重。再根據南韓教育科學技術部發布的統計顯示，2001至2009年，因學費壓力等原因選擇自殺的大學生，每年達到230人，遠高於初中生自殺人數。日本在2004年，收費最便宜的國立大學一年學費已達77萬日圓，私立大學128萬日圓。

五、德國與法國

德國、法國的公立大學一律免學費。法國大學皆爲公立，德國大學98%爲公立。學費之支出造成政府不小之負擔。

六、台灣

台灣大學於2011年3月率先喊話，希望調漲學雜費5%至10%。此因經濟海嘯後學校經營成本節節升高，在政府教育預算沒有增加的限制下，只能依賴調漲學費增加收入。當民生物資皆上漲，學雜費卻不能加以反映，定會導致教學品質之下降，不利國際競爭力。

針對於此，家長及學生團體則一致反漲，認爲身爲龍頭之台大尤其不該領漲。時至2011年4月，即有立委提案建議爲避免大學學費過度調漲，造成弱勢家庭負擔，建議未來按物價指數、家户年所得、薪資年增率三項指標公式計算學雜費，調幅只要未達5%，就不能漲學費。依此公式計算，2011年學雜費也只能漲0.81%。許多大學認爲，如未達5%就不能漲，幾乎等於永遠凍漲，與教育部希望讓大學自主決定收費額度以反映成本與教學品質的目標愈來愈遠。

較之公立大學，私立大學更是不滿。某位校長抱怨私校主要收入來源就是學雜費，不能漲等於要學校坐以待斃。私立大學校院協會理事長則認爲，教育部應尊重大學調漲學雜費的自主權。目前人事費、水電費、設備費樣樣都在漲，教育部一再道德勸說，希望學校共體時艱，但卻沒考慮到學校困境。希望教育部不要再以政治角度，解決教育的專業問題。

然而，教育部卻在5月下旬公布包括台大在內35所公立大學及37所私立大學，2011年8月開始的新學年度學雜費都不調漲，維持2010年水準。即公立大學平均學費爲新台幣21萬元，私立大學約爲新台幣80萬元。

討論問題

1. 大學學費問題似乎已非純粹的教育問題，而沾染濃厚的政治色彩。針對於此，教育當局所考慮之因素為何？「學費充分反應成本」之論述是否成立？理由又為何？
2. 以世界各國之經驗，未來台灣之大學學費政策走向可有哪些選擇？其各自之利弊得失又何在？

建議活動

1. 檢視所在行政區（如新北市）的教育經費來源、結構、項目、與分配；並分析提出待解之問題。
2. 檢視過往十年來中央教育補助的政策與分配情況，分析其是否具公平性與達到縮小城鄉距離的目標。若無，試根據現況擬定因應之道。

3. 檢視過往十年台灣之相關政經資料，分析教育之提升對於國家發展是否具正面之效應。
4. 檢視中央或地方教育預算的編製情形，分析其適當性與待改進之處。台灣未來若採用ERMS或ZBB，其可行性為何？會有哪些問題產生？

第7章

教育視導

第一節　教育視導的定義與演進
第二節　教育視導的功能與任務
第三節　教育視導行政制度
第四節　教育視導的新興模式

與一般商業組織相較，教育事業（尤其是義務教育階段）的自由市場機能實略遜一籌。基於國家政策的考量與獨占的態勢，受教者（類似於商業活動中的消費者）藉著評比品質高低爲殺手鐧，逼使學校提升績效的能力因之大減。以義務教育爲例，多半國家採行學區制，家長除非費盡心力越區就讀，否則就必須屈就於品質未如其願的學區學校。這些學校即使辦學甚差，依舊每年有入學生而屹立不搖。因此，自由市場中優勝劣敗的自然法則，在教育事業中卻不一定有用。在此種限制下，爲確保教育品質達到一定水準，教育視導（educational supervision）制度的創建與運作即成爲必要之舉。

第一節 教育視導的定義與演進

一、定義

綜觀近年來國內外的發展趨勢，教育視導可被定義爲是「視導者對於教育活動，藉觀察、評鑑、輔導等步驟，提供協助與指導，並與被視導者共同合作改進的歷程」。此定義中有以下四個要點值得注意：

1. 視導的最終目的乃在改進教育活動，而不僅只在考核與打分數。換言之，視導者必須提供協助，而不是一味斥責。
2. 視導者的身分以往多由法律規定其權責，官派之色彩極濃，其中最重要的人物即爲督學。晚近新的視導理論如同僚視導（collegial supervision）的興起，主張教師本身即能充當專業的視導者，擴大了視導者的範圍；並去除了以往官方視導的威權習氣，將視導活動擴及於校園之中。
3. 視導者與被視導者之間應具有合作的關係，方能對症下藥。以往道統視導多存有尊卑之關係，畏懼之餘形成被視導者對視導者的疏遠與抵制。學者李祖壽（1979）甚而主張將教育視導一詞改爲「教育輔導」，認爲如此才更具有民主的氣氛。現今之教育視導雖未改名，但卻力主視導者與被視導者兩者之間的平等地位；強調成爲視導者的條件應首重具有教育專業，而非只是強調其為「上級」的代表。如此才能在和諧的氣氛中達到改進教育活動的目標。

4. 成功的教育視導必須運用有效的觀察、評鑑、與輔導的策略。如何訂定客觀的標準與可行的改進措施，往往考驗視導者的專業能力。其中除包括相關的教育理念外，經驗也極為重要；拿捏之間極為巧妙。此使得教育視導不但是一門科學，同時也是一種藝術。

二、演進

由以上敘述，可知現今的教育視導講究合作與平等的關係，希望在互信的基礎上改善教育活動。然而從歷史的觀點分析，其演進隨著行政理論與思潮的起伏，而有不同的變化。Sergiovanni and Starratt（1983）即將教育視導的發展分為四個階段，分別是傳統科學管理期（traditional scientific management）、人際關係期（human relations）、人力資源視導期（human resource supervision）、與新科學管理期（neo-scientific management）。

傳統科學管理時期受到科層理念的影響，將教師視為是部屬，必須完全聽命於行政人員。加以Taylor所倡行的科學管理運作，一切以效能為主，因此，教育視導即成為上級視察教師表現的活動。視導者高高在上，強調嚴密控制學校的運作，以確保其符合法令的規定。在此時期，視導活動多半只有「視」而無「導」。被視導者鮮少獲得協助以改進教育活動，只有聽命與被指責。換言之，整個視導過程中充滿了官僚味色彩。

人際關係學派在1930年代興起。霍桑研究（Hawthorne Study）的結果，使學者開始注意員工的心理因素與非正式團體的影響。在此思潮下，教育視導也進入人際關係期。其特點是不再將教師視為被動的棋子，而開始注意其感受。因此在視導時，除了工作績效的考核外，對於組織氣候的良窳也列入觀察要點。視導者此時鼓勵教師參與決策，與吐露個別的心聲；在實務上也開始傾向支持與協助教師，以求得團體良好士氣的維持。

傳統科學管理期與人際關係期的教育視導著眼點雖有不同，但皆忽略教師的潛力。後者雖注重教師的感受與組織氣候，但仍忽略其能自我發展的事實。直到人力資源視導期，才開始正視教師在教育視導中所能扮演的正面角色。

Sergiovanni（1982）歸納人力資源視導期的視導理論假設有以下六者：

1. 教師對有意義之目標，均能給予創見與貢獻。
2. 大多數的教師均希望比目前所表現的，更能主動進取與被賦予較多的責任。
3. 視導者的任務乃在協助教師奉獻所學，以改進教育活動與完成教育目標。
4. 視導者應鼓勵教師參與學校一般與重要的決定。尤其是後者，教師可做爲在人力資源上最佳的幫手，值得視導者加以重視。
5. 爲使決定的品質達到最佳，視導者與教師必須發揮其洞察力與創造力。
6. 教師在面對具有價值的學校目標時，應被訓練成具有自我引導與控制的個體。

基於以上假設，可以清楚看出人力資源視導期的視導理論已將教師置於積極的地位上。傳統的想法認爲教師是被動的、無助的，需要受到上級的時時監控。人力資源視導期的視導卻強調教師不是一個被動死寂的客體，只要加以引導，即可在專業上有所成長。因此，視導者的任務之一即在發掘與培養其潛力，共同尋求增進教育效能的策略與方法。

綜觀人力資源視導期的視導理論，其轉變相當具有正面意義。傳統的視導集權力與責任於視導者身上，往往力有未逮；加上教師的抵制，效果更是七折八扣。如果去除官僚的氣味，邀請具有專業的教師參與，才能集合衆力並落實視導的過程。此種放下身段與教師協調的理念，乃是人力資源視導期的一大特色。Sergiovanni and Starratt（1983）曾將之與人際關係期比較，發現兩者雖同時注重教師的感受與分享決策，但在理念上卻有根本的差異。

在圖7.1中，可清楚看到，人際關係期的視導主要目的爲增進教師的滿足感，並因之能達到促進學校效能的次要目標。人力資源視導期則正好相反，促進學校效能爲主要目標，增進教師滿足感則列爲附屬目標；由此足見其對教師扮演積極角色的重視。其認爲滿足感乃是教師在感知學校效能增進後才能產生的，如果其對辦學績效感同身受，才能加以配合而使教育視導的效果有所發揮。

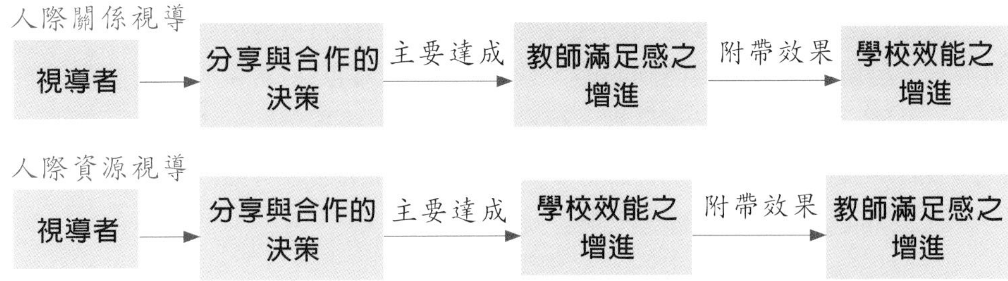

圖7.1　人際關係與人力資源視導之比較

資料來源：Sergiovanni, T. J., & Starratt, R. J. (1983). *Supervision: Human Perspectives* (3rd ed.). NY: McGraw-Hill. p5.

新科學管理視導理論的興起，則在平衡科層體制（學校）與專業團體（教師）之間所產生的矛盾。人際關係時期對教師感受的過分高舉，往往被人批評爲矯枉過正，教師因而連最基本的任務都未能完成。基本上，學校的形式爲科層體制，必須藉由控制與品管以達到其作業的目標。一味遷就教師，給予其自主權，很可能造成放牛吃草的弊病。因此，爲確保教師的表現達到一定水準，適度的干預與監控乃是必要。

然而就專業團體的立場而言，教師認爲其皆經過檢定而有一定之能力；且教學情境差別甚大，若沒有充分自主權，無異會在「標準化」的大帽子下犧牲了學生的權益（蔡進雄，2011）。此外，學校結構雖是科層體制，但卻具有鬆散結合（loosely coupling）的特性，一般控管的技術根本派不上用場。例如，當教師走入特定教室後，校長即很難監督其教學方法與過程（定時查堂往往會引發不尊重的指控）。因此在學校中，既然多半爲個別的教學工作，教師即主張擁有自主權，排斥上級不專業的視導。

處於科層組織與專業團體之間，教育行政者難免尷尬。偏向前者，會蒙受不民主之名且受教師抵制；偏向後者，則會被家長或社區指責爲未盡監督之責，兩相衝突下必須產生妥協。在此背景下，視導理論也產生改變。除了保存傳統的官方代表外，教師團體也被鼓勵成立專業小組，自我對教育表現加以衡鑑。如果小組成員擁有良好的溝通，即可共同對相關教學目標、課程、乃至教法產生自我調適的功能。加上視導者（如校長）予以協助，其成果必能事半功倍。爲因應這種趨勢，新的視導方法如臨床視導（clinical supervision）、同僚視導等均如雨後春筍般的興起，詳細內容將在後文加以敘述。

綜而言之，新科學管理期的視導理論特色，乃在將視導活動推及於專業團體中。一反傳統的監督與控制心態，教師已被允許同時扮演視導者與被視導的角色，主從之間的差別已漸模糊。學校本身除受上級視導外，本身也必須做自我的檢討。換言之，教育視導已非少數人之事，而應由教育活動的各種成員共同參與，如此也才符合社會民主與多元化的趨勢。

第二節 教育視導的功能與任務

傳統上，教育視導之主要任務乃在代表國家對各級教育機構進行考核。然而，由於社會思潮之改變，教育視導之形式已呈現多元化。以下即就其近年來發展所形塑之功能與任務加以敘述。

一、功能

教育視導是教育行政制度重要的一環，其功能雖因時代的變遷而有所不同，但不外有以下五端。茲分述如下：

1. **確保教育活動的合法性**：社會雖然日趨民主，但各國仍依其需求制定相關的教育法令與政策，各級教育機關必須切實遵守；其中視導制度即扮演把關的角色，避免陽奉陰違的情況出現。因此，無論是偏中央集權教育行政制度（如台灣、法國），或是地方分權（如美國、德國）之國家，均在教育行政體制中設有官方視導人員以監督轄區業務。任何違反法令或政策的教育機關都會受到警告與制裁。此舉雖難脫傳統官僚監督的習氣，但在實務上卻屬必要。此因少數教育機關的違法行爲，往往影響教師或學生的權益，必須被立即糾正。否則一錯再錯，後果不堪設想。視導者除負有監督之責外，尚須解釋或宣達國家教育的法令與政策，以使下級教育機關能正確無誤的加以執行。
2. **扮演溝通的角色**：教育活動運作之良窳，其背景與原因往往相當複雜。視導人員一方面宣達政令，確保教育機關合法推行業務；一方面也須瞭解其心聲與問題，以共商解決之道。換言之，在上下溝通的過程中，視導人員地位極為重要。若只是一味「交辦」，必遭未諳民情之譏。此因教育情境千變萬化，既定之政令未必順利執行無阻；視導者在監督之餘，尚須察諒民情，將其難言之隱上報並加以解決，如此才能收劍及履及之效。

3. **執行品管工作**：教育活動雖不如商業活動般的競爭激烈，但其績效仍有優劣之別。如何確保品質達到一定水準，也為視導人員的重要任務。傳統品管之形式多半為官派視導人員赴下級機關視察，對其校園安全之維護、教學效率之高低、課程之安排、教室管理之優劣、學生紀律之維持、輔導活動之實施等項加以評核。新的視導模式如同僚視導、臨床視導，則鼓勵教育機關之成員（主要為教師）起而擔負視導的功用，對於自我之問題主動進擊，並謀解決之道。一般而言，品管之目的除保護受教者之權益外，也必須依一定標準評定學校辦學高下，以做為日後獎懲之依據。
4. **激發教育人員的專業成長**：如前所述，教育視導必須「視」、「導」合一才夠完整。針對後者，視導人員應藉視導活動之執行（如教學觀摩會），幫助教育人員提升其專業能力。舉凡教室管理之技巧、新教材教法的引進、乃至評量學生成就之方法等項目，均應列入重點。如此才能使教師跟得上時代，擁有推陳出新的教育方法與理念。
5. **激發教師的工作動機**：傳統的視導多為上對下，教師往往扮演被動與不容置喙的角色。影響所及，其士氣常因之而受挫。新的視導理念如同僚模式卻鼓勵教師加入行列，共同解決學校所發生的問題。由於是親身參與，其歸屬感與自我實現感有所增強，進而激發了工作動機。一般而言，學校教師為最熟悉學校事務內情之人，如能給予適當協助，必能比較蜻蜓點水式的官方視導要有效率。以往教師發揮之處極少，憤懣之餘自然形成「多做多錯、少做少錯」的心態。現今如能善用教育視導的形式與推力，將教師拉入視導活動中，其工作動機的提升定是指日可待。

由以上的五個功能來分析，可以看出現今的視導不但講究考核，也注重合作溝通的理念；在實務上兩者皆不可偏廢。只以前者為標的，往往造成被視導者的抵制而事倍功半；反之，太強調合作溝通，也可能因權責不分而形成無政府狀態。「視」、「導」必須合一，其比重則依情況之不同而有所差異。如何拿捏出一個平衡點，往往考驗視導者的智慧。

二、任務

教育視導的任務隨著時代的演進而有所變化。傳統視導以考核教育機關是否遵行法令政策爲主，其後逐漸擴及教學活動。新視導理念則不但創新形式，且將範圍延伸至所有的教育活動。一般而言，視導的對象以學校爲主；以其爲例，現代的教育視導任務應包括以下六方面：

1. 瞭解特定學校環境中，其所顯示的組織行爲類型與其背後之意義。
2. 瞭解學生的學習成就高低與其背後之成因。
3. 瞭解教室中師生之關係與所產生之行爲。
4. 瞭解在既有之法令政策下，何種課程教法才能配合學校的現行結構與限制。
5. 瞭解學校行政人員在管理校政上是否合法？其績效是否達到一定效標？
6. 瞭解發生問題後，學校自我診斷與解決的能力爲何？應如何幫助教師提升其專業能力？

以上六個任務雖未能包括所有視導項目，但其範圍卻遠較傳統打分數的形式寬廣。視導者不但要找出問題，也要在評比之後與被視導者共同面對問題弊端。換言之，除了觀察表象下，還要探討其下的成因與解決之道。也唯有去除「下鄉視察」的心態，善用教師的人力資源，整個視導活動才能對症下藥，產生正面的功效。

在此要強調的是，晚近視導者與被視導者之間的界線已趨模糊；兩者之間的地位有時有上下之別，有時卻居於平等。Wiles and Bondi（1986）主張視導人員應扮演以下八種角色，分別爲：

1. **人力發展者（developers of people）**：能夠善用人力，發掘其潛能以解決相關的教育問題。
2. **課程發展者（curriculum developers）**：能夠依據需求，制定與設計學校的課程及教材。
3. **教學的專家（instructional specialists）**：能夠擁有教學的知識與技

巧，協助改進學校的班級教學。

4. **人際關係協調者**（human relations workers）：能夠擁有人際相處之技巧，幫助學校之成員關係趨於和諧發展。
5. **員工發展者**（staff developers）：能夠配合實際需求，安排各項在職訓練，以提供學校員工發展專業的機會。
6. **行政人員**（administrators）：能夠擁有極強的行政能力，以協調、溝通視導過程中所發生的問題。
7. **變革管理者**（managers of change）：能夠配合時代的潮流與學校的需求，發動並執行變革活動。
8. **客觀的評鑑者**（unbiased evaluators）：能夠客觀的評量各種教學效能與學生成就。

由以上八種角色的性質而論，其範圍包羅萬象，實非視導者獨力即可完成；其中如課程、教學的發展，則非借重教師之力不可。在合作的基礎上，兩者的關係即趨向平等。在同僚視導等新興模式中，視導者以協調者身分出現，幫助教師獲得所需的專業知識與技能，以使其在教學上更有創意；其形式與傳統之官僚考察實有天淵之別。

第三節　教育視導行政制度

雖然晚近的視導發展已有同僚相互觀察與評鑑的理念，但其官方色彩卻未完全褪盡。此因視導任務之一即爲品質管制，免不了對於教育活動之良窳加以臧否；若不經官方立法授權，視導者之地位不免尷尬。基於此，各先進國家皆設立法定機構與人員代表政府從事視導工作，而其中心人物即爲督學（inspector或supervisor）。

基本上，教育視導乃是隸屬教育行政制度之一環，故受其影響甚大。簡而言之，體制可以分爲中央集權與地方分權兩型。前者以法國爲代表，後者則以英國爲最著名。英、法兩國在世界教育視導制度中最稱完備，故本節以其爲代表，針對視導組織、權責、人員等項目做扼要之敘述，然後再與台灣之制度加以比較。由於各國在1990年代之後在制度上皆有所改革，本節僅擇其大要，細微之處則不贅述。讀者如有興趣，可參考各國最新政府出版品。表7.1與表7.2則簡列台灣與主要國家視導人員類別及其職權，希望再進深研究者則請閱讀相關專書。

表7.1 台、美、英、法、日各級視導人員類別表

地 區	級 別	視導人員名稱
台 灣	中央 直轄市 縣市	督學 主任督學、督學 主任督學、督學
美 國	中央 州 地方學區	無常設之視導人員 督學、指導員 督學、指導員、輔導教師、特定課程督學
英 國	中央 地方	皇家督學 地方督學、顧問組織員
法 國	中央 大學區 省	中央教學督學、中央行政督學 大學區督學 省督學
日 本	中央 都道府縣 市町村	視學官 指導主事 指導主事

表7.2 台、美、英、法、日教育視導人員權責比較表

地 區	視導人員主要職掌
台 灣	1.視導與評鑑教育機構 2.輔導教學及教學研究之策進事項 3.控案調查 4.教育設施概況之查報
美 國	1.輔導教學，為教師之指導顧問 2.修訂教育課程 3.召集職員研究 4.籌辦研究班及講習會，實施教師在職進修教育
英 國	1.視導教育機構與提供建議 2.輔導教學 3.編撰相關刊物以供教師研習 4.開設師資進修學程以供教師研習 5.中央與地方教育當局共同合作參與課程計畫

法　國	1.宣揚與執行教育法令 2.查核學校行政與財務 3.輔導教學 4.考核與評鑑教師
日　本	1.訪問學校，給予指導與建議 2.輔導教學 3.指導專業課程 4.舉辦教師講習會與進行研究

一、法國：中央集權式

法國設立督學可溯自拿破崙時代，當時純為首長之耳目，以考察地方教育為任務，並未設有固定之組織。第二次世界大戰後，依教育行政之體制（中央、大學區、省）分設視導的專職機關。在中央即為督學處（Seruice d'Inspection generale），擁有百名以上的中央教學督學（Inspecteurs généreaux de i'Education nationale, IGEN）與中央行政督學（Inspecteurs généreaux de i' administration de i' Education nationale, IGAEN）。IGEN地位極為崇高並直接向部長負責，任務在維持教育活動的學術與專業水準。其中包括：(1)教師的徵募與訓練；(2)檢視各級學校的教學活動；(3)視導個別教師，並鼓勵參加在職進修；(4)協助制定各級學校（幼稚園至高中）的各科課程大綱；與(5)維持行政體系與學校之間雙向溝通的管道（Watson, 1994）。

中央教學督學之分組乃根據教育階段（學前、初等）與科目（如法文、數學、特殊教育等）而定。各組之首長與主任督學均有一定任期。IGEN的成員皆具有資深且表現良好的教學與行政資歷，其工作除維持各科教學之一定水準外，最引人矚目的乃是其對個別教師的考核權。由於教師眾多，限於人力，近年來則將對象限於試用教師，或是出現特殊問題的學校人員。此種制度雖然使IGEN在角色扮演上產生衝突（有時扮黑臉考核，有時卻需扮白臉輔導），但大部分教師卻支持此項考績制度，認為不但因而可得到公平獎懲，且也是唯一可以吐露心聲的機會。

與IGEN相較，IGAEN雖也為中央督學，但其職責則限於視導學校的預算、財政、與行政事務；但管轄範圍則自幼稚園至大學院校。換言之，其職責乃在非教學的教育事務。由於業務龐大，故其視導對象爲學校或教育機構，接觸個別教師的機會較少。如有需要，IGEN與IGAEN可要求相互支援，以臨時編組的方式共同出擊。

在大學區部分，除設立各科之督學（subject inspectors）外，並置有「大學區督學」（inspecteurs d'academie）一職。前者之職責爲建立與管理教師進修制度、成人教育、與提供教育資訊；後者則有點名不符實，主要監管省級（d'partment level）的初等教育事務、與中等學校的財務和行政事務，地位之重要與影響力不下於各校校長。

法國數量最多的則爲省督學（Inspecteurs d'partmentals de i'Education Nationale, IDEN），其職責除可視導學前與初等教育之教師外，對於中等學校的各學科教學也可加以建言。職掌項目包括師資培育、學校建築、校車問題、乃至聘用半時制的教職員等。省督學並依需求設有體育督學、職業督學等，以執行特殊業務，並需接受一定時期之嚴格訓練，期滿考試及格與試用期滿後才能正式取得職位。

在任用上，中央督學由教育部長提名，呈請總統任命。大學區督學則由教育部長提名，但由內閣總理任命。省督學則由大學區總長提名，報請教育部長任命。各級督學之資格規定近年來頗有變動，但不外包括擁有教師證書、一定教學資歷、與若干教育行政經驗等條件，把關相當嚴格。

在高等教育部分，法國教育部於2007年整編相關評鑑機構與委員會，成立「國家高等教育與研究評鑑署」（AERES）。其爲一獨立行政機構，負責視導與評鑑高等教育。主要工作包括針對高等教育教學與研究機構，發展制定評鑑效標、評鑑各項研究計畫和活動之執行成效、與評鑑高教機構教學和學位授予等。

二、英國（以英格蘭與威爾斯為主）：地方分權式

視導活動在英國起源於1830年代。當時政府首次撥款給初等教育。爲確定經費之合理補助，遂有視導活動之配合。不過督學職位的設立則遲至1840年，其後即演變成爲著名的皇家督學（Her Majesty's Inspectors, HMI）體制。與當時歐陸諸國如普魯士、法國、荷蘭的督學相比，其職權多限於顧問性質，並不

具有強制學校遵行法律條文的權力。此外，皇家督學的組成分子當時不乏非教育專業人士，尤以神職人員居多（主要視導教會學校）。綜合言之，早期的皇家督學的責任在確保政府補助的適當分配。接受補助之學校學生必須在英文、數學、與宗教三學科上達到一定成績標準，也就是採行「依成果補助」（payment by results）的模式；其中監督控管者即爲皇家督學。

進入二十世紀後，HMI的視導原則才有所確定，但仍不脫離顧問或勸告之性質。1970年，英國教育科學部的報告中仍堅持督學的提議應止於建言的階段，而不應強加其理念於學校人員身上（Department of Education and Science, 1970）。其與法國中央督學擁有給教師打考績的權力不可同日而語。原則上，皇家督學的活動多半爲親自至教室中觀察，從教師的教材教法與學生所表現的學習興趣中，提出個人的看法與建議，以供教師參考。此外，如評鑑學校設備建築、瞭解經費之使用情況、以及與地方教育行政當局（LEA）合作參與課程之改進，均爲其責任所在，然多僅止於建言的階段。

雖然皇家督學的任用與其他公務人員大致相同，但基於歷史傳統，HMI有其超然的地位，此由1982年所出版的Rayner Report即可看出。其中指出其在以下三方面擁有獨立性：(1)可直接面見或與教育科學部長聯繫，(2)對於視導工作的經營擁有規劃權，與(3)撰寫自我之報告而不被刪改的權利（Department of Education and Science, 1982）。Dunford（1992）在檢視二十世紀皇家督學與教育科學部（1992年5月更名爲教育部，Department of Education, DFE）之關係後，發現兩者之互動乃基於相互尊重與信賴專業知識的基礎上，原則上相較於其他行政機構，HMI享有較大自主權。

在體制上，1992年教育改革法案（Education Act 1992）公布前，皇家督學由國王任命，負責中央教學視導工作，乃獨立運作不受政治干擾之職位。其任務爲依照視導資料與證據做專業判斷，並向中央主管部門提供有關全國教育的建議。1992年教育改革法案公布後，政府設立教育標準署（Office Standard in Education）專門負責教育視導工作。其同樣具有獨立性，並非隸屬中央教育主管部門。教育標準署之首長稱爲皇家督學長（Chief Inspector）。

教育標準署的任務主要有以下三項：(1)視導中學與小學，(2)辦理督學認證，與(3)向部長提供相關教育品質與學校改進的建議。近年來，英國將企業品質管理精神引入學校經營。實務上，教育標準局必須建構學校視導架構，發布具有績效學校的指標。接下來先由學校進行自我評鑑，並由地方教育局督學到校協助輔導，最後進行正式到校視導與評鑑。皇家督學會依照視導報告追蹤績效欠佳學校，以力求改進缺失。

在結構上，教育標準署設有資深級（senior）、部門級（divisional）、與地區級（district）中心。此外，分工方式除有主管各學科的督學外，再依專業領域如教師訓練、多元文化教育、評量與測驗等予以規劃，以使其功能達到最高效率。

HMI的法定責任並無明文規定，然而從其歷年的運作上，大致可分爲以下五端：

1. **視察（inspection）**：活動包括非正式的訪問學校、定期的視察、乃至配合地方教育行政當局做全國性的課程評鑑等。
2. **建議（advice）**：HMI將觀察之結果，依專業之判斷做成建議，並分送給政府部門、各教育委員會、地方行政當局、教師團體、教育專業機構等。如有需要，個別教師也會收到。
3. **撰寫報告（writing）**：形式由最簡單的內部備忘錄、學校視察報告，乃至針對課程、教學、與考試的全國性報告皆有。
4. **訓練（training）**：HMI在某些時期必須配合政策，制定並提供有關教師在職進修的短期課程。
5. **行政業務（executive function）**：其中包括給予高等與成人教育課程的核准、向教育科學部報告各級教育系統的效率及成果、與提出建言等項目。

HMI的功能歷年來雖時受挑戰，但卻爲大部分學者所肯定（羅淑芬，2001）。即以1980年的Rayner報告（以Lord Rayner爲首，其爲工商界之專家）爲例，經過檢討後，其結論爲HMI的角色不但不應縮水，且應更加補強以符時代之需求。其中之建議有三項，分別爲：(1)增加HMI的人員數，以使任務能更有效的達成；(2)與地區督學應更增加彼此之聯繫；與(3)HMI的視導報告應更廣泛傳遞，以使其功效更加顯著。

相對於HMI，地方督學的聲名較不顯赫，但其仍是地方教育的要角，深受教師的敬重。其資格除擁有教職經歷若干年外，尚需具備視導領域的專業知識。地方督學基本上由LEA負責任用，數目則依各地需求而定。綜而言之，地方督學的功能與HMI頗爲相似，主要包括在人事及課程方面提供建議、幫助地方教育當局蒐集教育資料、及負責與HMI聯絡共同解決問題等。

在1992年的教育法案通過後，英國的教育制度有所轉變，其中最明顯的乃是中央逐漸將行政與課程權利賦予地方教育當局與學校；更傾向地方分權的形式。在此影響下，視導制度也不能倖免。根據法案的精神，主張視導系統應完全獨立，且納入非教育專業之民間人士共同參與，以收集思廣益之效（吳培源，1999）。英國政府希望藉著改革，以加速視導業務的現代化，使學生家長確實且迅速的獲知視導結果，與容納更多各方人士的意見（經由非教育背景人員的參與），其成效值得進一步觀察研究。

由以上敘述中，可知英國的督學（尤其是HMI）雖然享有令譽，但其權力卻遠不如法國的各級視導人員。後者除一般訪視業務外，尚可評量教師給予評量考績，直接影響到教育人員的升遷獎懲；前者則雖可提供意見與撰寫報告，但卻止於建言的地步，是否繼續改革需由行政人員自行決定。英、法兩國視導制度之不同（中央集權或地方分權）進而影響督學權力之大小。實務上兩者各有利弊，權力大者可使視導工作與教育活動緊密結合，以收劍及履及之效；但也因視導人員形成特殊權力團體，使得劇烈的改革受到抵制。相對的，視導人員僅扮演建言角色者，其意見被視為較中立，受到利益團體攻擊程度較小，反而在教育理念的創建上較為方便。現今的視導活動鼓勵教師在學校中自行發動，其官方的色彩必定逐漸降低。未來各國設計更加「親民」的視導制度，似已成為不可抵擋之趨勢。

三、台灣之視導制度

與英、法兩國相比，台灣教育視導制度起步較晚。清光緒三十二年在所頒定之學部官制中，設有視學官之職，雖未實行，但可視為台灣現代視導制度之濫觴。民國肇始，政府於1913年公布視學規程，並設視學處。其後，有關體制與名稱迭經變更；至1943年，改視察員之職位為督學，並設督學室於各級政府之內，遂沿用至今。

廣義而言，台灣教育視導之機關，有各級政府之督學室、國民教育輔導團、各地教師研習機構（如台北市教師研習中心）等。不過實際運作上，仍以督學室居火車頭地位。以下即就其與國民教育輔導團的體制與功能加以說明，其他機構之運作請參閱政府相關之出版品。

（一）督學室

台灣視導單位之設置分爲中央、省（直轄市）、縣（市）三級，各依法令設置督學室，但精省後，省級督學室已不復存在。以下茲將中央、直轄市、與縣（市）之督學室組織分述如下：

1. **中央級**：教育部中置督學室，設有督學與視察若干名，均爲公務人員。視導分爲定期與特殊兩種，前者每年一次，後者則依臨時事件之發生，由部長指派之。
2. **直轄市級**：於直轄市教育局內置督學室，設有督學若干名，均爲公務人員。以台北市政府爲例，教育局中設有督學室。至2012年，其編制員額有主任一人，督學、專員、科員若干人。主任督學除綜理督學室各項業務外，負責特殊案件輔導與抽樣視導。督學則分級、分區視導各級學校。例如，中等教育視導組負責高級中學、職業學校、國民中學、私立中等學校及各公私立學校附設補習學校與夜間部之視導；國民小學教育視導組負責公私立小學及幼稚園之視導。各社會機構分由部分督學負責視導。此外，各類補習班、遊藝場之立案及查察，則由全體督學共同分擔。
3. **縣級**：於各縣（市）教育局內設督學室，並就所轄區域劃分視導區，每區指派駐區督學，負責該區教育視導與教育工作成敗之連帶責任。縣（市）督學對駐區內各教育機關，每學期應普遍視導兩次；並於每學期開始、學期中、及學期結束時，分別舉行視導會議。遇有重大事項，得舉行臨時會議，均由教育局召集，教育局有關人員均應列席。縣（市）督學於每次視導後，應塡具視導報告表，亦應於每學期結束後，提出視導報告；但對於重大或特殊事項，應隨時專案呈報縣（市）政府或上級主管機關備查。

在法定的職責方面，根據各相關法令，茲分述如下：

1. **教育部督學**

(1) 教育視導計畫之擬定、修正及實施。

(2) 視察及指導本部教育政策之推進。
(3) 視察地方教育行政。
(4) 視導公私立各級學校教育。
(5) 督導大專院校聯合招生事宜。
(6) 視導國際文教業務。
(7) 出席部務會議及其他有關會議。
(8) 輪值綜理事務。
(9) 部次長交辦事項。

2. 直轄市督學

(1) 關於視導計畫之擬定、檢討與改進，視導意見之提供與編訂事項。
(2) 關於各種教育之研究及教育法令之推行事項。
(3) 關於各級教育經費使用之指導及查報事項。
(4) 關於各級學校一般教學與分科教學之視導及查報事項。
(5) 關於各級學校訓導設施及體群育樂之視導及查報事項。
(6) 關於各級學校行政及地方教育行政之視導及查報事項。
(7) 關於義務教育推行概況之查報事項。
(8) 關於軍訓教育、輔導教育、特殊教育、感化教育之指導及推進事項。
(9) 關於教育人員服務、考核資料之提供事項。
(10)關於各級教育人員控告案件之提供事項。
(11)關於視導資料之整理與保管事項。
(12)其他有關教育視導事項。

3. 縣（市）督學

(1) 關於教育法令之推行事項。
(2) 關於鄉鎮教育行政事項。
(3) 關於學校行政及教育事項。
(4) 關於社會教育事項。
(5) 關於學校教育經費事項。
(6) 關於教育人員服務及考核事項。
(7) 關於上級主管教育機關交辦事項。
(8) 其他應行視導事項。

閱讀以上繁瑣條文，較難明確看出督學的實質任務所在，不過加以梳理後，仍可多少看出其中端倪。實務運作上，督學的工作任務主要可歸納為以下五項：

1. **擬定教育視導計畫並加以修正與實施**：每學年度開始時，各地督學應擬定視導計畫，其中包括當年視導日程、加強重點視導項目、視導方法及技術等項目。執行時應根據實際需求與突發狀況加以修正。
2. **監督相關教育法令與政策的執行**：督學之現今角色雖甚複雜，但其監督者的地位卻仍存在。舉凡教育行政機關推行之政策（如常態編班、均衡教學）與相關之法令是否確實執行，均為督學視導的要務。各級所屬的教育機關不可因任何理由違反法令，如被發現，督學必須立即予以糾正。
3. **雙向溝通扮演橋梁角色**：國家雖有既定之教育法令與政策，但實施上不免有窒礙難行之處。各教育機關（主要為學校）背景各有不同，若確有原因以致執行不力，督學即應瞭解其難處並儘量代為解決。如此雙向溝通，上意與下情皆能傳達，彼此之看法差距才能縮小。否則一意施壓，只會造成積怨而形成暗中抵制之現象。督學為接觸學校的第一線行政人員，其橋梁的角色絕不可偏廢。
4. **協助學校提升行政與教學績效**：社會日新月異，各種教育理論與新知源源而出。督學雖非各科教學專家，但應扮演觸媒者之角色，以教學觀摩、專家演講、教育研討會、各級進修班之舉辦，督促學校人員吸取新知，以提升行政與教學上的績效。換言之，督學之任務除了「視」外，也需包括「導」的部分。
5. **撰寫視導報告**：督學應依視導項目及單位逐一視導，並於工作結束後撰寫報告。內容包括視導區內之教育動態、偶發或重大事項處理經過、審查意見、與獎懲之建議等。各級視導單位均設計有特殊報告表格供督學塡寫。

實務上，督學責任重大，乃是替國家把守教育品質的第一線尖兵。以往學校多以「官員下鄉」的眼光視之，對其又敬又恨。探究督學的實質權限大小，向為教育行政學者感興趣之議題（張清濱，2008）。雖然各相關法令並無明文條列，但歸納起來，可看出督學權限有以下五項：

1. **糾正權**：視導時發現學校有違反教育法令事件，可隨時加以糾正，學校必須立即改進。
2. **調閱權**：於視導學校時，可調閱各項簿冊及有關資料，學校必須加以配合。此外，督學也可調閱學生成績。
3. **變更授課權**：為執行職務，於必要時，得臨時變更學校授課時間，學校必須與之合作。
4. **召集開會權**：於執行職務時，得與鄉、鎮、區公所取得聯繫，並得召集當地熱心教育人士開會，徵詢對教育設施之意見及商討改進辦法，以備日後採擇。
5. **建議獎懲權**：視導時，如遇有辦學人員不能稱職者，得呈請核懲。遇有成績卓著者，或研究有創獲者，得呈請主管長官核獎。

由以上之敘述中，可看出台灣視導人員之權限並非大至呼風喚雨的地步。較之同樣採行中央集權教育行政制度的法國，尚且略遜一籌。法國的督學擁有對教師的考核權，可直接影響其升遷獎懲（尤其對新進教師）；台灣之督學雖可依規定呈請主管長官進行賞罰，但也僅止於建議之地步，並無絕對之決策權力。在此情況下，學校校長或有與地方政治勢力結合者，即往往無視於督學的糾正；其原因即在督學並無獨立之評鑑權限。就此而論，台灣之督學地位與英國較為類似，擁有視察與建議之權；然而其地位聲望則無法與之並肩，造成有時視導無力之現象。

台灣督學職權受限與其任用制度有所關聯。根據相關法令，各級督學均需先擁有公務人員資格（通過國家公務員考試），然後再具備一定經歷才可任用。三級體系之督學皆由規定職等之公務人員中擇取，報請上級首長任用。由於督學體系被視為是普通行政之一部分，並未獨立運作，故其重大決定（如獎懲），原則上均需由其直屬長官做最後之裁斷。

反觀法國，其雖實施中央集權制，但卻賦予督學獨立的考核權，督學之遴選也不必限於狹義的公務人員中，而可包括資深教授、校長、與優良教師等。由於專業性頗高，其擁有考核教師之權限，也較為大眾所接受。台灣任用督學之制度過分狹隘，致使其不但不能獨立運作，在專業性上也大打折扣。

（二）國民教育輔導團

除了督學之外，國民教育輔導團在視導工作上也有其一定地位。其體制分爲省（市）級與縣（市）級兩種，成立之目的乃在補督學之不足（尤其在分科教學輔導方面）。組織除設團長及秘書外，並選調轄區內優秀校長及教師充任輔導員，定時巡迴各地實施教學輔導，其主要工作項目如下：

1. **舉辦各科教材教法研習會**：成員根據各學科專家的建議與自我的經驗，共同編寫教材並設計新的教法；先於重點學校實驗證明有相當成效後，再舉辦研習會，將其介紹給各科教師。
2. **輔導中小學從事研究實驗工作**：其中諸如課程的變動、教法的更新、教材的設計等，均爲研究實驗工作的重點。輔導團成員依其專長幫助參與學校的教師解決問題。
3. **輔導中小學辦理教學觀摩**：任何新教材教法在實驗後，均需接受大衆之公評。教學觀摩會的舉行除介紹之功能外，尙可因此得到各方教師的意見，以做爲日後改進的依據。
4. **輔導中小學教師改進各科作業指導及學習效果評量**。
5. **協助各中小學教師解決教學疑難問題**。

由以上之項目，可知國民教育輔導團之重點乃在教學輔導，行政部分則鮮少涉獵。其活動之形式不外爲研討會、專題演講、展覽、競賽、編印書籍等。原則上，輔導團成員每學年巡迴所轄地區輔導一次，日期爲數日至兩個星期。巡迴期間除舉辦各科教材教法研習會及座談會外，並隨機訪問各學校，探討教學疑難問題，以便適時提供教學方法與技術支援。學年之始，均需依情況事先訂定當年輔導工作之重點。

國民教育輔導團成立以來，在教學視導上尙能助督學一臂之力，但囿於編制，其影響層次多侷限於少數的「重點學校」。此外，輔導團成員身分仍是教師，平時仍需完成法定之教學工作，兩地奔忙，不免顯露疲態。今後如能將之納入督學室，如法國的設置教學督學職位，則其功能必定更加彰顯。

台灣教育視導制度行之有年，雖不無貢獻，但仍有缺點亟待改進。撇開技術性方面細微問題不談，數其犖犖大者，可歸納爲以下四點：

1. **任用制度僵固**：由於擔任督學者需具有公務人員資格，遂使可供挑選之人力市場大加縮減。一般而言，督學之遴選應以具備行政與教學經歷爲佳，但一般教師終日在學校服務，鮮有時間參加公務人員考試。影響所及，專業之教育人員進入視導體系的機會即大爲減少。此外，由於督學被視爲是普通行政之一部分，其編制往往受限。面積廣大但人口稀少之縣（市），督學人數往往僅只有個位數。如此疲於奔命，視導學校也只能走馬看花，成效相當有限。

2. **專業程度不足**：由於任用之限制，專業人士往往被摒除於督學行列之外，造成視導人員必須扮演全才的角色，既要視導行政又要輔導教學，在專業性上大打折扣。各地雖有國民教育輔導團或不具法定地位之聘任督學（多爲退休校長或教師）之協助，但杯水車薪助益不大。此種情況造成教師對部分督學的鄙視，認爲其並無專門學科（如數學）之素養，又何能對其教學發表意見。當然，督學並非全才，不能事事精通，然而現行制度之分工不夠精細、人員不夠專業的弊病卻是不爭之事實。
3. **證書制度未能建立**：嚴格來說，督學爲教育人員之一分子，理應如教師般取得證書，以建立專業形象。然而現行制度不但限制專業人士之進入，對於考入的學員也未開設完整的視導課程，造成少數只會念書考試，但卻毫無行政與專業素養的督學橫行其間。未來理應建立證書制度，規劃督學的養成教育、專業課程、與進修訓練，才能使其專業受到肯定。
4. **視導技巧未能加以更新**：由於專業素養未臻理想，再加上事多人少，督學疲於奔命之餘，視導技巧往往原地踏步。不要說新的視導模式，即以一般輔導技術也一知半解。影響所及，督學所扮演的角色僅在代表官方下鄉行走，其輔導之功能幾近闕如，對於實際所發生的教學問題難與教師共同加以解決。

綜上所述，台灣目前視導體制之問題，一言以蔽之，即在忽略督學爲專業教育人員的事實。解決之道，首在修改其任用遴選制度。即以法國中央集權之程度，仍能透過管道吸收資深教育工作者成爲視導人員，並依其專長區分爲中央教學督學與中央行政督學，在專業與分工程度上達到一定水準。台灣之督學限於體制，人數不多，再加上僅以考試論成敗，對各學科的專業素養不夠，自然引起教師的反彈與不信任。

因此，如能適度修正甄選制度，在不違背文官體制的原則下，以特考或輪調的方式吸收專業人士，則積壓已久的視導問題應可有所解決。督學的人力市場擴大，自然可吸收各方教育專家，針對諸多弊病開出良方。此外，由於分工的精細，各科督學也才能適度發揮輔導的功能。在英國，皇家督學形式上由皇室任命，其精神即在彰顯地位之超然與崇高。限於體制，督學在各國多被設定爲國家官吏，但其獨立運作的精神則不可偏廢。如果只是將視導人員視爲是公務員，上級之束縛再加以層層節制，要達到「視」「導」合一的地步恐怕就難如登天了。

（三）相關之實證研究

台灣教育視導制度雖數經變革，但仍存有不少問題，此由相關所做的相關實證研究也可看出端倪。例如，陳金進（1976）探討國中校長在教學視導中所扮演的角色，發現多數人的專業知識不足，根本無法勝任工作與幫助教師。陳秋美（1979）則指出地方視導人員人少事雜，其精力大多耗費於行政巡察上，再加上專業知識貧乏，鮮少能從事教學視導的工作。林武（1984）則在檢視中、美、英、法、日五國教育視導制度後，發覺台灣督學除在遴選制度上與各國不同外，往往以行政視導爲業務重點，與英、法等國大相逕庭。在國民教育輔導團方面，其成果也不理想。除了流於形式外，部分團員專業能力貧乏而不能服眾也是主要弊病。如何衝破經費與人力不足的限制，進而去除浮光掠影式的視導形式，應是必須努力的課題。

楊振昇（1999）探討台灣教學視導制度之困境，並希望提出因應策略。結果發現相關困境包括：(1)教學視導定位不夠明確，(2)教學視導人員任用不夠健全，(3)教學視導人員專業知能有待提升，與(4)教學視導成效未能彰顯等四方面。此外，並提出教學視導定位明確化、教學視導人員專業化、與教學視導功能務實化三大革新方向。

第四節 教育視導的新興模式

隨著社會思潮不斷演進，傳統上對下的教育視導形式受到極大挑戰。雖然各國多仍保留正式的視導機關，以代表政府進行法定的監督，但新的模式理論卻如雨後春筍般興起，其中又以教學視導最受矚目。

傳統視導形式所以不符時代需求，原因相當多；但綜而言之不外三點。首先，官方的代表（以督學爲主）人少事繁，對於行政之監督已疲於奔命，遑論顧及教學之指導；再加上對於各學科專業知識之匱乏，使其說服力大打折扣。即使表面上能以威權「鎭壓」教師，但實際助益甚小。

其次，每個學校有其特殊背景，上自校長領導風格、學區文化環境、教師學經歷、家長社經地位，下至學生學習動機等各不相同，官方規格化的視導模式，並不能滿足各校的需求。如何發展出適切的視導形式以解決問題，已成極爲迫切之議題。

第三，在傳統的模式中，教師往往被視爲是被監察的下屬，必須毫無保留的接受批判。此種情況不但產生其對上級的抗拒力，也忽視了教師在教學視導中的重要角色。基本上，其應是最明瞭教學活動與問題的人。若讓教師置身於事外或成爲被動者，無疑是捨近求遠，很難對教育形成眞正的改善。然而，長久以來，教師已習慣於上對下的溝通形式與「多一事不如少一事」的心態，如何發展出新的視導模式以激勵其加入活動之中，往往成爲教育視導成敗的關鍵。

基於此，教育學者在1970年代即開始發展不同的視導理論以應需求。Sergiovanni（1995）將其中重要者歸納爲五種，分別是同僚視導（collegial supervision）、臨床視導（clinical supervision）、個人視導（individual supervision）、非正式視導（informal supervision）與研究取向視導（inquiry-based supervision）。限於篇幅，以下即對前三者加以闡述，後兩者則僅簡單說明之。

一、同僚視導

在實務上，官方的視導活動往往杯水車薪、緩不濟急，很難眞正解決各校不同的問題。同僚視導的特點即在充分利用教師的專長，以合作的形式達到較高的績效。基本上，其作法乃在結合兩位以上教師，藉由觀察彼此教學活動並提供回饋批評的歷程，以達到專業成長的目標。綜而言之，與傳統之方式比較，同僚視導有以下三個特點：

1. **並無主從之分**：傳統之視導往往給人有官員巡視的印象，同僚視導則主張加入的教師彼此地位平等，完全以專業的素養為取決的標準。Glathorn（1984）為此甚而建議應以「合作式的專業發展」（cooperative professional development）的名詞來代替同僚視導的名稱。其用意即在避免使用「視導」兩字，破除主從之分的聯想，以新的名詞來強調參與者的地位同等重要。
2. **主張教師足以擔當視導工作**：長久以來，教師大多扮演被視導的角色，即使有積極建議也少被採納。同僚模式則強調教師是最瞭解教學活動的人（Cogan, 1973），對於其所處的班級最具影響力，能夠被信賴足以擔當視導的工作。
3. **強調合作的關係**：以往傳統視導常因主從之別而導致對立，同僚模式則是以各教學主體（校長、教師、學生）的結合，由教師彼此以專業判斷、互相觀摩、並給予回饋的方式實施。如此更能對症下藥，增進學生的學習成效。此外，值得注意的是，校長與行政人員在同僚模式中也扮演舉足輕重的角色。其應以適當的領導行為，提供所需的資源給教師，以助其完成視導任務。

同僚視導的特點在於合作，其形式也隨著需求而多樣化。教師們彼此約定觀察教學活動，以做不同程度的建言與批評。例如，討論的主題可限於單一（如管理學生的方法），或是對整個教學做大體討論。聚會方式或許為非正式私下約定，或是由校長籌劃分組，召開正式會議研討。不管形式為何，同僚視導的精神乃在結合具有專業的教育人員（以教師為主體），對於校內所發生的問題自我診斷、評鑑、與發展對策。在過程中，教師可藉著彼此的視導自我成長、交換教學的經驗、與提供社會支持給面臨瓶頸的同事。如能運用得當，必能提升學校的績效。在實施上，Sergiovanni（1995）提供了以下十點原則：

1. 教師對於其合作者，應有建議的權利。
2. 校長必須擔負起規劃同僚視導各小組最後名單的責任。
3. 同僚視導必須有一定程度的正式化。其中至少必須記錄視導內容與敘述活動的進行過程，這些紀錄應該定時送給校長以供參考。
4. 校長應該提供必要的行政資源給同僚視導小組，以使其能在教學期間正常運作。例如，校長可以替教師代課、尋找代課教師、或是允許課程的彈性調整，以使教師能得到充分時間參與同儕視導。

5. 在視導過程中，若產生的訊息具有臧否他人的味道，則宜保留在小組中，而不應與校長分享。
6. 在任何情況下，校長均不應試圖蒐集在小組中所產生之論斷他人的評鑑資料。
7. 每位同儕視導小組成員，均應保存一份專業成長的紀錄，以反映其經視導過程後，在實務上與專業上的改變與努力。
8. 校長應定期與視導小組成員接觸，以瞭解其進度並分享資訊，做爲以後決策的參考。
9. 校長應分別定期與個別成員討論，以觀察其是否在專業上有所成長，與提供行政上的必要協助。
10. 原則上，每兩年或三年應重組同儕視導小組。

與傳統的模式相較，同儕視導無疑更需要教師的投入與付出。在台灣，由於諸種條件的限制，眞正試行同儕視導的學校如鳳毛麟角，值得未來更加努力。綜而言之，同儕視導不但能促動教師交換理念，且因較具彈性，頗能應用於需求不同的學校（Muir, 1980）。不過，就實務的觀點而言，若相關條件無法配合，其缺點也將暴露無遺。首先，同儕視導往往具有評鑑的色彩，教師彼此觀察與論斷對方的尺度應如何拿捏，常是極敏感的話題。過度客氣則可能效果不彰，臧否過當則容易被對方誤爲濫用權威；偶一不愼，則造成小組成員不歡而散（Alfonso, 1977）。此外，Muir（1980）也發現同儕視導（他採用的是peer supervision一詞）的參與教師必須具有相當程度的教學經驗，否則即使費時甚多，也可能最後徒勞無功，變成是任意胡爲的活動。

因此，任何實施同儕視導的學校，均需事前做好準備。就筆者訪視美國學校的經驗，其應包括以下五點：

1. 事先調查教師教學所面臨的問題，並以此做爲視導的主要內容，避免讓其漫無目標的打混仗。
2. 藉各種研討會，讓教師瞭解視導的目標與方法；其中如觀察的技巧、記錄的塡寫、表格的製作等。
3. 校長宜事先評估學校的情況，以決定是否實施與進行的形式。同儕視導需要教師在已有之工作外撥出時間參與，若其負擔已重，除非行政上的大量支援，否則不宜貿然全面試辦，應採漸進與部分實施的方式。

4. 若實施同儕視導，校長與行政人員絕不能置身事外，必須在課程的調配、設備與場地的需求上加以支援，甚而以代課教師彌補人力之不足。
5. 校長宜採取中立之立場，任何因視導而導致過分評鑑的行爲，均應加以制止。若小組成員已有相互攻訐之情況產生，宜介入加以重組，以避免事態更加惡化。

二、臨床視導

臨床視導的理念起源於1950年代末期的美國哈佛大學，當時的學者如Goldhammer（1969）、Cogan（1973）皆希望發展一套視導模式以適用於攻讀碩士學位的學生。其理念後來擴展至教師，成爲1970年代後教學視導的生力軍。兩人後來皆著書說明臨床視導的理念與作法，並依各界的反應調整實施要點（Goldhammer, Anderson, & Krazewski, 1993）。其基本理念介紹如下。

學者Cogan（1973）將臨床視導定義爲是視導者與教師合作，以互動的形式共同觀察教室內的教學行爲，以診斷其缺失並提出改進之道的模式。Goldhammer（1980）也強調臨床視導的特點即在第一手的觀察（first-hand observation），如同醫生臨床依據病症加以下藥一般。其目的在產生立即的回饋訊息，以供執教者能適當的改進。

臨床視導的過程內容，各家雖各有主張，但差異性不大。例如，Goldhammer（1969）即將之分爲五個基本階段，分別是視前會議（pre-observation conference）、觀察教學（observation of teaching）、分析與策略（analysis and strategy）、視後會議（post-observation conference）、與視後分析（post-conference analysis）。茲將其分述如下。

「視前會議」的功能主要在使視導者與教師之間先取得共識，並共同決定未來視導的基本方向與架構。基本上，視導者應先熟悉所欲觀察的班級背景，其中包括教師對此班級的看法、班級學生的程度、教師教法的理論內容、與教師如何完成教學的任務等。在瞭解上述背景資料後，視導者接著與教師溝通，由後者先陳述其將要使用的教學方法、希望學生達成的目標、與預測可能遭遇的議題等，以提供視導者做進一步的規劃。

在以上暖身運動後，接著視導者與教師即開始建立彼此間的協議（contract）。原則上，臨床視導多半針對特殊之議題加以進行，所以在兩者的協議上首先必須決定視導的項目，以避免因目標太大，導致力量分散。此外，雙方也必須在：(1)何種資料必須蒐集、(2)資料如何蒐集、(3)視導者可被允許採取的行動（如製作問卷詢問學生）、與(4)視導者不應有的行動（如介入教學）等項目上達成共識。協議的完成，代表視導者與教師雙方均立於平等的地位上，彼此熟知遊戲規則，未來不致因爲程序問題而爭論不休。視導者雖多爲專業人士，但對特別的教學班級往往並不熟悉，所以必須先投石問路，並取得教師的合作達成協議，以避免在接續活動上遭到抵制。

在視前會議取得協議後，視導者與教師即進入「觀察教學」的階段。由後者在指定班級中施教，前者則開始進行觀察。由於評鑑的主觀性，臨床視導多半必須設定較爲標準化的效標（如觀察學生的發問動機），以供視導者循序記載。此舉雖造成難以一窺全貌的遺憾，但如能愼選效標，仍有其一定的代表性。此外，雖然教師已事先知曉視導者的介入程度，但在教學期間，視導者仍應謹守避免干擾的態度。晚近所發展的視聽與網絡科技，已可使視導者不必駕臨現場，即可在附近房間藉媒體觀察教學的過程與學生的反應，使干擾程度減至最低。

在觀察過程中，視導者一方面瞭解教師的教法，一方面對其他相關項目加以審視，例如，學生的反應、教具的使用、教室的配置、與公布欄的設計等。如果可能，應以描述性的語言記錄整個動態的過程，切莫失之於情緒化。例如，描寫學生之反應，與其用「在問及對於西安事變看法時，學生都覺得乏味」的詞句，不如進一步指出「最後一排學生有兩個在打瞌睡，另外三個在偷吃便當」。換言之，應避免情緒性的形容詞，而代以對事實的陳述。視導者可對事先規劃好之項目依次描述，其中諸如學生發問的認知層次、學生注意聽講的程度、教學的速度、或師生互動的次數等。以事實爲記載的主軸，可使未來分析時有所依據，否則牽涉到情緒性的語言，不但定義困難且易引起糾紛。

「分析與策略」爲臨床視導的第三步驟。觀察教學後，視導者手上已擁有相當之資料；接下來即是進行分析與制定新策略的工作。前者乃在檢視資料的性質，去蕪存菁後，再與教師分享溝通。其中包括檢視在教學過程中所使用的模式、教師的語言與非語言行爲等項目。蒐集齊全後，視導者再就觀察期間是否符合先前協議的內容、與教師之關係、與應該觀察但力有未逮等項目加以檢討，以在準備進入「視後會議」階段前，事先擬定與教師溝通的基本策略。

臨床視導的第四階段爲「視後會議」。顧名思義，其重點乃在視導者以觀察後所蒐集的資料，與教師共同會診教學過程的利弊得失。値得注意的是：視導者的資料並非評鑑報告，而只是對事實的基本描述。討論的主題除非有需要，否則宜以事先協議之內容爲主，不應隨意加入新的議題。例如，協議中雙方同意觀察教學的認知層次，此即成爲討論的焦點。視導者可就觀察所得，根據教師對教材的編列、發問之內容、學生的反應、教具之使用等項目，與教師共同會診其所達成的認知層次（從最基礎的記憶層次到最高層的判斷層次）。其後，將之再與事前教師的期望相比較，若發覺原先的目標並未達到，應討論其原因與補救之道。原則上，視導者僅提供資料，並不對教師做批評的工作；結論必須在充分的溝通後，由雙方共同完成，單方面獨占必將造成困擾。

「視導後分析」爲臨床視導的最後階段，其主要目標乃在做整個視導過程的檢討，以爲下一次的參考。視導者針對前四階段的進行，檢視在行政與作法上的缺失。其焦點問題應包括：(1)教師的尊嚴是否被適當維護？(2)視導過程中，人員的配置是否得當？(3)教師是否以平等的地位積極參與視導？(4)給予教師之回饋是否讓其心服或是引起抵抗？(5)是否擴大職權，而扮演了評鑑者的角色？視導者應根據針對以上問題的檢討，做出改進的策略，以使下一次的活動更臻完美。因此，從另一個角度來看，「視導後分析」雖爲此次臨床視導的結束，但卻成爲下次活動的起始點。

由以上五個階段的執行內容，可以看出臨床視導的形式，基本上是由視導者與教師共同擔綱，前者提供專業知識，後者則負責實際的教學活動。雙方必須事先在會診的項目上取得協議，觀察時視導者應儘量避免干擾，視導後所提供的意見也僅止於建議，並不扮演評鑑者的角色。綜而言之，臨床視導的最終目的在提供適當的回饋給教師，以使其未來教學更臻完美。因此，回饋方式及態度的正確與否，往往影響視導活動的成效。針對此點，Sergiovanni（1995）曾提出六個原則以供參考，茲分述如下：

1. **回饋時應採用描述的方式而避免論斷**：臨床視導並非是一種總結性評鑑（summative evaluation），因此在回饋時應避免論斷教師。例如，在觀察其引起學生動機之能力後，與其說：「你的教學很枯燥，學生都不愛聽」，不如改爲「你教學時，第五排學生有三人打瞌睡，兩人在看漫畫書」的描述辭句。

2. **回饋時應精準而避免泛泛的言辭**：雙方既已事先取得協議，即應依項目觀察，其描述應避免模糊的言辭。例如，在觀察教師回答學生問題之態度後，與其說：「你不重視學生的發問」，不如改爲「你在聆聽王昭君的問題時，並未讓她說完，且在回答時誤解其意」。如果可能，可以出示教學時的錄影帶以做爲證據。
3. **回饋時應集中於教師能力內可以改進的行為上**：臨床視導的功效不在吹噓，應以實效爲重。教師在學校，許多事務並不在掌控之內，要求其改變無異強人所難。例如，與其建議教師採取電腦網絡平台教學，不如在現有之教具上著手。此因電腦採購費時且成本龐大，非教師權責所能決定，即使強力建言，也未必有其可行性。
4. **回饋時應檢視自我的動機**：臨床視導的目的在幫助教師檢視其教學行爲與成果，所以回饋時應以教師爲主體，避免炫耀自我的專業知識或是建立權威。過度的膨脹自會引起教師的反彈而功敗垂成。
5. **回饋應在教學行為後即時發出**：教學之行爲極爲複雜，若不即時給予教師回饋，就可能錯失良機。唯有立刻行動，才能使教師的印象深刻而做出改變。
6. **回饋的給予應以記錄正確的訊息為基礎**：回饋絕不能無所依憑，在與教師交換意見時，如要其心服口服，呈現適切的記錄資料極爲重要。照片、錄音、錄影帶、教學紀錄表、教師發問表、電腦網絡等，均是可採用的輔助工具。如能運用得當，旁徵博引之中必能使教師深刻瞭解其行爲，對於視導者的回饋才能心服。臨床視導講究務實正確，雖然所有資料未必能鉅細靡遺加以記錄，但過程中仍須盡力而爲。

與傳統的方式相較，臨床視導提供了視導者與教師相互激盪的機會，對於特定的教學行爲改進有其一定功效。Wiles and Bondi（1986）則指出，採用臨床視導會使教師對視導過程有較正面的評價；Beck and Serifert（1983）也發現其能增進教師的教學技巧。然而，掌聲背後也不乏批評之聲。Reilkoff（1981）即指出臨床視導耗時費力，若實施不當，反而造成視導者與教師間的心結。此外，由於教師意識的抬頭，現場教學觀察的活動往往並不順利；部分教師以避免干擾學生爲理由，拒絕視導者的觀察（Nsien, 1984）。凡此種種，皆說明了臨床視導立意雖佳，但實行上仍需有先決條件的配合。根據筆者在美國實地之觀察，臨床視導並非一體適用。若要加以應用，宜把握以下四點原則：

1. **採取漸進方式**：臨床視導費時費力，全校一起實施必定疲於奔命；不如每學期訂定重點教學議題，挑選少數教師做觀察對象。視導之回饋除當事人外，尚可提供給其他教師做爲參考，以達到最高成效。
2. **調整教師授課時數**：教師對於視導活動多處於被動的地位，一副事不關己的樣子。如要實施臨床視導，必須將當事者的授課時數減免或是機動性的調整，以使其能專心參與活動。否則原來工作已繁重，又要兼顧視導，心態上不免產生不平衡。
3. **善用專業資源**：視導者在過程中必須展現其專業知識與能力，其地位舉足輕重。校內若無此等人才，則可從臨近之大學院校，或是學區內之教育專業團體尋訪專家學者，求其助以一臂之力，以順利完成整個視導過程。
4. **訓練教師自我視導**：限於人力物力，臨床視導推行有其限制。針對於此，如能在各科中訓練部分教師成爲視導者，則其助益必大。訓練之形式可要求至大學院校修習學分、聘請專家演講、或是在校辦理短期研討班等。一旦教師能自我動員，則同僚與臨床兩模式即可結合，不但人力可以靈活調配，視導回饋也較能因地制宜而符合需求。

三、個人視導

個人視導的觀念首由Glathorn（1984）提出，其目的乃在促使教師在個別自我視導後，能在專業上有所增進發展。在資源短缺、人力不足的學校，個人視導即成爲不錯的選擇。原則上，教師先自我訂定目標，並經與校長或其他校內同事研商後進行。過程中記錄教學行爲的資料，最後再參照事前設定的目標而提出改進建議。因此與臨床或同僚模式相較，個人視導教師獨自擔綱的份量明顯較多，但此並非代表其可任意而行。在事前目標的設定與事後效果的評估上，校長與其他專家均介入提供意見，以免造成教師自導自演毫無成效之鬧劇。Sergiovanni（1995）對個人視導之過程建議應分以下五階段：

1. **目標設定**（target setting）：根據往年的得失與實際之需求，教師先自訂今年所欲達成的教學目標。其數目不應太多（多半爲一至三個），且是在客觀評估後可以達成的，儘量避免唱高調。
2. **目標評論**（target-setting review）：對於教師所提出的目標與時刻表，校長應先給予一些書面意見，並要求其初步修改後，雙方再訂定舉行目標會議的時間。
3. **目標會議**（target-setting conference）：教師與校長或其他專家會晤，共同探討所定目標的適切性，並對結論做出書面摘要，以供教師在實施教學時的參考。
4. **評估過程**（appraisal process）：目標既已設定，即進入評估過程中。教師必須自我蒐集相關資料，方式包括錄影、學生評鑑、教學網站、與教學日誌之塡寫等。在展示給衆人之前，教師應將資料統整分類（以個別目標爲主），以顯示自我的努力與成果。
5. **摘要評估**（summary appraisal）：校長再與教師會面，檢視資料與目標，以探討兩者是否相互契合，並做出建議。不足之處可供教師在下個年度列爲努力的目標。

一般而言，個人視導的優點在有效運用人力，可使不願與他人共同進行視導的教師有自我成長的機會。不過綜觀學校之實況，其推行仍需有一定之先決條件。首先，教師的專業與視導能力必須增強，否則唐突實施可能造成打濫仗的後果。其次，資料蒐集的技術也需改進，宜朝客觀化之方向發展（如利用問卷、測驗），以免造成教師自吹自擂的作弊情況發生。最後，校長必須有改革的決心，除給予一定協助外，尙應每年鍥而不捨追蹤教師之進度。如果學校未展現決心，教師忙碌於日常工作之餘，配合程度自會較爲低落。

四、非正式與研究取向視導

除了同僚、臨床、個人視導模式外，一般教學視導尙有非正式（informal）、研究取向（inquiry-based）兩種模式。前者顧名思義，乃是視導者與教師之間不經意接觸後的視導行爲，其形式在學校中多爲校長非正式的觀察教師在課堂內的活動。台灣中小學校長有巡堂的習慣，後因教師抗議不受尊重而部分停止。其實只要運用得當，此種非正式的視導往往可以小兵立大功。在美國某些地區，校長的觀察已被認爲是教學活動的一部分，也因之能針對教學問題加以針砭。除巡堂活動外，校長如能利用各種私下機會（如抽閱學生作業本），依舊能有非正式視導的成效。然而需注意的是：校長在整個過程中絕不可以視察者自居，而應與教師共同探討其所遭遇的問題，並謀求解決之道。

實務上，依照非正式視導之精神，歐美各國即發展出「教室走察」（classroom walkthrough）之教學視導形式（Zepeda, 2007）。其與一般校園巡堂最大不同，乃在基於信任之前提下，不以考核爲目的。教室走察最好經常性實施，並做短暫與結構化之焦點式教室觀察。此外，在蒐集相關資料與紀錄後，訪視者必須與教師進行對話而給予回饋。由於採取非正式之形式，教師之抗拒程度自然較低，校長之官方色彩也較不明顯（Kachur, Stout, & Edwards, 2010）。然而，教室走察是否適用於講求「尊師重道」的東亞國家，仍待日後之觀察。

研究取向的視導模式是以發現問題做爲起點，接著利用各種研究方式（如實驗法、田野調查法）蒐集資料，分析後再找出解決的策略。例如，在教導小學生辨認時鐘時，教材呈現的方式極多，到底何者較佳（最適合本班學生學習），即是一有趣的問題。針對於此，即可採用各種研究方法，根據所訂定的效標加以分析，最後得到結論。研究取向視導可由校長或教師發動，並多半與其他模式（如同僚、臨床視導）相配合，共同處理改進校內所發生的教學問題。

五、選擇視導模式的考慮因素

綜上所述，可以看出近年來新興的視導模式特別講究合作，與傳統視導由上而下的理念大有不同。不過話又說回來，尊敬教師並不代表無爲而治任其所行。視導模式再新潮，也必須以能夠積極促進教育改革爲前提。因此，傳統視導不見得就比較差，模式的挑選往往必須以教師的特質做爲參考要項。在教師專業程度不高、組織渙散的學校內，貿然實施同僚或臨床視導可能適得其反。如何根據學校成員的不同背景設計出權變的視導形式，往往必須在實施前三思而行。

在眾多變項中，教育學者最重視認知複雜度（cognitive complexity）與工作動機（work motives）兩大變項。根據Costa（1982）與Glickman（1985）的發現，前者係指學校成員所展現的認知層次。即以教師爲例，具有高認知複雜度者可以藉分析、綜合的方式，啓發學生進行知識管理，而不僅只是無意義的灌輸。Harvey（1966）認爲認知複雜度可顯示於內容與結構兩者之中，而後者尤爲重要。例如，同時主張採用個別化教學的兩位教師，所授內容雖一致，但所採用的教學結構卻不同。層次較低者認爲個別化教學就是對單一學生授課的過程，其教法與大班制如出一轍，完全輕忽個別面對面教學所可利用的優勢。原則上。教師的認知層次高，代表其所使用的策略與方法較爲多樣與廣泛（Hunt & Joyce, 1967），學生的學習成果也較高（Harrey, 1966）。

在工作動機方面，McClelland（1961）指出如果環境使教師深覺應有所表現，其對團體的向心力與工作動機就愈高。因此，校長除了要利用領導技術激勵教師外，尙須依其認知複雜度與工作動機，決定其視導的態度與模式。如前所述，如果教師的認知層次較低或是工作動機不佳，即使賦予其充分自主權自我視導，也不見得會有效果，拿捏之間必須注意。

針對視導的形式，Glickman（1985）提出有以下三種：(1)指導型（directive），(2)合作型（collaborative），與(3)非指導型（nondirective）。其中指導型即指校長在過程中居於主導地位，在結構與決策上經常介入發揮影響力；合作型則強調校長與教師雙方共同分擔責任與決策，彼此互爲平等的地位。與之相較，非指導型則以教師爲主體，由其負責計畫與執行，校長僅在旁提供必要的行政支援。

Sergiovanni（1995）利用Glickman的分類，設計出一套權變的視導模式。在圖7.2中，座標橫軸爲認知複雜度（低、中、高），縱軸則爲三個變數的組合，分別是：(1)成熟度（levels of maturity，分爲不成熟、成長中、成熟），(2)責任層次（levels of responsibility，即教師所負擔之工作與上級或同仁之關係，可分爲依賴、自主、相互依存三種），與(3)教師關心點（concerns of teachers，分爲自我、學生、專業）。如果教師爲不成熟、依賴、只關心自我，則指導型應被應用（交點1）；成長中、自主、關心學生則適用合作型（交點2）。最後，面對成熟、相互依存、與關心專業的教師，校長可放心使用非指導型的方法（交點3）。不過值得注意的是：以上所言僅爲通則，各校在選用模式時仍需考慮其他特殊因素（如人力、財力之分配），甚而在數次嘗試錯誤後，才能找到最佳策略。

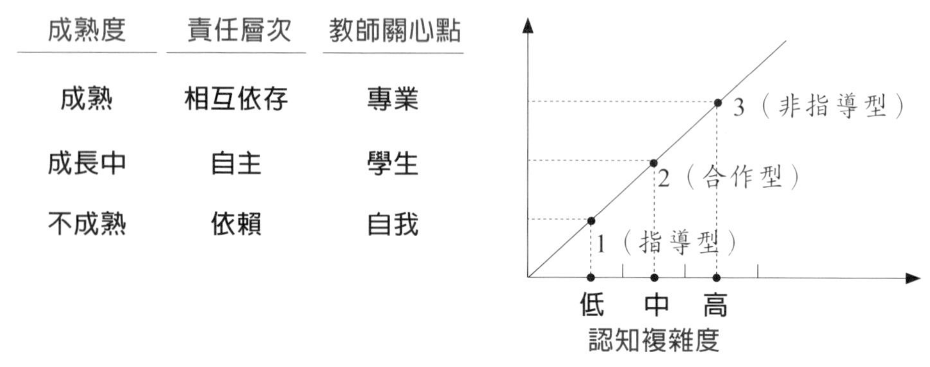

圖7.2　權變之視導模式

資料來源：改自 Sergiovanni, T. J. (1995). *The principalship: A reflective practice perspective*. Needham, MA: Allyn and Bacon. p.237.

根據筆者的觀察與經驗，任何一種視導模式皆可由指導型、合作型、非指導型三種形式呈現。臨床與同僚模式的運作精神偏向給予教師更多自主性，但校長仍可視情況加強督促，增添指導型的色彩。每個學校背景不同，視導模式與形式的選用必須因地制宜，教師的因素往往決定實施的成敗。在瞭解各種新興的視導模式之餘，視導者尚需審度所處之情境與被視導者之特性，千萬不要死用模式，以免造成畫虎不成反類犬的結果。

7.1 個案研究　國小教師自殺事件

在全家歡聚的農曆春節假期，台北市陳姓國小女老師卻在2006年2月1日在家中燒炭自殺。據瞭解，陳師曾留下遺書，在影本中，表明以自殺向另一位資源班教師做無言抗議。遺書指出，「她的謾罵、抱怨，對別人都是很大的傷害，這世界難道一點公平正義都沒有嗎？」、「無自省能力空有自信，又有何用？」顯見其生前與另一資源班教師關係已形同水火。

針對此事件，該國小曾發出聲明，指死者與另位老師爲「教育理念不同」，並爲陳師選擇自殺感到遺憾。言語頗多保留，強調「不希望造成另一位老師受到更大傷害」。

該校張校長指出，陳師在校認眞、負責，自我要求高，只是個性有點內向。其任教超過七年，原本是資優班的老師，由於特殊教育專長，去年自願請調資源班任教。

因資源班多爲學習障礙的學生，跟資優班學生不同，需花費更多心力照顧，因此資源班由兩位老師搭配任教。與陳師搭配的另一位老師已屆退休年齡，可能因此在教學理念與溝通上產生問題。

校長表示，事件發生之前幾個月，雙方曾發生一些誤會。經校長、輔導室主任、特教組長介入關切，陳師曾提出「更換教室」建議，校方也同意。已擬在新學期另覓新教室，並爲雙方錯開教學時段，沒想到還是發生憾事。由於事件另一教師將屆齡退休，碰上陳師自殺，身心衝擊很大，目前已委由心理諮商師加以協助輔導。此外，校方也將安排心理諮商師對全校師生進行輔導。

對此，教育局長召開緊急會議，會中要求各校全面瞭解教師之人際互動與社會適應情形。如有身心適應不良者，將提供進修管道及輔導諮商。對於確已不適任者將進行輔導、評議、勸退、與資遣。

然而，2月15日該校超過30名教師群聚校門口靜坐抗議，並連署發出公開聲明，嚴正駁斥校方說法。聲明指出若校長當初能正視另一老師與陳師間的問題，不拖延處理並即時給予協助，自殺事件就不會發生。校方事後發表錯誤聲明，袒護另一老師，等於是對死者家屬的二度傷害。

死者姊姊表示，陳師對工作相當認眞、執著。當與另一同事出現問題時，不只曾向家人反應，也透過學校行政管道提出換班要求，但校方均以「另一個教師就要退休了」等說法回應，等於讓其處於惡劣的工作環境下教學。

陳師父母也找市議員陳情，控訴半年來校方坐視教師間勞逸不均，另位老師甚至多次辱罵及跟蹤死者。希望能還原事實眞相，懲處校方失職人員。

討論問題

1. 學校乃是一小社會，人際不合之情況屢見不鮮。做為學校領導者之校長，應利用何種策略加以處理？過程中應注意哪些因素？
2. 此案明顯牽涉不適任教師之處理問題。試利用教育視導與教育評鑑之模式，分析如何鑑定教師「不適任」行為。此外，就目前行政與法律之規定，又應如何處理不適任教師之難題。
3. 如果你身為該校校長，會如何事前與事後處理該事件？

建議活動

1. 檢視目前台灣遴用督學的相關規定，分析其在各級教育行政機關執行視導業務時所發生的問題，並提出解決之道。
2. 檢視目前所處學校的背景，分析在校中採行新視導模式（如同僚視導）的可行性，並指出如果實行，校方應做何種準備。
3. 試就督學的培育、養成、與所扮演之角色，參考先進國家的作法，提出建議與理論根據。
4. 檢視所在縣市之國民教育輔導團的運作與組成，分析其功能之利弊得失與改進之道。

第8章

教育評鑑

第一節　發展歷史

第二節　教育評鑑的定義與類型

第三節　教育評鑑模式

第四節　教育評鑑之爭議議題

從市場經濟的觀點而言，教育提供的是一種服務，而學生即是消費者，此在高等教育的階段最爲明顯。由於並非義務教育，學生的選讀取向多半植基於外界對學校的評價。即使在同一學校，各科系的績效也是參差不齊。如何提供最健全的服務以吸引優秀的學生，往往令學校領導者絞盡腦汁。此外，社會團體與教育主管單位爲提供正確的資訊，也必須對學校實施專業評鑑，以達到回饋消費者的目標。以往教育事業多爲獨占，校方予取予求，教育當局推行政策也多半維持「一言堂」的模式。晚近人民對民主與平等的要求日熾，辦學績效過差的學校即成爲衆矢之的。如何客觀且獨立進行教育評鑑活動，已成爲教育主管當局不可忽視之議題。

在現代教育活動中，教育評鑑的影子無所不在。即以班級而論，學生有各種考試評量，而學校之運作對內有教師的考核，對外則需接受上級機關的視導。此外，學校分流設計牽涉到遴選學生的機制，國家的教育政策也受到民衆嚴格的檢驗。實務上，教育評鑑牽涉對品質與公平的追求，其過程所產生的訊息往往影響教育經營的成敗。

促使教育評鑑興起的因素頗多；綜合台灣與歐美先進國家的歷史，可歸納爲以下四點：

1. **教育資源日漸短絀**：第二次世界大戰前，受教人數較少，高等教育之學生侷限於社經地位較高家庭的子弟。由於採取英才教育，國家對教育支出尚能應付。其後，民主浪潮勃興造成各級教育大量擴張，政府之預算大餅分食者衆，遂引發對資源的爭奪。僧多粥少，就必須經由評鑑的手段，以挑選辦學較佳的教育機構給予經費或相關補助，以促使教育資源能被有效利用。
2. **對公立學校辦學績效的質疑**：近年來教育經營的參與者已不限於校內，家長與社會大衆也極爲關切。由於公辦學校體制僵化，部分家長希望能介入改革。在此過程中，即必須採用評鑑爲手段，以診斷學校的不足之處加以改進。先進國家如英、美兩國之義務教育一向以公辦爲主，晚近卻受到教育改革團體的嚴格挑戰，甚而自力救濟興辦各種形式之另類教育機構（如英國之夏山學校），以符合多元家長的需求。此種對公辦學校辦學績效的質疑與要求，使得各種評鑑的理論與模式應運而生（Stufflebeam & Shinkfield, 2007）。

3. **課程與教學策略的更新**：隨著時代的變遷，各級學校的課程與教學策略日新月異。然而在實施過程中，為檢視其利弊得失，則必須依賴評鑑的機制。例如，網絡平台教學與傳統教法有別，且花費較多；故在實施前後均必須有所評估。其目的即在確保資源之有效利用，與達到預計的成果。
4. **教育自由市場化的要求**：部分經濟學者將教育視為是一種投資，而學生即是消費者。他們主張唯有採取自由市場模式，才能產生優勝劣敗的效應。因此，學校必須公私並容，不應由任何一方獨占。自由市場機制可提供學生不同教育環境，以符合其個別需求。然而，為達到保護消費者權益的目標，必須將各校的優劣得失公諸於世，而評鑑即成為不可或缺之一環。例如，美國高等教育多採取認可制，評鑑機構定期採用多元方法評鑑各校，除列舉其優劣之處外，有時並予以排名，對學生選校之行為影響甚大。

本章即以教育評鑑為主題，分別敘述其歷史、定義、類型、模式、技術、與執行上的爭議。台灣推行教育評鑑較之歐美諸國為時尚短，遭遇之難題也有所不同，其詳情也在本章中一併分析。

第一節　發展歷史

教育評鑑的定義與範圍，歷來說法不一。為敘述之便，茲先介紹教育評鑑的發展歷史。讀者可從其演變，瞭解教育評鑑在各時期中所扮演的角色與定義。Madaus and Stufflebeam（2000）主張依發展之脈絡，教育評鑑可分為七個時期：(1)改革時期（age of reform, 1792-1900），(2)效率與測驗時期（age of efficiency and testing, 1900-1930），(3)泰勒時期（Tylerian age, 1930-1945），(4)純眞時期（age of innocence, 1946-1957），(5)擴張時期（age of expansion, 1958-1972），(6)專業時期（age of professionalization, 1973-1983），(7)擴張與整合時期（age of expansion and integration, 1983年之後），茲分述如下。

一、改革時期（1792-1900）

評鑑的概念在十九世紀前並非闕如，最明顯的例證如中國自隋唐以降，即定期以科舉制度建立文官體系；然而，大規模的評鑑活動卻肇始於十九世紀的英、美兩國。當時的社會思潮百家爭鳴，自軍國主義至無政府主義無所不包，加上工業革命、資本主義興起後，在社會上引起許多問題。有識者莫不殫精竭慮，試圖在教育與社會制度的改革上有所作爲，而教育評鑑即是手段之一。

以英國爲例，十九世紀號稱日不落國，現今的愛爾蘭共和國（Republic of Ireland）也爲其領土之一部分。爲縮短城鄉之差距，當時即以Powis伯爵領銜組成「愛爾蘭初等教育調查委員會」（Royal Commission of Inquiry into Primary Education in Ireland），試圖瞭解愛爾蘭的教育品質。經過調查與晤談後，委員會發現當地小學生成績低落。爲振興教師士氣，即決定改弦更張採用「表現本位薪給制」（payment by results）。其主要內容乃在教師的薪給多寡，以所教學生的年度考試成績爲參考標準；希望藉此獎勵好教師，並同時淘汰不適任者（Kellaghan & Madaus, 1982）。

與英國隔洋相望的美國，在同時也有各種由總統任命之委員會，以調查各級教育的發展狀況，但規模上一般而言並非全面。在學校方面，波士頓的文法中學於1845年正式以筆試代替行之已久的口試，藉此評鑑學生的學習成就。此舉不但使評鑑程序更爲客觀（以往的口試多半主觀而標準不一），也同時開啓了其後的測驗量化運動。

此外，學者Joseph Rice也在1887至1898年之間進行第一個正式的美國教育評鑑。爲了追求良好的拼字教育策略，Rice採取量化的比較研究。在施以標準化的測驗後，Rice（1897）發現每週花200分鐘練習拼字與只花10分鐘的班級，其學生之拼字成績並無顯著差異；因此對當時流行之「密集式拼字教育」功效存疑。Rice以比較不同群體的方式，並利用標準測驗，成爲日後評鑑實驗設計與測驗運動先河。

二、效率與測驗時期（1900-1930）

二十世紀初，以F. Taylor爲首的科學管理學派席捲美國教育界（Callahan,

1962），使系統化、標準化、與追求效率的訴求一時蔚爲主流。此時期測驗界的大師如Thorndike（桑代克）發展出所謂的「客觀測驗」，以供各校測量學生的語文與數理能力。許多地方教育學區爲追求效率，紛紛要求所屬學校定期測驗學生，凡成果不佳者則列入追蹤改進的名單。當時之測驗種類極多，但大致可分爲「效標參照」（criteria reference）與「常模參照」（norm reference）兩類。前者以主觀設定的目標爲標準（如本班拼字錯誤率低於20%），後者則以所設定的母群體常模爲參照，判定受試者所處的地位（如本班之拼字成績居全國三年級學生分數分配之前10%）。測驗之結果往往被拿來診斷學校的弱點與課程，以做爲追求最大效率的依據。在這個時期中，評鑑即是測驗，各校的優劣就在漫天的數字中定江山。

三、泰勒時期（1930-1945）

美國學者R. Tyler被譽爲是現代課程理論之父，其所倡導的「行爲目標」（behavioral objective）概念，對教育之影響甚巨。Tyler首先使用「evaluation」一詞於教育中，並將之界定爲確定目標是否如期達成的過程。在此一時期，美國歷經經濟大蕭條與第二次世界大戰，傳統教育思想也爲當時學者如Dewey（杜威）所挑戰，認爲學生之學習必須爲動態的「做中學」（learning by doing），積極引進新課程、新教法（如實驗室操作）進入學校。這一股進步主義教育（progressive education）的風潮如燎原之勢席捲美國，但也無可避免引起部分傳統大學的抵制。

這些大學認爲實施進步主義教育的高中缺乏傳統重視之課程（如拉丁文），學生在程度上不足以進入大學。爲化解雙方爭執，Tyler即受託進行著名的「八年研究」（The Eight-Year Study, 1932-1940）。其中自1932年開始，300所大學允許30所實施進步主義教育的高中學生入學，並免除其傳統入學考試。此舉乃在比較實施傳統與進步主義教育的高中學生於大學中的表現差異，藉此評估進步主義教育的成效（Smith & Tyler, 1942）。研究歷時八年，成爲往後大規模教育評鑑的先驅，Tyler之努力功不可沒。

綜觀Tyler對教育評鑑的影響，可歸納爲以下四點：(1)以往的評鑑如Rice之研究，多半牽涉到外部不同群體之比較，Tyler則將其擴大至內部比較。一位學生可自設目標，然後自行將其與努力之成果加以比較，並不需要有實驗組與控制組的設計，如此可節省高昂之評鑑費用。(2)此種內部比較（行爲目標與結果）重視的是學習成果，對於以往只重視外在因素（如學校設備）之差異甚大，較可以抓住問題之重心。(3)由於是自我內部比較，不涉及學生之間的表現差異，以往著重之測驗信度並非必備。此因一個學生依其潛力發展，達到的行爲目標也有所不同，個體間的過度比較並無實質之意義。(4)Tyler式的評鑑範圍比以往必須運用客觀標準測驗的形式還要廣，可以做爲自我獨立的內部比較。

四、純真時期（1946-1957）

第二次世界大戰後美國成爲霸主，加以經濟繁榮，人民生活水準普遍提高；但掩藏其後的卻是嚴重的種族隔離與貧窮問題。大都市中的少數族群生活困苦，當道的有錢白人卻拚命揮霍資源過度浪費，無視於身旁的社會問題，就此埋下其後種族暴動與環保抗爭的種子。

在教育上，表面也是一片欣欣向榮。由於經費充足，學校的數量與規模大幅擴張。人人都有機會就讀高等教育，卻極少回頭探究教育資源的大量投入是否合宜。此種缺乏檢討意識的過度樂觀心態，遂使教育評鑑技術的改進裹足不前。其間聯邦政府尙未積極介入教育，而擁有實權的地方教育學區囿於經費人力，雖有部分評鑑資料之蒐集，卻鮮少將之用於實際改革上。此時期較有進展的乃是各測驗中心之建立與標準測驗之發行，著名的「美國教育測驗服務中心」（Educational Testing Service, ETS）即在1947年成立。

五、擴張時期（1958-1972）

蘇俄於1957年首次將人造衛星Sputnik號射入太空，令美國自獨大的美夢中驚醒，各界紛紛進行檢討。國會遂於1958年通過「國防教育法案」（National Defense Educational Act），將當時之數學、自然科學、與外語課程進行全面改造。同時，聯邦政府開始在全國性的教育改革政策上進行強力介入。由於傳統美國教育的主導者爲州與地方學區，聯邦的地位並不顯著；但在國防教育法案中卻確立聯邦以專款補助相關課程的政策。其後，1964年通過的「初等及中等教育法案」（Elementary and Secondary Education Act）除提供補助殘障與文化不利兒童外，並加入「評鑑條款」，規定接受補助的地方學區均需被評鑑，以實踐其績效責任。此舉遂使以往紙上談兵的評鑑研究，全面進入實務的領域，各種模式（如CIPP）應運而生，造成一時之間百花齊放的局面。

實施評鑑初期，各學區迅速發現單以傳統的實驗設計（如實驗組與控制組的對照操弄），並不能適用於評鑑所執行之特定方案。爲了達成提供補助之聯邦政府的要求，各種評鑑技術皆被派上用場。其中如Tyler的模式可界定新課程的目標與評估實現的程度。全國性標準化測驗可反映學生學習成果，及其在全國所占的地位。此外，專家判斷（expert judgment）的方式，可由相關學者評定專案研究的成果；在過程中，並視需求採行「實地實驗」（field experiment）的形式。

由於評鑑活動大增，美國「全國評鑑研究委員會」（National Study Committee on Evaluation）應運而生，其對新理論、新策略的發展，及提供訓練給評鑑人員方面的建樹頗多。

六、專業時期（1973-1983）

至1973年開始，教育評鑑開始蛻變爲一種專業，與教育其他領域如教育哲學、教育心理一樣自成體系。在此之前，評鑑者的身分不明，有的被認爲是測驗專家，有的更被譏爲是不懂教育但與當權者掛勾的打手。評鑑的專書與期刊闕如，大學中也多半將評鑑的概念侷限於教育測驗的課程。此種模糊與片斷的情況，在1970年代開始有所改變。

首先，各種專業期刊如《教育評鑑與政策分析》（*Educational Evaluation and Policy Analysis*）、《評鑑研究》（*Studies in Evaluation*）、《評鑑評論》（*Evaluation Review*）紛紛發行，提供最新的資訊與評鑑策略。此外，相關學會如美國「評鑑研究學會」（The Evaluation Research Society）則提供會員與社會人士在專業資料上的交換。

在大學方面，「教育評鑑」已漸成爲一門獨立學科。著名學校如史丹福大學、伊利諾大學、密西根大學、波士頓大學也設有類似教育評鑑中心的機構，以推動相關之研究與訓練活動。新的模式如「後設評鑑」（meta evaluation）

的出現，以再評鑑之形式評鑑原有之評鑑歷程，使其品質更有所保證。不過儘管如此，以上成果並不代表教育評鑑之發展已臻完美之境，問題如評鑑應採用量化或是質化之爭、理論與實務之落差等，均需列入未來努力解決的部分。

七、擴張與整合時期（1983年之後）

在1983年之後，隨著經濟成長，教育評鑑在擴展之外並積極進行整合。除了各國評鑑專業社群的發展外，不同方案評鑑的實施，對於許多教育改革（如特許學校、教育券、學校私有化等）均有一定程度之影響，績效評鑑已成爲各州不可或缺的教育政策。此外，課程評鑑之實施可以測量課程架構中所希望達成之目標。美國部分州甚至以標準測驗檢定爲標準，以判斷學生之平均成就。

教育評鑑乃大勢所趨，但並非所有州政府皆樂於推動。其原因有三：(1)州之財政無法負荷，(2)選舉與政治因素，(3)害怕推動卻無法達到成效。因此，在福特基金會的贊助下，成立了「全國教育測驗與公共政策委員會」（National Board on Educational Testing and Public Policy），希望幫助各州在使用教育測驗時的妥當性，與評估其對學校與師生所帶來的影響。可以預期的是，由於爭奪教育資源日漸白熱化，任何方案或是策略的提出，均需經過社會各界之嚴格檢驗；而評鑑之地位自當日形重要。此領域今後唯有不斷成長、更改缺失，才能應付社會的需求而成爲眞正的專業。

八、教育評鑑在台灣之發展

教育評鑑的觀念在台灣初試啼聲已晚至1970年代之後。傳統上，評鑑往往是測驗的代名詞，除了對學生課業、智力等個人特質進行評估外，鮮少對整個教育制度與經營進行評鑑工作。台灣首次教育評鑑的實施，肇始於1975年教育部爲提高大學教育水準，所辦理的大學教育評鑑工作，評鑑對象首先由大學院校之數學、物理、化學、醫學系及研究所開始。1976年起教育部又擴大辦理農、工、醫等學院之評鑑，1978年辦理商學院、文學院、與師範學院評鑑。至此，教育部先後完成台灣大專院校各系所初次評鑑工作（陳漢強，1985）。

而繼之開始所做的教育評鑑工作，除辦理大專院校的複評之外，並把評鑑的對象擴及專科學校、中小學、與幼稚園等各級教育單位。至此，教育評鑑開始迅速發展。在教育評鑑逐漸受到重視之際，教育評鑑的各項理論與模式大量由國外引進台灣。其中如在1992年，台灣省首次大規模實施對省立高級中等學校訓導與輔導工作的評鑑，使用的即是CIPP模式。評鑑準備工作先由各小組制定評鑑項目表，接著再舉辦研討會，所有評鑑委員均必須參加以瞭解相關規定與原則。準備工作完成後，即由省教育廳安排各校評鑑，原則上小組由五人組成，以一天時間實地觀察。評鑑表已先寄給學校自評，委員到校後再塡上意見。離開前，評鑑小組須與校方行政人員及教師進行綜合座談，報告成員所發現之優缺點，以達到回饋的功效。最後之報告由小組組長彙集成員之評鑑資料完成，以供教育廳做日後遷調校長的參考。

在此之後，評鑑活動漸次增加，而成為台灣各級教育力行之活動。從學前教育、中小學教育、高等教育、成人教育、乃至專案評鑑（如環保教育）林林總總，令人目不暇給且使學校疲於奔命。然而，實務上各校對教育評鑑的實施尙抱著「上級視察」的心態，被評較差者則頻頻叫屈。相關研究學者（如吳清山，2009；林劭仁，2008）即指出，台灣的各項學校評鑑多半不超過一天，評鑑人員倉促成軍，而且評鑑標準含糊不清，評鑑報告只是列舉學校優缺點，很少能提出具體改進意見。

爲力圖改進，台灣大學評鑑自2005年之後，教育部即委託「高等教育評鑑中心」（組織性質爲財團法人）利用認可模式進行各系所評鑑。除事前之自我評鑑外，並進行兩天之正式專家同儕實地訪評。其行程詳見表8.1。實施後，遭遇不少質疑，其評鑑結果參見表8.2，其中分爲通過、待觀察（需接受來年追蹤評鑑）、未通過（需提出自評報告，重新進行評鑑），公布後引起極大爭議（詳情請參見本章個案研究）。但不管如何，台灣目前實施之各種教育評鑑活動，已漸與歐美國家齊頭並進。

表8.1 台灣大學評鑑實地訪評行程表（兩天）

	上午	下午
第一天	・評鑑委員到校 ・評鑑委員預備會議 ・相互介紹、系所簡報 ・系所主管晤談 ・教學現場訪評 ・教學問卷調查 ・教學設施參訪 ・教師與行政人員代表晤談	・與學生代表晤談 ・教學現場訪評 ・相關資料檢閱 ・與畢業系所校友晤談 ・評鑑委員訪評意見彙整 ・提出「實地訪評待釐清問題」，交由系所主管，請其於第二天回復
第二天	・評鑑委員到校自由訪視 ・資料檢閱 ・至教學現場訪評 ・系所對「待釐清問題」之說明 ・與學生代表晤談	・資料再檢閱或與學生、教師晤談 ・撰寫正式訪評結論報告 ・離校

表8.2 台灣大學系所評鑑認可結果處理方式表

認可結果	處理方式	備註
通過	提出自我改善計畫與執行成果，報本會備查	1.認可有效期限為五年 2.各種處理方式均以評鑑結果正式公布日起一年為改善期 3.追蹤評鑑或再評鑑通過後，有效期間為本次五年評鑑循環剩餘時間
待觀察	1.提出自我改善計畫與執行成果，接受「追蹤評鑑」 2.追蹤評鑑內容僅針對評鑑結果所提問題與缺失	
未通過	1.提出自我改善計畫與執行成果，接受再評鑑 2.再評鑑作業根據評鑑項目，提出自評報告，重新進行評鑑	

第二節 教育評鑑的定義與類型

教育評鑑的範圍極為廣泛，幾乎與所有教育現象和活動有所關聯，其定義與類型也日益繁多，茲分述如下。

一、定義

由以上對教育評鑑歷史的敘述，可知其定義依時代與研究者的不同而有所差異。根據Stufflebeam（1971）的看法，大致可分為以下三種：(1)評鑑即測驗，認為評鑑即是測驗分數結果的呈現，兩者之間並無太大差別。Thorndike即是此說的擁護者。(2)評鑑是目標與表現結果的比較歷程，其中又以Tyler為代表。他主張課程與教學設計必須設定明確的行為目標，而評鑑即是在教育過程中，確認目標與行為結果一致性的歷程。換句話說，當教育課程或活動進行後，判定學習者達到所設定目標的活動即為評鑑。(3)評鑑是專業的判斷，Stufflebeam即極力主張此說。他認為評鑑不再附屬於測驗或是教育研究法的領域，它可以根據教育專家的判斷或是意見，而對教育體系或過程進行評估與診療的工作。其中最顯著的即是美國認可制度（accreditation）的實施。由各教育專業團體對各學校進行評鑑，以確定其學生是否符合所定的學業水準，然後再決定學校設立科系的層次與內容。

對照於教育評鑑的歷史發展，評鑑即測驗的定義出現最早，並在二十世紀初的效率與測驗時期最為盛行。當時之教育評鑑簡直就等於各種客觀測驗的實施，其範圍較狹，且對於測量以外之變項難以控制（如學生社經背景之不同）。至於評鑑為目標與表現結果比較歷程的定義，則在Tyler時期大行其道。其優點為擴大評鑑範圍至個人內在的比較，且因有參照效標，測量時較為客觀；但也因過度偏重行為目標，對於一般非課程與教學方案的評鑑（如高等教育擴張政策），則較難有所發揮。此種困境在視評鑑為專業判斷的定義中得以解決。既然為專家判斷，其形式自不限於客觀測驗或目標比較，可以藉實地訪視等方法同時考慮各種相關變項。其過程從資料蒐集、分析與判斷，一氣呵成而可立即做出評議。如果只是執迷於以客觀測驗做為唯一工具，其發展必定曠日廢時，難以符合實際需求。但是專家判斷也有其客觀性較低且資料難以推論的缺點，此在評鑑學校時最易發生。同樣是升學率過低的現象，有的人認為導因於學生素質差，有的人則質疑校方未竟全力，其眞相往往牽涉到盤根錯節的各種變數，難以有所定論。

綜觀近年來之發展與各家的說法，筆者認為教育評鑑乃是「對於教育現象或活動，透過蒐集、組織、分析資料，加以描述與價值判斷的歷程」。此定義有以下四點值得注意：

1. **教育評鑑包含價值判斷因素**：評鑑本身正如Scriven（1967）所主張，乃是對表現資料加以蒐集與合併，以形成比較上或數值上的評定，其中價值判斷的部分不可或缺。因此，評鑑者的任務絕不止於呈現資料，還需加以詮釋。例如，學校教師給予學生測驗，並產生大量分數，如果不對其做價值判斷（李美麗此次英文考80分，其意義爲何？），則僅是一種測量行爲，並不能稱之爲評鑑。
2. **教育評鑑包括量與質的探究**：一般而言，量化測驗所顯現的分數較爲具體且客觀，質化之描述則較易淪爲主觀。雖然如此，教育評鑑絕非只是技術性的計分工作，它必須在檢閱資料後做出評斷，少數人的見解不見得就不值得參考。因此在評鑑過程中，往往必須量化與質化研究兼容並蓄，並視情況調整兩者之間的比重。
3. **教育評鑑可為事前或事後之檢驗**：以往在測驗時期，評鑑多半是教育行爲事後之評量。例如，學生在學習不同拼字訓練後加以測驗，以檢驗其成果。事實上，晚近的教育評鑑往往對計畫實施的行政方案進行事前評估，其判斷對實施與否的決策具有重大影響。此外，即使是事後之成果檢驗，其判斷也可成爲下次再實施之參考，換言之，完整評鑑歷程具有循環的回饋功效，事前與事後檢驗其實只是一體之兩面。
4. **教育評鑑之對象包括所有的教育現象與活動**：在測驗與Tyler時期，教育評鑑服務之大宗乃是課程與教學，近年則擴及各種教育方案之檢驗，對象遍及個人、機構、制度所形成的教育現象與活動。

二、類型

評鑑的內容包羅萬象，大至國家政策，小至個人成就皆可成爲評鑑對象。基本上，依出發點不同，評鑑可分爲三大類型：(1)假評鑑（pseudo-evaluation），(2)準評鑑（quasi-evaluation），與(3)眞評鑑（true-evaluation）。其中假評鑑試圖以評鑑爲幌子，對所獲得的資訊選擇性加以公布，以達到扭曲事實的目的。準評鑑則多以特定問題與對象爲主，對於評鑑工具的客觀性極爲重視，但往往不願對資料的內容做主觀價值的評述。與之相較，眞評鑑則更進一步運用各種評鑑方式檢視被評鑑對象，並做出詮釋而呈現特定之價值判斷。

茲舉一例說明三者之差異。某小學校長希望瞭解家長對學校的看法，故以問卷調查之。假評鑑之校長在得到結果後，僅選擇性公布對校方有利之部分，企圖扭曲眞相，將評鑑視爲替校方抬轎的工具。準評鑑之校長則忠實呈現資料，並利用統計資料加以分析，但對於資料背後之意義則惜墨如金。眞評鑑的校長則更進一步，在檢視結果後做出價值判斷。例如，調查呈現55%的家長對校方滿意，此結果的意義何在？採用眞評鑑觀點之校長必須透過價值判斷做出詮釋。

依照Stufflebeam and Webster（1980）的看法，假評鑑可被視爲是政治導向研究（politically-oriented studies）之一環，其形式包括：(1)政治操控研究（politically controlled studies），與(2)公關授意研究（public relations inspired studies）。準評鑑則多爲問題導向研究（questions-oriented studies），其形式包括：(1)目標本位研究（objectives-based studies），(2)實驗設計研究（experimental research studies），(3)績效研究（accountability studies），(4)測驗計畫（testing programs），與(5)管理資訊系統（management information system）。至於眞評鑑，可被視爲是價值導向研究（value-oriented studies），其形式包括：(1)認可研究（accreditation/certification studies），(2)政策研究（policy studies），(3)決策導向研究（decision-oriented studies），(4)消費者導向研究（consumer-oriented studies），(5)當事人中心研究（client-centered studies），與(6)鑑賞本位研究（connoisseur-based studies）。茲將以上13類評鑑形式簡述如下：

（一）假評鑑

1. **政治操控研究**：顧名思義，此種評鑑的過程乃藉評鑑爲幌子，以達成掠奪資源與聲譽的目標。一般而言，當事者往往面臨某種潛在壓力，必須不擇手段維護其既得利益。政治操控研究的方法包括文件分析、祕密調查等。當事者在開始時努力尋求資訊，但得到後則只會選擇性公布對本身有利者，以將大衆引導至被扭曲的價值判斷。此種評鑑方式在各國政治角力場上屢見不鮮（如候選人只發布對自己有利的民意調查結果），在教育領域中也時有所聞。例如，一位校長被外界攻擊獨裁專斷，於是編寫問卷要教師填答。在過程中表面上雖爲無記名，但卻是在會議進行中加以完成。教師唯恐此中有詐，往往欲言又止而不敢誠實作答。此校長一方面進行所謂的公開評鑑，堵住了外人的嘴；一方面卻暗中操控過程，扭曲了事實的眞相。

2. **公關授意研究**：此種評鑑的目標乃在藉特定公關技術，以使大衆對當事者建立良好的形象；此在各種商業廣告宣傳中最易出現。當事者藉有利於自我的資訊，大肆抬高地位與聲譽。例如，一位校長爲獲得家長的信賴，刻意舉辦成果發表會。會中除條列出各種學校成果外（其實多半是教師的功勞），還事先安排數位歌功頌德型的家長發言，形成萬人擁戴之聲勢，使在座的記者與其他參與者信以爲眞。此種以包裝的型態，達成拉抬聲勢的作法，其實只是企圖使他人產生偏差價值判斷的陰謀，教育工作者必須特別注意。

（二）準評鑑

3. **目標本位研究**：此種評鑑的主要過程乃在檢視既定目標與成果之間的差異，而前者可由當事者主觀認定，或是由評鑑者自我發展。此種評鑑方式應用甚廣，對於計畫、策略、乃至方案的執行均可加以檢視（如商業公司定期訂定業績目標與檢討是否達成）。在教育領域中，Tyler發展出行爲目標的觀念，再經Bloom等人（1956）與Provus（1971）的推廣，使得針對課程與學習成果的評量更加客觀與有效率。
4. **實驗設計研究**：此種評鑑方式多半先有問題之產生與假設，接著再藉實驗的操弄，以確立自變項與依變項之間的關係。例如，爲探討「電腦輔助教學是否較傳統教法有效」的問題，評鑑者可設立實驗組（採用電腦教學）與控制組（採用傳統教學），然後再比較兩組學生的成績即可。當然，在過程中，尙須注意共變數、樣本之遴選等統計問題。因實驗設計之不同，所採用之統計方法也大異其趣；但大多數僅能探討變數之間的相關，因果部分則較難判斷。此外，實驗設計在實際情境中有其執行上的困難，例如，樣本之抽取可能因外力之干擾與抵制而不具代表性，故僅能以準評鑑視之。
5. **績效研究**：績效研究大興於1970年代的美國。當時社會大衆對花錢如流水的學校頗爲質疑，認爲其成果與事前的投資並不相配。爲使接受經費與補助的學校負起責任，績效研究於焉興起。其方法不外是由出錢之一方（如州或聯邦政府）訂定標準，並定時採用對學生進行測驗、審計學校支出等方法加以評鑑。如果表現不佳，校方則被要求定期改善或接受懲處。績效研究使學校辦學透明化，並符合自由市場追求效率的原則。只是有時績效並非短時間的量化資料即可代表，一味相逼，往往形成被評鑑教師的不滿，進而造成雙方之緊張關係。此外，人情之困擾也使得實施過程增添變數。

6. **測驗計畫**：此種評鑑方式係指1930年代開始興起的標準測驗計畫。為了評量各地方學區的學生成就，各種標準測驗應運而生。其必須經由一定之製作過程，確立效度與信度，並產生常模。基於各種課程與教學的需求，其所屬之標準測驗也如雨後春筍般興起。學者如Linquist（1951）即創設了American College Testing Program（簡稱ACT），以供高中學生應考，其成績並做為申請大學的重要依據。此外，大型標準測驗如SAT、GRE、TOEFL均在其後大行其道。一般而言，學區施測之目的乃在檢驗學生之學習成就，瞭解其在全國常模中所占之地位。若是學生平均分數位於全國平均分數之下，學區當局多半會採取行動以謀求補救。標準測驗的優點乃在客觀且清楚的呈現分數，但如何解釋則易引起糾紛。Stake（1971）即指出測驗分數之高低與教師努力程度並非成一定正比，不應只以分數來論英雄。

7. **管理資訊系統**：顧名思義，此種評鑑最初發展自企業管理領域，其形式乃是藉由資訊的取得，以評估方案實施的作法。主要方法如「計畫評核術」（Program Evaluation and Review Technique, PERT）、「目標管理」（Management by Objectives, MBO）等，均以量化或質化的方法澄清方案之目標、確立實施之步驟、控制預算之花用、與評估產出之成果。管理資訊系統可使整個方案透明化，並易於追蹤評核。然而，實務上將PERT運用於教育領域中，卻有頗多困難。原因無它，即在於教育目標較為模糊，與企業界能夠明確訂定來年之預計收益不同，因此在實施上不易施展，成果自然就會大打折扣。

（三）真評鑑

8. **認可研究**：教育機構與人員基於社會需求，必須時時接受評鑑。教師在任教之前，必須依法通過考試取得證照，教育機構則必須顯示其教學與行政的成就，足堪成爲學生求學的適當處所。原則上，美國的各種認證與認可中心即擔任此項任務。中心如North Central Association of Secondary Schools and Colleges定期對轄內各校進行評鑑，其方式不外自評與專家訪視。中心定有項目與標準，並定期出版報告，供各界參考。一校如需新設系所，均需先符合基本標準（如師資設備），否則即不能設立。認可研究使一般民眾得以一窺各教育機構的辦學績效，使其在選擇上有所依歸，並進而產生督促效果。然而在實施上，其仍無法避免人情困擾與做假的情況產生。
9. **政策研究**：組織爲因應環境的限制與需求，必須隨時制定新的政策。由於利益團體的抗爭與對效率的要求，政策實施之前必須經過分析與檢驗的步驟。即以教育分流制度爲例，各方主張之政策不一。有贊成實施綜合高中延緩分流者，有倡導普通與職業教育分立者。當事人對這些相互競爭的政策必須事先評鑑，以選擇效益最大或副作用最小者。政策分析的方法極多，有德懷術（Delphi Technique）、成本分析、司法模式、統計預測法等。由於各方意見不一，政策研究之過程不免受到政治的染指，評鑑者必須特別注意。此外，由於評鑑後必須從各競爭政策中加以選擇，影響日後發展甚巨，因此，參與評鑑的人員必須具有一定之專業與代表性。
10. **決策導向研究**：政策（policy）與決策（decision）研究有依存之關係；但前者乃是對已成形之各個競爭政策加以檢驗，後者則是對日常的決策行爲（如該如何分配預算以達成目標）予以評鑑。Cronbach（1963）曾指出教育評鑑的目的乃在幫助教育人員做出較好的決定，而決策導向研究即是最明顯的產物。其方法有調查法、個案研究法、結構觀察法、與實驗設計法等。任何一個教育政策，均應在形成過程中予以分析檢驗。若是一意專斷獨行，事後必引起反彈。試想教育當局在做出學生必須參加課後輔導的決策前，不徵詢家長的意見，多半會遭受強大指責與抵抗。決策導向研究可幫助教育人員有系統且理性的做出決策，其實施後所產生之副作用往往較小。

11. **消費者導向研究**：顧名思義，此種評鑑乃是評鑑者做爲消費者之代理人，對於機構所提供之貨品與服務加以檢驗，最後並定出優劣順序。此種研究在日常商業活動中極常出現，如消費者保護團體對各商品之品質、價格、與廣告之眞實性予以分析；其方法包括調查法、實驗法、成本分析法等。一般而言，教育領域中運用此種評鑑之機率較少，但並非沒有。例如，部分升學補習班吹噓其註冊學生之聯考錄取率達90%以上，實際上卻有灌水嫌疑。詳細核對各種資料，以檢驗其對外宣傳的成果是否確實，即是一種消費者導向研究。

12. **當事人中心研究**：此種評鑑多半用於組織中實際執行業務的人員，他們往往即是行動的「當事人」。消費者導向研究爲外界團體的介入檢驗，當事人中心研究則爲行動者的自我評鑑，其方法包括個案研究、對抗模式等。此種評鑑可幫助執行業務的人依照既定目標，評估其服務優劣與問題所在。基本上，此種自省的形式，可促使當事者瞭解本身缺失。在台灣之高等教育系所評鑑中，往往先將評鑑表寄給學校，由其依各項目先自評。其目的即在提醒校方全面瞭解己身之運作，對不當之處甚而在評鑑前即先加以改進。不過在實務上，當事人中心研究爲自我檢驗的形式，其外部信度（external credibility）往往較爲缺乏。爲取得外界人士的信任，應該同時配合其他形式的評鑑。

13. **鑑賞本位研究**：此種評鑑爲一群學有專精或在某領域卓有成就的專家，對被評鑑者提出優劣之判斷形式。例如，在學校的美術或音樂比賽中，評審人員依其知覺與經驗，對比賽者定出名次。鑑賞本位研究多半未能訂出客觀的精密標準，必須依靠專家的意見，且這些專家並非一定是圈中人物。例如，在評鑑學校時，除教育學者外，往往也延請其他領域的佼佼者加入。當然，由於客觀標準難尋，鑑賞本位研究之評鑑報告內容必須基於共識（或者說是妥協），故有主觀與偏見的缺點；但在某些評鑑活動中，其卻是必需的選擇。

除了以上分類外，Scriven（1967）則依功能之不同，將教育評鑑分爲形成性評鑑（formative evaluation）與總結性評鑑（summative evaluation）兩類。顧名思義，前者多用在教育活動的過程中，包括需求評估、方案設計、彈性規劃等步驟。例如，在教學中，既定之課程架構不見得完全適用於學生，教師必須依需求做適度的評鑑與修正，以獲得最高的成果。與之相較，總結性評鑑乃在教育活動告一段落後，對其成果加以判斷。以高中三年爲例，學校中實施的各種考試，其目標理論上應爲教師改善教學的依據（學生若考不好，即必須調整教學策略），故可視爲是形成性評鑑。畢業後參加大學入學考試，除攸關學生是否可進大學外，也是對高中三年學習成果的檢驗，故可視爲是總結性評鑑。

綜而言之，教育評鑑的種類極多，傳統學校教學所使用的測驗只是其中一小部分；晚近在教育行政領域中使用甚廣之方案評鑑（program evaluation）的重要性也不可忽視。其所發展的評鑑模式於下節中敘述。

第三節 教育評鑑模式

教育評鑑模式的數量甚多，以符合對教學與行政上的需求。數其犖犖大者，包括Tyler的目標達成模式（goal-attainment model）、Stufflebeam的CIPP模式、Stake的外貌模式（countenance model）、Koppelman的闡述模式（explication model）、Wolf的司法模式（judicial model）、Provus的差距模式（discrepancy model）等。限於篇幅，以下僅就CIPP模式、認可模式、司法模式、與闡述模式加以敘述；其餘模式請參閱相關專書。

一、CIPP模式

CIPP模式的主要設計者爲D. Stufflebeam。如前所述，美國國會於1965年通過「初等與中等教育法案」，由聯邦政府撥款補助各州的文化不利學生。法案通過之時，議員並同時保留進行評鑑的權利。此種要求令當時教育學者大傷腦筋，由於並無一套完整評鑑制度可堪利用，其結果自然也不具實用性。爲此，Stufflebeam應Ohio State University Evaluation Center所請，試圖發展出一套較好的評鑑方法以符所需。

評鑑中心在成立之後，即對俄亥俄州哥倫布城中的公立中小學展開評鑑工作，評鑑中心人員一開始時採用傳統的評鑑方式，即Tyler所提之目標導向的評鑑方式，然而卻產生許多問題。其在運用上產生了許多的限制：(1)教育人員很難確定方案實施後，學生們應該有何齊一表現；(2)方案工作人員彼此間對於應選取何種詳細目標，無法達成一致的看法；(3)採用Tyler模式，評鑑報告是在方案結束當年底提出，無法適時協助方案工作人員找出其所面臨的問題；(4)各學校各班級中所進行的方案並無相當程度的一致性，且有不少差異存在。

爲此，Stufflebeam認爲教育活動中所需的評鑑應採取廣義解釋，不限定於目標是否達成。新的評鑑定義應該有助於方案的管理與改進，其目的在對於學校行政人員、方案領導人員、與學校教師提供資訊，以便在必要時對方案加以修正。1966年，Stufflebeam提出一個新的教育評鑑模式，此即爲CIPP模式。

簡而言之，CIPP模式可分爲四大部分：背景評鑑（context evaluation）、輸入評鑑（input evaluation）、過程評鑑（process evaluation）、與成果評鑑（product evaluation）。取四種評鑑英文字首，即可縮寫成CIPP四字（Stufflebeam, 1971b）。以下即就四大部分的目標與活動簡述如下：

1. **背景評鑑**：其主要目的在審視受評鑑者的地位與脈絡。一般而言，評鑑者可爲一個機構、計畫、甚或是一群人。在進行活動之後，評鑑者必須審度其是否值得評鑑，如果是，則必須訂定所欲達成的目標。背景評鑑的實施乃在希望明瞭被評鑑者的有關資料。以督學視導學校爲例，在出發之前即應對其做充分的瞭解，其中包括學校所處學區的性質爲何（工商或農業區）？學生社經地位爲何？評鑑主要焦點爲何？此可從前次視導報告中看出端倪。如果此校的秩序一向爲人所詬病，那麼此次視導的主要目標不如定在訓導工作推展。實務上，對於被評鑑者背景資訊之忽視，往往會導致整個評鑑活動目標的模糊。只有在充分掌握所需資料後，才能選擇適當的評鑑工具。
2. **輸入評鑑**：簡而言之，其主要目的則在審度必須投入的人力、物力、與財力是否適足。在人力方面，加入評鑑活動的有哪些人？是否受過訓練？人員應該如何安排等問題皆應被考慮。此外，所需物力（如問卷設計與施測）與財力（成本效益如何）皆必須詳細分析，否則縱有再好的策略與計畫，沒有人員設備的配合皆是空談。以督學視導教學觀摩爲例，如果缺乏專家學者的配合出席（督學並非樣樣精通），或是所需設備（如投影機、電腦等）的供應，整個評鑑活動自然瓦解。囿於資源的限制，評鑑者必須分析手中所擁有的資源予以調配應用，此即是輸入評鑑的重點所在。

3. **過程評鑑**：當活動經過背景與輸入評鑑而付諸實施後，即進入過程評鑑的部分。其主要的目的有四：(1)提供評鑑者有關計畫實施的進度，與資源利用的情形；(2)視實際需求修改計畫內容。此因突發事件常非事前所能預料，評鑑必須見機行事；(3)對於參與評鑑人員的審視，如果其對所扮演角色發生困難，則應適度調整；(4)製作評鑑歷程進行時的紀錄，以利之後進行成果評鑑時使用。很多人認爲評鑑計畫一旦實施即可高枕無憂，此種想法實爲錯誤。例如，督學視導學校，按照計畫與教師座談，卻赫然發現其不具代表性。爲求結果的正確，宜臨時改變策略（如再隨機選取教師），千萬不可就此草草進行，造成錯誤的判斷。
4. **成果評鑑**：其主要目的乃在比較評鑑結果與目標之間的差異。爲達此目的，各種質化或量化的評量技術可被挑選使用。比較之後，評鑑者應告知結果給被評鑑者，並決定是否應繼續下一階段評鑑活動。此種回饋的進行極爲重要。評鑑的最「主要」目的，按照Stufflebeam所言，乃在「改進」而不在「證明」（The most important purpose of program evaluation is not to prove but to improve）。如果評鑑結果不被公開，則會失去執行意義。部分人士認爲評鑑目的只在決定名次，評鑑者之地位高高在上，卻不知評鑑活動只是一種手段而非目的，其旨在幫助被評鑑者瞭解自我而尋求改進。此次評鑑結果可能是下一波活動的開端，因此，告知結果與解決之道極爲重要。試想督學視導學校，最後結果教師皆不知曉其意見，又如何能達到改進教學的目的！CIPP模式之基本流程詳見圖8.1，四大部分之內容則摘錄於表8.3。

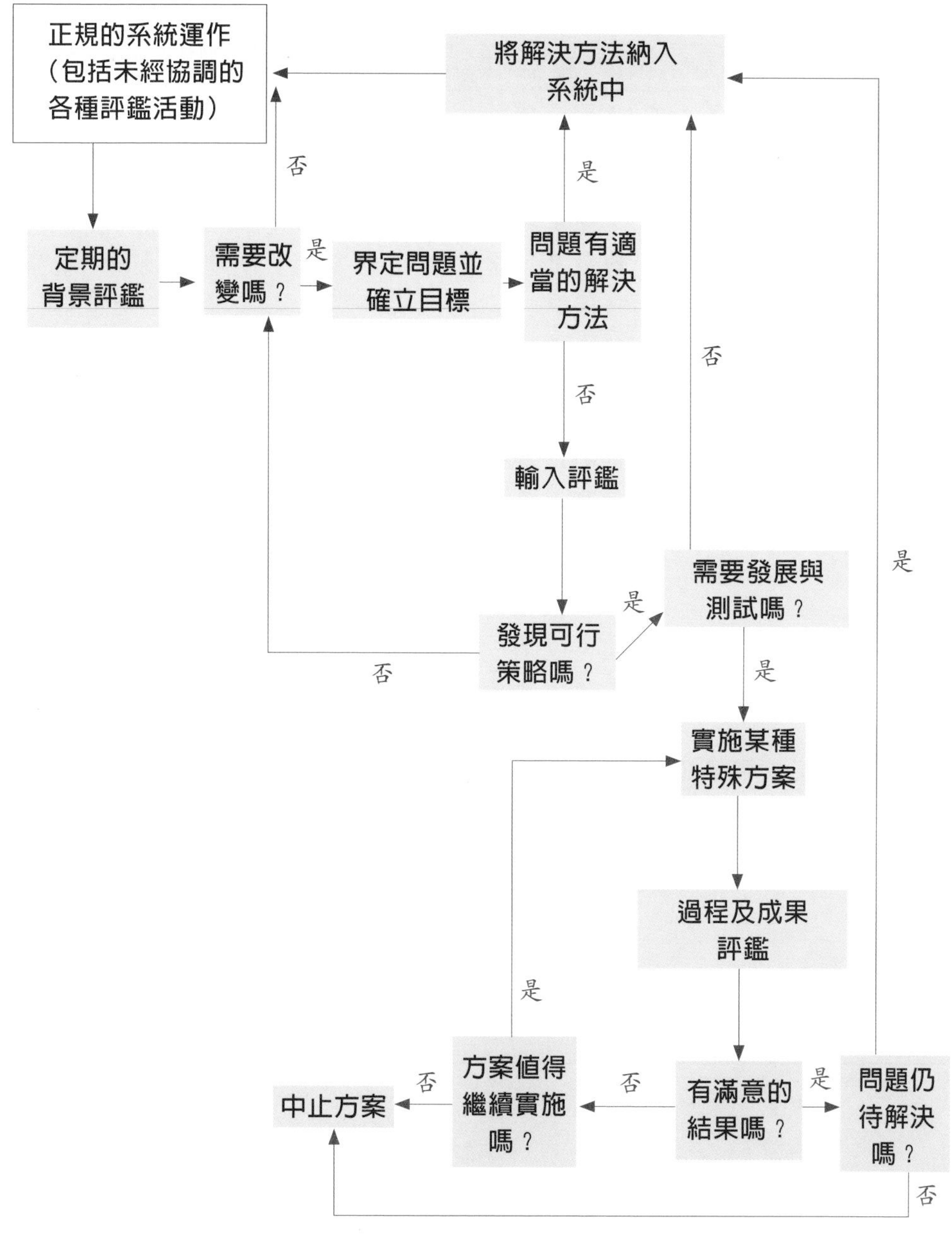

圖8.1　CIPP模式流程圖

資料來源：Stufflebeam, D. L. (1983). The CIPP Model for Program Evaluation, in *Evaluation Model*, George F. Madaus, Daniel Stufflebeam, Michael Scriven(eds). Boston: Kluwer - Nijhoff Publishing. p126.

表8.3 CIPP模式之四種類型的評鑑

	背景評鑑	輸入評鑑	過程評鑑	成果評鑑
目標	界定機構的背景；確認對象及其需求；確認滿足需求之方法；診斷出現的困難；評估目標能否滿足目前的需求。	評估及確認下列各項：系統能力，可能的替代方案策略，策略的設計、預算及進度。	確認或預測程序設計及實施上的缺點；記錄及判斷程序上的各種事件及活動。	結果的描述及判斷；將其與目標、背景、輸入及過程中的訊息相互連結；詮釋其價值與意義。
方法	系統分析、調查、文件研討、聽證會、晤談、診斷測驗，以及德懷術（Delphi technique）。	將現有的人力及物質資源、解決策略、及程序設計列出清單，並分析其適切性、可行性、及經濟性；利用文獻探討，訪視成功的類似方案，建議使用小組及小型實驗室等方法。	追蹤活動中可能有的障礙，並對非預期中的障礙保持警覺；描述實際的過程；與方案人員不斷的互助，並觀察他們的活動。	對結果賦予操作型的定義並加以測量；蒐集方案相關人員對結果的評斷；進行質與量的分析。
變革過程中與決策的關係	用於決定方案實施的場所、目標與方針；提供判斷的基礎。	用於選擇下列各項：支持的來源、解決策略，以及程序設計；提供評斷方案實施狀況的基礎。	用於實施並改善方案的設計及程序；提供一份真正過程的紀錄，以便日後用以解釋結果。	用於決定繼續、中止、修正某項變革活動，或調整其重點；完成清楚的成果紀錄。

二、認可模式

認可模式（accreditation model）開創與大興於十九世紀末的美國，其高等教育當時處於混亂且不安定狀態，新學術領域與新類型高等教育機構如雨後春筍般興起（潘慧玲，2005）。此外，各大學入學與畢業標準參差不齊，造成高等教育之功能特色無法彰顯。在此情況下，扮演品質把關與功能分化角色之認可制度即因運而生，許多區域性與專業性的認可團體紛紛成立。

隨著認可制度的發展，學者紛紛提出「認可」一詞之定義，以藉此釐清其功能。例如，Floden（1980）定義認可爲「在核心或特定議題上被一個專業組織所承認已達標準的過程」。Proitz, Stensaker, & Harvey（2004）則提出「認可是試圖平衡最低標準與機構多元的過程」。Harvey（2004）則指出認可是對機構、方案的地位、合法性進行建構及再聲明的過程。

綜上所述，認可模式可被定義爲「採取自願形式，藉由專業評鑑的過程以確保機構品質達到最低標準，並促進組織之自我改善與形塑專業特色的評鑑模式」。篇幅所現，以下即以認可模式之發源國家美國爲例，說明其基本運作方式。讀者若欲進一步瞭解，還請參閱各相關中外著作與網站資料。

（一）認可模式之運作

美國認可制發展迄今，除機構認可外，尚有方案認可、專業認可、學程認可等形式，也有依領域、地區、專業團體而有不同的認可機構。機構之設立多半由聯邦政府資助，各機構依據認可目的之不同自行設立特定指標，認可之程度亦愈趨周延完整。以下即以Commonwealth of Virginia地區所設立的獨立學校認可協會（The Accrediting Council for Independent Colleges and Schools, ACICS）所設置的認可程序說明運作過程。

大致而言，ACICS所制定之認可程序可分爲五部分，茲摘要說明如下（ACICS, 2007）：

1. **參加由ACICS所舉辦的工作坊**：ACICS每年都會舉辦工作坊，並要求欲申請認可的學校在認可開始前的18個月派代表參與。其中在學校代表中必須包含行政總負責人，參與此工作坊可使學校人員瞭解整個認可流程，並能對自我評鑑有所幫助。
2. **首次申請**：分爲五階段進行：
   (1) **初步資格檢核（preliminary review）**：申請學校在提送申請表之前，必須先針對學校本身做初檢，確認自己的確符合受認可之要求後方可提出，該資格要求ACICS均有規範，可供機構自我檢查之用。

(2) **提出申請（application）**：學校自我確認有資格接受認可後，則向ACICS提出正式的申請文件，同時依照ACICS所制定之「適格效標」（eligibility criteria）檢送證明文件，並於此階段繳交認可所需費用。一旦提出申請後，申請學校即須接受爲期一年的評鑑。

(3) **資源視察（resource visit）**：ACICS將到校視察學校所擁有的資源、資金、與設備是否足夠因應認可之所需，並與學校共同提出一份資源視察的報告，然該報告僅供參考之用。

(4) **自我評鑑（self-evaluation）**：自我評鑑是整個受認程序中最重要的部分，自我評鑑須按照ACICS所出版的指導手冊及準則進行，涵蓋層面廣及全校之行政、職員、與各項軟硬體設備。

(5) **實地訪察（scheduling the visit）**：ACICS將派員至學校進行實地訪察，而訪員到校期間應在學期中，所有行政與教學均於正常運作時進行觀察。

3. **首次認可**：在經歷過前述階段後會產生兩項結果：通過認可或未通過認可。通過認可之學校，ACICS並不會馬上授予正式榮譽，學校必須經過一段期間的觀察，以瞭解其營運情形是否能維持認可過程中之各種表現。若無法則ACICS可隨時撤回認可資格。未通過認可之學校則可針對結果提出申訴，ACICS必須將訪員的意見、不通過之證據檢送學校。

4. **重新組成訪評小組**：未通過認可的學校可要求重新認可，ACICS則應學校要求重新組成訪評小組，而學校如認爲有不適擔任或應避嫌之訪評委員，可要求ACICS更換之。

5. **持續認可**：一旦學校完成所有程序並正式得到認可，ACICS會要求學校每年提出報告說明學校情況，並且會在未告知的情況下不定期派員到校訪察，以維持良好的認可品質。

一般而言，認可均具有時效性，在時效期間內如何維持認可的品質，需靠機構的持續觀察與學校的持續改進。以改進的觀點而言，學校撰寫自評報告的過程最爲重要，該過程促使學校自我審視。由ACICS程序中可知，自評報告之撰寫及進行認可程序必須接受訓練，如此學校才能瞭解指標之意義而進行自我改善。同時，指標之設計亦極爲重要，因學校之自我審查及發展將以指標爲依據。指標之設計應客觀與貼近實務，以達成協助機構品質提升之目標。再者，通過認可後，如何維持認可品質亦爲學校與認可機構的共同責任，認可機構必須確保學校有能力維持其辦學品質，而非僅是接受認可時期的曇花一現，因此，ACICS要求學校在認可有效的期限內，須每年提出報告並輔以不定時視察。如此作法不但可維持學校品質，亦可提高認可機構的公信力。

（二）認可模式之反思

實務上，認可模式廣泛應用於高等教育，其雖非由政府主導，但其結果卻爲政府或相關機構所採用，具有高度政治性與拘束力。從美國經驗中可知，政府爲賦予高等教育更多自主性與多樣性，並減少其直接干預，因而設立各種認可機構以品質評鑑取代政府的直接控制（Brennan & Shah, 2000）。就目的而言，認可係在協助機構自我檢視，然在結果應用上卻與審核、評價、與外部檢核有所重疊。認可之功能主要在於維持並控制教育活動所提供的品質，Harvey（2004）即指出所有形式的認可均具有控制力，其並從外部特性、參與者、與必要性觀點提出對認可制的反思如下：

1. **外部特性**：認可模式有三項外部特性：(1)認可需經申請；(2)認可是機構或方案經由自我評鑑、外部評鑑所取得的結果；與(3)因認可結果將應用於政府決策上，故其在概念上具有官方權威性。諷刺的是，此種外部應用常被視爲理所當然，而忽略了認可本質之對內部組織運作的改善。正如Rogers（1996）所指出的，認可最根本的觀衆或需求者爲學術本身，而非外部利害關係人所在意的品質保證。由此而論，若認可執行的比重以外部利害關係人所在意者爲主，則難脫政治力的拘束及控制。
2. **參與者觀點**：認可模式發展至今，依據領域及專業型態的不同已有多種形式，並廣爲社會大衆及政府所信賴。有無通過認可成爲高等教育機構取得社會信任及支持的標籤，亦對招生人數具有重大影響。故高教機構爲爭取更好的名譽而終日忙於各種認可程序之間，造成內部人員的疲於奔命。
3. **必要性**：認可模式之通行係因其具有需求性，通過認可即代表機構的品質保證，間接等於對其學生及畢業生之品質保證。教育機構具備認可資格，則其畢業生即具有較多之就業機會，且機構能擁有的資源會更多。因此，認可模式對於機構本身與內外部利害關係人均具有其需求性。

總結Harvey之看法，可知認可模式幾乎等同於品質保證的商標，能賦予機構與社會需求者信賴感。在高等教育市場化的時代，擁有眾多的認可資格無疑爲機構之聲譽與發展打了強心針。Harvey批評認可制愈發展愈脫離本質，其因即在機構自我評鑑後仍須經外部專家與判定，不可避免會受到外部之干擾。若是認可機構係由政府設立或贊助，則更難脫政府對機構發展干預之質疑（請參見本章個案研究）。然而就另一方面而言，評鑑無法避免具有價值判斷的過程，若認可僅著重內部評鑑則可能會陷入自我迷思。外部專家或認可機構所設定的評鑑指標，代表社會對高等教育機構之期望，多少具有參考價值。高等教育機構代表國家之競爭力，爲產業提供高級人力，各國近年來普遍藉由經費之競逐，以引導高等教育的發展方向，就此凸顯了大學與政府之間的利害關係。認可標準反映國家的教育訴求，可解釋爲是一種與教育機構之間的相互依存關係，其平衡點之拿捏，則必須謹愼爲之。

三、司法模式

基於教育對開創國家未來的關鍵影響，台灣教育部門於2011年，宣示在2014年開始推行高中職學生全面免學費、大部分免試入學之「十二年國民基本教育」政策。其實施主要原則規劃如下：(1)免試入學：2014年全國國中畢業生大多數能免試入學，並保留一定比率的入學名額，提供部分學生透過學科或術科考試，進入特色高中、高職、五專就讀。(2)學費政策：十二年國民基本教育之學費政策，在2014年之後，高中與高職學生全面免學費，以期能吸引具有技術資賦或實務性向的國中畢業生選讀高職，以達成優化技職教育之目標。

宣布之後，民間教育團體與學者專家卻紛紛表達不同的意見。認爲當時所提的草案有許多問題，如果草草實施必將造成重大傷害。由於反對聲浪過大，教育部開始在各地進行公聽會，以瞭解各方之意見。從評鑑的觀點而言，此是一種進步的態度。台灣以往的重大教育政策（如高等教育機構之急速擴充），多只在實施後加以檢討，鮮少在決策時就進行評鑑工作。如此若一開始決策錯誤，事後再亡羊補牢就極爲困難。晚近台灣人民意識高漲，對於政府施政不再唯命是從。重大政策改變若不進行事先調解，推行阻力必定強大。教育部在各區所進行的座談若能善用評鑑模式而體察民意，則其政策在落實上較能順勢而達成既定目標。

對於重大政策，教育學者已發展出各種方法予以評鑑，希望能力求客觀；其中又以Wolf（1979）的「司法評鑑」（judicial evaluation）最爲出名。一般而言，如果一項政策具有以下五項特徵，則司法評鑑可被選爲是有效的評鑑工具：

1. 政策關乎公衆利益。
2. 政策極爲重大且影響甚巨。
3. 政策內容極爲複雜，牽涉到政經、社會、乃至心理層面。
4. 政策走向極不明確，有許多互相矛盾之處。
5. 政策有極大爭議性，且被許多利益團體所角逐爭奪。

顧名思義，司法評鑑是利用法庭審案的程序方法，將政策內容訴諸大衆，以求得最客觀的判斷。一般說來，司法評鑑的組成成員可分爲以下六類：

1. **調查團隊**（investigative teams）：原則上分爲兩組，分持正反兩方意見。最好是由各專家與利益團體代表組成。其任務是閱讀有關資料文件、進行訪談，並尋找有利己方的證人。換句話說，調查團隊必須建立有關己方立場的邏輯與理念，並預備接受對方的挑戰。
2. **案例分析者**（case analyst）：通常是各調查團隊的隊長，負責調配各項活動的進行，並且在最後代表團隊決定有關陪審團與法庭的組成事宜。
3. **案例陳述者**（case presenter）：此是代表各團隊在法庭上的陳述意見者，類似律師的角色。其不但要盡力陳述己方的有力資料，也必須對他方所提之證人進行質詢，以試圖說服陪審團的代表。
4. **法庭主持人**（forum moderator）：其角色宛如法官，對於辯論的進行與抗告程序予以控制。其必須對所定的規則非常熟悉，以便排解因程序問題所引起的爭端。
5. **陪審團**（clarification panel）：成員包括各利益團體的代表。其在聽取兩造的辯論敘述後，如有問題可向證人進行發問。成員在審度現有資料並經討論後，提出相關建議書以供決策當局參考。

6. **陪審團指導員**（panel facilitator）：為陪審團成員之一，且嫻熟法庭規則，當團員因規則不清而有疑問時，可予以適當協助。

除了參與人員外，司法評鑑也分為四個基本階段。以下即以十二年國民基本教育為例，設計一份利用司法評鑑的計畫書，並請參考表8.4。茲分述如下：

1. **議題形成期**（issue generation）：其主要目的乃在廣泛蒐集有關議題。就十二年國民基本教育而言，其牽涉甚廣，不但對於教育影響極大，對政經社會也有間接影響。在討論時，牽涉議題除學區劃分、經費分配、成績計算之外，也必須考慮人力市場、經濟發展等課題。在此階段，參與者應為主辦單位（如教育部）與調查團隊的成員。資料的來源可經晤談、座談會、與閱讀相關文件中獲得，頗具「腦力激盪」的味道，參與的人儘量挖掘議題與相關資料，以確保議題的完整性。
2. **議題選擇期**（issue selection）：在議題形成期所蒐集的相關資訊往往蕪雜龐大，必須擇要進行討論。以十二年國民基本教育為例，其爭執最大的焦點乃在特色學校之入學方式、分發之機制（如是否採計在校成績）、學區劃分等議題。對此，調查團隊成員可將其選為之後主要辯論議題。其餘問題有的非教育界所能解決（如財政面的考慮），可附帶於最後的結論報告中，不需要費時討論。
3. **辯論準備期**（preparation of arguments）：主要議題選定後，各調查團隊即準備有利本方的資料。其調閱有關調查研究，尋訪證人，並為辯詞做修飾。此階段目的不在準備對抗性的言論，而在希望藉著雙方的敘述，讓大眾明瞭正反兩方的意見，所以辯詞宜避免情緒性的話語。
4. **辯論法庭期**（clarification forum）：此是正式進入辯論的階段，場所與一般法庭近似。調查團隊的成員提供有利訊息給己方的案例陳述者，雙方藉傳訊證人、交互質詢，以期影響陪審團的成員。經過討論與溝通之後，陪審團最後完成建議書。雖不能使各利益團體皆大歡喜，但至少已儘量察納雅言，使反對聲音降至最小。

表8.4　利用司法評鑑模式處理十二年國民基本教育議題

階　段	工　作	參與人員
議題形成期	尋找有關十二年國教的各項課題（如學區劃分、經費、入學方式、公私立學費等）	決策主辦單位（上級主管教育機關） 調查團隊成員
議題選擇期	挑選十二年國民基本教育重大議題提出討論（如入學管道、學區之規劃、公私立學校學費等議題）	調查團隊成員 案例分析者
辯論準備期	正反雙方為己方立場蒐集資料，尋求有力證人，閱讀有關文件，將己方意見具體化	調查團隊成員 案例分析者 案例陳述者
辯論法庭期	在位於類似法庭的地點，正反雙方陳敘立場，並藉交叉質詢的形式凸顯問題之爭議焦點	案例分析者 案例陳述者 法庭主持人 陪審團 陪審團指導員

司法評鑑的最大功用乃在陳述有爭議性決策的正反兩面，此種資訊的提供極爲重要。民衆在接受調查時，如果只聽到延長國民基本教育，鮮少會加以反對；然而在瞭解雙方立場後，也許會做另外的判斷。重大政策的實施對社會影響甚巨，必須將利弊得失攤在檯面並經嚴肅辯論後才能順利實行。就此而論，司法評鑑模式確是個值得推薦的評鑑模式。

四、闡述模式

長久以來，質化（qualitative）與量化（quantitative）方法孰重孰輕的爭辯一直不斷。質化研究者強調眞理不可分割，必須由研究者進入情境才能一窺全貌。量化支持者則主張將所感興趣的變數抽出，以實驗控制的方法對受試者行爲加以探討。在扮演角色上，質化研究者必須親身投入情境，較難達成量化研究者所稱之價值中立，兩派的優劣點互有上下。然而，質化方法常被批評爲主觀，量化方法則失之零碎，難以測量錯綜複雜的人類行爲（Guba, 1985）。

就一位教育評鑑者的立場而言，在質化與量化方法中擇一選擇相當困難。即以評量教師教學成效爲例，主事者可做實地觀察，記錄師生交會的種種行爲；也可以設計問卷，在短時間內做大量的學生反應調查。前者費時且因觀察者的專業不足而失之主觀，後者則令人難以信服其完整性，教學成效豈是一紙問卷所能評量！凡此種種，都令教育評鑑在選取方法與研究工具上頭痛萬分。

此種爭端的產生，基本導因於學者對教育理念的爭議。一派人視教育如科學（education as a science），另一派人則視教育如藝術（education as an art）（Renzulli, 1972）。前者的支持者多爲量化研究者，主張既爲科學就必須事事嚴謹。因此，教育評鑑必須具有可測量的行爲目標、控制得宜的觀察程序、與標準化的測量工具。他們承認人類行爲極爲複雜，然而，主張總要研究點加以切入，變數自情境中分割而出實爲不得已之事。只要相關研究能夠繼續，最後終能加以整合而一窺研究實體之全貌。重要的是，其認爲科學的信念保存了客觀的優點，使研究客體井然有序且合乎邏輯。

此種爲了客觀性而分割情境的作法，近年頗遭非議。批評者中不乏視教育爲藝術理念的學者（如Eisner, 1976）。其認爲人是完整不可分割的，要研究就需要一起觀察；絕不可探討其一部分特徵行爲時，就將其餘的特質置若罔聞。例如，學生的學習動機受到身體狀況、家庭、學校氣候、教師教學態度、乃至個人人格等因素的影響，必須要同時觀察才能得到完整的訊息。此派學者則多以質化方法爲研究重點，其中諸如田野調查（field study）、民俗誌方法（ethnography）、行動研究法（action research）等。研究特點是實地進入情境，以記錄被觀察者的種種點滴，並希望藉此看出其中相關的訊息。質化方法在研究之初多無明確假設，因此，研究目的也在提供直接與完整的資料，性質較偏向於探索性（exploratory）。

針對此種方法，視教育爲科學的學者批評其歷程雜亂無章，很難得到具有邏輯性的結論。其認爲教育評鑑牽涉日後的改進建議，必須要有價值判斷，尋找出被評鑑者的優點與缺點。如果只是探索性的研究，不但失之主觀，也難以做成判斷，做了等於沒做一樣。

由於兩派人馬僵持不下，Koppelman（1979）即試圖設計一種綜合雙方優點的評鑑模式，並將之命名爲闡述模式（explication model）。理論上，Koppelman認爲闡述模式與人類學（anthropology）的研究相似。在各種領域中，人類學者與教育學者的遭遇頗爲雷同：不但要在研究過程中遭遇價值的判斷，而且必須具有科學的品質。Koppelman認爲人類學者在此方面成就頗佳，因此將之導入闡述模式之中。此因Koppelman在檢視人類學相關研究時，發覺其不但有實地調查紀錄，尚有事先訂定的客觀規準與可重複的評量工具；就此而論，其調和了質化與量化的爭執。一方面可以親身做完整性的研究，一方面卻以客觀的角度來分析或測量資料，使成果不至於蕪雜或失之零碎（Brim and Spain, 1974）。

根據Koppelman的說法，使用「explication」一字乃在避免一般評鑑所帶來的後遺症。評鑑的目的在尋求改善，因此必須找出被評鑑者的優點與缺點，最後產生新的方案來改正舊的制度。此在形成性評鑑（formative evaluation）中最爲明顯，其最大任務即在比較成果與所定目標間的差距，藉此刺激教育組織尋求改進。

影響所及，evaluation一詞對被評鑑者來說即成爲價值判斷的代號。部分教師懷疑當學校評鑑特定教學計畫時，不但是評鑑計畫本身，自己也恐怕成了鎖定的對象。他們抱怨評鑑只是爲區分好教師或壞教師而設計。在此情況下，基於工作保障的隱憂，大多數教師抱持抵抗的態度。有人甚至嘲笑評鑑專家往往不食人間煙火，其所提的建議往往不切實際而成爲笑柄。

基於此，Koppelman將explication定義爲只是澄清、解釋、與敘述事實的範圍。主張闡述模式不在定出排行榜，而是試圖瞭解目前的教育狀況，並藉此發展出與所定目標相符合的改進方法，以刺激教育的更新。爲了調和質化與量化方法之間的衝突，並擷取雙方的優點，Koppelman的闡述模式應運而生。在模式中，Koppelman提出「系統觀察」（systematic observation）的理念，以做爲資料蒐集的方法。其特點乃在事先設定規準，以做爲觀察時的依據。以下即以一例說明執行系統觀察與闡述模式的基本步驟。

在圖8.2中，如果依照闡述模式，可以看出針對個別學校之教學評鑑工作，大致可分爲以下五步驟：

1. 由評鑑主事者制定規準，規準則視所評鑑的對象與範圍（如教學成效的評鑑）而定。
2. 由參與評鑑的教師依其個人瞭解，寫下評鑑的目的與規準，其範圍也可包括教師本身的教學理念。在收到所有人的看法後，主事者接著與教師會面，並出示主事者所制定的規準。由於兩者的規準多少有所差異，在討論後，教師可自行決定是否要增刪自我規準，最後的定稿則交由主事者保存。
3. 教師自班上挑選數位學生，將其名單交給主事者。學生的參與完全是自願的，其任務乃在記錄班上活動；調查範圍則完全以所定的規準爲主。所以如果規準是清楚定義的，學生的觀察就不至於蕪雜而漫無目的。在評鑑期間，主事者定期巡迴各班；如果學生有定義上的困惑或問題，可以得到適度澄清。基本上，學生記錄應以規準中所規定的項目爲主，並力求在時間與數字上的精確，以確保評鑑的客觀性。

4. 在同一時刻，教師與學生一樣記錄班上的活動。此舉乃在消除教師認爲學生不公正的疑慮。評鑑主事者宜強調兩份紀錄僅爲資料的呈現，並非是任何的價值判斷。經過一段時間觀察後，主事者除蒐集師生的班級紀錄外，並且獲得考試題目樣本、學生成績、與學生對班級活動滿意度的問卷，以做爲日後評鑑的依據。

5. 在此時，主事者手上擁有教師自訂之規準、學生班上活動紀錄、試題、學生成績、學生問卷、與自我所做的巡堂紀錄。根據以上資料，主事者可以參考教師自定的規準爲其做測量報告，內容不外是何項目標並未達成（例如，教師本來預備每節課有15分鐘的小組討論，但根據紀錄卻時間不足）。在此之後，主事者應與參加的教師舉行討論；除了可以探究未完成的原因外，最主要目的乃在讓教師達成共識，以促進課程的改進。在此之前，教師可能對學校施政或課程教學有不同的看法，經此觀察與評鑑的過程，不但可發現缺點，且能促進溝通，使教師更加積極參與，而在共識中共創進步。

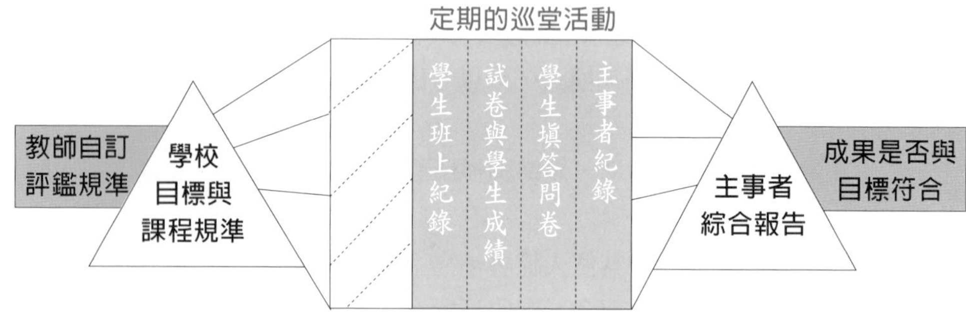

圖8.2　闡述模式的基本步驟

資料來源：Koppelman, K. L. (1979). The Explication Model: An Anthropological Approach to Program Evaluations, *Educational Evaluation and Policy Analysis*, 3(1), pp.59-64.

綜觀闡述模式的步驟，可以看出其與Stufflebeam的CIPP模式在目標上相類似，同樣是爲「改善」學校教學環境所設計。其中雖然不免有評斷（judgments），但其性質爲正面的，並非只是消極的對教師貼上標籤。主事者的地位並非高高在上，而是必須與教師共同合作完成目標，堅持在所有人的參與下，評鑑的目標才能眞正達成。

此外，從方法論的觀點，也可看出闡述模式試圖結合質化與量化的優點。正如人類學研究方法，闡述模式讓被評鑑者參與歷程，如利用教師、學生、乃至主事者的實地班上觀察紀錄爲背景資料，其與質化方法中投入情境以確保事實的完整性類似。在另一方面，數種量化方法的工具（如學生考試成績、學生滿意度問卷等）也被採用。其不但能在短時間內蒐集到大量資料，並且可以彌補觀察紀錄的主觀缺失。質與量兩相對照，事實的眞相才容易被發覺。

綜而言之，Koppelman指出闡述模式的最大目的，乃在暴露教學目標與其成果之間的差異，以力求課程的更新與進步。其雖在調和質化與量化的爭議上有所貢獻，但就現實執行的觀點而言，仍有以下三項問題：

1. 執行時動用之人力、物力龐大，且耗時甚巨。是否每位參與者皆能有始有終是一大問題。若不能，則資料的系統性與連貫性就會有所折扣。
2. 當觀察資料彼此之間有所衝突時，由誰來擔任仲裁者？例如，教師與學生看法不同，或各學生間觀察角度相異；最後龐大的資料，是否能形成共識即成未定之數。處理不好，可能會造成師生之間的衝突。
3. 學生的紀錄可能因其主觀喜好或成熟度不足而大打折扣。就此點而言，依然未能避免質化方法的主觀問題。由教師挑選自願參加的學生，其代表性也令人質疑。取捨之間影響結果的正確性甚大。

五、後設評鑑

後設評鑑來自英文meta-evaluation一詞。作爲字首，meta源自希臘文，原意爲「在……之後」，與現今英文之post頗爲類似。學界如今多將以meta 爲字首者翻譯爲「後設」。此外，meta也被引申爲「高一個層次」之意。用於評鑑領域，即成爲「評鑑的評鑑」（evaluation of evaluation），係指針對原級評鑑（primary evaluation）之上的次級評鑑（secondary evaluation）。

後設評鑑發展之目的，乃在確保評鑑制度之公正與完備。評鑑結果除了提供適當的建議外，往往對於資源經費之獲得具有影響力（被評定績效較佳者往往獲得較多獎助）。爲了更加具有客觀性與精準性，完整之評鑑歷程必須包括後設評鑑，以提供機會針對原級評鑑的改進機會。如此才能精益求精，確保評鑑的品質與效益。

最早提出後設評鑑概念爲Scriven（1969），主張對於整體評鑑歷程（主要爲評鑑系統與評鑑工具），均應該做程度不一的後設評鑑。基本上，後設評鑑係指對於已經實施之原級評鑑之目標、對象、程序、內容、方法等指標，進行形成性或總結性的次級評鑑，以描述與判斷其優缺點，以作爲下次辦理評鑑的參考。

近年來，社會對於教育評鑑之實施往往愛恨參半。一方面希望藉由評鑑瞭解教育辦學之成效（1980年代美國興起之績效責任運動即爲明證），但另一方面卻因爲種種因素指控評鑑具有主觀、不公平、過度簡化、與缺乏可行性等缺失。爲了封堵悠悠衆口，後設評鑑於焉產生。其可以針對瞭解各方針對已實施評鑑之合理性等進行整體評估，以進一步健全評鑑系統的品質。

與一般原級評鑑相同，具有次級評鑑色彩的後設評鑑也有形成性與總結型之別。例如，Stufflebeam（1974）即將之分爲「事前的形成性後設評鑑」與「回溯的總結性後設評鑑」兩類。前者實施於原級評鑑的過程之中，多半由內部人員負責，希望決策能夠依據當時情況對於相關評鑑歷程進行檢視並立即提出改進建議，以確保評鑑結果的有效性。與之相較，後者則以原級評鑑爲對象，針對整體歷程進行價值或優缺點的判斷。由於深具次級評鑑的色彩，一般人所認爲之後設評鑑，即多以「總結性後設評鑑」作爲代表。

然而，值得注意的是，後設評鑑雖非以總結性爲限，程序卻必須符合一定的邏輯順序，在事前訂定周詳的計畫與實施步驟。根據情境之需求，形成性的後設評鑑也有其施行之價值。此種評估→回饋→修正→再評估之循環歷程，也是實施後設評鑑時，必須注意之規劃形式。

既爲評鑑模式之一種，後設評鑑也必須訂定相關指標與指標，以作爲評斷良窳的依據。相關指標歷年學界發展頗多，但應用較廣者，則首推「美國教育評鑑標準聯合委員會」（Joint Committee on Standards for Educational Evaluation, JCSEE）與「美國評鑑研究協會」（Evaluation Research Society, ERS）所訂定之評鑑標準。

美國教育評鑑標準聯合委員會歷年對於評鑑標準之訂定不遺餘力。其於2011年修訂之「方案評鑑標準」（The program evaluation standards）中，總共列出五大面向。其中包括適切性（propriety）、有效性（utility）、可行性」（feasibility）、「精確性」（accuracy）與評鑑績效（evaluation accountability）。五大面向則包括30項標準（Yarbrough, Shulha, Hopson, & Caruthers, 2011）。茲分述如下：

1. **適切性**：主要探討評鑑參與者對於評鑑實施的合法性及倫理性看法，希望增進評鑑的適當性、公平性、合法性、與透明性。相關指標如評鑑實施之相關法令合約、問題回應程序之建立、資源之有效利用、考量文化政治脈絡、評鑑報告的控管、與利益迴避等。
2. **有效性**：主要探討評鑑參與者對於評鑑實施是否具有效率之看法。相關指標如負責評鑑者的信譽、即時回應利害關係人（尤其是被評鑑者）之意見、尊重與保護人權、各方協商過程之擬定、評鑑目的具體明瞭、清楚說明評鑑結果之應用等。
3. **可行性**：主要探討評鑑參與者針對實施評鑑之成果，是否具有意義與價值回饋的看法。相關指標如評鑑實施過程之設計、具體與可行的實施步驟、關注利害關係人的文化與價值觀、與資源使用之有效性等。
4. **精確性**：主要探討評鑑參與者對於評鑑敘述、建議、與結果是否眞確的看法。相關指標如可靠訊息之蒐集、合理的詮釋與判斷、資訊的有效性、評鑑步驟的設計與分析、結果具有可驗證性、與評鑑推論的完整性（參酌文化等脈絡因素）等。
5. **評鑑績效**：主要探討評鑑參與者對於評鑑所產生之績效的看法，希望鼓勵從內部與外部後設評鑑來加以探討。相關指標如評鑑報告之完整性（包括相關程序及結果、是否滿足需求等）、利用後設評鑑以分析評鑑實施後所達成之相關績效責任等。

美國教育評鑑標準聯合委員會所提出之後設評鑑架構相當完整，但也因概念較爲抽象，因此在實際應用上有所爭議。針對於此，成立於1976年之另一評鑑組織「美國評鑑研究協會」（Evaluation Research Society, ERS），即以運作過程爲主，研發出另一套評鑑標準。其中包括規劃與協商（formulation and negotiation）、結構與設計（structure and design）、資料蒐集與準備（data collection and preparation）、資料分析與詮釋（data analysis and interpretation）、溝通與公布（communication and disclosure）、與結果的應用（use of results）六大層面。層面下再分設各細項指標（ERS Standards Committee, 1982）。

評鑑研究協會後與其他組織合併爲「美國評鑑學會」（American Evaluation Association, AEA），並對評鑑指標進行增修。惟其所揭櫫的六大層面清楚易懂，在評鑑現場中較容易編制相關題項。因此近年來也成爲學界採用之主要後設評鑑架構。以下即以「新北市校長評鑑實施成效評估」之研究爲例，列舉部分層面指標之題項設計。此後設評鑑之研究目的爲分析新北市政府教育局，於2013-2015年度所試辦之中小學校長評鑑實施成效。限於篇幅，表8.5中僅呈現資料蒐集與準備（層面三）與結果的應用（層面六）之題項。應答者則被要求在非常不同意、不同意、普通、同意、非常同意等選項中勾選。

表8.5 應用美國評鑑研究協會評鑑標準之題項舉隅

層面三：資料蒐集與準備	
3-1	評鑑人員。
3-1-1	評鑑委員能於評鑑前接受研習，遵守倫理規範，依評鑑程序蒐集資料，公正的進行評鑑。
3-1-2	評鑑委員能理解學校的不同辦學情境，進行適當的分析，提出有效可行的回饋意見。
3-1-3	評鑑委員在評鑑過程中，能尊重受評校長及受訪人員。
3-2	評鑑資料蒐集。
3-2-1	校長評鑑之自我評鑑程序，能使受評校長有系統的彙整辦學成果檔案，並引發校長自我省思。
3-2-2	訪評過程能依據既定評鑑程序，客觀蒐集各項資料(如簡報、參訪校園、檢閱資料、訪談等方式)，且能儘量減少對校務運作之干擾。
3-2-3	訪評過程所蒐集校長評鑑資料，能考量隱私並妥善保存與使用。
層面六：結果的應用	
6-1	評鑑結果的利用。
6-1-1	受評校長依評鑑結果研擬「專業成長計畫」，能協助校長提升辦學品質。
6-1-2	評鑑結果能適當呈現，避免誤解，並能提供受評校長必要的協助與輔導。

6-1-3	評鑑結果能提供教育當局政策規劃參考。
6-2	評鑑後續的改進。
6-2-1	評鑑後續能辦理受評校長座談會，檢討評鑑目的、方法、實施過程的適切性，作為改進評鑑參考。
6-2-2	評鑑後續能辦理評鑑委員座談會，檢討評鑑程序的適切性及委員職責。

第四節 教育評鑑之爭議議題

教育評鑑的實施雖已有百年以上歷史，但卻是爭議不斷。由於社會逐漸開放，各教育機構必須面對評鑑的壓力；從對學生學習成就的測量、乃至學校整體績效的評估，教育評鑑已成爲例行的活動。教育評鑑的實施免不了牽涉到價值判斷，其中是非曲直往往引起重大爭議。綜觀美國與台灣的經驗，筆者認爲最引起爭議之問題有三，茲分述如下。

一、評鑑的功用何在

學者Stufflebeam認爲評鑑的最重要目的不只在「證明」（prove），而在「改善」（improve）。教育評鑑並非只是貓追老鼠的遊戲，臧否事實之餘，尙需有正面的改善動作。例如，一個學校的教學效果不彰，評鑑小組應首先予以診斷，接著找出病因幫助校方改善。以CIPP模式爲例，背景、輸入、過程、輸出四階段一脈相連，最後之輸出評鑑即回饋成爲下次背景評鑑的參考。在此循環中，一個教學不彰的學校經找出原因後，應切實檢討。而改善之成果即是下一次背景評鑑之重要資料。如其仍舊不理想，即可加以追究，如此才能達到「改善」的目標。

然而在實務上，卻經常發生評鑑時鬧哄哄、評鑑後靜悄悄的現象。此種形式主義不但浪費國家巨額經費，也對待解問題無所助益。Doerr（1983）曾在一篇名爲〈認可制度：學術靈藥或毒藥〉（Accreditation: Academic boon or bane）的論文中大加撻伐，認爲教育當局只把「過程」視爲是最重要的，而忽視對評鑑成果的追蹤。在台灣各項大規模的評鑑中，其事後的追蹤改進動作往往闕如，無怪乎有校長譏諷說：「一年中只要那一天伺候好評鑑大爺就行了！評完後，一切就會船過水無痕了！」

二、評鑑人員之選任

質疑評鑑的人，除認為其勞民傷財，無法淘汰辦學不力者外，對於評鑑人員的選任也頗有批評。即以美國大學評鑑為例，向來即有圈內人與圈外人之爭。前者認為教育評鑑牽涉眾多專業知識，應由教育相關人士參與實施；後者則懷疑圈內人的客觀性，不如由圈外賢達人士擔綱。兩者之間的爭辯，起自Flexner（1910）所發表的美國醫學院評鑑報告書（Flexner Report）。

當時Flexner應「美國醫學會」（American Medical Association）的邀請，對155所醫學院進行評鑑。Flexner與其同事走遍每一所學校，並依觀察結果完成報告，造成相當大的影響力。至1927年，美國只剩下80所醫學院，其餘的不是被勒令關門，就是被學生唾棄而招生不足退出市場。

值得注意的是，Flexner雖然是教育學者，但之前對醫學教育的領域卻幾無涉獵。如此背景卻在握有生殺大權的評鑑工作中擔綱，自然引起極大爭議。然而，當時邀請Flexner的卡內基基金會主席H. S. Pritechelt卻堅持己見，主張：「Flexner就是我們要的人，這些專業學院不應由同行來研究，而應由一位教育學者擔任……，這是一份圈外人的工作，而非學醫人的事。」

細究Pritechelt的主張，凸顯出圈內與圈外評鑑者的瑜亮之爭。就實務的觀點而言，圈內評鑑人員專業知識較充足。由於從事教育工作，豐富的經驗使得在評鑑時也能深入瞭解教育現象的複雜性。此外，基於同行的情誼，被評鑑者較易產生認同感，並進一步察納雅言，做積極的回應。

然而也因為是同行，圈內評鑑者較易形成人情取向，對於嚴重缺失往往投鼠忌器而未能暢所欲言。此外，在注重倫常觀念的東亞國家，評鑑對象可能即是師長或同門；評鑑者一方面怕物傷其類，一方面又恐日後遭到指責報復，自然傾向從寬處理。此種現象往往被外界指責為刻意的放水而不被信任。

與之相較，圈外評鑑者因較無人情包袱，可以誠實判斷各校優缺點；然而，其缺乏教育專業知識的事實卻同時遭受質疑。針對此，Flexner辯稱只要具備廣博普通知識的學者，即足以從事評鑑工作。其言論引起教育專業人士的嚴厲批評，認爲根本在開倒車，無法達到評鑑的眞正目標效果。

在另一方面，即使是在教育圈內，也經常發生評鑑人員選任的爭議。例如，在評鑑中小學時，評鑑者應爲大學相關領域教授，還是經驗豐富的資深中小學教師，各方即看法不一。主張前者認爲教授具備理論基礎，可以站在統合的角度上觀察各種現象；傾向後者則力主唯有親身參與教學的教師，才最清楚教育活動的眞相。爲解決爭議，近來各國評鑑人員的選任雖仍以大學教育相關科系教授爲主，但也多依據需求酌量加入圈外人士與資深教師。然而，究竟應以何種人員爲評鑑主力，至今仍未有共識。

三、質化與量化評鑑方法之爭

在測驗時期，評鑑的成果是一堆客觀測量的數字。在社會大眾的期盼下，晚近的評鑑也多半難逃以量化方式進行排名的命運。基本上，評鑑人員先設定各種指標，再視實際觀察之結果對被評鑑者打出等第（如1爲極不滿意，2爲滿意，3爲極滿意），並以此做出最後的結論。

與之相較，質化評鑑的方式則以觀察並取得共識爲主。例如，Flexner在評鑑之初即先定下五個評鑑項目，其中包括：(1)學生入學的資格，(2)教職員的量與專業程度，(3)學校經費運用情形，(4)課程前兩年所必須使用之實驗室的質與量，(5)醫學院與附屬或簽約醫院之間的關係，其中包括學校是否有足夠的醫院病床以供學生實習。

基本上，Flexner採用的乃是質化的觀察法。其不相信測量數字，也不使用評鑑量表；卻堅持親自至各校實地觀察，用眼睛與耳朵蒐集與學校品質相關的資料與事實，並認爲如此才能瞭解學校辦學成果。Flexner曾記載部分過程如下：

> 只需用半小時檢查學生資料，就可知道其入學是否符合學校在招生簡章上的規定。從詢問中，可得知教師的專業訓練與執業經驗。瞭解學校的總收入，即可推估用於教學的經費。巡視實驗室與圖書館，即可檢視其設備使用情形。聞到異味即知道解

> 剖學的上課狀況。最後再經晤談，就可察覺學校與醫院關係是真實還是掛名的。（Flexner, 1960, p.79）

以上所述之Flexner的看法曾遭受極大質疑，認爲其過度主觀。此外，由於醫學院偏向自然科學教育，指標較易訂定；但一般教育體系則具有難度。例如，光以「教師士氣」一項之評鑑，各界意見就極爲紛歧。Flexner主張以「常識」（common sense）加以判斷的方法，是否符合客觀公平的標準，則令人存疑。不過話又說回來，建立指標的量化方法，也往往被人批評是「拿橘子與蘋果相比」。此因各校情況不一，硬要在同一標準下比較，常遭致本來即先天不足者的抗議。此外，量化效標常過於瑣碎，且彼此之間相互矛盾，很難拼出整體辦學績效的圖像。基本上，對於評鑑方法量與質的爭議，晚近雖有如闡述模式試圖綜合兩者的發展，但學界仍未取得一致的共識。

儘管目前教育評鑑仍存有不少爭議性問題，但其重要性卻與日俱增。此因人民對教育大量擴張使用巨額經費已漸失耐心，紛紛要求校方提出績效證明。因此，從教室中對學生的成就評量，乃至校際之間的比較，已漸漸形成從下而上的評鑑網絡。以往對教育評鑑的認知多僅限於學生測驗的實施，制度與政策部分則著墨較少。然而，爲了維護公共利益，幫助教師與校方時時改進，未來針對各教育層面的評鑑已勢不可擋。唯有在理念與技術上更求精進，教育評鑑才不會淪爲是難懂、主觀、替特定利益團體服務的打手。

8.1 個案研究　大學系所減招訴願案

台灣大學評鑑自2005年施行後，遭遇不少質疑，其最大爭議乃在評鑑結果之處理。2007年6月，高等教育評鑑中心首次公布系所評鑑結果，其中在受評的362個系所中，列「通過」者有279個系所、「待觀察」者有71個、「未通過」者11個。教育部隨即於10月進一步宣布將對未通過評鑑的系所做出減招二分之一的懲處，不但立即引發大學校院的緊張與惶恐，並衍生許多後遺症。

教育部對未通過系所之處置牽涉到以下之法令（以案例當時爲準）：

1. 大學法第五條第二項：「教育部爲促進各大學之發展，應組成評鑑委員會或委託學術團體或專業評鑑機構，定期辦理大學評鑑，並公告其結果，作爲政府教育經費補助及學校調整發展規模之參考；其評鑑辦法，由教育部定之。」
2. 大學法第十二條：「大學之學生人數規模應與大學之資源條件相符，其標準由教育部定之；並得作爲各大學規劃增設及調整院、系、所、學程與招生名額之審酌依據。」
3. 大學法施行細則第十一條：「大學依本法第十二條增設及調整院、系、所、對外招生之學位學程與招生名額，應報本部核定；其規劃及執行結果，由本部進行追蹤考核，並作爲核定之依據。」
4. 大學評鑑辦法第八條第二項及第三項：「教育部得以評鑑結果作爲核定調整大學發展規模、學雜費及經費獎勵、補助之參據。前項所定調整大學發展規模，包括增設、調整院、系、所、學程、招生名額及停止招生等事項。」
5. 大學校院增設調整院系所學位學程及招生名額總量發展審查

> 作業要點（2006年5月26日修正發布）第五點第三款規定：「各校所提總量規模，如有下列情事之一者，本部應依情節輕重，針對該校招生名額總量或該院、系、所、學位學程招生名額予以減招或停招：1.……。2. 學校院、系、所、學位學程辦理成效經本部核定或委辦之計畫，最近一次評鑑未達標準者。……」

自從教育部決定將「不通過」之系所減招二分之一後，引起當事者極大反彈。在向教育部反應無效後，遂向行政院進行訴願。其中屏東教育大學「應用化學暨生命科學系」經評鑑後未通過，教育部即將其2008學年度招生減量50%。訴願人就評鑑不通過系所招生名額減量部分不服，以不論評鑑實施計畫或大學評鑑辦法均未定有如何依評鑑結果爲處置之裁量基準，應以合目的性之裁量爲之，教育部就評鑑結果未通過者，一律減招50%，欠缺明確依據，因此提起訴願。其爭論焦點有二：(1)調整系所招生名額是否涉及大學自主之自治權限？(2)一律減招二分之一是否有法令依據？

行政院訴願委員會即就以上兩點做出決定。其於2008年4月11日以「院台訴字第0970083666號」，將原處分關於評鑑不通過系所招生名額減量50%部分加以撤銷。茲將內容摘錄如下：

一、事實

屏東教育大學應用化學暨生命科學系評鑑爲未通過。教育部列爲不通過者，2008學年度該學系所各學制減量50%。訴願人就評鑑不通過系所招生名額減量部分不服，以大學法第十二條規定，大學學生人數規模之標準由教育部定之，並得做爲大學規劃增設及調整院系所學程與招生名額之依據，但教育部迄未定有確切之標準供各大學參酌，且依該條規定意旨，教育部僅能依其所訂標準，審核各大學招生之總量規模，並無依評鑑結果核定招生名額之法令依據；至2007年1

月9日訂定之大學評鑑辦法，係自發布日施行，不得溯及適用於2006學年度辦理之大學評鑑，況不論評鑑實施計畫或大學評鑑辦法均未定有如何依評鑑結果爲處置之裁量基準，自應以合目的性之裁量爲之，教育部就評鑑結果未通過者，一律減招50%，欠缺明確依據，提起訴願。

二、理由

按大學法第五條第二項規定：「教育部爲促進各大學之發展，應組成評鑑委員會或委託學術團體或專業評鑑機構，定期辦理大學評鑑，並公告其結果，作爲政府教育經費補助及學校調整發展規模之參考；其評鑑辦法，由教育部定之。」同法施行細則第十一條規定：「大學依本法第十二條增設及調整院、系、所、對外招生之學位學程與招生名額，應報本部核定；其規劃及執行結果，由本部進行追蹤考核，並作爲核定之依據。」次按大學評鑑辦法第八條第二項及第三項規定，教育部得以評鑑結果做爲核定調整大學發展規模、學雜費及經費獎助、補助之參據。前項所定調整大學發展規模，包括增設、調整院、系、所、學程、招生名額及停止招生等事項。又教育部2006年5月26日修正發布大學校院增設調整院、系、所學位學程及招生名額總量發展審查作業要點第五點第三款規定：「各校所提總量規模，如有下列情事之一者，本部應依情節輕重，針對該校招生名額總量或該院、系、所、學位學程招生名額予以減招或停招：1.……。2.學校院、系、所、學位學程辦理成效經本部核定或委辦之計畫，最近一次評鑑未達標準者。……」

雖據教育部說明，訴願人爲該部所屬學校，非屬公法人或自治團體，且有關國立大學招生名額事項，非涉及大學內部組織、研究自由、教學自由及學習自由等大學自治範圍，該部對所屬學校所爲監督指示，不具對外法效性，非爲行政處分等語。惟依大學法第一條第二項規定，大學應受學術自由之保障，並在法律規定範圍內，享有自治權。而其範圍，參照司法院釋字第380號解釋文及理由書之意旨，應包含直接涉及研究與教學之學術重要事項，除研究自由與教學自由以外，凡屬於教學與學習範疇事項，與學校發展具有密切關係者，諸如課程設計、科目訂定、講授內容、學生選擇科系與課程、內部組織及教師聘任等，均屬大學之自治權限。

據此，招生事項與大學學術發展、教學研究與學習亦具密切關聯性，應予肯認大學對於依其發展方向、研究特色，調整招生系所及招生名額等相關事項，亦具有自治權限。教育部為教育主管機關，惟所為監督行為如涉及大學自治範圍，損害大學依法律保障之自治權，即非屬單純之內部監督行為，實已具有外部監督之法律效果，應為行政處分。本案教育部對訴願人所為減少招生名額之處置，已影響訴願人之自治權益，參諸司法院釋字第486號解釋意旨，訴願人應得依法提起訴願。

次查依首揭大學法第五條第二項、第十二條、大學法施行細則第十一條及大學評鑑辦法第八條規定，教育部固得定期辦理大學評鑑，做為核定大學調整學位學程與招生名額之審酌依據。惟學校受評鑑項目包含甚廣，各校系所評鑑未達標準之項目不同，情節輕重容有差異，依教育部所訂大學校院增設調整院系所學位學程及招生名額總量發展審查作業要點第五點第三款規定，學校最近一次評鑑未達標準者，應依情節輕重，針對該校招生名額總量或學位學程招生名額予以減招或停招，教育部則以學校系所評鑑結果分為通過、待觀察及未通過，為期就不同之評鑑結果調整學校發展規模有一致之裁量基準，決議就未通過者一律扣減該系所各學制招生名額總量50%，惟以減招50%為裁量基準，尚欠法令依據。教育部未依訴願人應用化學暨生命科學系未通過之實際情節輕重及規劃招生名額等情況，審酌核定減招之比例或名額，逕予減量招生50%，難謂合於前述作業要點第五點第三款之規定意旨。

討論問題

1. 台灣高等教育近年擴張快速，社會各界對其良莠不齊之現象大加撻伐。教育部希望藉由減少招生50%之作法，對在大學評鑑中不通過之系所加以淘汰。就法律觀點而言，此項作為已被認為不合相關規定之意旨。然以教育之角度分析，又會有何種觀點與看法？
2. 引進市場機制於高等教育，已是世界各國教育近年之趨勢。試就教育的觀點，說明教育評鑑在扮演獎優汰劣之市場機能時，會有何種作用與限制？
3. 如果身為高等教育領導者，你會針對此案有何種後續作為？

・對此案例之觀點，也請參考秦夢群、古雅瑄（2008）。認可制高教評鑑與評鑑結果處置之爭議。教育研究月刊，174，90-101。

建議活動

1. 檢視各級政府以往所實施的各級教育評鑑，並從其成果分析其實施的功能與產生之爭議。
2. 檢視當今的大規模教育評鑑活動，分析其為假評鑑、準評鑑、或真評鑑；並指出其類型為何？
3. 試就學校立場，分析在實施教學評鑑時，評鑑人員與評鑑指標項目應如何選定？選擇之標準又為何？
4. 檢視目前的社會需求，分析教育評鑑在哪些教育領域與議題上最有實施之迫切性？政府所應扮演的角色又應為何？

第9章

教育行銷與危機處理

第一節　教育行銷

第二節　學生與社區之公共關係

第三節　學校與傳媒之公共關係

第四節　學校危機之處理

相較於商業組織，傳統上學校即有疏離於所處社會的傾向，此由宋代書院多建於市廛之外的名山勝地可見一斑。究其原因，一在希望保持教育的中立性，避免利益團體的介入；二在維持校園心無旁鶩的讀書環境，以鼓勵學生專心進修；其三即是當時教育組織自給自足的特性，可允許其獨立運作而不被社會淘汰。

此種現象在實施中央集權國家的公立學校最為明顯。因為實施一條鞭的權力體制，學校主管之聘任握於上級主管機關之手，校長自然全力揣測上意加以逢迎。影響所及，其對其他團體（如家長會、校友會、社區代表會）的意見大可輕視而置之不理。此外，公立學校多呈現獨占性質（以義務教育的中小學最嚴重），辦得再差也鮮有倒閉的可能，多一事不如少一事，學校積極對外行銷的動機自然降低。

然而，隨著民主與平等的浪潮襲來，遺世獨立的學校也必須涉足紅塵。在以往，學校如中世紀莊園，經費雖年年不足但仍可勉強維持，高高的圍牆阻隔了外面的世界。然而曾幾何時，學校新聞竟然躍登報紙頭條，各方人馬也不時投以關愛眼神。凡此種種，皆逼使學校成為社會矚目的焦點；而其背景原因可歸納成以下三點：

1. **對學校產出與績效的要求**：第二次世界大戰之前，各級教育尚未普及，入學乃是少數人享有的特權。時至今日，已開發國家不但義務教育已經普遍，即連高等教育也呈現人滿為患。教育投資極為龐大，在預算吃緊及必須與其他部門（如國防、交通）競相爭奪下，資源利用之效率高低，即成人民關注的重點。此因資源為全民共有，學校經營者必須在教育產出與績效上有所交代。換言之，學校已不能關起門來任意作為，而必須與社會接軌，以民意做為辦學的準則。
2. **對人權與平等的要求**：1950年代之後，各先進國家對於人民受教平等與人權之維護不遺餘力。影響所及，各教育利益團體勃興，其目的多在監察學校，以確保民主精神的確實執行。其中如對學生的管教、特殊教育機會的提供、性別平權、乃至教育工作權之確保等，皆成為社會關注的焦點。一旦發現學校有所閃失或措施不當，各利益團體即可能串連媒體與各種管道（如民意代表）施以壓力，以謀有所改變。學校平時若只知固守城池，視外界人士如寇讎而敬而遠之，一旦事發必成孤立無援之勢。

3. **對社會資源的借助與利用**：傳統教育多以學齡國民為主，晚近提倡之「終身教育」則擴大至所有人民，其形式也不限於教室中的教學。然而政府預算有限，欲將教育效果發展至極致，則非借助社區力量不可。學校主管必須視環境的需求，善加利用社會資源。其方法如義工的招募、家長會的支援、乃至與社會團體合辦活動等，其目的即在結合眾力，以獲取更多資源並回饋鄉里。校長若自許「清高」，每日死守在辦公室中，則很難創造額外佳績。畢竟既有之編列預算有限，唯有與社區結合獲得資源，才能創造雙贏的局面。

由以上敘述中，可知當今社會已不允許學校成為化外之民，其必須主動出擊爭取資源；因此，以往企業界所重視之行銷、公共關係、與危機處理即成為教育行政領域重要之議題。以下即就三者之理念與相關原則加以闡述。一般而言，學校發生危機的可能性雖較一般企業界為低，但處理不當，其殺傷力卻有過之而無不及，絕不可輕忽。

第一節　教育行銷

如上所述，由於社會多元化與資源之爭奪，學校已無法遺世獨立。近年來世界先進各國受到全球少子化之衝擊，即使是有固定顧客之義務教育機構也是岌岌可危。根據台灣戶政單位統計，新生人口逐年屢創新低。2000年出生數為305,312人，到2010年卻只有166,886人，十年之間人數近乎腰斬。生育率急劇下降代表屆齡入學人口之減少，而學生來源短缺，更會在殃及中小學之後威脅到高等教育。

基於此，學校除需要爭奪教育資源外，更必須進行搶人大戰。在此情境下，以往被人忽視的教育行銷（educational marketing）即呈現洛陽紙貴之態勢。辦學具有特色之餘，更需進一步將名聲推之於外，方能吸引顧客上門。私立學校如此，公立學校也必須全力以赴。

傳統上，行銷觀念原本多用於營利組織中，部分教育人員甚而覺得學校行銷有損師道。然而，此種看法多將行銷囿於營利之框架中。Kotler and Fox

（1995）即指出行銷概念可以應用於任何有產品或服務輸出之機構；主張無論是營利或非營利組織，只要想以自我有價值之物去換取他人有價值之物，行銷之過程即已形成。學校以往較屬養護性組織，組織特性乃是鬆散結合，因應社會改革之能力較弱。在目前家長教育選擇權高漲與自由市場激烈競爭下，行銷策略之適度引進乃是生存之道。換言之，學校如能配合適當的行銷與媒介，將其文化風格、辦學特色、與教學績效傳達給外界，自能提升整體形象而獲得更多支持。

 一、教育行銷之定義與特質

在相關定義上，Kotler and Levy（1969）認爲凡是促進「價值交換」的管理過程即可稱爲行銷，其範圍不限定於一般有價商品。Kotler & Andreasen（2001）也將行銷做更廣之定義，認爲凡是個人或群體經由創造、提供、交換有價值產品，以滿足其需求之管理過程皆可稱爲行銷。Kotler and Keller（2006）則將行銷分爲社會性與管理性兩種，並主張社會性行銷乃是個人與群體，透過彼此提供與交換有價值產品和服務之過程。綜合上述學者之看法，可知當今之行銷定義不再限於營利組織，非營利機構如學校也可經由行銷來達成教育目標與社會功能。

根據以上敘述，可將教育行銷定義爲「教育組織運用提供與交換有價值之服務，在特定市場中回應內部成員與外部顧客需求，以達成教育目標之歷程」。

學者Kotler and Fox（1995）研究教育組織的行銷型態與過程，發現教育行銷具有以下特質：

1. 由於涉及分析、執行、與控制等管理歷程，教育行銷能夠協助教育組織與成員正視與面對現實問題。
2. 教育行銷活動必須事先規劃與確實執行，此也是教育組織運作之要件。
3. 教育行銷乃在複雜的社會與消費者中進行，其運作應基於目標與擁有之資源，進行區隔與開發不同市場，以達到有效行銷之目標。
4. 教育行銷促使教育組織訂定具體目標，以能確實區隔與服務市場。
5. 由於行銷強調全力提供顧客服務，以滿足其特定需求，教育行銷因此可

促使學校轉變爲顧客服務導向。

6. 行銷強調利用相關軟硬體與設備（如方案、媒體、電子產品與實體等）加強成果，因此，教育行銷可促使教育組織運作更加多元化，以開發市場潛在之顧客。

二、學校行銷之層面與策略

雖然近年來教育行銷之觀念在學校經營中漸有扎根，但仍多限於如積極招攬學生之「外部行銷」（external marketing）之中。實務上，教育組織多半爲提供服務的非營利組織，有其一定之獨特性。Gronroos（1994）即指出服務業之行銷，只執行外部行銷並不完整，尚須兼有「內部行銷」（internal marketing）與「互動行銷」（interactive marketing），才足以完成服務行銷的目標。Albrecht and Zemke（2001）也認爲組織不僅要對外部顧客進行行銷，還需對內部顧客（如教職員工）進行內部行銷，同時內部人員應再藉由互動行銷，針對外部顧客提供良好服務，如此才具有全面行銷的效果。

實務上，目前教育與學校行銷所採取策略大多屬於外部行銷範疇。然而，由於教育組織具有非營利與服務特性，一味以營利爲主要目標之外部行銷，不足以回應學校所需。此因除了滿足外部顧客之外（學生、家長、社區人士等），內部顧客（學校成員）對於組織之認同也同等重要。基於此，教育行銷除外部行銷外，也需同時兼具內部行銷與互動行銷之策略。如此才能爭取認同，形成完整的學校行銷圖像。以下即歸納相關研究結果（如王奕婷，2004；王秀鳳，2004；黃義良，2005；葉連棋，2008；蘇晏健，1996；Kotler & Armstrong, 1994），說明外部行銷、內部行銷、與互動行銷三大策略與對應之行動。

（一）學校外部行銷

外部行銷在企業界發展已久，多半以所謂之「行銷組合」爲其基本核心。行銷組合係指一套行銷手法與策略，以引發目標顧客產生回應與確保滿足爲目標。基本上，行銷組合必須依據不同環境內外變數而進行設計，以滿足不同層次之顧客需求。基本上，教育機構之外部行銷組合，可依產品、價格、通路、推廣，分為以下四大策略：

1. **產品策略**：學校的產品包括服務的範圍、品質、內涵、價值等。依據學校提供之服務，約可分為三類，其中包括：(1)有形產品：可具體呈現的實體，如師資、軟硬體設備、教學活動、教材等。(2)實質產品：係指顧客經由參與學校所能獲得的實質利益，其中如取得畢業文憑進而得到高薪工作，或是藉由參與提升自我對人生之境界等。(3)附加產品：係指附加價值的服務及利益，其中如學校聲望、口碑、認同度等。
2. **價格策略**：係指經分析市場變數如競爭對手、產品成本、市場區隔後，所擬定之價格策略。基本上，學生所付出的價格成本如學雜費等，是否能與獲得之服務等量齊觀，即是價格策略之關鍵所在。一所私校面臨學區內同質性甚高之新學校，除加強教學外，在價格上或許也可採取部分折扣（成績優良者學費減半），或是進行促銷（如較早確立入學者，學費可打8折）等方法。
3. **通路策略**：係指顧客如何經由適當管道，順利取得教育組織提供之服務與產品。教育活動多半為無形的服務，如何將其有形化，嚴重影響顧客對於教育組織之評價。一般而言，學校計畫性的行銷活動如校慶等，展現學生學習成果，即是讓外界與家長知悉明瞭學校服務之通路策略。此外，學校架設網站與留言版，供校內外人士瀏覽與提供建言，也能宣達學校之名聲。
4. **推廣策略**：係指利用各種媒介途徑，宣傳學校所提供之服務與產品。其相關運用之策略包括：(1)廣告宣傳：如利用學校網頁、學校識別系統（CIS）、報章雜誌等，積極爭取目標顧客，且塑造學校正面形象。(2)人員推銷：對於目標或潛在顧客，進行講習會、電話行銷、或至府說明等。(3)價格促銷：例如進行學費抵免、發放獎助學金等。(4)建立公共關係：與顧客形成休戚與共之關係，其中如辦理各項家長親職活動、校慶、運動會、義工成果發表會等。

（二）學校內部行銷

傳統上，一般民眾多將行銷限於將產品賣給顧客以賺取利潤的行為上。然而，成功之行銷必須先由組織成員之心態做起，也就是喚起其行銷知覺，此即是內部行銷之中心目的。Albrecht and Zemke（2001）即主張內部行銷策略在教育組織中有其舉足輕重地位。此因教育組織所提供的主要是服務，而非實體產品。內部行銷必須透過員工培訓與形塑文化來達成，其重點乃在讓員工認同組織之願景目標，進而願意奉獻而全心提供各項服務。所謂「對外宣傳千言語，不如教師一句好」，此即說明校長之外部行銷再出色，若不能獲得內部組織成員對其理念之肯定，家長最後相信的還是教師的看法。學校領導者必須正視此項事實。

基本上，內部行銷範圍並不僅限於教室與課堂中。因此，在指標之建構上，黃義良（2005）將中小學內部行銷分爲五個構面，其中包括：(1)凝聚溝通策略：如校方經常與師生溝通並明示辦學理念。(2)關懷激勵策略：如校長積極協助教職員工解決工作與生活問題。(3)教育訓練策略：校方給予教師協助以提升其教學與班級經營表現。(4)參與授權策略：如重大校務決策能讓學校成員積極參與。(5)優質環境策略：如學校環境能讓學校成員感到安全便利。

（三）學校互動行銷

與外部及內部行銷有所差異，學校的互動行銷乃是學校組織成員經由行動或業務處理，與家長及外界人士接觸互動時而產生的行銷行爲。其方向並不限於傳統之「學校→外界」，而可能是「外界→學校」。依據行銷方向之不同，黃義良（2005）進一步將互動行銷分爲「內外互動策略」及「外內互動策略」兩部分。其中，內外互動策略係指由學校內部成員經由各種溝通管道，與家長與外界進行互動。外內互動策略則是藉由學校外界人士如家長、社區等提供服務或肯定，使學校內部成員更加認同學校，進一步奉獻而提供優質服務。其實質上之行動包括如下：

1. **內外互動策略**：教師使用家庭聯絡簿、電話、通知單、或電子郵件與家長溝通。經由教師之適切表現而贏得學生口碑，進而使家長對學校建立信心好評。
2. **外內互動策略**：例如在日常學校運作之班級義工協助導師教學，或是家長與社區志工團體，提供學校活動之適當支援（如運動會之擔任裁判），皆可因學校辦學績效之增強，進而強化學校內部教職員的工作動機與表現。

第二節 學校與社區之公共關係

較之商業機構，運作上，教育組織無須在完全自由市場的體制中競爭。因此，除了高等教育（如大學）的社會接觸面較廣外，一般中小學對外公共關係的對象，最重要的可分爲社區與傳媒（media）兩類；前者如多數國家所建立的中小學學區，後者則包括廣播、電視、報紙、雜誌、甚至擴及電腦網絡（如電子郵件、網絡平台）。廣義而言，教育組織（以學校爲代表）的公關對象可包括：(1)校內成員（學生、教師、行政人員等），(2)相關教育行政機構（如上級指導單位），(3)社區團體（如家長會、校友會等），(4)傳播媒體，與(5)社會公衆等五大類。其中對內之公共關係、組織文化、組織領導等課題已在相關專章中有所討論；本節僅就對外公共關係爲敘述重點，討論則以中小學教育爲主。以下即先就學校與社區之公共關係做一闡述，傳媒部分則在下節討論。

在現今資訊發達的時代裡，學校的一舉一動均爲社區人士所關注。在義務教育階段，由於學生來源集中，學校往往成爲當地的活動中心，其成敗自然備受矚目（Kowalski, 2008）。此外，社區資源豐富，善加利用的校長多可創造更佳的辦學績效。Kindred, Bagin, & Gallagher（1984）即指出學校與社區之關係爲「合則兩利，分則雙輸」，教育與學校行政者絕不可等閒視之。

實務上，維持與社區的良好關係必須事先規劃。原則上，希望達成之目標有三，其中包括：(1)與社區做有效溝通，(2)得到社區支持，與(3)與社區共同合作以推行校政。欲達以上目標，則必須配合適當的步驟，其中包括：(1)分析社區之背景，(2)認識地方有力人士，(3)建立溝通之管道及工具，與(4)發展符合社區需求的公關策略。茲分述如下：

一、分析社區之背景

各地民情不一，學校行政者上任之初即應對所處社區之背景加以分析，確切感受其所散發出的特質。舉例來說，居民社經地位之不同，即對學校處理公共關係之策略影響甚巨。社經地位較高社區的家長可以透過捐贈，幫助學校實施先進的教學實驗，但在另一方面卻可能給予校方較大壓力。反之，社經地位較低社區的家長可能無暇至校做義工，不過也因此對學校無甚要求。不同的社區必須擬定相異的策略，切不可試圖以一招半式打遍天下。一般而言，在分析社區背景資料時，所需檢視的主要變項如下：

1. **社經地位**：以收入爲主要效標。地位高者與低者對於學校的期待有所差異，所提供的資源也不同。
2. **年齡**：人口平均年齡較大的社區往往爲人口移出區，青壯年居民多至他鄉工作，剩下的多爲老年人照顧幼兒。反之，年齡偏低則爲人口移入區，家長多半與學生同住。
3. **職業**：不同職業往往影響社區的生活方式。居民若多以漁業爲生，即意味著學生父親經年在外。同樣的，居民若多爲自由業，其作息與中產階級的朝九晚五也有所不同。
4. **地理區域**：社區位於偏遠山地、沿海低地、或是人口集中的大都市，都有其不同的面貌。小鎮人少但卻人情味重，校長紅白帖子應接不暇。反之，大都市居民關係較爲疏離，校長之社交方式也較爲表面與正式。
5. **教育程度**：居民偏向高學歷的社區，對於新近之教育理念接受較快，但同時也給予學校較大壓力。與其接觸必須站在理性的基礎上，以專業說理方式爲主。反之，面對居民學歷較低之社區，則較適合導之以情，利用私人關係加以拜託，方能順利進行改革。
6. **族群**：社區之不同族群各有其特殊文化。例如，以少數民族爲主之地方，教育行政者應先瞭解其文化習俗，如此才能融入其中，建立良好的公共關係。
7. **政治派系**：由於所處之地方不同，社區所沾染的政治色彩也有大小之別。一個社區可能爲某個政治派系所把持，或是多個勢力並存。教育行政者雖不宜介入其中，但也不能不知其權力之傾軋運作，以免受到池魚之殃。
8. **其他因素**：其中例如宗教之信仰、單親家庭之比例、社區之歷史等，均應成爲擴展公關的考慮因素。唯有瞭解社區的背景，才能設計與發展出適當的關係。

二、認識地方有力人士

原則上，學校運作是一種公共事務，社區內的人民皆有被告知的權利。然而在實務上，眞正具有影響的往往卻是地方上的少數有力人士，其在公共政策之擬定與執行上扮演舉足輕重的角色，乃是一群「權力玩家」。學校如果要與社區維持良好公共關係，這批具有影響的地方有力人士必須被列爲最優先接觸對象。不過，正如想確認組織內非正式團體領袖時所遭遇的困難，浮於檯面上者，卻不見得是眞正的有力人士；學校行政者必須假以時日，認眞觀察後，才能找到眞正的社區權力玩家。實務上，Lipham（1985）建議可採用以下三種方法進行：

1. **職位檢驗法**（role-position technique）：此爲最快與最常用的方法，也就是先把在社區中擁有正式重要職位的人，列爲是當然的有力人士。顯著例子包括民意代表、地方首長、企業老闆、乃至社區管理委員會的主任委員等。雖然職位與權力並不能畫上等號，但以此方法爲尋求過程的開始，不失爲一良好的選擇。
2. **事件分析法**（issue-analysis technique）：此方法是檢視以往社區歷史，分析各重大政策之制定或修正時的主要參與者。如果其目前仍在社區中，雖然並無正式職位，但仍可被列爲是隱性的有力人士。
3. **聲譽評核法**（reputational technique）：此法較爲費時費力，但信度往往最高。作法是先成立一個小組，其成員必須爲熟悉社區事務的人士，由其列出心中最有影響的社區人物。開始時可能交集不大，但再經過共同討論後，名單即形縮小。提名之成員必須述說原因與列舉事實，在多次增刪後，社區的權力架構即可畫出，而穿梭其間的重要玩家自也跟著現形。

三、建立溝通之管道及工具

在瞭解社區背景與重要人物後，接下來就可建立溝通管道。一般而言，在學學生家長要比其他人關心校務，因此，溝通重點應放在其與地方有力人士身上。任何重大的校務改變，最好事先徵詢兩方意見，以免受到抵制。由於以往學校與社區的溝通並不頻繁，故其發展的形式並不多樣，常用的基本上可分為問卷（或意見調查表）、晤談、與電話聯絡三種。成本支出以問卷最高，後兩者則較低。

問卷的內容可多可少，可針對專門議題（如贊不贊成穿便服上課），或是較全面式的討論（如對教學的看法）。發放方式可採取由學生帶回、郵寄、或是網絡電子郵件之方式；除徵詢家長之意見外，也可擴及到一般社區居民。問卷製作的目標並非是學術研究，故應注意以下五個原則：

1. 儘量不要長篇大論，題目愈簡潔愈好。
2. 不要使用艱澀的學術名詞，如果無法避免，則應先以平易的語言加以解釋。例如，詢問：「您贊成實施開放式的教學嗎？」其中「開放式教學」究竟所指為何，很容易使回答者無所適從而任意圈選，故應先加以定義並解釋。
3. 題目設計應以得到確切資訊為目標，避免模糊的敘述。例如，詢問：「您是否為社區的老居民？」即易令人迷糊。所謂「老居民」的定義為何？住五年算不算呢？為去除不必要的困擾，此題應設計為「到今年6月30日止，您在本社區已住了幾年？」如此才能得到較準確的數字。
4. 不要有誘導作答的題目出現。例如，詢問：「如果有空，您願不願到校做義工？」即會使人在「如果有空」的前提下作答，而易導致理想化的答案。然而事實上有人不做義工的原因即是沒空，所以此題應設計為：「本校下學期將設立義務導護家長的組織，您可否擔任義工？」
5. 在發放前，最好先以少數人做預試，以增強問卷的信度與效度。

與問卷相比，晤談的方式顯然較為直接，但因時間有限，並不能普遍實施，因此，晤談的對象必須加以篩選。原則上，社區相關有力人士即應被列為首要人選。當學校做重大改革且又與居民生活息息相關時（如辦理學校運動大會），「告知」的動作就極為重要。在東方社會中，人們講求面子的維護，學校若悶著頭做事，即使是對的，卻被有心之士認為未受尊重，而加以情緒上的抵制。此外，晤談可採正式或非正式的形式，約定時間閉門長談固然很好，其他婚喪喜慶聚會上的「順便」說明也並非失禮，重要的是讓社區居民感到受尊重，其反彈聲音才會較小。

在通信技術日益發達的今天，網絡聯絡已成為節省時間的重要方法。除了日常溝通外，學校也可建立相關網路平台，提供社區人士陳述的機會。網路除可雙向溝通外，同時也讓懶以到校的家長適時反映意見，在公關建立的效果上相當顯著。

除了問卷、晤談、電話、網絡之雙向式溝通方法外，傳統上學校也會印製部分印刷品，以說明校政推展的進度。其形式雖侷限於單向溝通，但仍具有告知的功能。一個聰明的校長可藉此傳遞重要訊息。一般常見的印刷品包括：

1. **新生歡迎手冊**：當有新生入學時即可分送。內中有學校地形簡介、重要處室電話、師資陣容、與作息時間表等，提供家長瞭解學校的機會。
2. **小型行事曆**：其中除列出本學年各月份外，並將校內計畫的大型活動日期（如校運會）標出，以供居民參考。
3. **家長手冊**：針對學校的政策加以說明，並提出家長與校方配合管教子女的建議，以供居民參考。
4. **專題手冊**：此爲因應特殊事件所製作的出版品，例如，學校此學年推動新的教學策略（如能力分組），即可藉此說明其內容。此外，如反毒教育、性別平等教育、反霸凌教育等皆可依需要製作專題，以訴求社區居民的配合。
5. **其他出版品**：如果財力人力足夠，校方可定期出刊類似活動報導的通訊，或是在校慶時編印特刊等，皆可達到推銷學校的目的。

四、發展符合社區需求的公關策略

完成各種預備動作後，即可發展符合社區需求的公關策略。由於各地民情不同，必須因地制宜，但仍有基本的原則可循。依照筆者多年的經驗，可有以下七點：

1. 由於時間有限，必須先決定公關與溝通的對象，以量力而爲。理想上能夠接近所有社區居民最好，但在實務上卻必須有所取捨。
2. 將社區各有力人士資料建檔，包括其背景、資歷、與聯絡方式，以便在需要時能立即與之溝通。新校長在上任時應先適時做禮貌性的拜訪。
3. 訓練校內各處室主管與職員的電話禮貌，對於來訪之家長或居民，依其性質制定適當的接見程序，避免官僚形象。

4. 多加利用各種溝通管道，讓社區居民不但被告知，且可陳述意見。校方在接收各方看法後，即使不能在短期內改善，也應有所答覆，千萬不可令其石沉大海。
5. 善用家長會、校友會、義工等組織，使其成為推動校政的前鋒部隊；必要時，校長應以適當方式加以表彰。
6. 在重要時刻（如開學）或發放成績單時，檢附適當的印刷品讓學生帶回，其中登載內容以學校之近況為主。
7. 學校遭受重大危機時，應有一套危機處理辦法，且應讓各處室相關人員瞭解與事先模擬，以避免屆時手忙腳亂（處理之原則詳見第四節）。

綜而言之，學校與社區公共關係之推展應有分析、規劃、與執行三個部分。雖然學校不需如商業公司的對外拉生意，但公關若做得好，必能爭取較多資源而事半功倍。至於在所接觸的團體方面，一般而言，學校行政者常打交道的包括：(1)家長會，(2)學校義工，(3)校友會，(4)社區教育團體，與(5)政治團體。其面對之道，以下簡述之：

1. **家長會**：其為校長最常接觸的組織。各地依其規定，家長會的組成與運作有所不同，但其成員卻往往不乏社區有力人士。家長會的任期各地有所不同，有的可連任一次，有的卻可一次以上。此外，家長會是否可設顧問（多半為前任家長會長）以擴大聲勢，各地區的規定也有所差異。家長會功能雖多，可對外募款或自我捐款推動校政，但有時卻有反客為主的問題。對於其運作，校長應樂觀其成，但絕不可讓其執行不合法或不合理的決議。家長會角色應限於諮詢功能，學校可加以參酌，卻不能讓其干預校政。校長在執行學校重大改革時，應即時告知家長會，並尋求意見與支持；如果與其意見相左，也應婉言解釋，以雙向溝通的方法化解爭端。總而言之，學校與家長會相處必須不亢不卑，避免讓其坐大而垂簾聽政。
2. **學校義工**：其來源可來自社區各角落，因此背景較為複雜。一般而言，家庭主婦與退休人員為組成之重心。由於熱心有餘經驗不足，學校在招募之初應先舉行職前教育，清楚告知其責任與扮演角色。實務上，學校義工可擔任交通導護、圖書館助理、義務家教、或是節目慶典的協助者等。但值得注意的是，應避免其干涉教師的教學。有些義工過度熱心而直言無隱，往往造成不必要的爭執與不快。對此，校長宜妥善處理，並以適當方式酬謝義工成員，使其能樂意付出。

3. **校友會**：如果運用得當，校友會的功能極大。因此，學校中若無類似組織，應視情況成立。校友散布各地，校友會即可代爲聯絡，而校方絕不可僅將之視爲募款機器，平時即應藉著各種管道加以溝通。例如，有特殊成就的校友，可主動邀其返校加以表揚。學校也應有重要成員的聯絡資料，以便在必要時得到協助。
4. **社區教育團體**：由於對教育的關心，各種教育團體近年來勃興。例如，各地之教師組織（如地方教師會）與教育公益團體（如兒童保護協會）等均有其一定影響力。學校除一般接觸外，對於其在特殊事件上的詢問也不應排斥。長久以來，由於立場不同，某些社區團體被學校列爲拒絕往來戶，一旦事件發生（如教師體罰學生），雙方因溝通不良而產生誤會。其實，事實勝於雄辯，任何不必要的資訊封鎖，必遭致教育利益團體的質疑，不如以公開誠實的態度加以面對，才會有雙贏的結果。
5. **政治團體**：各黨派在社區中多少有其外圍組織，而其活動牽涉到政治時，學校應儘量避免，並儘量平等對待。例如，某政黨要求借用學校場地爲集會造勢之用，校方若答應，則對其他的政黨應一視同仁，否則即很容易被貼上標籤而捲入政治紛爭。

第三節 學校與傳媒之公共關係

學校對於傳播媒體的印象往往愛恨交織，一方面其力量可以幫助校政之推行，一方面卻也可能使學校蒙上惡名。有經驗的教育行政者時常抱怨傳媒是「要的時候不來，不要的時候卻死纏」，認爲平日推廣學校活動，卻被認爲無刺激性不登；一旦學校發生危機，記者卻像蒼蠅般圍著不走，一副非挖到底不可的態勢。

在當今資訊爆炸的時代，實務上即使學校並不樂意與傳媒打交道，也必須勉力爲之。其理由無它，學校活動一經公開報導，必能增加知名度與獲得資源；反之，若發生危機而一味封鎖消息，必使情況更爲惡化。所謂「好事不出門，壞事傳千里」，如何與傳媒保持平衡關係，已是教育行政者必須努力審思的課題。

傳播媒體有其特性，與之打交道必須先有所瞭解。一般而言，傳媒對學校事務的報導並不熱衷，認爲其過於平淡不值得重視。針對於此，教育行政者絕不可存有「不報導就拉倒」的心態，而應針對其需求提供適當新聞。基本上，記者並無義務免費爲學校宣傳，唯有在新聞值得報導的前提下，雙方才有合作之空間。原則上，記者感興趣的學校新聞多具有以下五種特性：

1. **有關教育創新的**：例如，學校研究發展出一套新的英文教學法，結合電腦與視聽教具，使學生的學習進步神速。
2. **有關重大人事經費的**：例如，學校校長的遷調或是學校斥資興建大型工程等。
3. **不尋常的**：例如，學校的鐵樹突然集體開花，或是百年枯井突然冒出水來。
4. **有爭議性的**：例如，學校懲戒學生使用體罰失當，正反雙方僵持不下，或是學生應否穿制服等。
5. **有危機性的**：例如，學校學生被闖入之外人殺傷，或是發生性騷擾案等。

當然，就新聞刺激性而言，有危機性的消息最爲傳媒所愛，然而此也是學校所不樂見的。試想校園中有學生控訴被性騷擾，必將引起社會矚目，但對校譽卻殺傷極大。學校行政者均希望正面消息被報導，但其可讀性往往較低，因之形成平日與傳媒的關係頗爲疏遠。有關學校發生危機時與傳媒的處理原則，將併於下節中敘述，此處僅就平日學校應有的態度提出建議。根據Gorton（1983）、Rebore（1985）、與筆者本人的看法，可綜合爲以下十二點：

1. 即使在小鄉鎮中，也應認識報紙地方版的駐地記者與社區電台的負責人；大都市中則應包含電視與雜誌的相關記者與人員。
2. 邀請在地傳媒之負責記者到校參觀，並介紹學校特色與重大表現。
3. 瞭解不同傳媒人員對教育的看法與政治的意識型態，並熟知其處理新聞的特有態度與過程。
4. 準備拍攝清楚的照片，以提供相關新聞刊載。圖文並茂的形式，其傳播力量更加強大。

5. 當傳媒人員來訪，問及不熟悉的議題時，千萬不要硬充專家，應誠實以告並引見嫻熟者提供正確訊息。
6. 所提供之訊息或新聞必須包括六個要素（即新聞5W1H原則）：(1)人物（who），(2)事件（what），(3)時間（when），(4)地點（where），(5)原因（why），與(6)如何（how）。新聞資訊不是文學作品，所有內容必須爲眞實的，缺乏任何一個要素，都會使其不夠完整。
7. 如果主動提供新聞稿，宜簡潔並少用形容詞。內容應爲直接陳述，避免做主觀論斷。基本上，傳媒在不損及正確性的前提下，可視情況加以修正，學校不應視其爲不友好的行動而加以抗爭。
8. 不要等待傳媒至校採訪。當學校有值得報導的新聞時，宜主動出擊，並提供適切服務。
9. 提供傳媒迅速聯絡學校的方法，並宜設公關電話專線與專人負責，原則上校長應擔任主要角色。
10. 在發出新聞後，宜主動聯絡傳媒，以確定其完全瞭解內容。如有需要，應詳細加以解釋，以避免不必要之誤會。許多錯誤報導往往肇因提供者的疏忽，因此，學校與傳媒的雙向溝通與確認消息是極重要的。
11. 如果發現傳媒報導錯誤，宜避免情緒性的指責。應先與其聯絡，瞭解來龍去脈再下斷言。如果可能，可請傳媒做更正報導；如其拒絕，則可循其他公正管道加以澄清，儘量避免雙方正面衝突與嚴重交惡。
12. 不要爲提高學校或個人聲譽假造資料，一旦東窗事發，傳媒從此即對校方所提訊息加以懷疑。例如學校僞報升學率，希望以此邀功，但被拆穿後，卻被傳媒列爲拒絕往來戶，導致偷雞不成蝕把米。

總而言之，學校與傳播媒體進行公關活動，必須抱著主動與誠實態度。基本上，傳媒的姿態本來就較高，然而只要符合其需求，學校新聞也是受歡迎的。部分教育行政者擔心與傳媒接觸會暴露自我缺點，因而實施閉關政策。此種想法在當今資訊發達的社會中，無異是掩耳盜鈴，傳媒總有其管道得知內情。既然無法逃避，不如與傳媒維持不亢不卑的關係。平日主動出擊塑造學校正面形象，發生危機時則以誠實的態度加以面對，如此才能創造雙贏的局面。

表9.1中即爲學校推行公關計畫的成效檢核表。做爲教育行政人員（如校長），最好先自我檢視表中的條項，如果發現以往有所疏忽，就應更加努力迎

頭趕上。實務上，台灣近年來對於學校公共關係的研究日多，例如，黃振球（1990）即指出，改進學校公關的辦法有以下五種：

1. 加強親職教育，協助家長瞭解如何更有效地在家輔導兒童。
2. 與社區合作決定社區的教育需要。
3. 不斷說明學校的計畫與活動。
4. 結合志願家長參與學校的計畫。
5. 透過各種媒體及活動做適當報導與接觸，學校可用之媒體及活動包括家長參觀學校、大眾傳播工具、學校出版品、校長私人接觸等。

表9.1　學校推行公共關係計畫之成效檢核表

是	否	
□	□	1. 你曾經試圖去瞭解社區的需求嗎？
□	□	2. 你認識社區內的有力人士嗎？
□	□	3. 你曾使用過社區的資源嗎？
□	□	4. 你是否讓社區人士瞭解學校的政策？
□	□	5. 你是否利用過學校網站等方式與社區人士定期聯絡？
□	□	6. 你是否在學校中有既定的推行公關計畫？
□	□	7. 你的學校公關計畫是否有確定的推行程序與活動？
□	□	8. 你與各社區團體的關係是否良好？
□	□	9. 你與社區內的各傳播媒體是否保持密切關係？
□	□	10.你是否經常藉由傳媒推展學校活動？
□	□	11.你是否能吸引社區人士至校擔任義工或捐款？
□	□	12.你在社區人士的口中是否有正面的評價？
□	□	13.你是否定期檢討過學校公關推展的績效？
□	□	14.你是否經常主動的參與社區活動以廣結善緣？

陳慧玲（1990）的論文則認爲學校在做公關時，必須把握雙向溝通與以民意爲基礎的原則。林泊佑（1994）的研究則將小學做爲主要樣本，並以校內成員、學生家長與社會人士、社區機關團體、教育局（上級主管行政機關）、議會（民意機關）爲對象，研擬出推展公共關係的方法，茲簡述如下：

1. 校內成員方面

(1) 舉行慶生會、旅遊等活動，以聯繫同仁情誼。

(2) 實施匿名問卷調查，瞭解教職員及學生心聲，並儘量採納成員之建議。
(3) 舉行各種會議，說明學校之各項政策，並鼓勵成員交換意見。
(4) 邀請成員參與相關計畫的研擬。
(5) 善用非正式的溝通管道。
(6) 學校行政人員以身作則，公平對待每位成員。
(7) 關懷成員的生活及學校工作，並提供協助。
(8) 儘速澄清消除謠言之傳播，設法化解成員之誤解。
(9) 儘量依照教師的專長和意願排課。
(10)利用各種機會增進學校和諧的氣氛。

2. 學生家長與社會人士方面

(1) 選派熟悉學校狀況的人員參加里民大會，與里民直接溝通。
(2) 舉辦各項活動，邀請學生家長及社區人士參加。
(3) 訂定學校場地開放辦法，提供社區民眾使用。
(4) 出版學校刊物或協辦社區刊物，送給學生家長及社區人士參閱。
(5) 訂定辦法，運用社區各項資源。
(6) 設置專線電話，接受意見反映。
(7) 使用問卷調查，瞭解社區民眾之需要及對學校之態度。
(8) 實施親職教育，辦理媽媽教室等社教活動。
(9) 實施家庭訪問。
(10)參與社區各項活動，提供人力、物力及財力等資源。

3. 社區機關團體方面

(1) 與社區機關團體經常保持聯繫。
(2) 學校舉辦各項活動，邀請社區機關團體參與。
(3) 開放學校場地，提供社區機關團體使用。
(4) 主動向新聞界發布學校教育有關之訊息。
(5) 派人參與社區機關團體舉辦之活動，並提供協助。
(6) 學校發行之刊物，送給社區機關團體參閱。
(7) 善加運用社區機關團體提供之各種資源。

4. 教育局方面（上級教育行政機構）

(1) 經常與教育局人員保持聯繫。

(2) 承辦教育局委託辦理之活動，並用心辦理。

(3) 學校舉辦各項活動，邀請教育局相關人員參與。

(4) 提供學校辦學或研究成果資料給教育局。

(5) 落實教育局的各項政策，答覆教育局的函件勿拖延。

(6) 編列詳實的學校單位預算，勿浮濫。必要時，提供清晰充分的說明補充資料。

5. **議會方面（民意機關）**

(1) 學校出版刊物及研究成果，郵寄給議會。

(2) 學校舉辦活動，邀請議員參加。

(3) 與議會及議員保持聯繫。

(4) 參與議員舉辦之活動。

(5) 編列詳實的學校單位預算，並提供充分的資料。

(6) 校長赴議會備詢說明時，態度要誠懇親和，表達須清晰明確。

第四節　學校危機之處理

在運作過程中，任何學校都不願意出狀況；然而，危機卻如殺手一般，無聲無息的躍出而令人措手不及。由於事前毫無徵兆與警告，因危機爆發後造成其破壞力極大。校內人心惶惶，校外指責四起，社會大衆在迷惑之餘，不禁懷疑學校的公信力，隨之而來的誰該負責與下台的爭辯，使情況更加惡化。

廣義而言，危機可被定義爲「在極不穩定的狀況與強大時間壓力下，必須做出立即決定的情勢」。因此，危機的出現多半是突發的，若不立即適當處理，組織就會有惡化或崩潰的可能。此外，危機的出現並不代表一定不好，就如人得了急性盲腸炎，只要即時割治，身體反而比以往更加強壯。危機也是如此，如果對症下藥，組織因之脫胎換骨，危機反而成爲轉機。

危機與一般所謂的「問題」不同。後者在各個組織中多少均有存在（如部分教師彼此不和），但前者卻非經常出現，唯有在組織與環境各變數發生極端惡化時，才可能突然爆發。然而，教育行政者卻不可因之鬆懈，而忽略平日準備工作。當危機如排山倒海而來時，恐怕會形成被動與挨打的局面。

以下即就教育組織發生危機的成因與處理原則加以敘述，並以台北市成淵國中性騷擾事件做爲個案加以分析。

一、發生危機之成因

分析歷年學校所發生之危機，其成因多半爲「組織僵化，處理遲延失機」。此因教育組織未有立即回收成本的壓力，再加上組織呈現鬆散結合，只要不出大錯，蕭規曹隨的政策尙可平安無事；然而當環境顯著改變，組織的運作若還是僵化，以往的「小事」，就很可能如星火燎原，轉變成重大危機。

在圖9.1中，即可看出學校危機形成的過程。由於環境顯著改變，組織結構僵化，造成資訊系統不足。領導人一味承襲舊法，而使學校運作與社會趨勢呈現格格不入的現象。組織運作策略不明確、管理形成多頭馬車，一旦事件發生，處置延誤失策，終而釀成各方交相指責而演變成危機。

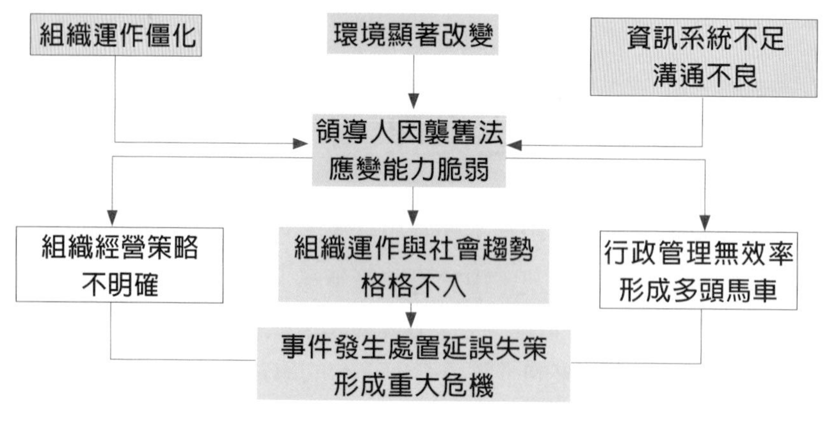

圖9.1　教育組織發生危機之成因與過程

以上情況在歷史悠久的老學校最易發生。由於對傳統的堅持，校內成員沉迷於昔日光輝中，對於新理念與新作法的接受意願極低。無奈時不我與，環境改變之浪潮排山而起，一時不愼即引發重大危機。例如，以往家長多能容忍教師體罰子女，認爲此才能逼使學生讀書。然而，晚近提倡人權思想，對於以往師生之間爲特別權力關係的看法提出異議。影響所及，學校若不能與環境配合而堅持體罰政策，不但激起家長抗議，校方也可能因違背法令而吃上官司，並引發師生之間的對立與重大危機。

二、學校危機處理之原則

危機的出現，定會使學校應接不暇而出現慌亂現象。一般教育人員平日未受危機處理訓練，事發後只好憑藉直覺加以反應，往往使情況更加惡化。基本上，面對危機時需有之正確態度，其包括以下四項：

1. **鎮定**：事發之初，震驚在所難免。然而，危機既已發生，就應在最短時間內平靜下來，沉住氣，先把狀況弄清楚再說。
2. **負責**：危機發生後，社會之指責必定高漲，此時絕不可推卸責任，應有面對現實的勇氣。如果是學校有錯，領導人就必須展現改過遷善的態度。任何推諉的動作，均會使情況更加惡化。
3. **誠實**：雖然認錯不是件容易的事，然而面對各界質疑，應將眞相毫無隱瞞的披露。對就對，錯就錯，任何欺騙行爲，均會使馬蜂窩愈捅愈大，引起社會的反彈而得不償失。
4. **果決**：應就危機之來龍去脈詳細分析，並在最短時間內做出解決行動。如果猶疑不決，定使學校產生動盪。所謂「快刀斬亂麻」，唯有立下良藥，採取速戰速決戰術，才能使危機傷害減至最低。

以上處理危機的態度看似抽象，其實卻極爲重要。領導人心態不正確，往往影響到其後行動的績效。試想一位校長在事件發生後一意遮掩眞相，本來可以立即化解的危機卻如癌細胞般擴散，等到病入膏肓時再處理，其傷亡與後遺症之慘烈，即很難以言語形容之。

在處理危機的過程中，一般可分爲三個階段：

1. **確認危機**：先蒐集各方資訊，瞭解危機發生的原因與背景。此時各相關團體（學生、教師、家長、社會各界、傳播媒體、上級行政機關等）的反應與意見均應列爲重大資料，以做爲日後採取行動的重要參考依據。此外，應與危機的重要當事人接觸，取得第一手資料，切莫假手他人而道聽塗說。
2. **孤立危機**：如果不採取適當措施，危機就有擴散的可能。例如，發言人系統的缺乏，即會導致學校各方人馬大放厥詞，其中不乏謬誤之言論。若不加以控制，可能會演變成引發另一危機的局面。例如，本來只是學生被體罰導致家長抗議的單純危機，卻因校方控制不當，引發其他教師隨便發言，進而爆發兩派人馬互相攻擊，而損及校譽的另一危機。因此，校長在處理上必須非常小心，既然體罰之當事人爲特定學生、家長、與教師，就應就事論事，邀請三方共同解決；同時要求其他學校人員注意發言尺度，如此才能孤立危機，不致使其發生擴散作用。

3. **解決危機**：危機雖經孤立與控制，但已引起大衆之高度興趣與上級主管機關的注目。學校若不能提出適當對策，必定使成員危疑不安。因此，領導者必須與當事人雙向溝通，並配合上級機關態度擬定解決策略。必要時，可透過平時建立的公關管道，邀請地方有力人士從中斡旋，以使危機能儘速解除。學校與當事者達成共識後，宜在傳播媒體上加以報導，以消弭危機所引起的社會不良反應。

當危機產生後，學校應立即進入備戰狀態，針對危機的性質加以分析，並研擬解決危機的步驟。圖9.2中即描述學校處理危機的基本階段與步驟，以下即就其內容加以說明。在此要強調的是，由於面臨危機情況不同，學校必須視情況靈活運作，以下所提僅做參考。

學校因組織或環境變數使然而發生危機後，應立即組成危機處理小組與確立發言人制度。前者之任務在統一事權，擬定解決策略；後者則在迅速與公開發表聲明，以避免不必要之猜忌。原則上，發言人也爲危機處理小組的成員之一，所以要將之凸顯，乃在學校發生危機多經傳播媒體之大幅報導，爲使相關訊息之報導不致扭曲，必須確立發言人制度。不過，其運作仍需與危機處理小組密切配合。

顧名思義，危機處理小組必須以儘速化解危機爲首要目標。理想上，學校在平時即應有此組織存在，以備不時之需。然而，由於各種原因之限制（如人力不足，危機發生次數遠較商業組織爲低），眞正確實執行的僅爲少數。平日不燒香，危機臨頭雖不免有所慌亂，但也應儘速成立危機處理小組，以能立即進入情況。有關之重要事項簡述如下：

1. **組成時間**：平日有此組織最好，否則應在危機發生後立即組成。原則上，學校領導人的「感覺」極爲重要，當其意識到事態嚴重或山雨欲來時，即應立即組成危機處理小組。
2. **組成成員**：原則上以組織領導人爲首，成員應視情況包括相關處室負責人、教師代表、地方人士代表、或家長代表等。人數不宜過多，以免事權難以專一。

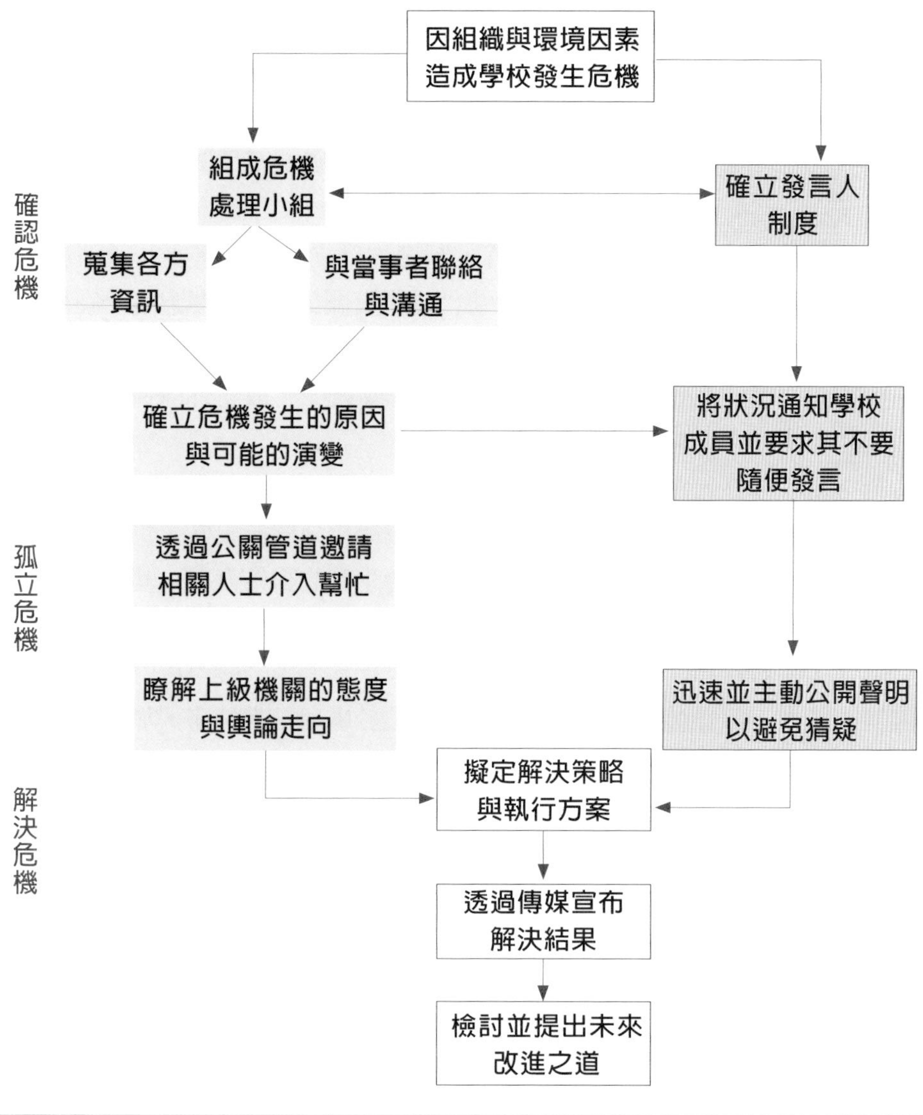

圖9.2　學校危機處理之流程圖

3. **小組任務**：先蒐集資料並與當事人雙向溝通，瞭解引發危機之事件眞相；接著再參考上級機關與輿論的態度走向，擬定解決策略與執行方案。末了，在危機化解後，針對其爆發原因加以檢討，提出未來改進之道，並視需要調整組織結構。
4. **運作形式**：宜以分工合作爲主。除小組領袖負責折衝協調外，其餘成員應切實完成所交付之任務，諸如對外發言、與當事人溝通、輿論蒐集、與相關人士協調等項。一切應以小組作戰的精神，切實掌握目前危機發展之情況。在緊急時，即使一天召開數次會議也不爲過。務必在最短時間內擬定解決方案，以使學校所受的打擊減至最低。

在學校危機處理的過程中，發言人制度的確立也極爲重要。所謂發言人（public relations officer），一般係指專門提供有關公衆事務訊息者；在學校，即是代表其表達立場者。組織中成員思想不一，各非正式團體的訴求相當紛雜，但學校之運作必有其特定主張，爲使其形象統一，故對外溝通時必須口徑一致，此乃發言人的主要任務。

原則上，發言人制度宜在平日就已建立。此因學校發言人不僅對外發布訊息，同時也應是學校公關的負責人。除持續爲學校建立形象外，也應執行組織內外的溝通事務。因此，發言人不僅是危機發生時的對外窗口，其平時也是組織內外人員之間溝通的催化劑。

然而，由於資源的限制，除部分高等教育機構外，一般學校鮮少在平日設有發言人制度。以普通中小學爲例，行政者忙於處理日常校務，加上教師授課負擔極爲沉重，實無餘力設立發言人。影響所及，由於校長爲最常與外界接觸者，儼然成爲衆望所歸的學校發言人。影響所及，一旦校長公關與溝通技巧欠佳，即會使得危機更加惡化。

因此，發言人的選任必須慎重。一般學校組織爲金字塔型的科層組織結構，校長在頂端，其下爲各處室主任、組長、職員等。原則上，發言人職位愈高，通常也被外界認爲愈有可信度。所以，學校發言人宜由校長、副校長、或各處室主任擔任較爲恰當。不過，職務高低僅是考慮要素之一，重要的是考慮人選必須具備以下五項基本能力：(1)嫻熟學校內部歷史與權力運作方式，(2)與組織內各非正式團體均建有良好關係，(3)能隨時掌握社會現象與教育趨勢，(4)與傳媒及社區有力人士保持密切聯繫，與(5)口齒清晰並具有良好溝通技巧。

綜上所述，理想上，學校發言人應爲常設制，而考慮之人選也必須具備公關的能力。校長雖被外界視爲「官方」的學校發言人，但若自覺性格不勝其職，就應另覓英才，千萬不可認爲「官大學問大」，魯莽行事而壞了大局。

如果學校平日因種種因素而未落實發言人制度，在危機發生後，即使是臨時抱佛腳，也應儘速確立發言人，以整合全校力量化解危機。如若不然，面臨內外夾攻，學校成員必定人心惶惶；且因事實眞相撲朔迷離，可能因隨意對外發言，而使危機雪上加霜，造成無政府的混亂狀態。發言人的確立，除可立即蒐集資訊瞭解眞相外，並可代表校方，口徑一致對外發布消息。所謂安內之後才能攘外，如果內部先已亂成一團，就很難集中力量撲滅危機。因此，發言人制度絕不可偏廢。

危機發生時，學校發言人面對傳媒與社會大衆，在發布消息上，應注意以下六大原則：

1. 在學校尚未查明事實眞相與取得共識前，應要求校內成員對外不要發表任何言論，以免謠言滿天飛。
2. 在未擬定正式聲明前，面對傳媒宜以誠懇態度，告知校方已儘可能進行調查，會在最短時間內回覆相關問題，並請其諒解。千萬不可視傳媒爲扒糞高手，而以態度或言辭加以羞辱，如此只會使傳媒做出對學校不利之舉動。
3. 任何牽涉未成年學生或隱私（如性騷擾）的事件，均不可隨便對外公布學生姓名與相關資料，以保護其法律權益。
4. 對於相關刑事案件，宜立即通知警方，並在其進行調查時，學校不宜發表個別意見。
5. 發言人任務乃在扮演學校與外界之間的橋梁，因此絕不可捏造或歪曲訊息，誠實乃是必須力守的底線。
6. 發言人需隨時參與危機處理小組的運作，並視各界反應擬定下次的聲明。在整個事件眞相大白後，宜立即向社會說明處理經過，以使學校形象早日恢復，避免危機之後遺症。

學校發生危機時，發言人之表現，往往影響處理過程之成敗。未諳溝通技巧者，即可能使小事成大事，最後鬧得不可收拾。因此，學校沒有設立發言人固然不妥，然而選擇不當人選，更會造成二度傷害，處理時必須特別愼重。

三、危機處理之流程

綜上所述，學校危機產生之頻率雖較競爭激烈的商業組織要小，但一旦發生，其殺傷力足以震天動地。以下即就相關流程加以綜合說明：

1. 當各種因素使然而有異常現象時，學校首長應加以分析並做出判斷。如確認是危機，應立即組成危機處理小組，並確立發言人制度（如果平日尚未成立運作）。
2. 危機處理小組以校長爲首，並至少包括相關處室與教師代表。其任務是立即蒐集各方資訊及與當事者聯絡溝通，以確立危機的可能演變，並依此擬定解決策略與執行方案。
3. 發言人爲危機處理小組之一員，宜由學校具有一定職位與溝通技巧者擔任。其任務首先是將細節通知學校成員，要求其不可隨意發言，接著秉承危機處理小組的決定，迅速並公開提出聲明，以避免社會之猜疑。發言人可使學校對外溝通口徑一致，以迅速孤立危機，避免星火燎原。
4. 在處理過程中，危機處理小組應隨時瞭解上級行政機關的態度及輿論走向，並以此做爲未來決策的重要依據。
5. 如有需要，可透過公關管道，邀請家長會代表或地方有力人士予以協助，以儘速化解危機。
6. 在處理危機時，面對社會必須誠實，任何歪曲事實的作爲，均會使學校喪失公信力而成爲最後輸家。
7. 在危機解決後，應透過傳媒向社會報告解決之結果，以使學校形象早日恢復。內部也宜立即進行檢討，如有缺失，應痛定思痛，徹底加以改革。

四、個案研究：成淵國中集體猥褻事件

教育與學校行政者，誰都不願在任內發生危機；一旦碰到，多以「運氣不好」自嘲。這種觀念並不正確。危機之出現，實爲反映組織在結構與運作已出現問題。所謂冰凍三尺，非一日之寒，如不能適度化解，其殺傷力必大。此外，換個角度來看，危機未嘗不是轉機，只要作法正確，學校也可藉此機會趁

勢改革，以脫胎換骨再創新局。危機處理絕非紙上談兵，必須視個別情況靈活運用。以下爲使讀者進一步瞭解其原則，特舉一例說明。個案的發生地點爲一國中，危機發生肇因於學生猥褻事件。本案件之始末主要參考在台灣發行之中國時報、聯合報、中央日報、自立早報、自由時報、中時晚報、聯合晚報、與自立晚報。

（一）潛伏期

成淵國中位於台北市的西區，爲一歷史悠久的學校（1990年歡慶100週年）。在1950年代，其附近爲最熱鬧的商業區，但隨著時光的流轉已漸沒落。危機發生時的校長爲陳添丁，導火線則爲男同學集體性騷擾同班女同學，其中受害者共計10人，但輕重程度不一，加害的男同學共計8人，其中6人較爲嚴重。

早在1994年秋天，發生事件班級在一年級下學期時，男女同學就常常玩鬧，導師曾經進行瞭解，並予告誡。二年級上學期，衍生成爲壞習慣，幾位男同學喜歡碰觸女生胸部，偶爾惡作劇，將女生的梳子、文具放到自己褲襠中，要求女生撈取。

至1995年9月底，部分男生有時相約到同學家中，觀看第四台色情影片。到學校後又公開討論劇情，或模仿不雅的動作。10月27日第7節下課期間，教室發生集體嚴重的身體騷擾事件。11月初，有學生在家長座談會中表示，最近有女生被欺負，導師曾經進行調查，但是學生表示沒事。11月10日，第2節下課時間，2名男生尾隨女生進入女廁所，以10元硬幣開啓女廁所門。11月15日，第5節自習課期間，4名男生預謀欺負另外一位女生，騷擾其胸部。

除此之外，自國一下學期開始，3名男生陸續向女生借錢，起初金額不大，有借有還。但國二開始情況漸漸嚴重，金額逐漸增加，且都未歸還，若女生表示不給，男同學就口出惡言嚇唬。

雖然如此，整個事件沒有同學反映，因爲加害的學生揚言告密者會死得很難看。12月11日，男生惡作劇，將女生的書包丟到垃圾桶，激怒女生，雙方愈吵愈烈而鬧僵，各自放話不利對方。12月14日，部分女生決定將騷擾情形各自向父母吐露，家長獲悉後非常憤怒，當晚就電告教師，隔天中午又集體到學校追究。由於認爲校方誠意不夠，乃轉向台北市市議員楊鎭雄投訴。

（二）爆發期

在12月15日，楊鎭雄轉往市議會教審會披露此事，教審會議員聞訊大發雷霆，立即要求成淵國中教務及訓導主任到會解釋，並要求教育局長吳英璋提出處理之方法並追究校方人員之責。議員認為此事如屬實，加害學生已涉及刑法的公然猥褻罪，此案非同小可。

由於到會解釋的訓導及教務主任均持保留態度，不願意正面回答問題，令議員深表不滿。訓導主任林克雄表示，基於保護加害及受害學生免於二次傷害，在事件眞相未全面釐清之前，不宜做過多的「渲染」，而學校自有處理方式。但在議員不滿壓力下，林克雄才陸續將校方瞭解的過程大致說明。

議員楊鎭雄表示，根據受害學生的自述，前天下午發生的公然猥褻施暴行為，係男同學勒索500元不成的報復行徑。類此事件已持續發生一年餘，校方竟欲息事寧人，甚至連訓導主任竟還表示此是中學生普遍情形，企圖封鎖消息，都是造成男生惡行的主因，因為校方未能防微杜漸，使得過多保護反而變成縱容。其他議員也表示，從校方說法中明顯表示，學校根本是知情不處理，如非受害學生及家長已無法隱忍而提出抗議，校方難道還是要息事寧人嗎？學校還指媒體採訪造成「渲染」，此心態實有必要檢討。

在12月16日，各大報紙均以顯著標題報導此事，社會各界為之譁然，成淵國中頓時彌漫不尋常氣氛，大有山雨欲來風滿樓之勢。校方在週會中告訴全校學生，學校因幾名學生損害校譽，希望同學要振作。另一端會議室中，雙方家長在家長會出面下，與行政人員協調善後，場外一度集結多位好奇學生圍觀。

訓導主任林克雄向家長說明三次嚴重騷擾結果，指出主要犯行男生有5位，受害女生2位，此話一出立即引起受害家長抗議，控訴受害人數至少十多位。林主任報告中表示，10月某日下午下課中，5名男生中有人將外套丟向一名女生並蓋住其頭部，乘機捉住該女生雙手並予以撫摸，同時脫下其胸罩，受辱女生跑到廁所痛哭，男生將胸罩拿到廁所還她。11月某日下午自習課，該5名男生又以相同方式對另名女生施暴，其中一名男生曾勸阻說：「不要這樣。」最近一次，是12月11日有5名男生向一名女生借錢，女生不從，雙方起爭執，男方放話若講出來「要妳好看」，女生告訴家長，事端終於爆出。

會中受害家長十分激動，認為學校刻意壓低事情嚴重性，在孩子被勒索時，學校輕描淡寫要雙方私下和解，而騷擾勒索事件自國一時即已陸續開始。

一名家長說，幾個月前發現女兒上學要穿兩條內褲，一條是較長的緊身褲，他曾好奇問她，女兒答稱：「怕風吹。」另名家長說，他曾不解女兒每次想到上學就一臉沮喪，原來除了功課壓力外，還有來自同學的騷擾與勒索。另有家長說，女兒在廁所內被打開門，男同學說要找外班學生看「免費的」，令人痛心。類似種種，學校都說不知情，「我實在吞不下這口氣」，一位家長憤慨地表示。

該班林姓導師在說明中指出，班上在一年級時相處很融洽，下學期有學生反映男同學拉女生內衣，她曾告知男生不應有此行爲。之後再問學生，學生答稱沒事，後來又聽聞有拉內衣情事而問同學時，其說，那是全班在玩，但在問過受害當事人時，她表示，「再問我就去死。」由於同學堅不吐實，她一直被蒙在鼓裡，她說，肇事同學並非頑劣分子，只是平常愛搗蛋。

校長陳添丁則遲至9點才出面，他表示過去巡堂時，從未發現有相關事件發生，怎麼一出去開會，就發生這種事情。面對各傳播媒體記者，他表示學生平時就會打打鬧鬧，這是「小事情」。

當天晚上，各大電視台均顯著報導此事件，並訪問相關人員。教育局長吳英璋公開向女生家長道歉，並說：「此事我也有錯，也需要接受輔導。」該班導師承認其應負責，但強調自己爲年輕女教師，在兩性教育上所知不多，實無能力與專業知識輔導學生，表情相當沮喪。其餘與會家長多因涉及隱私問題而拒絕採訪。

（三）解決期

在12月17日，教育局提出調查報告，指出6名男生涉案情節嚴重。上午，校長陳添丁至市議會接受質詢，由於仍有意無意指出此事件乃是校內小事情，引起議員強烈不滿，強烈要求將其調職，不參與善後處理工作。

在另一方面，受害學生家長堅持要加害男同學轉學，且必須接受少輔會的定期輔導，但加害者家長認爲立即轉學或接受少輔會輔導，等於是替青少年貼上標籤，教這些青少年以後如何重新做人。不過，受害的學生家長仍認爲留下這些男同學就像留住一隻咬過人的老虎，隨時可能再咬人，讓其留下風險太大。

經過不斷討論，雙方家長做成初步決議，同意給加害男同學一次機會，暫不追究其法律責任，不過，這6名男同學必須轉學，並至少應接受輔導。男同學在轉學後，絕不能再回來騷擾女同學，否則家長要負連帶責任。針對如此要求，教育局表示會儘量協助加害、受害雙方同學轉學的相關事宜。

在12月19日，台北市副市長陳師孟在市政會議中宣布成淵國中性騷擾調查結果，表示該校平時教學及輔導上發生疏失，校長陳添丁即日起先行停止其職務，且交由教育局移付懲戒，對於該案的男學生，仍然以轉學方式處理。

陳師孟對於陳添丁在事前及事後的處理態度表示不滿，並指其在事件發生後未負起應負責任，使得原本可以依照平常程序來處理事情，但因陳校長對家長、媒體、市議會的發言不當，造成對學生、學校、與市政府的傷害。

陳師孟表示，成淵國中平時教學及輔導發生疏失，在事發之後，又沒有做妥善有效的危機處理及事後處置，因此，校長應負疏失之責任。校長陳添丁除了由教育局交付懲戒，並先停止其職務。

（四）結束期

最後，6個男生被強迫轉學，但並不順利。教育局要求6人要打散轉入不同學校，但很多學校都不願收，因此費了九牛二虎之力才安排好。人本教育基金會所出版的《人本教育札記》（1996年2月號），曾調查事件所涉男學生後來的情況，發現6位中，一個出國，其餘的則有遠走南部的。女生則留在原校，希望隨著時光過去，所有的不愉快早日隨風而逝。

社會各界與傳媒則發表數十萬字的意見，其中多要求在學校內加強教育輔導體系，與確實推動兩性教育，教育部也深表同意；但熱潮一過，卻無明顯與實際的作為。1996年4月，監察院通過彈劾校長陳添丁、教務主任李瑞明、訓導主任林克雄、與輔導主任王美玉，而各報僅以極小篇幅加以報導。根據人本教育基金會的調查，成淵國中事件爆發後，媒體對相關內容報導約可分為六類：(1)兩性教育，(2)校園暴力，(3)校園訓輔系統，(4)學校處理態度，(5)社會色情氾濫，(6)身體自主權，其中(1)、(3)項較多，第(6)項最少。並指出在各報導中，幾乎沒有任何男學生當事人或家長的聲音。詳見《人本教育札記》之1996年2月號。

五、個案分析

成淵國中猥褻事件的結果令人遺憾。本來可在校內化解的問題，卻因學校的心態不正確而引發危機，校長甚而被解職。其後訓導主任與該班導師均遭懲戒，當事的男女學生也不好過，各方都成了輸家。

危機到底是怎麼爆發的？首先，學校組織運作明顯僵化。其中如導師無專業能力輔導學生，行政人員對於家長的強烈指控卻視其為小題大作，使得明明可以藉由輔導管道處理的問題，一下被炒成大新聞。家長在要求校內解決不成後，當然必須循外力討回公道，此種現象凸顯了學校運作與處理問題的能力實在值得檢討。

其次，在民風保守年代，發生男女學生性騷擾事件，學校多半抱著「家醜不可外揚」的觀念，希望儘量掩飾而不要聲張，而社會大眾也頗能接受此種看法。然而，隨著時代進步，對於人權保障呼聲日熾，女學生遭受性騷擾自然非同小可，社會的憤怒反應也絕非學校一意掩飾所能化解。陳校長年資頗長，也許深受舊時代思想的影響，因此說出「學生平時就會打打鬧鬧，這是小事情」的話語。此在以往年代或許會被接受，但時過境遷，社會輿論卻認為其是推卸責任的作為。陳校長錯估外界想法，又因襲舊制（想用小事一件的說法一筆帶過），使得學校處理事件心態與社會趨勢格格不入。一旦經議員點火（最好做秀的機會，豈可放過），傳媒一擁而上，成淵國中到處鎂光燈閃動，危機於是爆發。

危機出現，只要適當應對，極可能成為轉機，但成淵國中最後卻一敗塗地，損失慘重，哪裡出了問題呢？

首先，在面對危機的態度上，校內成員的種種作為，被外界質疑是不負責與不誠實。姑且不論性騷擾案初發時，學校的草率態度，即使經傳媒披露後，其仍不願坦然面對問題。例如，訓導主任在議會的吞吐發言，陳校長認為此乃小事一件的評語，在在顯示希望各界能把此次意外視為是偶發事件，並儘快忘記。殊不知社會潮流已廢棄以往「家醜不可外揚」的觀念，強烈唾棄侵害人身的猥褻行為，所以當陳校長再次於議會表示「小事一件」的論調時，即受到在場議員的強烈指責。

相對而言，教育局長一席「我應負責，也需要接受輔導」的言論，使攻擊其督導不周的炮火減至最低。想想看，如果他一意為己辯護，下場之慘烈恐怕不輸陳校長。此外，該班女導師在抱歉之餘，也承認自己未婚且年輕，處理兩性問題力有未逮。面對如此「誠實」的教師，家長也多半不忍苛責。本來首當其衝的她，卻因之得到舒緩與諒解；與陳校長相比，實有天淵之別。原因無它，就在處理危機的態度不同。

在處理過程上，成淵國中也有極大瑕疵。一開始，學校成員認為只是男女學生打打鬧鬧，對於騷擾行為未加制止與輔導。一旦東窗事發，家長齊聚學校討回公道，卻未獲正面回應而上告議員，再經傳媒大幅報導，而炒成大新聞（頗有擦槍走火的味道）。到此地步，校方仍未警覺一場殺傷力極大的危機已然爆發，尚以不當回事的態度應對，其結果自然令人遺憾。如果校方的心態正確，循內部管道先加以疏通，就不會引爆炸彈，使各方都成了輸家。當危機出現時，學校不但沒能力輔導學生，反而比學生更需要接受輔導。

學校不但不能確認危機，也無法孤立危機。事件上報後的當天早上週會，校方竟還指稱受害女生行為不檢，公然鬧大而敗壞校譽。直到教育局介入前，還不知事實眞相而使家長大為不滿。最後，陳校長的「小事情」論調，更是火上烹油，使事件更加惡化。如果在當時，校方能連夜召開協調會，即時公布眞相與解決方案，孤立危機的目標就能達到。可是校方反向操作，反把事情弄大，最後議員要求把校長停職，不准其參與善後工作，無異是否定學校解決危機的能力。自此之後，校方已失據點，只能任由他人處置了。

綜而言之，在整個危機處理的步驟與方法上，學校的主要缺失如下：

1. 心態與社會潮流不合，引發危機後而不自知。對於家長之指控草率處理，逼使其向外尋求奧援，而把事情鬧大。
2. 危機發生後，不能當機立斷，立即負責承認錯誤，並誠實公布眞相，引來各方一致指責。
3. 事權不統一，沒有成立危機處理小組，凡事只是看著辦，因而產生不出解決的方案以息衆怒。在危機發生時，即出現各說各話的無政府狀態。
4. 並無發言人制度的建立。從整個事件來看，陳校長無疑以發言人自居，但分寸拿捏失當，竟說出此乃「小事情」的言論，迫使整個局勢急轉直下，校方兵敗如山倒。
5. 溝通技巧欠佳，陳校長對傳播媒體、家長、甚而議會的答覆言論，多令人覺得誠意不夠，未能就事論事，提出正面的解決方案；以致使其形象受損，進而令學校失去公信力而全盤皆輸。

由成淵國中的案例中，可以明顯看出危機處理對學校的重要性。如果平時不預做準備，臨時又無應對之策，不但陷學校於混亂中，也可能使主事者一敗塗地而丟掉職位。危機處理絕非只是紙上談兵，而必須落實於日常的運作中。無人能確知危機何時會來，唯一能做的只是督促自我事先做好準備。在以上案例中，或許有人會替陳校長抱不平，認為其奉獻教育界數十年，卻因一句話而下台，未免懲戒過分。然而綜觀全局，陳校長畢竟有其不周之處。此或許不是一個人的錯，學校各成員的不知進取實難辭其咎；但到後來，總要有人被開刀而成為「祭品」。勝敗往往僅在一瞬之間，這句話用在危機處理上確為眞理，身為教育行政人員不得不慎！

9.1 個案研究 師大七匹狼

一、時間：1994年3月爆發。

二、地點：設於台北的台灣師範大學國文系。

三、資料來源：台北發行的中國時報、聯合報、自由時報、中央日報、自立早報、聯合晚報。

四、案情：一女生聲稱被教授強暴，並指責校方處置不當，使其權益受損，雙方各說各話，宛如現代羅生門。

1994年3月16日

晚上10時左右，一位身著黃色雨衣的台灣師範大學女生在學校圍牆上噴漆，訓導長尤信雄等人前往處理。

3月19日

台北發行的中國時報獨家報導此件師大女生被強暴案，同日，事件主角之一黎姓教授遞出辭呈。

3月21日

師大召開專案小組會議，分別約談被害學生及黎姓教授，校長呂溪木以「有違師道」批准黎姓教授辭呈。之後，部分師大學生對此處置不滿，在校園內張貼海報對校方作法提出質疑與批評。

3月24日

聯合晚報報導目前尚無法確定黎姓教授是否以暴力才強暴學生得逞，受害人對於事發當時的部分情況無法描述清楚。

3月25日

訓導長尤信雄指出，呂溪木校長是基於時效性與降低傷害的雙重考量，決定讓黎姓教授以辭職而非退休的方式離開學校。校長呂溪木則表示，被害學生所描述的部分行爲實在很難界定，老師到底是不是狼還未確定，學生就這麼寫，對學校傷害很大。同日，師大也要求學生家長至校將學生領回。

3月28日

校長呂溪木親自在學校禮堂主持「國文系某女同學噴漆控訴強暴案發生及處理經過說明會」，說明根據校方初步調查，當事老師與學生的說法不一，老師的說法是與學生有特殊情感，而女學生則對事情的經過無法詳細描述。

3月29日

尤信雄表示，希望即日起，女學生不要單獨進入教師休息室。

4月1日

立委葉菊蘭及女性學會在立法院舉行「揭開校園性暴力眞相」公聽會。同時，部分師大女生認爲國文系有不少喜歡性騷擾學生的教授，因而提出「七匹狼」名單，要求立即徹查。

4月2日

師大國文系主任賴明德指出他執教多年，「七匹狼」的傳聞，還是最近從學校的海報及媒體報導中得知。由於目前沒有學生能出面指證狼蹤，校方還是得顧及老師清譽。由於發生強暴案，系裡已籠罩在不安的氣氛中，系方也要求女學生沒有必要單獨去找男老師。

4月15日

被害女生提出書面說明，自述基本事實經過，整個事件達到高潮。自述書中詳細說明強暴案始末，由於篇幅頗長，以下僅節錄當事人對學校處理事件的不滿之處，其餘有關強暴經過並非本個案研究之重點，故從略。

> 我是師大教授強暴女學生案的受害人。在這之前，絕少有人眞正聽到我的聲音，並不是因爲我對事件有所揑造而心虛，也不是說扯到什麼師生戀上頭，連我自己也弄不清，很害怕而不敢面對媒體。完全不是這樣子的！是學校叫我要信任他們，要我不要跟任何媒體接觸的。
>
> 學校從頭到尾都要我相信他們，可是問題是，學校從頭到尾都不相信我！而我在28日學校舉辦的說明會後，經由朋友轉述得知（當時我已被校方強制離校四日之久了），呂溪木校長當著媒體記者與學校同學公布了我的系級與詳盡的背景資料，使幾乎每一個人都可根據那些資料，查到我的名字、電話……因此，對我來說，除了對校方處置黎的方式感到不滿外，事到如今，我也明白過去校方以「保護我」爲名，所對我做出的種種要求與處置，其實是一派胡言，其實根本是要保護黎和校方自身。
>
> 此外，我也得知校方在我離校後，護理老師陸映霞在課堂上不斷散播對我極爲不利的不實敘述，激發同學對我的懷疑與怒意，造成一個對我存有敵意的環境。如此一來，我原先想揭發黎××來保護別的女生的目的，在我被不斷抹黑的狀況下，又能達到幾分呢？而且，我的處境那麼慘，以後還有其他的女生敢做同樣的事嗎？我覺得不甘心、我覺得不平。因此，在朋友的協助下，我要把親身經歷的事實說給大家聽……。

決定噴漆時，還沒有任何人知道我受害的事情，反而是我知道有別的女生也受害。我知道，受害不只是我一個人後，就覺得不能再讓黎 ×× 在女學生面前維持那樣虛假、美好的形象，那樣子，不僅會有更多女學生受害，而且受害了也會像我當初一樣自責與不知所措。所以，噴漆時，我只是想讓其他女生有警覺，而且不要讓黎 ×× 還能繼續欺騙下去。但在噴漆過程中，意外被校警逮到，並把我交給校方。校方表示要調查，我也很配合，一共做了一份錄音報告、一份書面報告，還有我所知道的一些案例的說明。這些東西都沒還我，應該都還在校方那裡。

而在跟校方溝通的過程中，我也有許多不滿的地方，尤其是對校長呂溪木，這一部分，我將我親自接觸到的事實交給全女聯的同學，她們會將這部分配合她們做的其他調查，加以說明與分析……。

同一天，部分民代控訴師大校方處理強暴案不當，儼然已成共犯，立法委員葉菊蘭指責校方把學生檢舉的「七匹狼」名單封起來不追查，反而調查到底是哪些學生出面檢舉，導致檢舉人擔心，可能受迫害。而且讓女學生在校長、訓導長、主任及護理老師環伺，而沒有好友在旁的情況下接受調查，根本就缺乏調查性侵害案件的經驗及常識，而且對當事人的傷害極大。校方的態度已經變成整個校園性侵害的「共犯結構」，必須改變心態及調查方式，否則，以後還有哪些學生敢出面檢舉？受害人還敢站出來嗎？

跨校組織「全國大專女生行動聯盟」的女學生代表公布一份「請求公正審判」的書面說明，指責台灣師大校方對強暴疑案的處理嚴重不當。

「全女聯」學生引用受害女生的說法，指責校長呂溪木在調查過程中辱罵她，因爲她不願面對校長，呂校長卻一直問她：「在一個黑暗的房子裡，妳用屁股對著我，哪個校長可以這樣容忍？」女學生解釋，因爲她不希望曝光，要求在光線較暗的地方說明。但是，校長卻一直說「你用屁股對著我」；學生說，如果校長尊重學生，大可說「你背對著我」就可以了。全女聯女學生呼籲校方及教育部，「要給受害女學生一個公道，給其他女學生一個交代」。

4月16日

台灣各大報均以顯著篇幅，報導受害女生之自述內容與對師大的指控，社會各界人士也對整個事件是否爲強暴案議論紛紛，部分國文系學生則提出不同的看法。

學生代表指出，國文系發生所謂「七匹狼」的傳聞，使所有該系師生都被外界以有色眼光看待，無辜的老師也被外界披上「狼皮」，他們希望外界不要再以訛傳訛，造成人心惶惶，使全系師生都成了受害者。

師大教授強暴學生疑案已在師大國文系引起愈來愈大的反彈聲浪，師大校方表示，已有10名同學簽署聯名信，要求把那名噴漆破壞校譽的女學生退學處分，但學校並未如此處理，目前該當事學生仍照常上課。

15日在立法院舉辦的公聽會中，數十位師大國文系學生即表達不同的聲音，並與在場婦女團體展開一場尖銳對話，一名大一男學生甚至激動得在會場大聲叫囂，指責立委不應只是「聽說」而未經調查，就對外提供師大有所謂「七匹狼」的資訊，使師生受到無謂的傷害。

國文系學生陳雅慧指出，立委日前把所謂「七匹狼」的名單交給校方，還署名「全體國文系女學生」，事實上國文系多數學生並未連署，如今所有系上學生都被外界以異樣眼光看待，所有的朋友及家長都擔心的問：「妳們有沒有被怎麼樣？」全系八十多位老師也都被「狼皮」加身，大家都被傷害了。

國文系學會理事長林嘉慧代表學生指出，該系學生絕不是怕丟臉，而是「七匹狼」的說法沒有事實根據，完全是以訛傳訛，過去全系師生感情融洽，現在卻人心惶惶。

另一位當事人黎姓教授則始終沉默。其家人表示，在目前情況下，當事人不會向新聞界做任何說明。不過，在法治社會中，如果有必要且在適當的時機，當事人不排除在公正的國家機關（如法院），提出完整的說明。

針對受害女生與部分民意代表嚴厲的指控與不滿，師大校長呂溪木與訓導長尤信雄則提出部分抗辯，茲歸納如下：

1. 在3月24日呂溪木校長請女學生離校回家，理由是「學校不能再保護妳了」，有無校規依據？

校長呂溪木表示，事件曝光後媒體大幅報導，學生不斷透過一些團體對外發表消息，在這種情況下，學校實在無法再保護學生隱私，由於春假也快到了，學校才要她先回家休息一段時間，現在學生已經返校上課。

2. 學校爲何不讓學生與黎教授對質？

呂溪木說，黎教授否認這件事是強暴，但從頭到尾就是不肯說明細節，也不願和學生對質，校方無法強迫進行對質，而學校對此事幾乎已經心力交瘁。

3. 校方調查報告爲何外洩？

訓導長尤信雄表示，師大校方絕對沒有外洩調查內容，在春假前，曾有媒體要求採訪調查過程，他很忙，沒有接受訪問，但是其他調查委員有沒有對外說，他不知道，他會再去瞭解。

4. 同系學生聯名要求當事人退學，校長將做何處理？

呂溪木說，學校日前已接獲10名學生聯名要求把當事人退學，不過學校並沒有這樣做。

5. 校方的處理過程是否有疏失？

呂溪木表示，學校願意協助學生，而且正盡力調查學校有哪些

「狼」，他希望學生能具名提出申訴，讓學校有更明確的方向去調查。在和當事學生對談時，他雖然指責學生「用屁股對著我」的話，但絕沒有侮辱學生的意思，因爲學生在調查時，確實是蒙著面、用屁股背對著他，他只是說話比較「直」，所以他覺得沒有必要向學生道歉或承認錯誤。

4月17日

中國時報刊載對當事女生的獨家訪問報導，當事者依舊指陳校方處置不當，以致出現師生戀的不實說法，並使其備受同學的歧視孤立，她懇請學校不要再傷害她。

尾聲

由於整個事件的男主角黎姓教授不發一言，且其已辭職，師大所組成之專案小組對此一類似「現代羅生門」的強暴事件，僅能就女生之說法加以討論。其後教育部也針對事件提出調查報告，但卻被立委批評爲「語義含糊，官樣文章」。雖然其後女性學會曾趁勢在5月22日舉行「反性騷擾大遊行」，但整個案件的熱潮已漸退，只留下許多疑點與問號。

討論問題

1. 此個案與成淵國中集體猥褻案相比，顯然要複雜得多。試比較兩位校長的危機處理政策與風格有何不同。
2. 對於受害女生的指控，請以學校危機處理的觀點，分析其是否合理。
3. 師大在處理此次危機上的優點與缺點何在？如果你是呂校長，你會如何處理？
4. 這個事件帶給你最大的啓示是什麼？
5. 此案與成淵國中集體猥褻案均在社會中引起巨大風暴，請試以渾沌理論的觀點（詳見理論部分第五章），分析此兩案的現象與發展過程。

建議活動

1. 檢視學校過往歷史，分析影響其運作的外來團體與利益團體的背景與組成，並規劃一份學校的公關策略。
2. 檢視學校過往歷史，瞭解其在解決危機時所採用的策略，並從結果之良窳，分析其利弊得失。
3. 檢視學校在運作中，家長會所產生的影響力為何？並分析在目前教育環境中，家長會應扮演的角色為何？
4. 檢視其他學校與傳播媒體打交道的方式與策略，分析目前學校的態度與作法是否正確？應如何改進？

參考文獻

一、中文部分

王立心（2004）。**國民教育經費分配模式公平性與適足性之研究**。國立政治大學教育研究所博士論文，未出版，台北市。

王如哲（2009）。**各國高等教育制度**。台北市：高等教育。

王秀鳳（2004）。**國立台中師範學院行銷策略與形象定位之相關研究**。台中師範學院國民教育研究所碩士論文，未出版，台中市。

王奕婷（2004）。**我國高等教育行銷之研究**。國立台灣師範大學教育研究所碩士論文，未出版，台北市。

王鳳喈（1957）。**中國教育史**。台北市：國立編譯館。

中華人民共和國教育部（2016）。**2015 年教育統計資料**。http://www.moe.edu.cn/s78/A03/moe_560/jytjsj_2015/2015_qg/201610/t20161012_284488.html

何宣甫（2004）。**台灣施行學校本位財政之可行性分析**。國科會專題研究計畫成果報告。（計畫編號：NSC 92-2413-H-415-002），未出版。

余曉雯（2006）。德國教育行政。載於江芳盛、鍾宜興（主編）。**各國教育行政制度比較**（355-410 頁）。台北市：五南。

吳文侃、楊漢清（主編）（1992）。**比較教育學**。台北市：五南。

吳和堂（2007）。**教師評鑑：理論與實務**。台北市：高等教育。

吳政達（1999）。**國民小學教師評鑑指標體系建構之研究**。國立政治大學教育研究所博士論文，未出版，台北市。

吳培源（1999）。**英國教育視導制度**。高雄市：復文。

吳清山（2009）。**高等教育評鑑議題研究**。台北市：高等教育。

巫孟蓁（2007）。英國國立學校領導學院（NCSL）對我國中小學校長培育機構之啟示。**學校行政雙月刊**，47，266-283。

李奉儒（主編）（2001）。**英國教育：政策與制度**。嘉義市：濤石。

李春生（2008）。**比較教育管理**。南京市：江蘇教育。

李祖壽（1979）。**教育視導與教育輔導**。台北市：黎明文化。

李惠宗（2004）。**教育行政法要義**。台北市：元照。

李然堯（1998）。**英美綜合中學之研究及其對我國實施綜合高中的啟示**。台北市：文景。

李懿芳、江芳盛（2006）。美國教育行政。載於江芳盛、鍾宜興（主編），**各國教育行政制度比較**（149-199 頁）。台北市：五南。

沈春生（1998）。**中美日三國教師組織之比較研究**。國立高雄師範大學教育研究所碩士論文，未出版，高雄市。

沈春生（2005）。**美日兩國教師組織工會化發展與運作之比較研究**。暨南國際大學比較教育研究所博士論文，未出版，南投縣。

沈銀和（1993）。教師與學生的權利與義務。載於黃光雄（主編），**教育概論**（445-477 頁）。台北市：師大書苑。

法務部（1994）。**犯罪狀況及其分析**。台北市：作者。

林文律（1999）。校長職務與校長職前教育、導入階段與在職進修。**現代教育論壇**，5，304-317。

林文達（1986）。**教育財政學**。台北市：三民。

林劭仁（2008）。**教育評鑑：標準的發展與探索**。台北市：心理。

林明地（2002）。**學校領導：理念與校長專業生涯**。台北市：高等教育。

林明地（2003）。**校長學：工作分析與角色研究取向**。台北市：五南。

林武（1984）。**中美英法日五國教育視導制度之比較研究：兼論我國教育視導制度改進之途徑**。國立高雄師範大學教育研究所碩士論文，未出版，高雄市。

林泊佑（1994）。**國民小學公共關係與組織效能之相關研究**。國立政治大學教育研究所碩士論文，未出版，台北市。

林新發（1999）。**教育與學校行政研究：原理和應用**。台北市：師大書苑。

林雍智、吳清山（2012）。日本中小學教師換證制度實施之評析與啟示。**當代教育研究季刊**，20(1)，1-39。

姜添輝（2004）。各國教師組織發展取向與教師專業發展。**現代教育論壇**，10，498-522。

范熾文（1999）。美國中小學校改革的新趨勢：委辦學校、磁性學校與契約學校。**教育資料文摘**，**253**，100-109。

兼子仁（主編）（2002）。**教育小六法**。東京都：學陽書房。

孫志麟（2010）。**師資教育的未來政策與實踐**。台北市：學富文化。

秦夢群（1996）。美國教師工作權之研究：以法院教師解約判例為主。**政治大學學報**，**72**，21-62。

秦夢群（2002）。市場機制或社會正義：教育券政策走向之分析研究。**教育政策論壇**，

5（2），25-42。

秦夢群（2004）。**美國教育法與判例**。台北市：高等教育。

秦夢群（2007）。校長培育制度之趨勢分析：以英、美及新加坡為例。**學校行政**，51，1-18。

秦夢群、曹俊德（2001）。我國義務教育公辦民營制度之可行性研究。**教育與心理研究**，**24**（1），19-49。

秦夢群、莊清寶（2008）。學校本位財務管理效能與相關因素模式建構。**教育資料與研究**，**85**，19-40。

秦夢群、黃貞裕（2001）。**教育行政研究方法論**。台北市：五南。

秦夢群、郭添財、黃增榮（1996）。教育補助公平性之研究：以省補助各縣市為例。**國家科學委員會人文及社會科學研究彙刊**，**6**（1），101-113。

高一菁（2002）。**我國地方教育審議委員會之研究**。國立政治大學教育研究所碩士論文，未出版，台北市。

涂巧玲（2002）。**以專家判斷法決定國民小學教育經費充足：一個方法的試探**。國立花蓮師範學院國民教育研究所碩士論文，未出版，花蓮市。

尉遲淦（2004）。**地方教育發展基金運作之研究**。國立台北師範學院教育政策與管理研究所碩士論文，未出版，台北市。

張明輝（1998a）。美國學校教育改革的成功案例：委辦學校運動及其相關研究。**教育資料集刊**，**23**，277-290。

張明輝（1998b）。美國公辦民營學校：艾迪生（Edison Project）計畫學校。**北縣教育**，**25**，13-15。

張芳全（2006）。**教育政策規劃**。台北市：心理。

張清濱（2008）。**教學視導與評鑑**。台北市：五南。

張慶勳（2006）。**學校組織文化與領導**。台北市：五南。

教育部（1948）。**第二次中國教育年鑑**。上海市：商務印書館。

教育部（1994）。**國小試辦教育優先區實施要點**。台北市：作者。

梁忠銘（2003）。日本教師組織型態發展之探討。載於楊深坑（主編），**各國教師組織與專業權發展**（83-113 頁）。台北市：高等教育。

許添明（2003）。**教育財政制度新論**。台北市：高等教育。

許慶雄（1998）。**憲法入門：人權保障篇**。台北市：元照。

陳木金、陳宏彰（2006）。NPQH 模式系統對我國校長培育制 建構之啟示。**教育研究月刊**，**142**，69-89。

陳如平（2004）。**效率與民主：美國現代教育管理思想研究**。北京市：教育科學。

陳怡如（2006）。英國教育行政。載於江芳盛、鍾宜興（主編），**各國教育行政制度比較**（249-300頁）。台北市：五南。

陳金進（1976）。**國中校長的教學視導任務**。國立臺灣師範大學教育研究所碩士論文，未出版，台北市。

陳秋美（1979）。**台灣省各縣市地方教育視導工作研究**。國立政治大學教育研究所碩士論文，未出版，台北市。

陳惠邦（2001）。**德國教育**。台北市：師大書苑。

陳榮政（2019）。**教育行政與治理：新管理主義途徑**。台北市：學富文化。

陳漢強（1985）。**美國大專院校評鑑之研究**。台中縣：台灣省政府教育廳。

陳慧玲（1990）。**國民小學推展學校公共關係之理論與實務研究**。國立高雄師範大學教育研究所碩士論文，未出版，高雄市。

陳麗珠（1992）。**我國國民教育財政系統公平性之研究**。行政院國家科學委員會專題研究報告書（NSC80-0301-H017-04）。高雄市：國立高雄師範大學教育系。

陳麗珠（2000）。**美國教育財政改革**。台北市：五南。

陳麗珠（2006）。從公平性邁向適足性：我國國民教育資源分配政策的現況與展望。**教育政策論壇**，**9**（4），101-118。

陳麗珠（2009）。**我國大學學雜費政策之分析與研議**（編號：98-C58138）。高雄市：國立高雄師範大學教育研究所。

傅木龍（1998）。**英國中小學教師評鑑制度研究及其對我國之啟示**。國立政治大學教育研究所博士論文，未出版，台北市。

彭新強（2005）。香港學校教育質素保證架構發展的評論。**教育學報**，**33**（1-2），89-107。

湯志民（2002）。中小學校長遴選制度之評議。**教師天地**，**118**，20-27。

黃乃熒（2000）。**後現代教育行政哲學**。台北：師大書苑。

黃月純（2020）。韓國教師循環輪調制的設計與啟示。**教育研究月刊**，**311**，79-95。

黃振球（1990）。績效學校因素初探。**國立台灣師範大學教育研究所集刊**，**32**，77-104。

黃照耘（2006）。法國教育行政。載於江芳盛、鍾宜興（主編），**各國教育行政制度比較**（301-354頁）。台北市：五南。

黃義良（2005）。國中小學校行銷指標與行銷運作之研究。**師大學報：教育類**，**50**（2），139-158。

黃嘉莉（2008）。**教師素質管理與教師證照制度**。台北市：學富文化。

楊思偉（主編）（2000）。**家長學校選擇權**。台北市：商鼎文化。

楊思偉、江志正、陳盛賢（2008）。日本教師教育改革之研究。**教育研究與發展期刊，4**（1），27-54。

楊振昇（1999）。我國教學視導制度之困境與因應。**課程與教學季刊，2**（2），15-30。

楊振昇（2006）。**教育組織變革與學校發展研究**。台北市：五南。

楊景堯（1999）。**中國大陸教育研究**。台北市：師大書苑。

楊景堯（2003）。**中國大陸教育改革與實際問題**。台北縣：新文京。

葉連祺（2008）。教育行銷。**教育研究月刊，168**，147-149。

董保城（1995）。論教師法「教師輔導與管教」。**政大法學評論，54**，117-133。

詹盛如（2008）。台灣教育經費的現況分析。**教育資料集刊，40**，1-25。

潘慧玲（2005）。美國大學認可制中的自我評鑑。**教育研究月刊，135**，136-145。

蔡美錦（1990）。美國校長專業機構與校長中心功能與運作模式。**教育資料與研究，37**，58-63。

蔡培村、鄭彩鳳（2003）。教師職級制度的內涵及實施取向。**教育資料集刊，28**，310-349。

蔡清華（2003）。美國教師組織與教育專業權運作關係之研究。載於楊深坑（主編），**各國教師組織與專業權發展**（83-113 頁）。台北市：高等教育。

蔡進雄（2011）。教師領導的理論、實踐與省思。**中等教育，62**（2），8-19。

蔡璧煌（2008）。**教育政治學**。台北市：五南。

鄭彩鳳（2003）。美國教師工會之發展：兼論對台灣組織教師工會之啟示。**教育政策論壇，6**（2），21-42。

賴光祺（1997）。**諾錫克國家概念及其教育涵義**。國立臺灣師範大學教育研究所碩士論文，未出版，台北市。

賴志峰（2000）。美國校長證照制度及其在我國實施之可行性。**現代教育論壇，6**，498-505。

賴明怡（1991）。**臺灣省對各縣市教育經費補助制度之研究**。國立政治大學教育研究所碩士論文，未出版，台北市。

戴玉綺（1993）。**臺灣地區各縣市教育機會公平性之探討**。國立政治大學教育研究所碩士論文，未出版，台北市。

謝文全（1999）。中小學校長培育、任用、評鑑制度。**教育資料與研究，28**，1-5。

謝瑞智（1992）。**教育法學**。台北市：文笙書局。

顏國樑（2003）。教師評鑑的基本理念、問題及作法。**教育研究月刊，112**，62-77。

顏國樑（2010）。**教育法規（第四版）**。台北市：麗文文化。

羅淑芬（2001）。英國學校視導制度。載於李奉儒（主編），**英國教育：政策與制度**（61-122 頁）。嘉義市：濤石。

蘇晏健（1996）。**社會教育活動方案行銷策略之研究**。國立臺灣師範大學社會教育研究所碩士論文，未出版，台北市。

饒邦安（2007）。**我國教師組織定位之研究**。國立政治大學教育研究所博士論文，未出版，台北市。

褚宏啟（2006）。關於教育公平的幾個基本理論問題。**中國教育學刊，12**，1-4。

褚宏啟、楊海燕（2009）。**走向校長專業化**。上海市：上海教育。

二、外文部分

ACICS (2007). *Accreditation criteria: Policies, procedures, and standards.* Accrediting Council for Independent Colleges and Schools. (ERIC Document Reproduction Service No. ED498 115).

Addonizio, M. F. (2003). From fiscal equity to educational adequacy: Lessons from Michigan. *Journal of Education Finance, 28*, 457-484.

Adler, M., Petch, A., & Tweedie, J. (1989). *Parental choice and educational policy.* Edinburgh, England: Edinburgh Univ. Press.

Albrecht, K., & Zemke, R. (2001). *Service America in the new economy*. New York: McGraw-Hill.

Alexander, K. (1980). *School Law.* St. Paul, MN: West Publishing Company.

Alexander, K. (1982). Concepts of equity. In W. W. McMahon & T. G. Geske (Eds.), *Financing education: Overcoming inefficiency and inequity* (pp.193-214). Urbana, IL: Univ. of Illinois Press.

Alfonso, R. J. (1977). Will peer supervision work? *Educational Leadership, 34*, 594-601.

Altbach, P. G. (1987). Teaching: International concerns. *Teachers College Record, 88*(3), 326-329.

Ann, L. (2000). The new look in principal preparation programs. *National Association of Secondary School Principals Bulletin, 84*(617), 23-28.

Anstrom, T. L. (2000). *The effectiveness of a cohort model for principal preparation programs and leadership practices.* Unpublished Ph.D. dissertation, George Mason University, Virginia.

Aromor, D. J. (1989). After busing: Education and choice. *Public Interest, 95,* 24-37.

Banks, O. (1976). *The sociology of Education*. London: Batsford.

Bartlett, S. (2000). The development of teacher appraisal: A recent history. *British Journal of Educational studies, 48*(1), 24-37.

Beck, J. J., & Seifert, E. H. (1983). A model of instructional supervision that's meets today's needs. *NASSP Bulletin, 67*(464), 38-42.

Belding, D. B. (2008). *A comparative study of a traditional and non- traditional principal preparation program.* Unpublished doctoral dissertation, Tarleton State University, Stephenville, TX.

Benavot, A. (1983). The rise and decline of vocational education. *Sociology of Education, 56,* 63-76.

Berends, M., Springer, M. G., Ballou, D., & Walberg, H. J. (2009). *Handbook of research on school choice*. New York: Routledge.

Bloom, B. S., Englehart, M. D., Furst, E. J., Hill, W. H. & Krathwohl, D. R. (1956). *Taxonomy of Educational objectives: Handbook I: Cognitive Domain*. New York: David Mckay.

Boissiere, M., Knight, J. B., & Sabot, R. H. (1985). Earnings, schooling, ability, and cognitive skills. *American Economic Review, 75*, 1016-1030.

Bolam, R. (1994). Administrative preparation: Inservice. In T. Husen & T. N. Postlethwaite (Eds.), *The international encyclopedia of education* (2nd ed., pp.69-70). Oxford, England: Pergamon Press.

Bray, M., & Lillis, K. (1987). *Community financing of education: Issues and policy implications in less developed countries*. Oxford, England: Pergamon Press.

Brennan, J., & Shah, T. (2000). Quality assessment and institutional change: Experiences from 14 countries. *Higher Education, 40*(3), 331-349.

Brighouse, H. (2000). *School choice and social justice.* Oxford, England: Oxford University Press.

Brim, J. A., & Spain, D. H. (1974). *Research design in anthropology: Paradigms and pragmatics in the testing of hypothesis.* New York: Holt, Rhinehart, & Winston.

Brown, L. L., Ginsburg, A. L., Killalea, H. N., Rosthal, R. A., & Tron, E. D. (1978). School finance reform in the seventies: Achievement and failures. *Journal of Education*

Finance, 4, 195-212.

Cabinet Office (2010). http://www.cabinetoffice.gov.uk/

Callahan, R. E. (1962). *Education and the cult of efficiency: A study of the social forces that have shaped the administration of public schools.* Chicago: University of Chicago Press.

Campbell, R. F., & Newell, L. J. (1973). *A study of professors of educational administration: Problems and prospects of an applied academic field*. Columbus, OH: University Council for Educational Administration.

Carl, J. (2011). *Freedom of choice: Vouchers in American education*. Santa Barbara, CA: Praeger.

Chakrabarti, R., & Peterson, P. E. (Eds.). (2009). *School choice international: Exploring public-private partnerships.* Cambridge, MA: MIT Press.

Chin, J. M. (秦夢群) (2003). Reconceptualizing administrative preparation of principal: Epistemological issues and perspective. In P. Hallinger (Ed.), *Reshaping the landscape of school leadership development: A global perspective* (pp.53-69). Lisse, Netherlands: Swets & Zeitlinger.

Chitty, C. (2004). Education policy in Britain. NY: Palgrave Macmillan.

Chubb, J. E., & Moe, T. M. (1990). *Politics, markets, and America's schools.* Washington, D.C.: Brookings Institution.

Clandinin, D. J., Davies, A., Hogan, P., & Kennard, B. (Eds.). (1993). *Learning to teach, teaching to learn: Stories of collaboration in teacher education*. New York: Teachers College Press.

Cogan, M. (1973). *Clinical supervision*. Boston: Houghton Mifflin.

Cohn, E. (1987). Federal and state grants to education: Are they stimulative or substitutive? *Economics for Education Review, 6*(4), 339-344.

Cohn, E., & Geske, T. G. (1990). *Economics of education* (3rd ed.). Oxford, England: Pergamon.

Cohn, E., & Smith, M. S. (1989). A decade of improvement in wealth neutrality: A study of school finance equity in South Carolina. 1977-1986. *Journal of Education Finance, 14* (3), 380-389.

Cohn, E., Rhine, S. L., & Santos, M. C. (1989). Institutions of higher education as multiproduct firms: Economies of scale and scope. *Review of Economics and Statistics, 71* (2), 284-290.

Coleman, J., & Hoffer, T. (1987). *Public and private high schools: The impact of communities.* New York: Basic Books.

Cooper, B. S., and Boyd, W. L. (1987). The evolution of training for school administrators. In J. Murphy and P. Hallinger (Eds.), *Approaches to Administrative Training in Education* (pp. 3-27). Albany: State University of New York Press.

Coons, J. E., & Sugarman, S. D. (1978). *Education by choice: The case for family control.* Berkely, CA: Univ. of California Press.

Costa, A. L. (1982). *Supervision for intelligent teaching: A course syllabus.* Orangevale, CA: Search Models Unlimited.

Cronbach, L. J. (1963). Course improvement through evaluation. *Teachers College Record, 64*, 672-683.

Danielson, C., & McGreal, T. L. (2000). *Teacher evaluation: To enhance professional practice*. Alexandria, VA: Association for Supervision and Curriculum Development.

Darling-Hammond, L. (2006). *Powerful teacher education: Lessons from exemplary programs.* San Francisco: Jossey-Bass.

Davis, R. G. (1980). *Planning education for development, Vol. 2: Models and methods for systematic planning of education.* Cambridge, MA: Center for Studies in Education and Development, Harvard University.

Dent, H. C. (1982). *Education in England and Wales* (2nd ed.). London: Hodder and Stonshton.

Department of Education and Science (1970). *HMI Today and Tomorrow.* London: Department of Education and Science.

Department of Education and Science (1982). *Study of HM Inspective in England and Wales: The Rayner Report.* London: HMSO.

Doerr, A. H. (1983). Accreditation: Academic boon or bane. *Contemporary Education, 55*(1), 6-8.

Dunford, J. E. (1992). *The modern inspectorate: A study of Her Majesty's inspectorate of schools in England and Wales, 1944-1991*. Unpublished doctoral dissertation, University of Durham, Durham, England.

Edmundson, P. G. (1990). A normative look al the curriculum in teacher education. *Phi Delta Kappa, 71*(9), 717-722.

Education Commission of the States (2010). *ECS State Notes*. Retrieved from http://www.

ecs.org/clearinghouse/86/62/8662.pdf

English, F. W. (1984). Still searching for excellence. *Educational leadership, 42*(4), 34-35.

Eisner, E. W. (1976). Educational connoisseurship and educational criticism: Their forms and functions in educational evaluation. *Journal of Aesthetic Education, 10*, 135-150.

Feinberg, W., & Lubienski, C. (2008). *School choice policies and outcomes: Empirical and philosophical perspectives.* New York: State University of New York Press.

Fisher, R. C. (1996). *State and local public finance* (2nd ed.). Chicago: Irwin.

Flexner, A. (1910). *A report to the Carnegie Foundation for the advancement of teaching on medical education in the United States and Canada*. New York: The Carnegie Foundation for the Advancement of Teaching.

Flexner, A. (1960). *Abraham Flexner: An autobiography*. New York: Simon & Schuster.

Floden, R. E. (1980). *Flexner, accreditation, and evaluation*. Boston: Kluwer-Nijhoff.

Franklin, S. H. (2006). Exploratory comparative case studies of two principal preparation programs. Unpublished Ph.D. dissertation, University of Texas at Austin, Texas.

Freeman, R. B. (1980). The facts about the declining economic value of college. *The Journal of Human Resources, 15*, 124-142.

Friedman, M. (1962). *Capitalism and freedom*. Chicago: Univ. of Chicago Press.

Führ, C. (1979). *Education and Teaching in the Federal Republic of Germany*. Bonn, Germany: Inter Nationes.

Fullan, M. G. (2015). *The new meaning of educational change* (5th ed.). New York: Routledge.

Furlong, V. J., Hirst, P. H., Pocklington, K., & Miles, S. (1988). *Initial teacher training and the role of schools*. Milton Keynes, England: Open University Press.

Gill, B. P., Timpane, M. P., Ross, K. E., & Brewer, D. J. (2007). *Rhetoric versus reality: What we know and what we need to know about vouchers and charter schools*. Santa Monica, CA: RAND.

Gimmestad, M. J., & Hall, G. E. (1994). Teacher education programs structure. In T. Husen & T. N. Postlethwaite (Eds.), *The international encyclopedia of education* (2nd ed., pp.5996-5997). Oxford, England: Pergamon Press.

Glathorn, A. A. (1984). *Differentiated supervision.* Alexandria, VA: Association for Supervision and Curriculum Development.

Glenn, C. (1988). *The Myth of the common school*. Amhurst, MA: Univ. of Massachusetts

Press.

Glickman, C. D. (1985). *Supervision and instruction: A developmental approach.* Boston: Allyn and Bacon.

Goldhammer, R. (1969). *Clinical supervision: A special method for the supervision of teachers.* New York: Holt, Rinehart and Winston.

Goldhammer, R. (1980). *Clinical supervision.* New York: Holt, Rinohart and Winston.

Goldhammer, R., Anderson, R. H., & Krajewski, R. A. (1993). *Clinical supervision: Special methods for the supervision of teaching* (3rd ed.). New York: Holt, Rinehart and Winston.

Gorton, R. A. (1983). *School administration and supervision* (2nd ed.). Dubuque, IA: Wm. C. Brown.

Gorton, R., Alston, J. A., & Snowden, P. (2007). *School leadership and administration: Important concepts, case studies, & simulations* (7th ed.). New York: McGraw-Hill.

Greinert, W. (1990). *Market models, school model, dual system: The basic types of format vocational education*. Geneva, Switzerland: World Bank.

Gronroos, C. (1994). From marketing mix to relationship marketing towards paradigm shift in marketing. *Management Decision, 32*(2), 4-22.

Guba, E. G. (1985). The context of emergent paradigm research. In Y. S. Lincoln(Ed.), *Organizational theory and inquiry: The paradigm revolution* (pp.79-104). Beverly Hills, CA: Sage.

Habermas, J. (1984). *The theory or communicative action: Reason and the rationalization of society, vol. 1.* Boston: Beacon Press.

Hallinger, P., & Wimpelberg, R. (1992). New settings andchanging norms for principal development. *The Urban Review, 24*(1), 1-21.

Halls, W. D. (1994). United Kingdom: System of education. In T. Husen & T. N. Postlethwaite (Eds.), *The international encyclopedia of education* (2nd ed., pp. 6519-6520). Oxford, England: Pergamon Press.

Harris, S. L. (2006). Best practices of award-winning public school principals: Implications for university preparation programs. *AASA Journal of Scholarship & Practice, 3*(2), 30-41.

Harpin, L. T. (2003). Integration of ISLLC leadership standards into Rhode Island principal preparation programs . *Dissertation Abstracts International, 64*(9), 185.

Harrey, O. J. (1966). System Structure, Flexibility and Creativity. In O. J. Harrey (Ed.), *Experience, Structure, and Adaptability* (pp.39-65). New York: Springer.

Harvard Graduate School of Education. (2007). http://www.gse.harvard.edu/

Harvey, L. (2004). The power of accreditation: Views of academics. *Journal of Higher Education Policy and Management, 26*(2), 207-223.

Her Majesty's Stationery Office (1994). *Aspects of Britain: Education reform in schools*. London: Author.

Hopes, C. (1983). *Criteria, procedures and methods used in the selection of principals and the relevance of training for the principalship using the example or the State of Hesse in the federal republic of Germany.* Unpublished doctoral dissertation, Johann Wolfgang Goethe University, Frankfurt, Germany.

Hoy, W., & Miskel, C. (2007). *Educational administration: Theory, research, and practice* (8th ed.). New York: McGraw-Hill.

Hunt, D. E., & Joyce, B. R. (1967). Teacher trainee personality and initial teaching style. *American Educational Research Journal, 4*(3), 253-255.

Jencks, C. (1966). Is the public school obsolete? *Public Interest, 2*, 18-27.

Johns, R. L., & Salmon, R. G. (1971). The financial equalization of school support program in the United States for the School Year 1968-69. In R. L. Johns, K. Alexander & D. H. Stollar (Eds.), *Status and impact, of educational finance programs* (pp.119-191). Gainesville, FL: National Education Finance Projects.

Joyce, B., & Showers, B. (1988). *Student achievement through staff development*. London: Longman.

Kachur, D. S., Stout, J. A., & Edwards, C. L. (2010). *Classroom walkthroughs to improve teaching and learning.* New York: Eye On Education.

Kagann, S. (1975). The foregone earnings of high school, college and university students. *Eastern Economics Journal, 2,* 331-341.

Kakalik, J. W., Furry, W. S., Thomas, M. A., & Carney, M. F. (1981). *The cost of special education.* Santa Monica, CA: Rand.

Kanpol, B. (1994). *Critical pedagogy: An introduction.* Westport, CT: Bergin & Garvey.

Kellaghan, T., & Madaus, G. F. (l982). Trends in educational standards in Great Britain and Ireland. In G. R. Austin & H. Garber (Eds.), *The rise and fall of national test scores*. New York: Academic Press.

Kindred, L. W., Bagin, D., & Gallagher, D. R. (1984). *The school and community relations* (3rd ed.). Englewood Cliffs. NJ: Prentice-Hall.

Kimbrough, R. B. & Nunnery, M. Y. (1988). *Educational administration: An introduction*. New York: MacMillan.

King, R., Swanson, A., & Sweetland, S. (2003). *School finance: Achieving high standards with equity and efficiency*. Boston: Allyn and Bacon.

Koppelman, K. L. (1979). The explication model: An anthropological approach to program evaluations. *Educational Evaluation and Policy Analysis, 3*(1), 59-64.

Kotler, P., & Andreasen, A. (2001). *Strategic marketing for nonprofit organizations*(5th ed.). Englewood Cliffs, NJ: Prentice Hall.

Kotler, P., & Armstrong, G. (1994). *Principles of marketing*. Upper Saddle River, NJ: Prentice Hall.

Kotler, P., & Fox, K. F. (1995). *Strategic marketing for educational institution.* Englewood Cliffs, NJ: Prentice-Hall.

Kotler, P., & Keller, K. L. (2006). *Marketing management* (12th ed.). Englewood Cliffs, NJ: Pearson Education.

Kotler, P., & Levy, S. J. (1969). Broadening the concept of marketing. *Journal of Marketing, 33*, 10-15.

Kowalski, T. J. (2005). *The school superintendent: Theory, practice, and cases* (2nd ed.). London: Sage.

Kowalski, T. J. (2008). *Public relations in schools* (4th ed.). Upper Saddle River, NJ: Prentice Hall.

Lehmann, R. H. (1994). Germany: System of education. In T. Husen & T. N. Postlethwaite (Eds.), *International encyclopedia of education* (2nd ed., pp. 2470-2472). Oxford, England: Pergamon Press.

Levin, H. M. (1968). The failure of the public schools and the free market remedy. *Urban Review, 2*, 32-37.

Levin, H. M. (1991). The economics of educational choice. *Economics Educational Review, 10*(2), 137-158.

Lewis, H. D. (1985). *The French education system*. London: Croom Helm.

Lewis, S. G. (2006). *Education in Africa*. Broomall, PA: Mason Crest.

Lieberman, M. (1997). *The teacher unions: How the NEA and AFT sabotage reform and hold students, parents, teachers, and taxpayers hostage to bureaucracy.* New York: Free Press.

Lieberman, M. (2000). *The teacher union: How they sabotage educational reform and why.* San Francisco: Encounter Books.

Lieberman, M., & Salisbury, D. (2003). Keeping the nation at risk: How the teacher unions block reforms. Retrieved from http://www.cato.org/pub_display.php?pub_id=5515

Linquist, E. F. (1951). *Educational measurement*. Washington, D.C.: American Council on Education.

Lipham, J. M., Rankin, R. E., & Hoch, J. A. Jr. (1985). *The principalship: Concepts, competencies, and cases*. New York: Longman.

Lunenburg, F. C., & Ornstein, A. C. (2011). *Education administration: Concepts and practices* (6th ed.). Belmont, CA: Wadsworth.

Macbeth, A., Strachan, D., & Macaulay, C. (1986). *Parental choice of school in Scotland.* Glasgow, England: Univ. of Glasgow.

MacLure, J. S. (1979). *Educational documents: England and Wales 1816 to the present day* (4th ed.). London: Longman.

Madaus, G. F. & Stufflebeam, D. L. (2000). Program evaluation: A historical overview. In Stufflebeam, D.L., Madaus, G.F., & Kellaghan, T. (Eds.). *Evaluation models: Viewpoints on educational and human services evaluation.* Boston: Kluwer Academic Publishers.

Martin, G. E., Wright, W. F., Danzig, A. B., Flanary, R. A., & Brown, F. (2005). *School leader internship* (2nd ed.). Larchmont, NY : Eye on Education.

McCarthy, M. M., & Carnbron-McCabe, N. H. (1992). *Public school law: Teachers' and students' right.* Boston: Allyn and Bacon.

McClelland, D.C. (1961). *The achieving society*. Princeton, NJ: Van Nostrand.

McLoone, E. P., Golladay, M. A., & Sonnenberg, W. (1981). *Public school finance: Profiles of the states*. Washington, D.C.: National Center for Education Statistics.

McMurtry, J. (1991). Education and market model. *Journal of Philosophy of Education, 25*(2), 209-217.

Miklos, E. (1988). Administrator selection, career patterns, succession, and socialization. In N. J. Boyan (Ed.), *Handbook of research on educational administration* (pp.53-76). New York: Longman.

Miklos, E., & Hopes, C. (1994). Administrator recruitment, selection, and careers. In T.

Husen & T. N. Postlethwaite (Eds.), *The international encyclopedia of education* (2nd ed., pp.78). Oxford, England: Pergamon Press.

Milliken, J., & Colohan, G. (2004). Quality or control? Management in higher education. *Journal of Higher Education Policy and Management, 26*(3), 381-391.

Mitchell, D. E., Crowson, R. L., & Shipps, D. (2011). *Shaping education Policy: Power and process.* New York: Routledge.

Molnar, A. (1996). *Giving kids the business: The commercialization of America's schools.* Boulder, Colorado: Westview Press.

Monchablon, A. (1994). France: System of education. In T. Husen & T. N. Postlethwaite (Eds.), International encyctopedia of education (2nd ed., pp.2379-2383). Oxford, England: Pergamon Press.

Morphet, E. L., Johns, R. L., & Reller, T. L. (1984). *Educational organization and administration* (4th ed.). Englewood Cliffs, NJ: Prentice-Hall.

Morrison, H. (1930). *School revenue*. Chicago: Univ. of Chicago Press.

Muir, L. L. (1980).*The rationale, design, implementary and assessment of a peer supervision program for elementary schools*. Unpublished doctoral dissertation, University of Pittsburgh, Pittsburgh, PA.

Murphy, J. (1992). *The landscape of leadership preparation: Reforming the education of school administrators*. Newbury Park, CA: Corwin

Murphy, J. (1994). Administrative Preparation:Presrevice. In T. Husen & T. N. Postlethwaite (Eds), *The International encyclopedia of education* (2nd ed.) (pp. 73-74). Oxford: Pergamon Press.

Murphy, J., & Hallinger, P. (Eds.). (1987). *Approaches to administrative Training on education.* New work: State University of New York Press.

Murphy, K., & Welch, F. (1989). Wage premiums for college graduates: Recent growth and possible explanations. *Educational Researcher, 18* (4), 17-26.

Myers, C. B., & Myers, L. K. (1995). *The professional educator*. New York: Wadsworth.

Nathan, J. (1996). *Charter schools: Creating hope and opportunity for American education.* San Francisco: Jossey-Bass.

Nathan, J., & Power, J. (1996). *Policy-maker's view the charter school movement.* Minneapolis, MN: University of Minnesota Center for School Change.

National Commission on Teaching and America's Future (1997). *Doing what matters most:*

Investing in quality teaching. New York: Author.

NCES (2010). *Digest of Education Statistics.* Retrieved from http://nces.ed.gov/programs/digest/d10/tables/dt10_115.asp

NCSL (2007). http://www.nationalcollege.org.uk/index/professional-development.htm

NEA (2010). http://www.nea.org/

Newlon, J. H. (1934). *Educational administration as social policy.* New York: Charles Scribner's Sons.

Nozick, R. (1974). *Anarchy, stale, and utopia.* New York: Basic Books.

Nsien, E. J. (1984). *The perceptions of clinical supcrvision by experts and instructional personnel in a public secondary school.* Unpublished doctoral dissertation, University of Pennsylvania, Pittsburgh, PA.

Odden, A., & Busch, C. (1998). *Financing schools for high performance.* San Francisco: Jossey-Bass.

OECD (2005). Education at a glance: OECD indicators. Paris: Author.

Ortiz, F. L., & Marshall, C. (1988). Women in educational administration. In N. J. Boyan (Ed.), *Handbook of research on educational administration* (pp.123-141). New York: Longman.

Parson, J., & Beauchamp, L. (1985). *The hidden curriculum of student teacher evaluation.* Canada: University of Alberta. (ERIC Document Reproduction Service No. ED 261 983)

Parsons, D. O. (1974). The cost of school time, foregone earnings, and human capital formation. *Journal of Political Economy, 82*, 251-266.

Payne, C. M. (2008). *So much reform, so little change: The persistence of failure in urban schools.* Cambridge, MA: Harvard Education Press.

Perie, R. (1987). *l'Education Nationale a l'heure de la decentralization.* Paris: La Documentation franqaise.

Peterson, B. (1997). We need a new vision of teacher unionism. *Rethinking Schools, 11*(4), 1-5.

Provus, M. N. (1971). *Discrepancy evaluation*. Berkeley, CA: McCutcheon.

Proitz, T. S., Stensaker, B., & Harvey, L. (2004). Accreditation, standards and diversity: An analysis of EQUIS accreditation reports. *Assessment & Evaluation in Higher Education, 29*(6), 735-750.

Psacharopoulos, G. (1980). *Higher education in developing countries: A cost-benefit analysis, staff working paper no.440*. Washington, D.C.: World Bank.

Pulliam, J. D., & Van Patten, J. (2006). *History of education in America* (9th ed.). Englewood Cliffs, NJ: Prentice Hall.

Putsis, W. (2020). *The carrot and the stick: Leveraging strategic control for growth*. Toronto: University of Toronto Press.

Ravitch, D. (2010). *The death and life of the great American school system: How testing and choice are undermining education*. New York: Basic Books.

Rawls, J. (1971). *A theory of justice.* Cambridge, MA: Harvard University Press.

Rawls, J. (1999). *A theory of justice (Rev. ed.).* Cambridge, MA: Harvard University Press.

Rebore, R. (1985). *Educational administration.* Englewood Cliffs, NJ: Prentice-Hall.

Reilkoff, T. (1981). *Advantage of supportive supervision over clinical supervision of teachers*. Unpublished doctoral dissertation, University of Pennsylvania, Pittsburgh, PA.

Reinhartz, J., & Beach, D. M. (2004). *Educational leadership: Changing schools, changing roles*. New York: Pearson Education.

Renzulli, J. S. (1972). The confessions of a frustrated evaluator. *Measurement and Evaluation in Guidance, 5*, 298-305.

Rice, J. M. (1897). The futility of the spelling grind. *The Forum*, *23*, 163-172.

Rogers, J. T. (1996). Strengthening accreditation: A presidential imperative. Community College Journal, 67, 30-32.

Rosen, H. S. (2004). *Public finance* (7th ed.). Boston: McGraw-Hill.

Schultz, T. W. (1960). Capital formation by education. *Journal of Political Economy, 68*, 571-583.

Scriven, M. S. (1967). The methodology of evaluation. In R. E. Stake (Ed.), *AERA monograph series on curriculum evaluation* (vol. 1, pp. 45-67). Chicago: Rand McNally.

Scriven, M. (1969). An introduction to meta-evaluation. *Educational Products Report, 2*(5), 36-38.

Sergiovanni, T. J. (1995). *The principalship: A reflective practice perspective*. Needham, MA: Allyn and Bacon.

Sergiovanni, T. J. (Ed.). (1982). *Supervision of teaching. 1982 yearbook.* Alexandria, VA: Association for Supervision and Curriculum Development.

Sergiovanni, T. J., & Starratt, R. J. (1983). *Supervision: Human perspectives* (3rd ed.). New York: McGraw-Hill.

Sergiovanni, T. J., Kelleher, P., McCarthy, M. M., & Wirt, F. M. (2004). *Educational governance and administration* (5th ed.). Boston: Allyn and Bacon.

Silver, P. F. (1982). Administrator preparation. In H. E. Mitzel (ed.), *Encyclopedia of educational research* (pp.49-59). New York: Free Press.

Smith, E. R., & Tyler, R. W. (1942). *Appraising and recording student program*. New York: Harper.

Snyder, T. D., & Dillow, S. A. (2011). *Digest of Education Statistics 2010* . National Center for Education Statistics, Institute of Education Sciences, U.S. Department of Education. Washington, D.C.

Spring, J. (2001). *The American school, 1642-2000* (5th ed.). New York: McGrew-Hill.

Stake, R. E. (1971). *Measuring what learners learn*. Urbana, IL: Center for Instructional Research and Curriculum Evaluation.

Stufflebeam, D. L. (1971a). *Educational evaluation and decision making*. Itasca, IL: F. E. Peacock.

Stufflebeam, D. L. (1971b). The relevance of the CIPP evaluation model for educational accountability. *Journal of Research and Development in Education*, *5*, 19-25.

Stufflebeam, D. L. (1974). *Meta-evaluation*. (Occasional Paper Series, Paper #3). Kalamazoo: Western Michigan University, Evaluation Center.

Stufflebeam, D. L., & Shinkfield, A. J. (2007). *Evaluation theory, models, and application*. San Francisco: Jossey-Bass.

Stufflebeam, D. L., & Webster, W. J. (1980). An analysis of alternative approaches to evaluation. *Educational Evaluation and Policy Analysis*, *3*(2) 5-19.

Stufflebeam, D. L. (1983). The CIPP model for program evaluation, In G. F. Madaus, D. L. Stufflebeam, & M. Scriven (Eds), *Evaluation models* (pp.117-141). Boston: Kluwer-Nijhoff Publishing.

Stufflebeam, D. L., Madaus, G. F., & Kellaghan, T. (Eds.). (2000). *Evaluation models: Viewpoints on educational and human services evaluation* (2nd ed.). New York: Springer.

Sykes, G., Schneider, B., & Plank, D. N. (2009). *Handbook of education policy research.* New York: Routledge.

Thomas, J. A. (1970). Full state funding of education. *Administrator's Handbook, 18*, 1-4.

Titmuss, R. M. (1971). *The gift relationship: From human blood to social policy.* New York:

Pantheon Books.

Tsang, M. C. (1994). China: System of Education. In T. Husen & T. N. Postlethwaite (Eds), *The International encyclopedia of education* (2nd ed.) (pp. 753-754). Oxford: Pergamon Press.

Urban, W. J., & Wagoner, J. L. (2008). *American education: A history*. New York: Routledge.

U.S. Census Bureau (2010). *Current population reports: Income, poverty, and health insurance coverage in the United States, 2009*. Washington, D.C.: U.S. Government Printing Office.

United States Dept. of Education. (1991). *America 2000 : An education strategy* (Rev. ed.). Washington, D.C. : U.S. Dept. of Education.

Valli, L., & Rennert-Ariev, P. (2002). New standards and assessments? Curriculum transformation in teacher education. *Journal of Curriculum Studies, 34*(2), 201-225.

Valverde, G. A. (1994). United States: System of education. In T. Husen & T. N. Postlethwaite (Eds.), *International encyclopedia of education* (2nd ed., pp. 6538-6547). Oxford, England: Pergamon.

Valverde, L. A., & Brown, F. (1988). Influences on leadership development among racial and ethnic minorities. In N. J. Boyan (Ed.), *Handbook of research on educational administration* (pp.143-157). New York: Longman.

Van Meter, E., & Murphy, J. (1997). *Using ISLLC standards to strengthen preparation programs in school administration.* Washington, D.C.: Council of Chief State School Officers.

Wagner, A. (1994). Economics of teacher education. In T. Husen & T. N. Postlethwaite (Eds.), *The international encyclopedia of education* (2nd ed., pp.5951-5592). Oxford, England: Pergamon Press.

Wagner, L. (1985). Ambiguities and possibilities in California's mentor teacher program. *Educational Leadership, 43*(3), 23-29.

Walberg, H. J. (2007). *School choice: The findings.* Washington, D.C.: CATO Institute.

Ward, H. (2007). *The educational system of England and Wales and its recent history*. London: Ward Press.

Watson, J. K. P. (1994). School inspectors and supervision. In T. Husen & T. N. Postlethwaite (Eds.), *The international encyclopedia of education* (2nd ed., pp.5247-5252). Oxford, England: Pergamon.

Weiler, D. (1974). *A Public school voucher demonstration: The first year at Alum Rock.* Santa Monica, CA: Rand Corporation.

Weisbrod, B. A. (1964). *External benefits of public education: An economic analysis.* Princeton, NJ: Princeton University.

Werner, P. M. (2007). *Elementary school principals' perceptions of factors that should be included in principal preparation programs.* Unpublished doctoral dissertation, Wayne State University, Detroit, MI.

Wiles, J., & Bondi, J. (1986). *Supervision: A guide to practice* (2nd ed.). Columbus, OH: Charles E. Merrill Publishing Company.

Witte, J. F. (1992). Public subsidies for private schools: What we know and how to proceed. *Educational Policy, 6*(2), 206-207.

Witte, J. F. (1997). *Achievement effects of the Milwaukee voucher program.* Paper presented at the American Economics Association annual meeting, New Orleans, LA.

Witte, J. F. (2000). *The market approach to education: An analysis of America's first voucher program.* Princeton, NJ: Princeton University Press.

Witte, J. F., Sterr, T. D., & Thorn, C. A. (1995). *Fifth year report: Milwaukee parental choice program.* Madison, WI: University of Wisconsin-Madison, Department of Political Science, and the Robert M. La Follette Institute of Public Affairs.

Wolf, R. L. (1979). The use of judicial evaluation methods in the formulation of education policy. *Educational Evaluation and Policy Analysis, 31*, 19-28.

Wragg, E. C. (1987). *Teacher appraisal*. New York: Macmillan.

Wright, D. S. (1988). *Understanding intergovernmental relations.* Pacific Grove, CA: Brooks/ Cole.

Wright, E. O. (1996). Equality, community, and efficient redistribution. *Politics and Society, 24*(1996), 353-368.

Yarbrough, D. B., Shulha, L. M., Hopson, R. K., & Caruthers, F. A. (2011). *The program evaluation standards: A guide for evaluators and evaluation users* (*3rd* ed.). Thousand Oaks, CA: Sage.

Zepeda, S. J. (2007). *Instructional supervision: Applying tools and concepts* (2nd ed.). Thousand Oaks, CA: Corwin Press.

三、美國法院判例

Adams v. Sch. Dist. No. 5 Jackson County, 699 F. Supp. 243 (D. Or. 1988).

Ahern v. Bd. of Educ. of Sch. Dist. of Grand Island, 456 F. 2d 399 (8th Cir. 1972).

Allen v. Texarkana Pub. Sch., 794 S. W. 2d 138 (Ark. 1990).

Allen v. Town of Sterling, 329 N. E. 2d 756 (Mass. 1975).

Benton v. Bd. of Educ., 361 N. W. 2d 515 (Neb. 1985).

Birdwell v. Hazelwood Sch. Dist., 491 F. 2d 490 (8th Cir. 1974).

Board of Edu. Central School Dist. V. Harrison. 46 A. D. 2d 674, 360 N. Y. S. 2d 49 (1974).

Board of Educ. of City of Chicago v. State Bd. of Educ., 497 N. E. 2d 984 (Ill. 1986).

Byram Township Bd. of Educ. v. Byram Township Educ. Ass'n, 377 A. 2d, 745 (N. J. App. Div, 1977).

Carlson v. School Dist. No. 6, 12 Ariz, App, 179 468 P. 2d 944 (1970).

Carlson v. School Dist. No. 6, 12 Ariz, App, 179 468 P. 2d 944 (1970).

Casada v. Booneville Sch. Dist. No. 65. 686 F. Supp. 730 (W. D. Ark. 1988.

Cleveland Bd. of Educ. v. Loudermill. 470 U.S. 532 (1985).

Conte v. Board of Educ., 397 N. Y. S. 2d 471, 472 (App. Div. 1977).

Cook.v. Bd. of Educ. for County of Logan, 671 F. Supp. 1110 (S. D. W. Va. 1987).

Dusanek v. Hannon, 677 F. 2d 538 (7th Cir. 1982).

Fairchild v. West Rutland School Dist., 376 A. 2d 28 (Vt. 1977).

Fee v. Herndon, 900 F. 2d 804 (5th Cir, 1990).

Goldberg v. Kelly, 397 U. S. 254, 271 (1970).

Greenberg v. Alabama State Tenure Comm'n, 395 So. 2d 1000 (Ala. 1981).

Griffin v. Galena City Sch. Dist., 640 P. 2d 829 (Alaska 1982).

Hagerty v. State Tenure Comm'n. 445 N. W. 2d 178 (Mich. CT. App. 1989).

Heithoff v. Nebraska St. Bd. of Educ., 430 N. W. 2d 681 (Neb. 1988).

Hollingworth v. Bd. of Educ., 303 N. W. 2d 506 (Neb. 1981).

Hortonville Education Association v. Hortonville Joint Sch. Dist. No. 1, 426 U. S. 482 (1975).

Jackson v. Independent Sch. Dist. No. 16, 648 P. 2d 26, 31 (Okla. 1982).

Keith v. Community Sch. Dist. of Wilton, 262 N. W. 2d 249, 260 (Iowa 1978).

Mathews v. Eldridge, 424 U.S. 319, 335 (1976)

McDonald v. East Jasper County Sch. Dist, 351 So. 2d 531 (Miss. 1977).

Morey v. Sch. Bd. of Indep. Sch. Dist. No. 492, 128 N. W. 2d 302 307 (Minn. 1964).

Newark Teavhers v. Board of Educ., 373 A. 2d 1020 (N. J. Super 1977).

Pederson v. South Williamsport Area Sch. Dist., 677 F. 2d 312 (3rd Cir. 1982).

Pennsylvania Labor Relations Bd. v. State College Area School Dist., 337 A. 2d 262 (Pa. 1975).

Perry v. Sindermann, 408 U.S. 593 (1972).

Ray v. Brimingham City Bd. of Educ., 845 F. 2d 281 (11th Cir. 1988).

Rouse v. Scottsdale Unified Sch. Dist. No. 82, 564 P. 2d 971 (Idaho 1977).

School Comm. v. Gallagher, 344 N. E. 2d 203 (Mass. App. 1976).

Schulz v. Bd. of Educ. of the Sch. Dist. of Freemont, 315 N. W. 2d 633 (Neb. 1982).

Shipley v. Salem Sch. Dist., 669 P. 2d 1172 (Or. Ct. App. 1983).

South Orange-Maplewood Educ. Ass'n v. Board of Educ., 370 A. 2d 47 (N. J. 1977).

Spokane Educ. Ass'n v. Barnes, 517 P. 2d 1362 (Wash. 1974).

Staton v. Mayes, 552 F. 2d 908 (10th Cir. 1977).

Stein v. Bd. of Educ. Of City of New York, 792 F. 2d 13 (2d Cir, 1986).

Strain v. *Rapid City School Bd.*, 447 N.W.2d 332, 338 (S.D.1989).

Superintending School Comm. v. Winslow Educ. Ass'n, 363 A. 2d 229 (Me. 1976).

Valter v. Orchard Farm Sch. Dist., 541 S. W. 2d 550 (Mo. 1976).

Weissman v. Bd. of Educ. of Jefferson County Sch. Dist., 547 P. 2d 1267 (Colo. 1976).

Wells v. Del Norte Sch. Dist. C7. 753 P. 2d 770. 772 (Colo. Ct. App. 1987).

Wertz v. Southern Cloud Unified Sch. Dist. No. 334, 542 P. 2d 339 (Kan. 1975).

國家圖書館出版品預行編目資料

教育行政實務與應用／秦夢群著. ——四版. ——臺北市：五南，2020.06
面；　公分
ISBN 978-986-522-020-4（平裝）

1.教育行政

526　　109006670

1IWG

教育行政實務與應用

作　　者 — 秦夢群(434.1)
發 行 人 — 楊榮川
總 經 理 — 楊士清
總 編 輯 — 楊秀麗
副總編輯 — 黃文瓊
責任編輯 — 李敏華
封面設計 — 陳卿瑋　王麗娟
出 版 者 — 五南圖書出版股份有限公司
地　　址：106臺北市大安區和平東路二段339號4樓
電　　話：(02)2705-5066　　傳　　真：(02)2706-6100
網　　址：http://www.wunan.com.tw
電子郵件：wunan@wunan.com.tw
劃撥帳號：01068953
戶　　名：五南圖書出版股份有限公司
法律顧問　林勝安律師事務所　林勝安律師
出版日期　2011年12月初版一刷
　　　　　2013年9月二版一刷
　　　　　2017年4月三版一刷
　　　　　2020年6月四版一刷
定　　價　新臺幣620元

經典永恆·名著常在

五十週年的獻禮——經典名著文庫

五南，五十年了，半個世紀，人生旅程的一大半，走過來了。
思索著，邁向百年的未來歷程，能為知識界、文化學術界作些什麼？
在速食文化的生態下，有什麼值得讓人雋永品味的？

歷代經典·當今名著，經過時間的洗禮，千錘百鍊，流傳至今，光芒耀人；
不僅使我們能領悟前人的智慧，同時也增深加廣我們思考的深度與視野。
我們決心投入巨資，有計畫的系統梳選，成立「經典名著文庫」，
希望收入古今中外思想性的、充滿睿智與獨見的經典、名著。
這是一項理想性的、永續性的巨大出版工程。
不在意讀者的眾寡，只考慮它的學術價值，力求完整展現先哲思想的軌跡；
為知識界開啟一片智慧之窗，營造一座百花綻放的世界文明公園，
任君遨遊、取菁吸蜜、嘉惠學子！